U0510393

JUGER LA REINE

14, 15, 16 Octobre 1793

Emmanuel
de Waresquiel

审判王后

1793年10月14-16日

[法] 埃马纽埃尔·德·瓦雷基耶尔 —— 著

曾昭旷 —— 译

上海人民出版社

共 感
Sympathy

———

关注值得注意的人物、事件、观念与思想

克瑞翁看着他前方很远的地方说："她得死。"

——让·阿努伊，《安提戈涅》①

要是想让人人都变得善良、睿智、自由、温和、高尚，我们就必然会走到想把他们都杀了这一步。

——阿纳托尔·法朗士，《诸神渴了》②

---

① （说明：每一页所有脚注均为译者所加，以方便国内读者更好地理解时代背景和事件人物。原注则保持与原书体例一致，放在全书末尾。）《安提戈涅》：法国 20 世纪已故剧作家让·阿努伊在第二次世界大战纳粹德国占领法国期间依古希腊悲剧作家福克勒斯所作的悲剧《安提戈涅》创作的同名独幕剧。安提戈涅是希腊神话里的人物，是伊俄卡斯忒与其子俄狄浦斯不知情的乱伦后生下的女儿。当俄狄浦斯因弑父娶母的罪行而出走时，安提戈涅自愿陪在父亲身边，随他四处流浪，直到俄狄浦斯死去。后来她不顾国王克瑞翁的禁令，将自己的兄长，反叛城邦的波吕尼刻斯安葬。在阿努依的版本中结局是安提戈涅被国王的卫兵逮捕并带到克瑞翁面前，坚持自己的意见与国王争执后，克瑞翁下令把她活埋。最终安提戈涅在坟墓里上吊自杀身亡。其时法国抵抗分子保罗·柯莱特对维希政府要人赖伐尔和德阿进行暗杀失败。阿努依以此剧来表现个人面对压倒性的力量时挺身抗争。

② 《诸神渴了》：法国诺贝尔文学奖得主阿纳托尔·法朗士于 1912 年创作的小说，时代背景设在大革命雅各宾专政的恐怖统治时期。

玛丽-安托瓦内特的签名（上者）取自 1793 年 9 月 4 日早上在巴黎古监狱①对她进行第二次讯问时的笔录原件，1793 年 10 月 13 日档案保管专员②移交给了公诉人富基耶-坦维尔几件与

---

① 巴黎古监狱（prison de la Conciergerie）：巴黎西岱岛（île de la Cité）上的西岱宫（Palais de la Cité）内的司法宫（Palais de justice）之一部分。10—14 世纪，西岱宫兼作法国历代国王的理政所在地和寝宫。1358 年，查理五世不再使用该宫作为住所。1370 年，宫殿一部分被改造成国家监狱。在大革命雅各宾专政的恐怖统治时期，革命法庭即设于司法宫内。

② 档案保管专员（garde des archives）：不是普通科员。这一职务对应的是当时的国家档案馆，其实是指档案馆馆长，只不过当时名称如此，1853 年起始称馆长。在大革命时期的法国这是权力中枢中一个举足轻重的机构。该机构源于国民制宪议会于 1789 年 7 月 29 日设立的档案委员会（Commission des Archives），设立目的是反对君主专制时期的国务处理均以国家秘密为名进行暗箱操作，所有议会决策均存档留名以示透明。国民制宪议会于同年 8 月 14 日委任来自第三等级的议员阿尔芒-加斯东·加缪（Armand-Gaston Camus）为委员会负责人，时称国民议会档案员（archiviste de l'Assemblée nationale）。该机构于 1790 年 9 月 12 日更名为国家档案馆（Archives nationales）。起初国家档案馆只保管议会文件原件，但议会很快就通过立法把大革命前各地的司法、行政、宗教各行业的行会的相关文件、流亡贵族的私人文件和导致君主制正式垮台的针对杜伊勒里宫的 1792 年 8 月 10 日暴动后所包括的王室的文件一并汇总收集于此。阿尔芒-加斯东·加缪终身担任第一任档案保管专员直至他于 1804 年去世。1789 年 10 月 28 日他被选为国民制宪议会的议长，他任此职至同年 11 月 11 日。审判路易十六期间（1792 年底至 1793 年 1 月 21 日路易十六被处决）他不在巴黎，但在 1 月 13 日写信表示投票（转下页）

案件相关的物证，富基耶-坦维尔的签名（下者）即取自他对
移交所做的一次批复（两个文件的档案编号：铁柜① AE/I/5，
第 19 号和 18 号）。

（接上页）赞同处决。在审判王后开始之前，也即 1793 年 4 月，国民公会派
他任专员去比利时把与国民公会发生抵牾的北方军团司令迪穆里埃将军停职
并把他带回国民公会接受质询。迪穆里埃本是保王党，眼见回去要被送上革
命法庭，遂反将加缪逮捕并交给奥地利，自己也叛变投敌。奥地利方面把阿
尔芒-加斯东·加缪扣为人质关押以期解救王后及其幼子，直至 33 个月后，
即 1795 年 12 月才释放以换回路易十六的女儿玛丽-泰蕾兹（Marie-Thérèse）。
所以公诉人富基耶-坦维尔实际联系的应该是加缪的副手。

① 铁柜（armoire de fer）：法国国家档案馆收藏等级为"重大文档"（grands
dépôts）中的核心文件原件的大柜，由大革命时期的国民议会交由锁匠马尔
格里于 1790—1791 年完成，为两个巨大的金属柜相套而成，防撞防腐，要
三把钥匙才能开启，分交议会议长、议长秘书和档案员。所藏的一些文本被
认为极端珍贵。除共和政权的宪法、法律和政令的原始文本外，还藏有路易
十四和拿破仑一世的遗嘱、路易十六的打猎日记和记录王后玛丽-安托瓦内
特每日着装的刊物。1793 年国民公会将国家档案馆的文件连同此柜一并转
移至杜伊勒里宫。读者请注意此铁柜不同于路易十六的铁柜。后者是路易十
六命锁匠弗朗索瓦·加曼在杜伊勒里宫连接路易十六和太子房间走廊的墙壁
上隐秘开凿的一个壁柜，用来藏匿他的私人通信。大革命期间该柜的存在被
加曼泄漏于世，柜中搜出的信件成了把路易十六送上断头台的主要罪证。关
于铁柜本书后记有详述。

目　录

第一幕

在　狱　中

我们穿过一道两边是回廊和大理石柱的略显庄严的大门，今天就进到了巴黎上诉法院的大审法庭①第一庭室。两年前我受国家文物中心之托规划整改古监狱博物馆的时候，自己来过这里一次。博物馆的事一直拖而未决，但是当时我在这座空荡的大厅里几乎独自一人的时候，对那次参观倒是留下了一个印象。这一印象应该同时又像梦游般的精神恍惚，又像幽闭空间使人产生的没来由的恐惧感。我也有某种不适之感。这里让人觉得完全是世俗性的闭关清修和第三共和国初期资产阶级的炫耀张扬兼而有之。整间屋子的墙壁上都铺着高耸的护墙板，以色泽暗淡的橡木制成，铺排的方式有点像一座大教堂里咏祷司铎②们的祈祷席③后壁。右手边，从三扇大大的窗子照进来一缕光线，这光似有若无，仿佛被灰尘和上光蜡滤过一遍。人们会

① 巴黎大审法庭（Tribunal de grande instance de Paris）：巴黎主管民事和刑事方面的一审司法机关。巴黎上诉法院（Cour d'appel de Paris）是巴黎主管民事和刑事方面的二审司法机关。作者这样说是因为这两个机构同在巴黎西岱岛上司法宫内的相连的不同楼栋内。从司法宫正大门进入，先是巴黎上诉法院所在地，走过之后即来到巴黎大审法庭。
② 咏祷司铎：罗马天主教会中一类神职人员，主要协助举行宗教仪式中的日课。依具体职务、投票权限、教士俸禄、住所是否在教院内、是否已领圣品（有教会品阶）、是否有教皇所赐特权戴主教长冠等可再细分。一部分咏祷司铎在僧侣阶层中和大主教、主教同属高阶僧侣。
③ 祈祷席：教堂里专为咏祷司铎所设的环绕着唱诗班的一圈木质固定座椅。这些座椅背后由相互连成一个整体的一排很高的雕花木板围住，所以这样形容。

10 觉得说这是个适合猫头鹰的地方，这些弥涅耳瓦①的鸟儿只有当白天的喧嚣重又落地之时才在黄昏起飞。然而从这种似乎同时代表着拙劣的艺术模仿、建筑师本人的胡思乱想和人类的好大喜功的狂乱装饰中，令人觉察到的睿智和感悟到的哲思一样是少之又少。天花板饰有藻井②平顶和悬挂式拱顶石③，堆砌着泛出铜绿色的镀金金箔，令人依稀想起在亨利二世④时期，即死于一次决斗竞技⑤的骑士国王的时代里，那些古旧的法国式天花板。在一块橡木板上有只箭猪，这是路易十二的代表图案。但是占主导位置的还是那些高奏凯歌的共和国象征。变成今天这个样子是因为，巴黎公社所纵大火⑥于 1871 年 5 月摧毁了很大一部分的司法宫，火灾之后，重新设计这个场所时人们想强调某种延续性。

昔日这里行使的是权出于王的司法，如今是人民进行决策。人民还有政治。我对这段历史略知一二，并且在这个洞窟里漫

---

① 弥涅耳瓦（Minerve）：罗马神话里的女神名，在希腊神话中名字是雅典娜。同时主管战争、智慧、思想、文学、艺术、音乐和手工业，她的象征物猫头鹰被认为代表智慧。所以下一句说大厅虽然像猫头鹰的住所，其实却并不给人智慧的感觉。

② 藻井：欧洲建筑常见的一种装饰，多用于天花板和墙壁，为井字形的格状下凹图形，边框多饰有浅浮雕。

③ 悬吊式拱顶石：欧洲教堂常用的一种拱顶石，装饰性很强，在拱顶石上加悬吊物，故名。可以悬吊吊灯等，也可以向下加长拱顶做纯粹的装饰。

④ 亨利二世（Henri II，1519—1559）：1547—1559 年在位的法兰西王国国王，他在 1559 年一次婚礼庆典的决斗竞技上被对手长矛插入眼睛重伤而死。

⑤ 决斗竞技：欧洲中世纪一种模仿真实决斗或小规模厮杀的比武竞技，在贵族之间流行。具体有多种形式，最常见的是双方骑马持长矛向对方冲锋，但长矛去掉金属枪头。

⑥ 巴黎公社大火：1871 年在凡尔赛军队镇压巴黎公社的"血腥周"中巴黎公社社员在巴黎全城各处主要建筑内放的大火，目的是抵抗失败则宁愿摧毁全城也不留给敌人。其中司法宫也在纵火目标之内。

步的时候，当然就不由得不去回想那些阴影般的过去。在这里，法兰西临时政府高级法院①于 1945 年，随后是高等军事法庭于 1961 年进行过审判，后者判决了阿尔及利亚政变②里"退休将军"③中的几人，即沙勒和泽勒。一些人在此被判处徒刑和公职失格④。另一些人则从此地发往沙蒂隆或蒙鲁日的要塞被行刑队处决⑤。这一天，我在遐想中仿佛重又见到身形庞大、声若奔

① 高级法院（Haute Cour de justice）：在法国是由议会议员所组成的司法机构，专门审理总统、议员、政府首长等人的政治性叛国罪，不是普通司法系统内部的司法机关。该机构自法国大革命的君主立宪时期以来直到今天的第五共和国，除具体细节随时代有变动之外大体保持不变。该机构于维希政府时期被废除，代之以最高法院，戴高乐领导的法兰西临时政府于 1944 年 11 月 18 日重新创设高级法院，审理维希政府的前政要人士，目的是进行政治清洗，把维希分子、纳粹分子和亲纳粹的合作分子从新政权和一些关键领域如工会、法律界、教育界、报界还有企业界的领导岗位上全面清除出去。

② 阿尔及利亚政变：1961 年 4 月 21 日由一部分驻阿尔及利亚法军军官发动并由四名将军沙勒（Challe）、茹奥（Jouhaud）、萨朗（Salan）和泽勒（Zeller）领导的针对法国政府的军事政变。政变原因是他们认为戴高乐准备放弃法国在阿尔及利亚的统治，这使这些参加过残酷的阿尔及利亚战争的军人感到被背叛从而无法接受。政变失败后 220 名军官被解除指挥权，114 名军官被送上法庭，同时约 1 000 名敌视政府阿尔及利亚政策、同情叛乱的军官辞职。

③ 退休将军：指政变的四名组织者沙勒、茹奥、萨朗和泽勒。这四人都在 1960 年前后或退伍，或因不满政府的阿尔及利亚政策而辞职，或者不在现役，所以在政变爆发后戴高乐在 1961 年 4 月 23 日的全国电视讲话中称这四人是"退休将军四人帮"，这个说法就从此一直固定到现在。

④ 公职失格：当时法国一种具政治和社会双重意义的耻辱刑，刑罚措施是剥夺为期不等的选举权和被选举权，开除出公共或半公共机构，从企业、银行、报纸和电台的领导岗位撤下，并从工会、职业团体、法律行业、教育行业、新闻行业和法兰西学士院的一切职位上撤下。军人则被开除军籍并不得佩戴勋章和持有武器。法庭也可宣布禁止在法国居留，没收部分或全部财产。

⑤ "一些人……另一些人……"这两句指的是二战后在对前维希政权的清洗运动中，对合作投敌分子和亲纳粹分子的处理。

11　雷的政府专员①马塞尔·勒布勒正身披红袍②，就要求判处布拉西亚克③死刑陈述理由。在这里，相当一部分合作分子④，如贝当⑤、赖伐尔⑥、比卡尔⑦、布里农⑧、吕谢尔⑨和达尔南⑩之流

---

① 政府专员（commissaire du gouvernement）：法国一种特别的司法职务。该职务人员的身份是法院法官或最高行政法院的国务委员（有时履行司法职务，有时履行行政职务），职能是在审判中代表政府和公权力部门对案件做出报告，提出自己的观点，但不参与案件审理。根据具体时期司法机构的不同，政府专员的具体职能和名称都有变化。

② 红袍是法国普通法院法官的法袍。这里是刑事审判，属普通法院系统管辖。行政法院法官衣着现代，不穿法袍。

③ 布拉西亚克（Robert Brasillach, 1909—1945）：20 世纪上半叶法国知名的极右翼知识分子，他鼓吹在法国也建立法西斯政权，二战法国被德军占领期间他与德国人合作，不仅狂热吹捧德国纳粹，在反犹反共的宣传上也十分积极。在法国解放后的清洗运动中，他于 1945 年 1 月 19 日被判通敌罪处以死刑。判决后一批有名望的法国知识分子联名向戴高乐请愿免他一死，但戴高乐并未听从仍坚持将他处决。

④ 合作分子：二战时与德国纳粹占领军合作的法国通敌分子。向德国投降的维希政府官员即被定性为合作分子。

⑤ 菲利普·贝当（Philippe Pétain, 1856—1951）：法国军人，政治家，一战时因凡尔登战役成名后晋升元帅，二战初期出面组阁成立法国维希政权，带领法国向纳粹德国投降并和德国占领军展开"合作"，帮助纳粹德国迫害法国犹太人。战后被判死刑，经戴高乐减刑为终身监禁。

⑥ 皮埃尔·赖伐尔（Pierre Laval, 1883—1945）：20 世纪上半叶法国政治人物，第三共和国时做过政府部长和部长会议主席，二战时他是维希政府中最重要也是最积极的与德国纳粹合作者。战后以叛国罪和危害国家安全罪被判死刑枪决。

⑦ 马塞尔·比卡尔（Marcel Bucard, 1895—1946）：20 世纪上半叶法国政治人物，法西斯主义者，二战法国被德国纳粹占领期间与纳粹合作，法国解放后他被逮捕枪决。

⑧ 费尔南·德·布里农（Fernand de Brinon, 1885—1947）：法国律师、记者和政治人物，二战期间与纳粹合作，法国解放后被枪决。

⑨ 让·吕谢尔（Jean Luchaire, 1901—1946）：法国记者和报社老板，纳粹占领法国期间控制巴黎的媒体展开合作宣传，法国解放后被逮捕枪决。

⑩ 约瑟夫·达尔南（Joseph Darnand, 1897—1945）：法国军人和政治人物，是和纳粹合作的主要分子。他负责领导法西斯准军事组织，作为盖世太保的爪牙他致力为追捕抵抗分子和犹太人。他也给自己领导的"民兵"下命令在法国境内劫掠，法国解放后达尔南被判死刑并枪决。

的命运可悲地终结。我眼前的装饰似乎与我们当代史上最悲剧的那些时刻正相呼应。是该好好打扫这个奥格阿斯牛圈①似的藏污纳垢之所了。

*

王权时期这里的一切都迥然不同。在旧制度②，第一庭室有另外一个名称，大审判庭。巴黎高等法院③的法官们身着红袍在此审理王国下级司法机构的上诉案件。也是在这里，他们发布规章决议④或者通过他们的谏诤书⑤，有时拒绝注册国王的敕令。是在这里，可能是在 1655 年 4 月 13 日，路易十四⑥前来晓谕他的高等法院，而且是穿着马靴手持马鞭，宣告

①　奥格阿斯：希腊神话中的艾利斯国王，拥有大量牲畜。据传他的牛圈 30 年未打扫过，所以污秽不堪。作者意即历史上长期以来这个法院就专门被权力用来搞政治迫害所以污浊横行，现在该痛下决心彻底革除这种野蛮做法。

②　旧制度：1789 年法国大革命前实行的绝对君主专制，从时间上看大致是 16—18 世纪。后面的波旁王朝复辟或多或少地保留了大革命的社会成果，不称为旧制度。旧制度之前的一个时期为中世纪。

③　高等法院（parlement）：旧制度时期法国混乱的司法系统中的一种司法机构。大革命前，有四类主要的司法体系并存：领主司法，由地方贵族主导；宗教司法，主管宗教事务；为数众多的特别行政司法机关；最后是代表国王的王家司法。高等法院即王家司法体系中的终审法院，共 13 个，在 18 世纪有着举足轻重的政治地位。

④　规章决议（arrêt de règlement）：高等法院的立法性权力，可以基于所审判的案件也可独立于案件单独做出，涵盖面极广，可以辅助、补充甚至修改国王发布的法律。

⑤　谏诤书（remontrance）：高等法院的重大政治权力。国王颁布的一切诏书、法令、敕令和缔结的国际条约都需经高等法院注册方得生效执行。高等法院可以上奏谏诤书的方式予以拒绝。

⑥　路易十四（Louis XIV，1638—1715）：法国专制君主，在位期间法国绝对君主专制发展到顶峰，人称“太阳王”。

说他是主子①。还是在这里，在 1787 年 11 月，路易十六最后一次试图确立他君主的强权，却未能压过法官们执着且已是革命性质的反对。事情出于强制法院注册某些关于税收的敕令以图对局势做最后的挽救②，当时朝廷正濒临破产。"这于法不合！"他的堂亲奥尔良公爵③喊道。"这合法因为朕意如此。"④国王咕哝着说。几个月后，后者召开了三级会议⑤。大革命开始了。

直至那时，大审判庭都围绕着君主本人进行布置，整个司法权即处之于他。他的御座置于一方覆有百合花图案⑥的蓝毯

---

① 据说路易十四在他统治早期，为加强君主绝对专制的权力，于 1655 年 4 月 13 日身着猎装，径直走入巴黎高等法院打断法官对他所颁布敕令的讨论，在对后者强调王权的独一无二和至高无上时说了那句著名的话："先生们，不要以为你们能代表国家，朕即国家！"然而需注意的是路易十四的这句话虽然流传久远，却出自野史，在法院会议记录里并无相关记载，也没有证据能确定路易十四的确说过这句话。

② 在大革命之前的 1786 年，为填补巨大的亏空以避免财政崩溃，路易十六的财政大臣卡洛讷要求用一种新的土地税替代原先的直接税，这样原先享有不纳此税特权的贵族阶级也要纳税。结果贵族们在缙绅会议上否决了提案，还迫使路易十六于 1787 年将卡洛讷解职。继任的财政大臣布里安主教继续推行卡洛讷的方案。而巴黎高等法院则以只有召开三级会议才能商议此事为由再次将方案否决。对巴黎高等法院的反抗深感不耐的路易十六最终决定剥夺法官们的注册权。

③ 这里的奥尔良公爵即路易-菲利普，是后来的七月王朝（1830—1848）的君主的父亲。1793 年，这位公爵被送上断头台，其子继承了爵位并于 1830 年登基成为法国国王。

④ 这句话后来也成了名言，和路易十四的那句"朕即国家"一起常被引用以说明法国绝对君主专制的权力性质。

⑤ 在法国旧制度中，三级会议（États généraux）指的是法国全国人民的代表应国王的召集而举行的会议。1789 年三级会议，是法国自 1614 年之后第一次举办的三级会议，也是法国历史上最后一次，主要目的是尽快提出解决政府经济危机的方案。三级会议由三个阶级代表全体国民的构成：第一等级（教会）、第二等级（贵族）和第三等级（资产阶级、城市平民、农民等）。

⑥ 百合花是法国王权的标志，所以这里予以强调。

子的台子上，并且上方加有华盖①。"国王之角"②，即进行御前审理③和御临法院仪式④的这个角落，也是上帝的角落⑤。它自1450 年代起就由一幅巨大的《耶稣上十字架》装饰着，而人们很长时间都——错误地——以为它出自丢勒⑥之手。自政教分离法⑦颁布之后，这幅画就被保存在卢浮宫，现在还能在那儿看到它。基督的两边是圣徒和作为王国守护人的君王们，如路易九世⑧和施洗者约翰⑨，查理大帝和圣德尼，圣德尼是国王和

① 华盖：一种装饰性很强的顶，在西方一般加在国王的御座和床或者教堂里某些地方的上方，通过向上扩展立体空间增加威严感。

② 在高等法院大厅里国王御座不放在屋子或前或后的正中间，而是放在大厅的一角，故说角落。

③ 御前审理：因案情重大，国王亲自提审本属某法院管辖的案件。

④ 御临法院仪式（lit de justice）：旧制度时期国王在高等法院召开的一种重大的御前会议，此时高等法院不再具有原来的司法职能，仅作为咨询机关出现。国王此时则握有全权，可以直接通过高等法院不愿注册生效的法律文件。

⑤ "也是上帝的角落"指法国绝对君主专制是君权神授，国王是上帝在人间的代理人。

⑥ 丢勒（Albrecht Dürer, 1471—1528）：德国中世纪末、文艺复兴时期著名的油画家、版画家、雕塑家及艺术理论家。一般认为他是北方文艺复兴中最好的艺术家。他的作品包括祭坛、宗教作品、许多的人物画和自画像以及铜版画。

⑦ 政教分离法：法国 1905 年 12 月 9 日通过的法律，确定了天主教会在法国社会中的地位。自此国家确定了信仰自由原则，既不干涉，也不再承认任何信仰为国教，不对任何宗教予以资助。政教分离法也完成了整个法国社会世俗化的最后一步。

⑧ 路易九世（Louis IX, 1214—1270）：13 世纪的法国国王。他非常虔诚，建立了很多教堂、修道院和收容所以扶贫济弱，努力使蒙古大汗皈依基督教，提供过基金支持建立索邦学院，于 1242 年建造圣礼拜堂以崇敬圣物。他在世时就被看作一位圣徒，并于 1297 年被教会正式认可。人们普遍称他是"圣路易"。

⑨ 施洗者约翰：基督教中的一个重要人物。根据基督教教义他是个先知，预言了耶稣的降临，并在约旦河里给耶稣施洗。

王国的主保圣人①，如他的殉教传说所宣传的那样，双手捧着他的头②。同时两步开外是圣礼拜教堂③，而这一切都清楚明白地指出了君主权力的神性来源，似乎在地上的国和天上的国之间，曾经存在过一条既有形又无形的纽带。

大审判庭里当然处处都得体现出尊卑、等级、秩序和雍容华贵。地面铺着黑白相间的石板。天花板袭承了路易十二统治时期哥特风格的杰出作品的样式，上面的雕刻和装饰如此精美，因而很久以前人们就把这地方改称"金色大厅"。四面墙上饰有大块的壁毯。在当时被叫做贤人④门的大门入口处，是库斯图⑤雕刻的歌颂太阳王的壁炉。后者被表现为骑在马上，两侧是真理女神和正义女神⑥。

---

① 主保圣人的概念是法国天主教的一种习俗和信仰，天主教徒受洗时会选一个圣徒的名字作自己的圣名，以图这位圣徒对他会特别保佑。每个城市、民族、地区和社会群体也有自己对应的圣徒，具体是哪个圣徒都是根据习俗已经明确固定下来的，不能自由选择。另外建教堂的礼拜堂时也会加上某个圣徒的名字，希望得到其保佑。

② 圣德尼：又称巴黎的德尼，是基督教圣徒与殉教者，活跃于 3 世纪，是首位巴黎主教。公元 250 年前后，他在罗马皇帝德西乌斯迫害基督教时殉教。传闻他被斩首后仍拾起头颅一直走到自己的石棺。他是法国与巴黎的主保圣人。

③ 圣礼拜教堂：法国巴黎市西岱岛上的一座哥特式礼拜堂，由路易九世下令兴建。建造的目的在于保存耶稣受难时的圣物，如受难时所戴的荆冠、受难的十字架碎片等。路易九世在教堂和圣物上花费了大量的金钱，其荆冠购得之价钱，比修建圣礼拜堂的花费更为昂贵。教堂内更高一层保存着最重要的圣物，同时连接到路易九世的私人住所。

④ 贤人（pair de France）：在法国旧制度时期是指赋予王国里最重要的十二名领主进入国王御前会议议事之权的荣誉称谓。十二人一半是僧侣，一半是世俗人士。

⑤ 库斯图（Coustou，1677—1746）：法国著名雕塑家，应路易十四要求创作了不少大型作品。

⑥ 此处系原书错误。在司法宫壁炉上的浅浮雕表现的是路易十五站在真理女神与正义女神之间，而非路易十四，两女神用妇女的形象表现，一者持镜，一者持天平。库斯图关于路易十四骑马的作品是现在位于荣誉军人院的一座雕像，真理与正义两女神在雕像的底座上。

所有这一切都在 1793 年消失了。自 1789 年 7 月 14 日攻占   13
巴士底狱起担任了巴黎市长的巴依①在 1790 年命人给大审判庭
贴了封条。借着把司法和国王的人身相分离，国民议会的议员
们在 11 月设立了一个翻案法庭②。巴黎高等法院解散，翻案法
庭的地址就设在那里，直至于 1793 年 3 月被另一个法庭，即特
别刑事法庭取代。因在恐怖统治③时期处于核心位置，所以它
更为人所知的名称是革命法庭。

在此期间，凡是能够令人想起过去的封建君主制的东西，
都被人仔细地从自此改称自由厅的大审判庭内清除出去了。百
合花图案的壁毯被扯掉，两个暖炉换掉了库斯图的壁炉，一幕
平滑的天花板遮掉了路易十二时期的装饰。从这时起，空洞和
乏味就换下了道德与公正。

大厅尽头，在过去是御座的地方，给法官们在一座台子上
摆了张桌脚雕成狮鹫形象④的庄重长桌。革命司法将王权司法
取而代之。这场主权颠覆非同寻常，而最能指出这一点的强烈
象征舍此无他。这场颠覆于 1789 年骤然发生，主权从君主转移

---

① 巴依（Bailly, 1736—1793）：在大革命时他是第三等级代表并被选为主席，
也当过国民议会议长，但他政治立场保守，想要限制共和势力的发展。大革
命初期他积极反抗王权的表现使他极受民众欢迎，但在练兵场惨案中国民自
卫军在他在场的情况下对着骚乱人群开枪，让他的声望一落千丈，并且导致
他很快就辞去所有公职，最终他在雅各宾专政的恐怖时期被捕下狱。审判玛
丽-安托瓦内特时叫他作证指控王后他也不愿意，事后他很快被送上断头台。
② 当时的翻案法庭只审查上诉案件的法律程序性问题，负责撤销违法判决，本
身权力很有限，同时也受议会的严格监管，如果就同一缘由两次作出撤销判
决，就要通报请示议会。1804 年翻案法庭改称翻案法院，即法国今天的最高
普通法院。
③ 即雅各宾专政时期。
④ 狮鹫：又称格里芬兽，是神话里半狮半鹰的怪兽。在建筑上，狮鹫通常以一
只长着四只脚、一对翅膀，拥有豹子头或者鹰头的神兽形象出现。

到了民族①身上。在下方，一张更小些的桌子是给公诉人准备的，他是今天代表检察机关的助理检察总长②的久远前身。在左手边，旁听席位安排给了被告们。在右手边，窗子下方是陪审员们的长椅，而前方则是书记员们的桌子。在古老的贤人门旁边，放了一道木隔栏以给公众留出空间。雕塑家弗朗索瓦·多容曾受命以浅浮雕装饰几扇门上方的部分，而我们认为浅浮雕表现了符合场所的严肃性和当时流行品味的主题。虽然所知仅限于此，但应该很有可能是些从古希腊罗马历史中取材而成的图样ⁱ。

14

*

这个弗朗索瓦·多容是个耐人寻味的人物，很有活跃分子圈③

---

① 民族一词有特殊涵义，是一个革命者为证明自己革命与统治的正当性而发明的政治概念。为了对抗国王"君权神授"的政治统治逻辑，革命者认为一切权力最终属于整个法兰西民族，并应由民选代表来代为行使。这种"主权在全民族"的说法和"君权神授"正好相反。本书中说到"民族"，都是指意味着这一政治概念的民族。

② 助理检察总长（avocat général）：法国一类检察官的职务名。其职务位阶排在检察总长（procureur général）和首席助理检察总长（premier avocat général）之下，一般的检察官（procureur）之上。

③ 活跃分子原文作"activiste"，法语中此词 1916 年才第一次出现，实指政治上的直接行动主义者，但是晚近的用法受了英语 activist 的混淆性影响，于今常常误用于指政治运动中的积极活跃分子。此处的活跃分子圈子特指大革命时期的政治团体科德利埃俱乐部（club des Cordeliers）。该俱乐部又称人权与民权之友会，于 1790 年 4 月成立于巴黎的科德利埃修道院，故名。比起雅各宾派，科德利埃派的政治主张更能代表贫苦工人的利益，政治立场也更激进。他们对国家权力机关积极监督，对贵族严格监控，就自己的主张提出请愿，得不到满足就组织骚乱。路易十六被废黜后他们要求予以处决，练兵场惨案中的群众骚乱也由他们组织。推翻路易十六的 8 月 10 日起义他们积极参与，后来他们强烈要求实行恐怖统治并推翻了国民公会中的吉伦特派。最后雅各宾派主导的救国委员会再也无法容忍科德利埃派的（转下页）

内人的特点，并且是个当时风行一时的无套裤汉①。此人是纯粹的爱国者②和巴黎公社③全体代表委员会委员，1792 年 8 月 10 日攻占杜伊勒里宫④后不久，他曾是负责在圣殿塔⑤看管国

（接上页）咄咄逼人，遂于 1794 年 3 月将其主要领导全数逮捕送上断头台，自此科德利埃派垮台，其后续成为雅各宾派的一个附属。本书后面提到的活跃分子都是特指科德利埃俱乐部成员。

① 无套裤汉：大革命早期持激进思想的革命者群体，这些人一般都是最底层的贫苦民众，热切鼓吹当时被认为属于无政府主义的直接民主，要求对基本生活物资进行价格管制，反对大资产阶级的自由经济政策。无套裤汉发展出一整套的革命文化，包括语言、服饰、音乐、饮食、说话方式、言行举止和思想观念，其中特征最明显的是和贵族与上层资产阶级形成强烈反差的服饰：无套裤汉穿直筒裤，不加绑套，而后者穿真丝及膝加套的马裤。

② 这里的爱国者是一个政治标签。在大革命最早期，政治派别的划分只有爱国者（Patriotes）和与之相对的贵族（Aristocrates）。在当时的国民议会里，有不同的政治流派，却还没有出现以今天的方式组织起来的政党。当时的政治团体既无官方组织和正式成员，也没有既定的纲领。议员归属相当自由独立，议员也都以此自傲，宣称只遵从内心而行动。当时所谓爱国者就是指赞同和支持革命的人，相反就称作贵族。

③ 巴黎公社（Commune de Paris）：此处是指自攻占巴士底狱后到 1795 年热月政变期间的巴黎市革命政府。热月政变后为避免形成新的人民专政，公社被解散，共和三年宪法用 12 个区政府将其取代。在 1792 年 8 月 10 日路易十六被推翻后，巴黎公社改称巴黎起义公社，自此巴黎公社成为革命激进力量的代言人。全体代表委员会（conseil général）等于它的市议会。

④ 1792 年 8 月 10 日：大革命中至为关键的一个日期，被认为是二次革命。事件直接原因是在敌视革命的欧洲君主专制国家发动战争的背景下，普奥联军的司令不伦瑞克公爵于 8 月 1 日对法国发表宣言，命令尽快"释放"国王一家并且重建封建王权，还威胁说如果对国王一家的人身有所侵犯就摧毁巴黎全城。不伦瑞克的宣言大大刺激了激进的雅各宾派、科德利埃派还有革命群众，路易十六之前出逃未遂，此事也就加深了他们本来就有的敌意。在要求国民立法议会罢黜路易十六未果后，在 9—10 日之间的夜间，巴黎 48 个选区的代表到市政厅推翻了巴黎立法公社，成立了巴黎起义公社，10 日早上革命民众攻占了杜伊勒里宫，路易十六一家避入立法议会，随后国王被罢黜，法国成立了第一共和国。

⑤ 圣殿塔（Tour de Temple）：1240 年圣路易时期为圣殿骑士团所建的塔状要塞，后作监狱用。19 世纪初成为保王党朝圣地，拿破仑于 1808 年下令将塔夷为平地。

王一家的选区①专员②之一。此事应该帮他带来了几个订单的生意。他尤为人知的是曾受命拆毁了巴黎众多教堂中，特别是圣-述尔比斯教堂ⁱⁱ中的那些"封建迷信标志"。大革命正如往昔和今日的所有革命一样，想要把一切都毁灭殆尽，包括被排斥到了傲慢③与邪恶那一边的君主制的过去。而把过去从现在身上撕掉，就是把好的和不好的分开。这尤其有利于诞生一种人，这种人思想上焕然一新，摆脱了记忆上的混乱，清除了旧时的

15　信念，好让自己从今往后彻彻底底地为正在建设中的新社会所用。君主制正是如此这般在极短时间内就成了"旧制度"。这触及一个个的人，也触及一件件的物。在司法宫，古老辉煌的金色大厅就遭受到了这种命运。

*

　　法官桌子后面的墙上，在离地约 2.5 米高的地方颇费心思地挂了两张尺寸颇大，经过装裱，内容用印压法④绘制的油画

---

①　在旧制度下，巴黎全城划为 21 个街区（quartier），1789 年举行三级会议时，为选举各等级的代表又临时划为 60 个市区（district），到了 1790 年，制宪议会又发布政令把全城划为 48 个选区（section）。虽然在正式制度上只是为选举，但各选区的政治活动却很活跃，也有相当的政治实力，有自己的选区议会，更能作出有正式政治效力的决定。选区一直存在到 1795 年，后被督政府废除。

②　选区专员：巴黎起义公社委员会委员的名称。委员会在构成上，经与国民公会相互妥协，最后规定由全巴黎各选区全体公民选举并由区议会委任的选区专员组成，每区出 6 人。这里说的是 8 月 10 日起义后未与国民公会达成妥协之前的时候，8 月 11 日时委员会委员只有选区专员 52 人加上其他数人。

③　此处指的是基督教罪责意义上的傲慢，被列为七大罪之首，是最原始、最严重的一项罪恶。这里用来说封建王朝是因为封建君主专制被认为是滥用权力，而滥用权力算是一种傲慢。

④　印压：一种绘图技术，在空白上确定出留给所绘图像的空间，随后填充上色。

布。一张印的是《人权宣言》宣示表，另一张是共和元年①宪法宣示表，这部宪法于 1793 年 6 月庄严颁布后从来都未实施。要是我们假定这两张宣示表和今天在卡纳瓦雷博物馆②大革命展厅里所展出的那两张相似的话③，就能读到两个文件的全文，它们都"经由国民公会批准"ⁱⁱⁱ。这个国民公会于 1792 年 8 月国王被中止行使权力之后经选举组成，在 9 月里它宣布成立了共和国。在这两个宣示表上面各有一个本身也装饰着弗吉尼亚帽④的涡形边框，在框里我们还能读到"共和国的统一不可分割"。这些法律宣示表成了当时巴黎所有公共场所避不开的装饰性和象征性元素。现政权取代了另一政权，而此举很符合它这一新的非教权性质的神圣性。同样地，这样也符合一种显而易见是要教育下一代的考量。人们展示这些新圣像，一如过去在教堂里展示旧的圣像。共和国通过反复宣传得到展现并获得 16

---

① 此处所用为共和历法，是 1792—1806 年大革命期间法国使用的历法，此历法在后来 1871 年的巴黎公社时期也短暂使用过。虽然是共和二年葡月十五日（1793 年 10 月 6 日）开始施行，但是成立共和国的那天为起始日，即共和元年葡月一日（1792 年 9 月 22 日）。

② 卡纳瓦雷博物馆：巴黎市立历史博物馆。

③ 该馆收藏的这两张宣示表都是中间用象征权力的古罗马束棒加法西斯斧头把正文分成左右两半，正文上方有一个细长的边框，框内是吊起来的花环，正中间是一个人的头像，再往上有一个方形边框框住"《人权宣言》宣示表"或"宪法文本宣示表"字样，该字样下面是一行"经由国民公会批准"的小字。在方形边框上方还有一个涡形饰框，里面写着"共和国的统一不可分割"，涡形饰框上戴着象征大革命的弗吉尼亚帽。方形边框左右两边各有一个女性形象，左边女子右手持矛左手捧心，右边女子右手指着"共和国的统一不可分割"，左手指着"经由国民公会批准"。所以作者会这样描述。

④ 弗吉尼亚帽：大革命时期流行的一种无边软帽，颜色或红或黄，可以插上一个象征共和国的红白蓝三色圆标也可以不加。此帽也是共和国的象征物之一，同时也是法兰西共和国的女性化玛丽安娜戴的帽子。此帽具体象征自由，据信脱胎于罗马帝国被解放的奴隶们戴的帽子。

确立。于它之后的历史也是同样如此。

1793 年 11 月 20 日，司法宫的执勤宪兵们列队向革命法庭的成员们献上马拉①和勒佩尔捷"这两位为自由牺牲的杰出烈士"的半身像。还有个富传奇色彩的古罗马共和国的缔造者布鲁图斯的半身像，他那两个儿子犯了阴谋颠覆政权的罪行，他命人把他们处决，因而在大革命时期备受民众喜爱ⁱᵛ。此外我们知道马拉和勒佩尔捷这两位国民公会议员的结局，一个是"人民之友②"、山岳派③，1793 年 7 月 13 日在他自己的浴缸里被夏洛特·科尔黛④刺杀，另一个因为对处决路易十六投了赞成票，被卫兵帕里斯一剑捅死。

为自由而死的英雄们于此受人瞻仰。他们对跟自由对战过并将因此而掉脑袋的那些人来说，是一课道德教育和一场活生生的批判。但到头来，是死亡，而且是剧烈的死亡充斥着这整个场所。在这里形同在斯提克斯河⑤边，在卡戎⑥的平底船上，

---

① 马拉（Marat, 1743—1793）：法国大革命时期的政治人物，他是国民公会的议员，属山岳派。大革命前他是医生，受雇于当时的大贵族，还接过王室颁发的执业执照，但是后来他的雇佣关系被解除，他也陷入了潦倒。大革命初期他成了记者，办报鼓吹革命，还数次写文章煽动民众去屠杀贵族。9 月屠杀前夕一份宣传单证实是出自他手，几天内在巴黎就有超过 1 300 人被害。1793 年 7 月 13 日马拉在自家被科尔黛刺杀，一时间形成了民间崇拜，每个十字路口都摆有他的雕像。

② 人民之友：马拉主办的一份鼓吹激进革命思想的报纸的名称，马拉常在报纸撰文赞同使用极端暴力手段拯救共和国，所用言辞常常颇为血腥。马拉也自称是人民之友。

③ 山岳派：国民公会中一个政治派系，属于革命的激进力量，与吉伦特派对立。因成员多坐在议会后排高处而得名。

④ 科尔黛（Corday, 1768—1793）：法国剧作家高乃依亲属的后代。因马拉时常鼓吹赞成采取血腥镇压手段而认为马拉滥杀无辜，遂独自前往他家把他刺死。

⑤ 斯提克斯河：希腊神话里把人间和地狱隔开的五条冥河之一。说在此河边即是说在鬼门关。

⑥ 卡戎：希腊神话里在冥河上摆渡的人，相传只有坐他的船才能跨过冥河。

就好像进入昔日的大审判庭时，是在穿过一间只有一扇门的入口大堂，从而一去不复返。半身像放在屋子尽头的墙那儿，分置在法律宣示表的两侧。大卫①此前向国民公会赠了他那两幅关于马拉和勒佩尔捷的著名油画，如今只剩下第一幅②，现藏于布鲁塞尔美术博物馆。革命法庭内部更朴素些，但也不遑多让地运用了种种象征。同样是在这场 1793 年 11 月 20 日的典礼上，公民帕卢瓦，一个建筑承包商，曾经负责拆除了"最后的"国家监狱巴士底狱并靠此做了他最大的一笔生意，他向法庭赠了"一块来自（那里）地牢的石头"。人们则准备把它摆到显眼的位置上去。

17

在自由厅，人们不满足于只是审判出庭的被告们，还要向他们展示国王们独断专行与施行暴政的种种遗迹，以此来教化他们。如同在宗教裁判所大行其道的年代里一样，那时忏悔和认罪占了主要位置，但在一个世俗化了的版本里，死亡把救赎重生和清理净化整个共和国的这一程序加了进来。然而，和某些历史学家所确认的相反，马拉和勒佩尔捷的半身像——表现革命法庭的版画数量稀少，在其中几张中我们能看得到——在这段历史开始的时候，还没有放入自由厅。

*

从古监狱到司法宫一楼③的法庭过道，令走过它的人持久

---

① 大卫（Jacques David，1748—1825）：法国新古典主义的奠基人。他除在艺术上颇有成就外，还是罗伯斯庇尔的朋友、雅各宾派的一员，活跃于法国大革命之中。罗伯斯庇尔失势之后，他又投靠拿破仑。拿破仑失势之后就自我流放到布鲁塞尔，并终老于此。

② 指大卫的名画《马拉之死》，画的是马拉遇刺后在浴缸里死去的场景。因为马拉有皮肤病，所以常常数小时一直泡在浴缸里以缓解痛苦。在私交上大卫和他是朋友。

③ 法国建筑的楼层是从离地面开始的一楼算起，等于中国的二楼。

地心有余悸。"通过令人恐怖的楼梯我们到了那里"，在《烟花女枯荣记》里，巴尔扎克一直跟着他的主人公，前苦役犯雅克·科兰，也就是卡洛·埃勒拉神甫的视角讲述道，"一个巨大的迷宫"，他加上一句，"那些对司法宫陌生的人差不多要永远迷路在里面"ᵛ。安热莉克·维塔斯，一个从 1794 年 2 月 9 日的开庭审判中幸存下来①的前修女，说到"许多黑漆漆的小路，非常窄而且非常脏"。

通过第一道弯弯扭扭的楼梯，就从底楼的囚犯走廊上到了被称为画家长廊的一楼廊道。这最后一条长廊对公众开放，并且通常情况下人来人往得非常频繁。嫌犯有时会暴露在人群面前受其辱骂。从这里走十来个台阶会进到一条沿着法庭后墙的狭窄过道，再穿过一道矮得常让人撞脑袋的门就进入了法庭。这道门开在大厅尽头，在法官们的台子的右手，窗子边上。所有对这段路留下过回忆记录的囚犯们都说，在进入昔日的大审判庭时，会不由自主地"全身发抖"ᵛⁱ。

就是从这道门，洛林—奥地利王室的玛丽-安托瓦内特，1793 年 1 月 21 日在革命广场上了断头台的法国人的国王路易·卡佩②的寡妇，在 1793 年 10 月 14 日星期一早晨将近 9 点的时候进了法庭。

此时正值恐怖统治③之初，共和国成立方才一年。她不唯

① 革命法庭的审判结果只有两种，被告无罪或者有罪并被判死刑送上断头台。

② 卡佩是当时革命当权者对路易十六的称呼，有戏谑和轻视的意思。原因是路易十六所属的波旁家族是于 987 年创立卡佩王朝的于格·卡佩家族的一个旁系，大革命时期仇视封建制度的革命者惯于给路易十六和其他王室成员起各种蔑称。所以当时对路易十六直呼其名叫他路易·卡佩。他被处决后，王后就被称为寡妇卡佩。

③ 恐怖统治于 1793 年 9 月 5 日正式开始。

处于战争状态，尤其是还处在危难关头。欧洲几乎所有君主都加入了一支反法联军①，在边境虎视眈眈，西部旺代的叛乱②和里昂与马赛的联邦主义运动③则在内部暗度陈仓。孔代和瓦朗谢讷已经投降。敦刻尔克正被围城。土伦在英国人手里。而且雪上加霜的是，巴黎粮食短缺。

　　在雅各宾俱乐部，自8月30日起，人们就"把恐怖提上议程"。巴黎的无套裤汉们强烈要求国民公会采取激进措施。他们的主张很明确："处处都进行复仇并且行使正义。"9月5日，议员们让步了。此日人们做了关于创建一支革命军队的决定，加强了革命法庭的权力，后面会说到，它是在5月建立起来的。巴黎48个选区的权力也加强了。负责治安的公共安全委员会④进行了成员变更。9月17日，投票通过了反"嫌疑犯"法，采取了一整个系列的措施，这些措施在8月里已有讨论，到那时

---

① 这是第一次反法联军，主要原因是路易十六被处决以及法军占领了萨伏依和尼斯（当时属撒丁王国），阿尔萨斯（当时也不属法国）还有比利时这些地方都被并入法国。这次联军主要由英国组织，此外还有荷兰、奥地利、普鲁士、西班牙、葡萄牙、撒丁王国、那不勒斯王国，稍后还有德意志诸侯国以及俄国。

② 当时为抵挡反法联军国民公会决定征兵30万。而西部的旺代本来就对迫害天主教会的革命措施十分不满，所以拒绝入伍并开始武装叛乱。当地叛乱的保王党的"白军"和象征共和国的"蓝军"的斗争异常残酷激烈。此外，保王党还在里昂和马赛煽动叛乱，并计划把土伦港交给英国舰队。

③ 大革命时期的联邦主义是指吉伦特派提出的要把法国93个省变成彼此平等的国家，组成邦联。这种思想的出现是因为大革命后虽然原先封建时期各个地方的关税壁垒、特有的某些特权和地方立法等这些隔阂被消除了，但当时的中央还无力把地方权力一并收归。当时各地的联邦主义者都只愿意与中央实现有限的联合并要求部分或绝对的自治。吉伦特派主张美国式的联邦，山岳派则极力反对。在权力斗争中山岳派取胜，所以在宪法里强调共和国是"统一不可分割的"。在山岳派逮捕吉伦特派代表次日，法国西南许多省份纷纷叛乱，这场地方反对巴黎的运动在法国叫做联邦主义运动。

④ 当时是公共安全委员会负责搜捕反革命嫌犯。

为止大家都还很厌恶去实施它们：强征全体法国人入伍，强制征税，对物价和工资进行管制。在议会演说里，人们从这个时候开始谈起"法律的救国性恐怖措施"。根据圣茹斯特①的提案，10 月 10 日决定"将实行革命政府直到迎来和平"ᵛⁱⁱ。②自此各项权力就主要集中在 4 月创立的救国"大委员会"③的 12 名委员手里。

　　巴黎的气氛变得越来越压抑。此时人们还不像 1794 年 6 月大恐怖④时期那样惊恐万状。大革命尚未像圣茹斯特后来所说的那样"冻结起来了"⑤，但在 1793 年的这个夏末，有件事情起了变化。自 1793 年 1 月 21 日处决国王以来，革命就分裂了。吉伦特派与山岳派兄弟相残⑥持续数月，6 月 2 日前者被清除出

①　圣茹斯特（Saint-Just，1767—1794）：罗伯斯庇尔最坚定的支持者，在权力斗争中负责组织打败了埃贝尔派和丹东派，人称"恐怖的大天使"或"革命的大天使"。罗伯斯庇尔倒台后和他一起被送上断头台。

②　国民公会的这个决议主要针对前文所说的共和元年宪法。为安抚叛乱的外省，国民公会于 1793 年投票通过了这部极为自由主义的宪法。采取革命政府即意味着不实施这部宪法。

③　救国委员会（Comité de salut public）：革命政府的最高权力执行机构，有行政权，也负责指挥军队。

④　罗伯斯庇尔的密友库东于 1794 年 6 月 10 日发起通过了牧月二十二日法案，这是关于恐怖措施的立法中最可怕的一部法案。该法取消了被告的一切法律保障，规定只要被革命法庭宣布有罪，是人民的敌人，就判处死刑。而且如果已有物证或口供就无须再询问证人。是否有罪由爱国者组成的陪审团来决定。法案颁布后 45 天内巴黎就处决了 1 285 人，是前 14 个月处决人数的总和。这一时期史称大恐怖。

⑤　大革命时期许多人加入各种革命机构，名义上是参加革命，实际上只是说些冠冕堂皇的革命套话，谋取私利。针对这一现象，圣茹斯特于 1794 年春在他的《共和制》一书中予以批判，并说此时革命裹足不前，已经"冰封"。

⑥　说吉伦特派和山岳派是"兄弟"是因为两者的许多理念都相同：都不愿意民粹力量控制议会；都不希望国家干预经济；两派都是资产阶级。像罗伯斯庇尔和圣茹斯特这样为贫苦的下层阶级代言的在议会里是少数派。所不同者，吉伦特派开始时也依靠民众，在立法议会时还领着民众在 （转下页）

国民公会，7月马拉遇刺，军事失利①，这些无套裤汉们所经历的事与日俱增②，一桩桩"阴谋事件"③亦在增加，它们都让人神经亢奋。于是开始时的欣喜若狂逐渐就被害怕、猜疑和仇恨盖过。

在巴黎，居民的生杀予夺任由选区各委员会④处置，他们被置于告密和突如其来的入室搜查之下。这好似过去国王们

（接上页）1792年6月20日冲击过杜伊勒里宫，但很快吉伦特派就开始害怕这种民粹力量转而靠向路易十六，而且吉伦特派对巴黎无套裤汉的起义和巴黎公社的夺权独裁都相当仇视，所以所有的革命温和派甚至寻求和旧制度妥协的人都把希望放在吉伦特派身上。激进的山岳派则对这种温和态度无法容忍。两派开始权力斗争时，吉伦特派首先发难，指责罗伯斯庇尔寻求独裁，马拉煽动滥杀无辜，丹东贪污挥霍公款。山岳派反击说吉伦特派搞联邦主义是分裂国家。由于吉伦特派在议会里人数较多，所以他们第一个要求建立特别法庭并想把政敌判处死刑。1793年4月初，罗伯斯庇尔和马拉要求逮捕吉伦特派领袖，吉伦特派则把马拉送上革命法庭，但马拉被无罪释放。吉伦特派又成立一个十二人委员会负责追查巴黎公社，还逮捕了巴黎公社当时相当于检察总长的埃贝尔，查封了巴黎极受欢迎的报纸《迪歇纳老爹报》，这件事使巴黎无套裤汉们的不满达到了极点。一个叫昂里奥的极端分子被任命为国民自卫军司令后，无套裤汉和昂里奥联合起来于6月2日用武力逼迫国民公会逮捕了29名吉伦特派代表。

① 当时英国海军封锁着敦刻尔克，而且占领了科西嘉岛。奥地利军队在围攻法国北部边境的瓦朗谢讷和莫泊日，普鲁士军队把一支法军困在美因茨。

② 无套裤汉们的遭遇尤其是指练兵场惨案和国民公会一直坚持自由经济，不肯对生活必需品实行限价。前者是民众到战神广场请愿废黜路易十六，结果被国民自卫军血腥镇压，士兵向民众开枪结果打死60余人；后者造成身为贫苦的下层民众的无套裤汉们生活更加艰难。

③ 阴谋指当时层出不穷的各种传闻，一般都是风传某个贵族或教士出身的人秘密为外国或保王党效力，在秘密筹划暗杀革命要人、推翻革命政权等。其中许多事情其实并无确凿证据，但往往让民众和政府都紧张万分。

④ 每个选区都有一个民事委员会、一个革命委员会和一支武装力量。民事委员会从1792年起成为常设机构，是无套裤汉们的政治机关。革命委员会开始时只负责监视外国人，但反嫌疑犯法让它权力大为膨胀，有权逮捕普通人和管理颁发身份证。

的密札①，它现在则交到了人民手中，并且广开源头到了无以复加的地步。任何公民都无从躲避。人们仇视富人。至于教士和贵族，要是他们留在法国，他们就可疑。要是他们流亡，他们就有罪。一个人的过往、姓氏、一个动作、一句失言都能导致牢狱之灾，而监狱里已经窝着 1 500 多人了[viii]。还有许多其他的人被禁足于固定场所②。"人人都好像滑进了影子里，"一个初到巴黎的人回忆说，"人们把脸一直藏在帽子里。大家彼此路过时只是相互打个躲躲闪闪的招呼……我不疑心会有人来逮捕我。"[ix]

英国妇人格蕾丝·艾略特当时和奥尔良公爵的关系很近，此后不久她差一点就被送上了断头台。在回忆录里，她非常精到地讲述了这一情况："人们在自己住的公寓里都会惊惧不已。有人笑，他就被指控对共和国的艰难困苦幸灾乐祸；有人哭，他就被指控为共和国的成功感到难过。最后，时时刻刻都有士兵闯入家宅以图发现阴谋活动。"[x]这还没到恐怖统治的深夜，但已经是它的黄昏。

＊

革命法庭由一道发布于 1793 年 3 月 10 日的政令创立，从 4

---

① 密札（lettre de cachet）：法国旧制度时代王权专制的一个手段，指国王给警察机关发的一种密信，指示其不经审判即刻逮捕关押国王所指示的人于特定地点。关押期限完全由国王个人决定。国王也可以决定将某人驱逐出境。拿破仑第一帝国时期也有此制度。密札往往被看作是封建王朝独断专行、司法不公的一个象征。

② 禁足于固定场所是法国刑法里的一种自由刑，今天仍然存在，但是对被约束人的权利保障已经比过去改善了许多。当时可以无限期地强制嫌犯禁足在某个选定的场所内，形同长期软禁，但不一定是在自己家里。

月最初的几天起就开始了审理办公。以恐怖措施镇压共和国敌人的机器一点点组建起来，革命法庭就处在这架机器的核心。在巴黎公社和各选区的鼓动下，这一年里后来一再发生的起义事件是如此频繁①，而在其中一场起义之后，力主设立革命法庭的，首先就是巴黎的无套裤汉xi。国民公会里的山岳派左翼重新发起了这一动议。立法委员会里法学家们的作用也应予重视。冈巴塞雷斯②是后来第一帝国时期处事非常睿智且非常有分寸的首席司法大臣，他在这里扮演着中坚角色："革命时期要求使用极端手段。"审判的陪审团原则堪堪得以保全，但是人们做出安排，使得将来的法庭可就指控作出终审判决不得上诉，并且法庭须置于国民公会的节制之下。这些针对被伊斯纳尔③称为"反革命举动"的指控名目则流于空泛。此外陪审员们必须大声且全体一致地宣布意见，这让情况完全变成了另外一码事④。

---

① 1792 年 8 月 10 日攻占杜伊勒里宫，推翻路易十六建立共和国的主导力量是起义民众，后来在山岳派和吉伦特派的权力斗争中，也是民众起义以武力逼迫国民公会把吉伦特派代表从公会清除出去的。

② 冈巴塞雷斯（Cambacérès, 1753—1824）：国民公会议员，他投票赞成对路易十六处以死刑，在立法委员会里是个德高望重的人。大革命时期他起草过好几个民法典的草案，虽然最后未获通过。后来也是他主持编纂的《拿破仑民法典》。执政府时期他是第二执政。拿破仑帝国时期他担任的首席司法大臣是拿破仑给他的荣誉性称号。

③ 伊斯纳尔（Isnard, 1755—1825）：当时的国民公会议员，当过议长，属吉伦特派。他对巴黎的无套裤汉一再起义冲击权力机关和山岳派在这种民粹运动背后推波助澜极为反感。

④ 当时刑事诉讼的陪审团一般规则是判定有罪需要 12 名陪审员中不低于 10 人认为有罪，这种规则导致司法实践里无罪判决几率异常的高，比如 1792—1811 年间的无罪判决率高达 45%，这被政府认为是普通刑事司法制度打击犯罪和叛乱活动软弱无力的一个很大的标志。

在国民公会演讲台上，罗贝尔·兰代①尤其还有"祖国在危难中"的呼吁者丹东②，慷慨激昂地为设立革命法庭辩护："没什么比定义一桩政治罪行更为困难。拯救人民需要大动作而且得用恐怖措施。在种种常规形式和一所革命法庭之间我看不到有什么中间地带。为避免人民变得恐怖，我们自己要恐怖起来。"ˣⁱⁱ1794 年 4 月轮到丹东自己出庭来到他的法官们面前之时，他还抱有幻想："只要让我发言的话③……这个法庭是我命人成立的，我应该就这样在这里让人了解我的实情。"ˣⁱⁱⁱ可他还是少不得被送上断头台。他之前想要个政治法庭，以后政治就要了他的命。"这个法庭，"米什莱④后来评论道，"不只是把主持正义的短剑⑤，还是柄伤人的长剑。"ˣⁱᵛ

然而在国民公会创立革命法庭那一天，还是有一些声音发出来，批评说它是对人权和司法独立的损害。吉伦特派议员韦尼奥⑥

① 罗贝尔·兰代（Robert Lindet, 1746—1825）：国民公会山岳派议员，是当时关于设立革命法庭的法案报告人，在后来的权力斗争中拒绝同意逮捕丹东。他在拿破仑雾月政变后离开政坛。

② 丹东（Danton, 1759—1794）：出身律师，以发言激昂著称。他推动建立了革命法庭和救国委员会并且在 1793 年 4—6 月是其中的主要成员。在试着与吉伦特派妥协之后，他又成了促其垮台的主要人物之一。

③ 丹东当时在国民公会里属所谓的"宽容派"，这一派要求结束恐怖统治，和敌人讲和。而罗伯斯庇尔领导的救国委员会不愿意废止革命政府，于是最终下令逮捕包括丹东在内的"宽容派"领导人物。但丹东自认有理，不肯躲避自愿被捕。结果国民公会投票剥夺了他的辩护权，缺席判了他的死刑。

④ 儒勒·米什莱（Jules Michelet, 1798—1874）：法国最早的民族主义和浪漫主义历史学家之一。

⑤ 短剑（glaive）：在法语里是公平正义的象征性用语。

⑥ 韦尼奥（Vergniaud, 1753—1793）：大革命里的关键人物之一，当过好几次立法议会和国民公会的主席，在废除王权、全民征兵方面起了主导性作用。但他想法多变，政治意志不坚定，这导致他在后来的权力斗争中未能成功自保，最终于 1793 年 10 月 31 日被送上断头台。

就此说它是个"比威尼斯国务法庭①可怕一千倍的国务法庭"。但是特别是到了罗伯斯庇尔于 1794 年 7 月倒台之后，革命法庭才受到万人唾骂，并被长久地看作是一个畸形的"杀人犯们的法庭"。历史学家阿尔贝·索雷尔在他的时代还称它是"刽子手和奴才衙门"ˣᵛ。

特别刑事法庭在 10 月 29 日正式成为革命法庭并历经数次变革，从 1793 年 4 月 7 日开始，救国委员会逐步把它抓到了自己手里。在玛丽-安托瓦内特 10 月 14 日出庭受审时，它已把近百人送上了断头台ˣᵛⁱ。此时这才不过刚开了个小头。从 1793 年 4 月到 1795 年 5 月被解散，它判了 2 747 人死刑，虽然也无罪开释了差不多相同的人数。在奥尔良执行特派任务的②国民公会议员莱昂纳尔·布尔丹遇刺、鲁昂的阴谋颠覆政权这些大案要案的审判是 5 月开始的。同样受审并被判了死刑的人还有刺杀了马拉的夏洛特·科尔黛、屈斯蒂纳将军③、吉伦特派记者戈尔萨④。其他人的审判紧随其后，比如 6 月 2 日被国民公会

① 国务法庭（inquisition d'état）：威尼斯共和国于 16—18 世纪所设立的秘密法庭。组成法庭的 3 名法官有无限的权力。

② 向法国各个地方派遣特派员（représentant en mission）是当时国民公会的山岳派和平原派采取的激进救国措施之一。当时共向各地方派了 82 名议员，后来管这些人叫特派员。他们在地方上握有全权，主要是进行征兵，逮捕反革命嫌疑犯，在革命过于温和的地方行政机构内部进行政治清洗。

③ 屈斯蒂纳（général Custine, 1740—1793）：法国将领。大革命期间，因战事失利丢掉领土，再加上不愿受国民公会管制而被怀疑与普奥军队有所勾结，他被召回巴黎几天后遭逮捕并送上革命法庭判了死刑。

④ 戈尔萨（Gorsas, 1752—1793）：国民公会议员，本来他在大革命开始的时候非常狂热，属于山岳派，但后来他对山岳派不断采取的血腥措施感到厌恶，就向吉伦特派逐渐靠拢。之后他猛烈攻击巴黎公社和山岳派，包括罗伯斯庇尔、丹东，尤其针对马拉，批评他血腥暴力，一心只想煽动暴民推翻国民公会。他是第一个被送上断头台的国民公会议员。

决议起诉的 21 名吉伦特派代表①、平等的菲利普②、罗兰夫人③、1791 年和王室保持过秘密通信的前国民议会议员安托万·巴纳夫④。

但是对玛丽-安托瓦内特的审判比其他审判都来得重要。不光因为这是对一个王后的审判，还尤其在于这是迥然不同的两个世界激烈交织的机会和时刻。其中一个正在消失，另一个则在暴力中日现端倪。这两个世界不只彼此无法沟通，而且为拯救自己只有消灭对方，并且它们长久以来就已立好了彼此不能相容的正当理由。共和国在一边，旧日的封建王朝，它的宫廷、习惯做派、习俗风尚在另一边。这还是对一个女人、一个母亲的审判。最后，这是对一个外国女人的审判。

如果说这桩审判里有一件事是真实存在的，那就是人的种种臆想。这桩审判独一无二也是出于这一点。夏多布里昂⑤给

---

① 在山岳派和吉伦特派的权力斗争中，巴黎民众联合国民自卫军起义，用武力逼迫不情愿的国民公会下令逮捕了 29 名议员，其中有 21 人从 1793 年 10 月 24 日起受审。

② 平等的菲利普就是前文提到的七月王朝的君主的父亲路易-菲利普。他虽然出身王族但热心支持革命，所以有这个绰号。当时他儿子跟着前线的迪穆里埃将军叛变投敌，他因此受了牵连，有了反革命的嫌疑。虽然没有指控的证据，他还是被革命法庭判处死刑。

③ 罗兰夫人（Madame Roland，1754—1793）：大革命时期的著名人士，吉伦特派的标志性人物。她通过自己的巨大影响把她丈夫罗兰推到政治前台，实际上则是她在背后操控。她对丹东等人的激进措施极为不满，数次撰文剧烈抨击，而山岳派不堪忍受，施压使罗兰于 1793 年 1 月辞职，从此罗兰夫人与其夫退出政治舞台。在 1793 年 5 月底对吉伦特派的打击行动中她丈夫逃到鲁昂避难，但她却选择留在巴黎因而被捕入狱，后来被判死刑上了断头台。

④ 巴纳夫（Barnave，1761—1793）：出身律师，受过良好教育，很有口才，革命热情很高。但是自 1791 年起他就转变为温和派，试图使革命和王权相妥协。他因这种政治态度受到怀疑，最终被捕判处死刑。

⑤ 夏多布里昂（Chateaubriand，1768—1848）：18—19 世纪法国的著名作家和政治人物。他在政治上是保王派。《朗塞传》是他写的关于 17 世纪的圣徒朗塞的传记。

《朗塞传》作序的时候，他或许有想到："只要人的内里几无真实，那么和迷梦分离时心就会破碎。"①在这里迷梦既适用于王后，也同样适用于她的法官们。虽然自己不情愿，可政治因素和家族联姻却赏她这个前太子妃②当了王后。而这场三天两夜的大梦③无疑是她人生中最揪心难熬的一场梦。对于那些准备好要审判她的人而言，这场三天两夜的大梦将对他们的命运永久地打下印记。

　　进入法庭的时候，玛丽-安托瓦内特被一队宪兵紧紧地框在中间。他们身穿红里子红绣边的蓝色制服，戴着红白蓝三色共和国圆标的双角帽，手持武器。他们当中仅有一人，莱热，仅有他的姓名为人所知。他是一名法国卫队的前掷弹兵④，后来在军事学院后面开了个小饭馆。玛丽-安托瓦内特被转到古监狱前在圣殿塔关押了七个月，巴黎公社则在圣殿塔监狱驻有一名专员监管，并且这名专员在审判时作为控方证人出了庭。而莱热确实是极少数在大革命结束很久之后向他讲过其经历的王后看守士兵。就是这名专员后来把这段经历付诸文字进行了出版。而它在这段历史的后续部分中对我们弥足珍贵[xvii]。指挥卫队的

24

---

① 这句话是《朗塞传》里一句名言的后半句，全文是"和现实里的东西断绝开来，这没什么；但要是和回忆断绝开呢！只要人的内里几无真实，那么和迷梦分离时心就会破碎"夏多布里昂各部文学作品的基调之一是感叹人世的虚无，人生脆弱无常，转瞬即逝，唯一能让人稍微忘记意识到这一点所产生的痛苦的，就是回忆过去，即沉浸在象征回忆的"迷梦"里。所以在这句话里他强调人不能不去依赖"迷梦"，因为人是虚无的，没有"真实"可言，脱离"迷梦"人就会崩溃。这里作者是断章以为己用。

② 玛丽-安托瓦内特是路易十六还未登基时从奥地利嫁过去的。

③ 三天两夜是指审判王后的持续时间。

④ 掷弹兵（grenadier）：欧洲 17 世纪晚期建立的步兵或骑兵中的精锐力量，从士兵中挑选体格强壮的来投掷手榴弹。

军官路易-弗朗索瓦·德·比纳也同样广为人知。他是君主制时期的近卫骑兵[1]前副旅长，1780 年代进了王太子的近卫团。服役 29 年后，他带着荣誉军团骑士勋章，作为荣军院的参谋副团长[2]在复辟时期退了伍。然而差那么一丁点他就无法从玛丽-安托瓦内特的审判中安然脱身了。和别人一样，他是发着抖，自己不情不愿地给牵扯进去的。大革命想要新人，而照字面意思遵从着使这种新人重生的原则，像历史学家们过于习以为常的那样，把人的生涯切割成 1789 年前后两部分是颇具吸引力的。然而在这一部分和那一部分里我们所见到的都是同一批人，这一点对 1750—1760 年生于旧制度下的整个一代人都适用。

25

不管怎么看，比纳中尉在审判过程中都肯定做了几个旧时的反射性举动，不由自主地恭敬了几回。在君主制下积年累月地当过差，这反应是不易摆脱的。他的一个手下告发了他，于是审判结束后他被逮捕，并且差一点因为对着前王后摘下自己的帽子，给她递过一杯水并带她回牢房时在楼梯上叫她扶着自己手臂被判了刑。被扔到牢里之后他吓坏了，试图为自己辩白，并且解释说自己脱了帽子是因为天热，"是为了让我自己舒服而不是为一个我自己赞同判罪的女人"。他全身而退了。后来在复辟时期波旁家族又上台后，他回忆起了自己的遭遇，而且并无犹豫地向圣殿塔这个魔窟里唯一的幸存者[3]，成了昂古莱

① 近卫骑兵（gendarmerie）：在法国旧制度下指隶属于王室或者王国领主的常备骑兵军中出身贵族的人。
② 参谋副团长（adjudant-major）：1790 年创的军职，主管所属部队的行政事务、军纪和下级军官的培训。
③ 除路易十六和王后外，路易十六和王后的幼子路易-夏尔（Louis-Charles），其女儿长公主玛丽-泰蕾兹（Marie-Thérèse）和路易十六的妹妹伊丽莎白（Élisabeth）都关押在圣殿塔。伊丽莎白后来也被审判并受到死刑处决。路易-夏尔在 1795 年关押期间得病死去。

姆女大公的玛丽-安托瓦内特的女儿长公主乞求旧制度时期最古
老的军事荣誉——圣路易十字勋章[xviii]。阿波利奈尔[①]说过，
"人生变幻不定，一如尤里普斯[②]"。我们知道尤里普斯是小亚
细亚的一条海峡，水流变化无端。这场审判里主要人物们的后
人的故事完全就和维利耶·德·利尔-阿达姆[③]在他的《残酷故
事集》里所讲的那个老瞎子一样。后者在香榭丽舍大街的栏杆
处乞讨的时候，人潮行进着，随着政体交替而轮番喊道：皇帝
万岁！共和国万岁！公社万岁！（麦克马洪）元帅万岁[④]！民之
声，神之意[⑤]。

　　只有他自己说的话一直是一样的："可怜可怜一个穷瞎子
吧，行行好吧！"

　　玛丽-安托瓦内特进入法庭这个角斗场的时候，她会有些什
么印象？她认得这些地方，因为前天深夜，在几支蜡烛颤巍巍
的烛光下，她在这里被非公开地单独讯问过。这个 10 月的早晨
乌云密布，法庭里应该也是看得不太清楚的。

26

①　古希腊时期这个文学比喻已有出现。书中引用的诗句源于法国诗人阿波利奈
　　尔 1913 年的诗集《酒精》中《旅行者》一诗的最后一句。

②　尤里普斯海峡：希腊大陆与埃维亚岛之间狭长的水道。

③　维利耶·德·利尔-阿达姆（Villier de L'lsle-Adam，1838—1889）：19 世纪法
　　国象征主义作家、诗人与剧作家。他的作品经常运用神秘与恐怖的元素，并
　　具有浪漫主义的风格。他的小说《未来的夏娃》尤其有名。

④　皇帝指第二帝国的拿破仑三世，共和国指拿破仑三世倒台后成立的法兰西第
　　三共和国，公社指 1870 年成立的巴黎公社。麦克马洪是法国 19 世纪军人，
　　做过第三共和国第二任总统。普法战争结束后他任凡尔赛军司令，这支军队
　　于 1871 年镇压了巴黎公社起义。法国于 1870 年一年的时间内经历了这些不
　　同的政体。

⑤　原文为斜体拉丁语（*Vox populi, vox Dei*），典出公元 798 年法国神学家阿尔
　　琴给查理大帝的信。

法庭的高窗户并不冲着塞纳河岸，而是对着一个叫店铺庭院的狭小院子。这院子就是个条件很糟的天井，一道有点惨白的光线从中穿过，角度很差，把东西照得走了形。她当时很可能头昏脑涨，因为她独自面对着危险的紧迫，受着羞辱，无所适从，与家人和朋友分离，她已被关押了 14 个月，其中一个月几乎是完全的单独隔离①，而这一状态应该无助于让她好好看清场面。在她看来这应该像一片迷雾。况且她早就变近视了，古监狱的牢房里不通风又潮湿，使她右眼几乎失明。"我走路时几乎看不清。"回牢房时她可能向比纳中尉这么说过。

27

她首先注意到的，应该不是一张张人脸，而是一间人群挤到门口的屋子里令人窒息的闷热空气、人们交头接耳的咕哝声和阵阵嘈杂。

她出庭走到她的法官们跟前时，法庭的成员才集合没多久。四名法官和他们的庭长马夏尔·约瑟夫·阿尔曼·埃尔曼正坐在他们的座位上。埃尔曼 34 岁，出身于阿尔图瓦一个古老的官绅世家②，是大革命以前罗伯斯庇尔在阿拉斯③认识的熟人。法

---

① 此处指决定审判玛丽-安托瓦内特之后把她从圣殿塔转到古监狱关押的这一个月。

② 官绅世家：法国旧制度下的特有现象，指国王的财政、司法、行政等官职是可以公开标价买卖的，出钱买下后就等于私人财产，买下后是终身任职，国王无权罢官，个人也能转售他人。此外后代还可以继承父亲的职位。这样一个官位会在同一个家庭里一直传下去。

③ 阿拉斯：阿尔图瓦省的省会城市。罗伯斯庇尔老家在阿拉斯，早年在阿拉斯当律师，所以说他和埃尔曼是老乡。埃尔曼于 1790 年 4 月参与创立了一个名叫宪法之友协会的组织，是雅各宾俱乐部的一个分支，同年 5 月他成为这个协会的主席。他本来是加莱海峡省刑事法庭庭长，后于 1793 年 8 月 28 日被罗伯斯庇尔任命为革命法庭庭长，代替他认为过于温和的原庭长蒙达内（Montané），后者被怀疑与科尔黛案有牵连。埃尔曼于 1795 年 5 月 7 日与前公诉人富基耶-坦维尔一道被送上断头台。

官们穿一身翻领和衣服同色的黑大衣①，亨利四世式的帽子②前
檐翘起，帽子上插着一簇黑色羽饰，叫人觉得有点像寓言里的
乌鸦③。他们脖子围戴着一个勾在一条红白蓝三色带④上的职务
标识，是一块金属牌，上面就刻了一个字："法"ˣⁱˣ。公诉人富
基耶-坦维尔站在他桌子前等着她，桌子上堆满了起诉材料。与
其说这是法官们的审判，不如说在大得多的程度上是"他的"⑤
审判。稍后他还将再次出场。在他旁边，坐着好几名令人生
畏的国民公会公共安全委员会成员，他们负责以国民公会的
名义跟进审判并且在必要时"提出一切他们认为必要的指控
理据"ˣˣ。他们全都属于当时主导着国民公会的山岳派，而且全
都对国王的死刑投了赞成票。这里头特别是有几天后当选了国
民公会议长的马赛人穆瓦斯·培尔⑥和在委员会里扮演着中心
角色的加尔省的议员让·亨利·武朗。他在所有事件后仍旧活

28

————————————————

① 这个衣着的描写是在暗示法官地位的变化。旧制度时期的高级法官有很大的
政治权力，穿华贵的白貂皮红色法袍，大革命中的革命政权瓦解了过去的贵
族司法阶级，把司法人员置于政府严密控制之下，废除了司法人员的一切荣
誉性称号和服饰。于是大革命时期的法官没有自己的职业服装，一身黑衣是
当时常见的平民装扮。
② 亨利四世式的帽子：一种宽边的高筒礼帽，上有羽饰。羽毛一般插在帽檐内
边上。
③ "寓言里的乌鸦"指拉封丹寓言《乌鸦与狐狸》中的乌鸦，暗示法官的愚蠢。
④ 法国政府官员在履行职务时被要求披戴象征共和国的红白蓝三色丝带。今天
法国的市长仍然如此。
⑤ 这样说是因为富基耶-坦维尔作为革命法庭的公诉人，一手包揽逮捕、搜罗
罪状、起诉、组织审判和执行处决全部环节。
⑥ 穆瓦斯·培尔（Moyse Bayle，1755—1812/1815）：大革命之前在马赛一个给
人代写文书的店里做店员，生活穷困。自1790年起他加入了马赛的雅各宾俱
乐部，后来于1792年当选了国民公会议员，加入了山岳派。他积极推行恐怖
政策，但直到热月政变导致罗伯斯庇尔倒台前都远离了派系斗争。热月政变后，
因为他在恐怖时期扮演的角色，热月党人联合反对他，他在斗争中失势。

了下来①，这或许是因为他比别人更了解这个时代里政治警察的腐败行径。前格勒诺布尔高等法院律师②安德烈·阿马尔③也在其中。玛丽-安托瓦内特认得他，而且知道该保有何种姿态。阿马尔 9 月 3 日也在她牢房里讯问过她，正如前天埃尔曼与富基耶-坦维尔所做的一样。

*

组成"审判陪审团"的 15 名陪审员比被告稍早进入法庭，现在等着宣誓。他们的替代者坐在他们后面。除其中两人外，她全都不认得。这两人一个是法庭的医生约瑟夫·苏贝比耶勒④，他在古监狱的牢房里给她看过好几次病；另一个是某个叫克劳德·路易·沙特莱的人，这个人她很长时间都没再见过了。

我很怀疑她第一眼就认出了他，而从某种意义上讲，这样

---

① 武朗（Voulland, 1751—1801）：在大革命前是律师，被选为第三等级的代表，参加了网球场宣誓。在大革命初期的 1791 年他是斐扬俱乐部成员，当时被认为是个王党分子。1792 年他当选为议员，审判王后时他是公共安全委员会的秘书，后来还当过国民议会的议长。在恐怖统治时期他签发过大量逮捕令以逮捕"反革命嫌犯"，同时他利用手里的警察权力不遗余力地除掉那些知道他革命初期保王派观点的人。之后他参加了热月政变，但是罗伯斯庇尔倒台后他还是遭到了清算，虽然保住了命但也退出了政坛。他失势后曾对朋友说："您看我现在倒台了还过得这么自在，是因为那帮人知道我手上捏着他们的黑材料。"

② 此处说高等院的律师是因为在旧制度时期律师从业要受高等法院的严格监管。从 17 世纪起律师开始有自己的自治组织，但仍需要在高等法院挂名。

③ 阿马尔（Amar, 1755—1816）：也投票支持路易十六死刑，并且大力支持创立革命法庭。他后来也当过国民公会议长。在和吉伦特派的斗争中他在自己的山岳派这边起了很大作用。在热月政变中他积极反对罗伯斯庇尔，但之后因在权力斗争中失败被捕，后来拿破仑将其特赦。

④ 苏贝比耶勒（Souberbielle, 1754—1846）：以妇科出名。在大革命时期他是罗伯斯庇尔的私人医生。审判王后前罗伯斯庇尔派他去保障王后的健康，因为当时王后患有子宫颈癌，有严重的阴部出血。

更好。四年来，要不是她已经历过这么多的反转和背叛，对于
这个转向她是要惊到倒地的。所有审判都有它们那些个薄弱的
证据。要说它们中有一件真实的东西，那就是永远变易不居、
流动起伏的人性。沙特莱只有40岁①，然而一重世界已把他和
被废黜的王后自此隔开。在享受着生活的柔美，居住在小特里
亚农宫②的时期，他曾是最受她青睐和器重的画家之一③。比起
陪审团里许多其他成员，我觉得他更加要算是一个真正的谜团。

　　要是我从他说起，或许是因为他这个人身上比其他人更加
体现了法庭成员们主要的自我矛盾之处。这矛盾在某种程度上，
是既有不顾一切的热爱，有诸多或好或坏的激情，又有担惊受
怕；既有不由自主的行动，又有理性的思考；既有真挚，有宏
愿，又有仇恨。在某种意义上，它也在于人们既会伤自尊，犯
犹豫，胆小怕事，怯懦软弱，自己又有令人安心的信念所经常
赋予的慰藉。人们坚信会有一个完美的世界，不用改笔更正，
一切都理想地画得黑白分明：好人和坏人，爱国者和叛徒ˣˣⁱ，
一直到革命势力和反革命势力。在这一切的终端，这个世界还
带有一股无可避免的叫人偏向极端和狂热的倾向。

　　当人既不再有对手，也不再有跟他唱反调的人，而是只有

① 提到沙特莱的年龄是因为他和玛丽-安托瓦内特年龄相近，后者当时是37岁。
② 小特里亚农宫：路易十五在其情妇蓬巴杜夫人的提议下建于凡尔赛宫廷东部
　 园林内的一处宅院，包括一座小型宫殿和附随的几个花园。路易十五死后路
　 易十六将其赠给玛丽-安托瓦内特，王后把它改造为她个人的私密场所，装
　 饰风格迥异于宫廷的奢华。
③ 沙特莱（Châtelet，1753—1794）：画家和铜刻版画家。他为王后创作了不少
　 以小特里亚农宫为主题的作品，同时也常为各方王公贵族服务。大革命时
　 期他深受革命思想吸引，参与了玛丽-安托瓦内特的审判。但是后来在罗伯
　 斯庇尔倒台时，他又不幸成了热月政变的牺牲品并和富基耶-坦维尔一起被
　 送上断头台。

敌人的时候，这些人就必然遭到抹杀。这时候他就只剩狼的选择了：要么自己死，要么叫别人死①。阿纳托尔·法朗士长久以来都对共和国疑虑重重，在那部描写大革命的恢宏画卷《诸神渴了》②当中，他创作其主要人物埃瓦里斯特·加默兰时，肯定从沙特莱身上汲取过灵感。跟他一样，加默兰也是画家。同他一样，加默兰也是革命法庭陪审员，并且出席了玛丽-安托瓦内特的审判。同他一样，加默兰也以暴烈的方式死去，命殒断头台。法朗士写道，埃瓦里斯特·加默兰是新式信徒之一，这些人知道"什么话能救人的命，什么话能要人的命"，虽然有违本意，他们还是把自己封闭在若干抽象真理的虚无和暴力里面，再也不能自拔。人可以出于好意去杀人。后来，国民公会议员迪洛尔③描述道这些人就是一群愚昧极端的狂热分子。"他们基本上不了解种种重大革命当中好坏不一的激情的走向（而且）依自己的感情好恶去评判人，……这些大公无私的说辞讲得天花乱坠，为掩盖说理上的缺陷，常常使用演讲时的肢体语言，而他们很容易被这样牵着走。"xxii

30

---

① 这句话具体指 1793 年 4 月 5 日，当时雅各宾俱乐部的主席马拉在一封署名的公函里面呼吁："逮捕所有革命的敌人和嫌疑犯，要是我们不想被阴谋分子清除，我们就要无情地把他们全消灭干净。"

② 《诸神渴了》故事的具体年代是共和元年至共和二年，即 1792 年到 1793 年审判王后的那一年，书中着重刻画了人性残忍的一面，也细致地描写了美好理想如何一步一步堕落到疯狂的地步。加默兰是书中的主人公。书名出自德穆兰的名言，意思是诸神渴了要喝人的鲜血，喻指政治时局血腥暴力。

③ 迪洛尔（Dulaure, 1755—1835）：法国历史学家。大革命时期他投身革命，写过宣传革命的小册子，办过一份小报。在国民公会他做过议员，先是加入雅各宾派，后来思想被革命运动的疯狂所震动，转而加入吉伦特派。山岳派清洗吉伦特派时出于疏漏没把他的名字写到逮捕名单上，于是他逃过一劫，但还是跑到了瑞士躲避。热月政变中山岳派倒台，他又返回国民公会工作。后来雾月政变时他公开表态坚决反对拿破仑上台独裁，从此退出政坛。

沙特莱或许就属于这一类雅各宾派，属于像法庭法官之一的鲁西永医生这种人。他们认为司法的胜利会让人"更好"。"到了那时候，就再也用不着法官、大炮、军刀、刺刀了。""但是，"他又慎重地加了一句，"那一天还远得很"！[xxiii]

沙特莱是罗伯斯庇尔的一个狂热崇拜者，罗伯斯庇尔倒台后，他也于1795年5月经审判被送上了断头台。他的审判记录告诉我们，沙特莱在非常早的时候就投身革命了。他喜爱卢梭，甚至画过卢梭在埃尔芒农维尔①的墓。他对大革命的种种苗头，对民族、自由，尤其对平等是如痴如醉的。后来他在自己的审判上，因曾宣称共和国只有"叫银行家、富人、贵族和所有有才能的人都完蛋的时候"才会迎来和平而遭指控。然而他自己就属于这类人。为保住他那条命，他喊得比谁都凶，但这是出于负罪感呢，还是说他真诚地相信就该如此？[xxiv]1792年8月10日的起义公社推翻了国王，他则是公社一员，并且很快爬到了巴黎无套裤汉小圈子的高层。而在不在高层常常可以看加入了多少个委员会。巴黎的这一整架恐怖统治机器都可如此概括：种种系统和委员会错落在一起，尽管它们有自己严密的层级组织，但还是彼此叠床架屋，相互监管。他是他选区里民事和革命委员会的主要成员之一，选区名叫长矛区，围着旺多姆广场。1793年6月，他当选进入非常有影响力的巴黎地区监察委员会。该委员会与国民公会的救国委员会和公共安全委员会相关

31

---

① 埃尔芒农维尔（Ermenonville）：法国瓦兹省一个小城。此地出名是因为卢梭去世前最后几周是在那里度过的，死后也葬在那里，直到1794年法国当局决定把卢梭的骨灰移到巴黎的先贤祠。当时的许多名人，包括玛丽-安托瓦内特、瑞典国王古斯塔夫三世、本杰明·富兰克林、米拉波、丹东、圣茹斯特，还有拿破仑都来过这个小城参观。

联，集中收集反革命嫌疑人的信息，参与征召新兵和征收粮食，以供给正和列王的欧洲开战的共和国军队。

完全是顺理成章地，1793 年 9 月在救国委员会的提名下他被国民公会任命为革命法庭陪审员。这一切叫人觉得背后是罗伯斯庇尔在操纵，有些人后来还说他属于罗伯斯庇尔的"心腹侍卫"。间接上是因为对不可腐蚀者①支持到底，并且于 1794 年 7 月 27 日（共和二年热月九日）罗伯斯庇尔倒台那天在市政厅出现在他的身旁②，沙特莱后来才在 1795 年受审并被判了死刑。

在对他的审判上，显而易见，那些为他入罪和出罪的证言在任何一点上都没有一致之处。有些人说他有"纯洁的灵魂"，并且对他的朋友和家人有"无尽的善意"，另一些人则把他当成刽子手。据说他习惯在那些他想判死刑的人名字后面加上个字母"f"，意思是"完蛋了的"③，而且他似乎乐于在他未来的受害者们的审判期间，给他们画讥讽嘲弄的夸张肖像ˣˣᵛ。"在大革命里，"富歇④后来的秘密警察头子德马尔凯说，"人做事

---

① 不可腐蚀者是当时罗伯斯庇尔的外号，意思是说他铁面无私。
② 热月政变当天即热月九日，罗伯斯庇尔在国民公会被众人发难围攻，随后公会投票决定逮捕罗伯斯庇尔和他的几个亲密战友，即圣茹斯特、罗伯斯庇尔的弟弟小罗伯斯庇尔、库东和勒巴。属于雅各宾派的巴黎市长闻讯下令把罗伯斯庇尔等五人解救出来保护在市政厅，并且试图鼓动巴黎人民再次起义推翻国民公会，但这次无套裤汉响应得并不积极，于是起义失败。10 日凌晨，当时的巴黎卫戍司令巴拉令宪兵进入市政厅控制住五人，当日傍晚，罗伯斯庇尔等人以及巴黎市长等 16 名支持者被送上断头台处决。
③ 法语 foutu，从 foutre 变位而来，意思是"完蛋"。
④ 富歇（Fouché，1759—1820）：法国 18—19 世纪的政治人物，为人机警，以施政手段残暴闻名。大革命期间他血腥镇压了当时反对雅各宾派和山岳派巴黎中央政权的里昂 1793 年起义，在督政府、执政府期间任警务部部长，第一帝国时期任警务大臣。

是感觉不到底线的。"[xxvi]

　　诚然如此，但沙特莱在被告席上再次见着王后的时候，心里究竟会作何感想？这位被告在沙特莱的职业生涯上如此之大地提携了他，而且叫他成了一名引领潮流的画家。沙特莱1777年和维旺·德农①乘船去了意大利，给《那不勒斯与西西里……绘本游记》②绘了插图，1781年画了王后向其建筑师米克订购的画集③，内容是路易十六1774年登基不久之后赠给她的小特里亚农宫内的种种聚会和嬉戏，可如今他到哪儿去了？从画集里我们看到在他笔下，那些永不复存的宴游被展现得美轮美奂：中国风格的抓戒指④，小凉亭的灯火⑤，她叫人兴建的园林景饰的别样景致——爱神居⑥和她喜欢在里面散心的假山洞[xxvii]。这种种仙境和里面的仙子都消失了⑦。玛丽-安托瓦内

----

① 维旺·德农（Vivant Denon, 1747—1825）：法国雕刻家、作家、外交家和行政官员。他管理过法国全国的博物馆，在建设卢浮宫博物馆上做出过很大贡献。

② 此书全称《绘本游记，又称那不勒斯与西西里王国见闻录》，是法国18世纪末最重要的著作之一。沙特莱和其他几人为此书作插画，之后交由工匠刻成版画。沙特莱即靠此书插画出名。

③ 米克是这套画集的主编，他负责绘制相关内容的技术方面，比如建筑的平面图和立视图，沙特莱负责侧重艺术方面的各种场景，所以说画集是向建筑师米克订购的。

④ 抓戒指是当时流行的一种游戏。人骑在类似今天旋转木马的设施上，手持一根小杆子去戳摆在一定位置的戒指。中国风格指这种设施的装饰风格。

⑤ 《小特里亚农宫里小凉亭的灯火》是沙特莱关于小特里亚农宫园林内景色的一幅名画，画的是水边的一处凉亭夜间的场景。

⑥ 爱神居是18世纪欧洲园林尤其是英国园林流行的一种圆顶小亭子，风格上喜欢模仿成古希腊罗马建筑遗迹的样子。这里的爱神居在小亭子的中间竖有爱神的雕像。

⑦ 大革命时期，小特里亚农宫在凡尔赛宫所有建筑中受破坏最大，宫内家具被搬空，本身被改造成旅店，附带的花园被改为公共舞会的场所，园内原有的亭台楼阁等也被洗劫一空。

特如今已被夺冠逐位，定罪听宣，再也不值一文，可沙特莱还一直在那里。就是这同一个人，先是对她巴结讨好，恭维有加，后来又审她的案，判她的罪。到底哪儿才有真实的沙特莱呢？

*

沙特莱在那里，和他在一起的还有许多别的人。无疑玛丽-安托瓦内特在进来的时候，对于那些很快就要应法庭要求被叫上前去作证指控她的人，并无更多的时间去认他们都是谁。确切地讲，他们有 41 人，是公诉人精挑细选出来的。几分钟后，当他们出现在发言席上并被要求挨个自报身份的时候，她才把他们看得清楚了些。在这群陌生人当中，她之前遇见过不止一个，对于其中另外几个，她还曾和他们关系颇近。

她把自己封堵在离群索居中，持续了数周，现在突然一下子，她生活的方方面面都要在众目睽睽之下过上一遍。在这一天，大革命决定让她重回过去。次日，别人甚至叫她辨认"几小缕头发"和三幅微型画像①。她认得头发是她丈夫和孩子们的，而她看到画像后内心里应该会翻江倒海。这些东西是 1793 年 8 月 2 日她离开圣殿塔到古监狱那晚从她那里没收的。她看到这些，就好像是隔着道看不见的玻璃墙，重又见到了一个正被不断吞噬的世界。要是我们相信审判报告的手写原件所记，这些微型画像的外形是两个"裹有仿轧花纹皮革的小匣子，装

---

① 微型画像是用精细的色彩和线条画在小牛皮或象牙上的人物半身像，可以放在手心里，过去欧洲人喜欢随身携带亲朋好友的这种半身像做纪念。

有（那些）压在玻璃下的妇女头像"。其中一张是朗巴勒亲王王妃①，她是王后以前的宫廷女总管，之后我们会再说到她。另一张是她儿时的伙伴们，她和她们一起于 1760 年代在维也纳长大，对她们有种柔和的爱意：这两个人叫夏洛特·黑森-达姆施泰特和路易丝·黑森-达姆施泰特。

这第一个人和梅克伦堡-施特雷利茨大公国的公爵结了婚，1785 年 12 月死于分娩。她和她只差几天，是她的同龄人。第二个小她 6 岁，嫁给了一个表亲——大公国公爵黑森·德·路易斯。路易丝和自己的姐姐一起于 1783 年 6 月在凡尔赛宫玛丽-安托瓦内特那里住过后，在她德意志奥埃尔巴赫的园子里竖了一座"致真正的友谊"的纪念碑，完全献给她一个人。而玛丽-安托瓦内特在 1792 年 8 月离杜伊勒里宫被攻占已不到几天的时候给路易丝写了最后一封信，直到这最后一封信，她对路易丝的情谊都没变。我们要是结合这段历史的后续，再看她在封好信封并把它交付到可靠的人手里之前——因为她当时已很久都不再能自由行动——给她写了什么，就会觉得这些话更加感人。在信里她间接地向她未来的法官们发话，而这一隐秘想法是他们永远无法得知，大概也是没有能力感受到的："他们把我的一切都剥夺了，除了我这颗会永远坚持爱着您的心。否则，这将是我唯一绝对无法承受的不幸。"[xxviii]

---

① 朗巴勒亲王王妃（Princesse de Lamballe）是萨伏依公爵的女儿，1767 年嫁给了路易十四的曾孙——朗巴勒亲王，故名。她比玛丽-安托瓦内特大 6 岁，起初是王后的宫廷总管，主要负责组织宴会游戏，但她对玩乐之事并不热心，很快王后就让波利尼亚克公爵夫人代替了她的职位。大革命开始后她又回到王后身边。路易十六被推翻后她作为保王党也被监禁在巴黎一处监狱里，9 月屠杀期间在巴黎公社的监察委员会组织下她被暴动的民众从监狱里拖出来虐杀，头被砍下插在长矛上送到关押王后的牢房窗子下游行。

在审判中，她不光要与死亡搏斗，还同样要迎战种种情感和记忆上的缓慢消亡，而这记忆的消亡一直贯穿到她的童年时代。她的法官们什么都不给她留下，甚至对几个亡魂也不放过。

*

这个 10 月 14 日的早晨，在发言席上自报身份的证人当中，有最坏的人，也有最好的人，有她的最后一批拥趸，也有她的头号刽子手们，有会鼓起勇气战胜自己的恐惧并因之丧生的人，也有那些只知道与狼共舞的人。在法庭对他们进行听证前，她应该看过他们所有人像阴影一样在她面前经过。

首先上来的是年迈的古韦尔内侯爵，他 70 岁了，是路易十五还在位时七年战争中的英雄之一，当时作为勃艮第诸省的总司令为国王效力，也是他军队的中将①。稍后在《导报》②上刊登出来的审判报告被人做了非常刻意的铺排，里面说别人叫他发言了好半天，但是假如我们相信保存在国家档案馆里，由一位始终不知姓名的书记员匆忙中写下的庭审记录的话，事实上他保持着沉默ˣˣⁱˣ。"什么也没说"，我们在他名字边上的空白处读到的句子这么写着。此人比起做戏，更愿意一言不发。他的堂弟拉·图尔·杜·潘伯爵是路易十六最后几任战争大臣之一，他表现得更为过火。他不是把被告当成"寡妇卡佩"来对待，要知道自那时起这样就是规矩，而是享受着一种狡黠的乐趣，用她过去那些头衔称呼她，并且尊敬地叫她"王后"，这令法

---

① 中将（lieutenant-général）在法国的旧制度时期是陆军里仅次于元帅的军衔，但更多的是一种军事职务。

② 指《全民导报》（Moniteur universel），是 1789 年创立的一份宣传性报纸，政府用此报作自己的官方报纸，常常在上面刊登法令。

庭大为恼怒。不过这一敬拜从旧时的宫廷做派中所能存留下来的，就只剩绝望下的礼节了^{xxx}。这两个人，古韦尔内和拉·图尔·杜·潘，他们都为自己的骄矜轻傲付出了重大代价，几个月后，于 1794 年 4 月 28 日一同登上了断头台。

她认出了她孩子们的一个女仆勒妮·塞万，她在他们被关押的头一段日子里在圣殿塔陪过他们，她还特别认出了他们的医生皮埃尔-埃德蒙·布伦尼耶。这后一个人跟那两个拉·图尔·杜·潘年纪相仿，属于路易十五统治早期的这代人。大革命对于这代人而言的陌生程度，应该跟最早一批火星照片对于青年时代的我们一样。自 1780 年代之初，他就时常在凡尔赛宫为宫廷服务。是他成功地给所有的法兰西子弟①都接种了预防天花的疫苗^{xxxi}。他的妻子安托瓦内特·沙皮当时是王家长公主②，即生于 1778 年的王后的女儿"飘飘"③的第一贴身女仆。玛丽-安托瓦内特不喜欢这个男人，认为应该"叫他待在他的岗位上"，觉得他有点过于"谈吐随便"和"喜欢瞎嚷嚷"^{xxxii}，但她欣赏他医生的才能，甚至设法叫他来为她的孩子们治病，一直到圣殿塔监狱里还来过好几回，1793 年 1 月为她女儿，4 月为她儿子又来了一次。之后讯问玛丽-安托瓦内特的时候，她像一贯为她身边的人所做的那样，竭尽全力地保全他。也的确，

① 法兰西子弟（enfants de France）范围比较广，这个称号是某法国国王合法婚姻下生育的孩子，他的王太子的孩子再加上王太子的长子的孩子的统称。

② 长公主（Madame）一词在法国宫廷称谓中是分情况使用的。一般国王长女就称长公主，国王没有女儿而王太弟此时已婚则称王太弟的王妃为长公主。王太弟的王妃已称长公主后国王再有女儿，则称国王长女为王家长公主（Madame Royale）。

③ 指玛丽-安托瓦内特给她女儿起的外号"小大人飘飘"（Mousseline la Sérieuse），因为据说她性格高傲、喜欢独处，总是一脸严肃的样子，但头发蓬松轻飘飘的。

布伦尼耶活过了大革命，到 1811 年才去世。

至于那些随后鱼贯而过的人，他们是她垮台的见证者，而且令人痛苦地标注着其中的每一阶段。他们可谓是梦魇和令人从中惊醒的噩梦。这先从德斯坦伯爵开始，他在美国独立战争时指挥着安的列斯群岛的法国舰队。他聪明、勇敢但充满争议，海军里他不受爱戴，宫廷中对他若即若离，他就在这里心头浮现着往事，怀着怨恨。他梦想着法国元帅的职衔而人家没有给他①。这一天，他为此指责了被废黜的王后^{xxxiii}，好像是嫌大革命指控她的事情不够多似的，还得往里加上个几无可能的致人自傲受挫。后来他自己也还是被送上了断头台。

然后所有大革命里有头有脸的人物都来到了发言席，他们作为一种使人头昏目眩的缩影，概括着大革命的种种偏失和它的火上浇油之举。有些人曾是她的头号支持者，而他们已经因此遭了殃。为了超脱于他们，大革命如今要拿他们的尸体来当自己的养料。韦尼奥的预言于此说得再对不过："大革命就像撒顿②。她将吞噬她所有的孩子。"^{xxxiv}别人把他们从他们窝着的牢里放出来，既为找着前王后有罪的缘由，同时又为叫他们也

---

① 德斯坦伯爵出身于一个军官辈出的家庭。他自幼从军，参加过奥地利王位继承战争和七年战争，因积功升为陆军中将和海军中将，当过圣多明戈岛和安地列斯群岛总督，当时当局命他在那里增开新税和强制征兵，他依言照办所以在当地极不得人心。路易十六即位后他被升为海军上将，参加了美国独立战争。由于他是陆军出身，又比同级的人年轻很多，所以海军内部只把他看成是一个特宠的外人而排斥他。他于 1785 年被任命为位高权重的图赖讷总督，但这个职位让他不能再任意出入宫廷，其实是明升暗降。大革命爆发后他拥抱革命，当过凡尔赛的国民自卫军司令。他想成为法国陆军元帅，但革命政权只许给他陆军上将。后世历史学家对他褒贬不一。

② 撒顿（Saturne）：古罗马神话里的农神，传说里他吞食自己的子女。

招认出自己的过错。玛丽-安托瓦内特认得他们所有人。对于她身份的转变和命运的不幸而言，他们是活生生的标志。

巴黎的首位市长巴依只来得及露露他那张悲苦的长脸，像戴着个封斋前化装游行①的面具。他倒霉地发现，学者的天空研究②并不总和操弄政治水乳交融，而且天体在轨道上的规律运行也和民众在拥护对象上种种剧烈的失常转向相去甚远。

然而是他在1789年6月23日的御前会议③结束后，不愿在国王代表、司仪官德勒-布雷泽侯爵面前脱帽。随后是经他倡议，已组成国民议会的三级会议第三等级的议员们拒绝从他们议事的凡尔赛遣兴厅④退场。"我认为组成了议会的民族不能接受命令。"⑤没什么比这句话更能清楚地指明大革命的根基所在

38

---

① 封斋：基督教教会年历的一个节期，一共四十天。在此期间天主教徒要斋戒、施舍、克己及刻苦。在封斋前进行三天狂欢，人们打扮怪异，上街游行。

② 提到天空研究是因为巴依从政是在大革命爆发后，之前他是天文学家、数学家和文学家，1783年被选入法兰西学士院成为院士。

③ 1789年6月23日的御前会议是指在三级会议期间，第三等级的代表在网球场宣誓制宪后，路易十六作为回应而在凡尔赛的遣兴厅召开的御前会议。在讲话中路易十六表示作出一些让步，但拒绝了第三等级提出的全部要求，并威胁解散第三等级组成的国民议会，最后要求三级代表离场。贵族和高阶僧侣立即退出会厅，第三等级代表和部分低阶僧侣则端坐不动。特权等级和第三等级至此公开决裂。此事标志着大革命预备阶段的一个转折。

④ 遣兴厅位于凡尔赛的遣兴公馆内，不在凡尔赛宫内。遣兴公馆是法国王室存放各种游艺用具的地方，如各种运动器械、戏剧装饰道具、乐器等，像是套装、绘画、雕塑、模型的工作坊也设在公馆内。遣兴厅是为召开三级会议而把公馆两个院子之一进行扩建并在那里临时搭建起来的大厅。

⑤ 这句话在大革命历史上是一句名言，据说1789年6月23日的御前会议后司仪官德勒-布雷泽侯爵曾对巴依说："国王命汝等即刻从会厅退场！"巴依就以这句话作答。随后米拉波站起来喊道："去告诉你的主子，我等在此是奉人民之意。只有刺刀才能逼我们离开！"

了，这一不同寻常的主权颠覆在几天之内，就把民族放到了国王的位置上。还是他，攻占巴士底狱两天之后在巴黎市政厅接待路易十六时，对着这个已是只有主权之名的君主，做了这番传于史册的假好心说辞，其中的一句话抹去了他的失败："陛下，亨利四世①重新征服了他的人民。在这儿，是人民重新征服了他们的国王。"随后大革命就如野马脱缰一发不可收拾。国王一家在瓦雷讷被截住之后②，当人民于 1791 年 7 月 17 日在战神广场要求废黜国王时，巴依命人对着他过去所吹捧的这同一群人开枪。在审判王后的阶段里，他在一切方面都从拥护革命反转了回去。自从 9 月 8 日在默伦被捕后，他就耗在拉福尔斯监狱③等着自己的审判。

42 岁的皮埃尔·曼纽埃尔在巴依之后露面。他跟巴依一样戴着假发，但巴依看上去有多面黄肌瘦，他就有多大腹便便。他脸庞臃肿，鼻子大而扁平，一副厚嘴唇。某种意义上，这第一个人把巴黎市政府变成了大革命的急先锋，从而把第二个人拉下了马。此人以前是个杂货郎，沿街贩卖暗地里非法传播的伤风败俗的手抄册子④，在巴士底狱里被关过一阵子，大革命之前做过临时记者。作为巴黎公社政府的检察官，他曾是

① 亨利四世是波旁王朝的开国君主，和路易十六正好相对。
② 路易十六一家于 1791 年 6 月 20—21 日夜秘密地从杜伊勒里宫出逃，计划潜至保王党的大本营蒙梅迪组织反革命势力进行反扑。但半路走到瓦雷讷时被人认出，随后被拦截送回巴黎。此事加剧了民众对国王的不信任，也让建立共和国的理念更近了一步。
③ 拉福尔斯（la Force）：巴黎一所旅店，1780—1840 年被改造成监狱，关押过众多知名人物。
④ 手抄册子是欧洲印刷报纸的前身，印刷报纸出现后仍有大量发行，刊登的通常是当局书报审查制度所查禁的内容。

1792 年 6 月 20 日和 8 月 10 日①搞垮了君主制的起义组织者之一。我们知道他不久前登报的那封著名的致立宪君主的信。它令人称奇地混杂着自高自大，放肆无礼和幼稚天真。"陛下，我不喜欢国王们。他们对这世间做了那么多的孽。……可既然宪法叫我成了自由公民又叫您当了国王，我就应该服从您。"然后他向他倾吐了一大堆谏言，并请他把他儿子的教育托付给人民："既然法兰西不再属于您，他就属于法兰西。"ˣˣˣᵛ紧接着，他建议把王后作为嫌犯关押在圣宠谷②，直到迎来和平ˣˣˣᵛⁱ。

　　是他在取得国民议会的许可之后，于 8 月 23 日用国王夫妇再也坐不成的宫廷马车，把路易十六和玛丽-安托瓦内特在民众的唾骂下送到了圣殿塔。"您瞧，陛下，大革命是怎么对待她的国王们的。"他似乎这样说道，当时车子在旺多姆广场，正从人们刚刚推翻的路易十四像前经过。在圣殿塔他常见到王后并嘲笑她的泪水。他夺走了她最后的朋友，朗巴勒王妃，图尔泽勒夫人，她最后的女仆们，蒂博夫人，纳瓦拉夫人和圣布里斯夫人，把她们送到修道院监狱或拉福尔斯监狱。朗巴勒王妃就是在这后一所监狱于 9 月 3 日被残杀的。而曼纽埃尔从王妃的公公庞蒂耶夫尔公爵那里收到过一大笔救她的钱。王后的女

---

① 　1792 年 6 月 20 日发生了针对路易十六的群众示威，当时前线战事不利，军队无所作为，这被一部分革命者归因于路易十六消极对抗革命甚至里通外国；同时他拒绝批准镇压反革命教士和反对中央的联邦主义分子的政令，还把几个吉伦特派的官员都解职，组成了一个保王派的内阁，这些都令吉伦特派极为不满。为反制路易十六，吉伦特派发动群众递交请愿书，在 6 月 20 日这一天巴黎民众冲入了杜伊勒里宫，路易十六被民众包围受威吓、辱骂达两小时之久，但始终没有做出任何让步。当晚民众最终撤出杜伊勒里宫，示威失败，于是又有了后来 8 月 10 日的巴黎民众起义直接推翻了君主制，建立了共和国。

② 　圣宠谷（Val-de-Grâce）：原为巴黎的一座教堂，革命后变为一所军医院。

40 仆中有几个人被救出来了，但她没有。大家都知道事情后来怎
么样了。她的身体被扒光肢解，心脏被挖出并且头颅被插在一
支长矛的头上，一直游行到圣殿塔的窗下。王后听到人群的嚎
叫昏了过去。她差不多自 1770 年到法国起就认识王妃了。1791
年，她求她不要返回巴黎，安全地待在她所避难的亚琛①。可
她的朋友回来了，为了她。曼纽埃尔如同他对旧日的宫廷近臣
所戏称的那样辩述说，王室和"它那堆杂乱碎事的随身行李"，
都没用处了，而且毫不夸张地说，就是堵了大革命的道ˣˣˣᵛⁱⁱ。

　　然而在最后时刻，这同一个人却拒绝投票赞成国王死刑，
甚至从国民公会辞了职。他往日的朋友们不会原谅他。8 月 22
日他被逮捕并移送到了修道院监狱。从他律师那里我们得知王
后怕他，而且害怕他对她进行诋毁ˣˣˣᵛⁱⁱⁱ。她这是怕错了。曼纽
埃尔之后表现出一无所知的样子。一名证人，即公社的全体代
表委员会委员兼学校校务长雅克·弗朗索瓦·勒皮特描述说他脸
色苍白，神色黯然，受着悔恨的煎熬。可就像许多别的活过了大
革命的人一样，勒皮特是在复辟时代出版了他的讲述，而且是试
图让重新掌权的波旁王朝对他青眼相待才有了这般说法ˣˣˣⁱˣ。

　　不无勇气地，曼纽埃尔像巴依一样，可能损及被告的话是
一句也没说。他们是没什么可再失去的了。说起来，比起从王
后那里，法庭想要的多得多，却是从他们那里获取招供。一个
41 月后，轮到他们上了断头台，一如在他们之后上发言席的那个
吉伦特派的瓦拉泽②。他在审判他的最后一天拿匕首捅了自己

---

① 亚琛（法语作 Aix-la-Chapelle）：德法边境上的德国城市，德语法语叫法完全不同。

② 瓦拉泽（Valazé，1751—1793）：政治上和吉伦特派走得很近，是马拉的政治
对手。他于 1793 年 6 月 2 日对吉伦特派的政治清洗行动中被捕，此后也和
他们一同受审。他不想上断头台，庭审最后一天读完判决后他当众用藏在衣
服里的匕首刺破心脏身亡。

一刀自杀身亡后，人们把他的尸体一直带到了革命广场。

他们一个是立宪君主派，一个是吉伦特派，一个是变得温和的山岳派①：大革命里的 3 年差不多等于三个世纪②。为给一个将死之人作证，多了三个没派上用场的死人^{xl}。

*

然后来了几个公社专员和前王后在圣殿塔监狱和古监狱里的看守与主管。她熟悉他们。她和他们中大部分人都闲聊过。某几个人甚至为她以身涉险。鞋匠西蒙不是这种情况，她知道三个月以来，他都是她儿子的看守，而且管着他的一切。她的儿子，革命者称其为路易·夏尔·卡佩，对保王派而言则是路易十七。雅克·勒内·埃贝尔就更不是这种情况了。数月以来，这后一个人就在他的《迪歇纳老爹报》③的文章里要她的脑袋，而他这份报纸在各选区代表的圈子里读者广泛。在这份言辞激烈的小报里，埃贝尔把自己装扮成暖炉商人，嘴里叼着烟斗④，它的发行量巨大：在 1793 年发行了八万份，部分上这得益于在军队中发放它的战争部的订阅。

埃贝尔上发言席时 36 岁。他金黄头发，蓝色眼睛，面庞柔 42

---

① 分别指巴依、瓦拉泽和曼纽埃尔。

② 此处指 3 年内掌权的不同政治势力的变动之剧烈，而一般一个国家要花上三个世纪的时间才能完成这种政体演进。

③ "迪歇纳老爹"（Père Duchesne）是大革命期间好几份不同报纸的名字。其中在民众中最受欢迎的是埃贝尔办的这份，在几年内一共出版了 385 期，一直出到 1793 年他被送上断头台前几天。迪歇纳老爹是 18 世纪法国民间的虚构人物，为人疾恶如仇，专好揭露不公，打抱不平。埃贝尔的《迪歇纳老爹报》所用言语是大众用语，言辞激烈，往往咒骂着要进行血腥暴力行动。

④ 迪歇纳老爹在大众印象里虚构出来的职业是暖炉商人，身材敦实，脸颊多肉，两道八字胡很浓密，一直含着烟斗抽烟。

和而且讨人喜欢，从长相上看不出他的暴力^{xli}。他是一个在阿朗松做首饰匠的殷实的资产阶级之子，这个首饰匠之子以他尖酸刻薄且污言秽语的三寸不烂之舌，操着一口无套裤汉的言语，并且晓得怎么打动别人^{xlii}。玛丽-安托瓦内特很清楚他，甚至在听过他对她所做的那些下作至极的指控①之前，肯定就对他甚为反感。1792 年 9 月 21 日宣告成立共和国那天，他在圣殿塔寻了邪恶的乐子来嘲弄她。路易十六死后，在 1793 年 4 月 20 日和 24 日，指挥公社专员们夜间在她牢房里进行粗暴搜查的还是他。在 10 月里，埃贝尔当时是代理检察官②，在巴黎公社政府的检察官肖梅特属下。他在去基督化、无神论和民粹的大革命里，催生出了最为极端的小集团。他的无所不能还会再持续几个月。

我们将看到对于他不久就要指证的那个人的审判，是他，在富基耶-坦维尔旁边最积极地做着合作准备。要掂量一部分巴黎民众对被废黜的王后的暴力总程度，那应该读点具有他个人特色的话语。个中缘由之后会有解释。在他笔下，尤其是从 1791 年最后几个月起，玛丽-安托瓦内特被轮番说成是"奥地利母狼""贱货""烂婊子""戴王冠的婊子"。在君主制垮台之前，他已经在想象着为了进一步侮辱她而一次次地去杜伊勒里宫。这些拜访仅存在于他的白日梦里，在拜访中他装成医生或教士出现在她面前。^{xliii}

自 1792 年 8 月起，他就能想怎么见她就怎么见了。接触到玛丽-安托瓦内特后改变了态度的人有许多。可埃贝尔却仍然自

① 此处特别指埃贝尔指控王后及其不满 10 岁的幼子乱伦。
② 代理检察官是法国检察制度中检察官的一种，职位排在检察官和助理检察官之后。

觉自愿地封闭在仇恨和臆想里。他那些想象出来的对话日渐暴力和污秽。他的每一篇文章都是一番杀掉她的号召。把它们全都复述一遍会把人累坏，短短几行足矣。被废黜的王后在文中轮番地被展现得为人口蜜腹剑，奸险狡诈，性如虎狼并且品行卑劣。这就是在一小笔一小笔地描绘着她对比鲜明、浓墨重彩且面目狰狞的形象。我们于其中重又看到男性对有支配性、颠覆性和危险性的女性的一切陈词滥调，大革命正是想要如此看待她。这种对女性的仇视是造成历史阵痛的一处伤口，后面会再次予以谈及。对陪审团相当一部分成员来说，出现在法庭里的就是这么一个女人。

"魔鬼的女人，"在指责她对他投去"温情脉脉的目光"之后他在圣殿塔里冲她说道，"你叫我们在你这些挤眉弄眼里陷得够深的，好叫我们被它给蒙住。你在你的套床①上嘣屁还是给人掐死，那都一样，你没了那天就将是过节，他妈的！"ˣˡⁱᵛ当把她转到古监狱时，这一天临近了。而埃贝尔当然也在这个揭示出被关押者真实性情的地方："当她脸色苍白全身发抖地到那儿的时候，我就在这个监狱。当她独自一人并且放松自处的时候，我把耳朵凑到她牢门窗子上去听她的嚎叫。就跟一条饿坏了的母狼被夺走了猎物而嘶叫一样，她发出吓人的叫声。'跟我的老乌龟②一样，'她说着，'这么着的话我要矮上一截了③！'"ˣˡᵛ这些话全都如出一辙！"就像巴黎的一条排污下水道

44

---

① 套床（châlit）：当时的一种床，由几扇隔板像柜子一样套住从而形成一个把床完全包住的小隔间，这种床今天已经古旧不用。

② 老乌龟指路易十六，因为当时风传王后不忠与人通奸，叫路易十六戴了绿帽，所以民间都称路易十六是老乌龟。

③ 矮一截是当时的市井俚语，专门指上断头台掉脑袋。

伸在塞纳河里。"[1]卡米尔·德穆兰[2]以评论的方式写道。玛丽-安托瓦内特当然没读过《迪歇纳老爹报》上的文章，但她晓得埃贝尔对她怀有的仇恨，这仇恨数年来其他许多人对她也都有。她对她周遭人的反应是如此敏感，以至于她最终对于后者已是坦然受之，一如常人会承受其伤痛。

*

但是我们现在还没说到证人提交的证词。回头看一下我们讲述的故事线。玛丽-安托瓦内特进法庭的时候，法庭庭长请她就坐于"安置给被告人的那张惯常的扶手椅上"。他宣布她"活动自由且不加刑具"并要她自报身份。所有人，当然了，都知道她是谁。所有人都知道她不自由！照着普通司法的模样，

---

① 读者请注意这句话的引用有所偏差，德穆兰的原话并非如此。可能是为了强调埃贝尔言辞的污秽不堪以和本书想表达的意思保持一致，所以作者对所引原文主动做了修改。根据 1840 年出版的《法国大革命史》（Histoire de la Révolution française, A. Chiers），德穆兰对埃贝尔报纸斥责的原话是："你不知道吗，埃贝尔，当欧洲的暴君们想让他们的奴隶相信法国是被野蛮的黑暗所笼罩着的时候，凭借其希腊古典主义的美和卓绝品位而备受吹捧的巴黎确实到处都是汪达尔人（古罗马时期被认为是不开化的蛮族，此处代指暴徒），你不知道吗，你这个办事情砸了锅的，那些暴君就是用你的这些破纸来充实他们关于法国的胡扯，好像人民就像你想让皮特先生（当时的英国首相，对革命的法国有很深的敌意）所相信的那样无知，好像我们对他只能用这种粗俗不堪的言辞说话，好像这一套就是国民公会和救国委员会所使用的语言，好像你一个人的污言秽语也是整个民族所惯用的，好像你这一条流污水的下水道就是整个塞纳河。"

② 德穆兰（Desmoulins, 1760—1794）：法国大革命重要人物之一，和罗伯斯庇尔、丹东、马拉这些人齐名，和他们同属山岳派。他和罗伯斯庇尔是同届同学，也是律师出身，大革命开始时通过对民众的革命演讲崭露头角，但始终没有扮演过重大的政治角色。他后来反对镇压和清洗吉伦特派，也因此开始反对罗伯斯庇尔。最终他被罗伯斯庇尔认为是丹东一派，在 1794 年 3 月 31 日和丹东一起被逮捕，后于 4 月 5 日被送上断头台。

无论在哪个时代，特别司法一直都讲究自己永远不会脱离某种善意的形式主义，好像它想要淹没般地把此外的令人憎恶和独断专制的东西包裹其中，好让其消逝不见。要是地狱的地板是由美好意愿铺就的①，那它也不遑多让地充斥着良心。法庭叫陪审团的每个成员都单独宣誓说要"带着最具正直严格操守的专注来审查对路易·卡佩的寡妇玛丽-安托瓦内特所提出的指控"，要"既不听从仇恨，也不听从恶意，更不听从害怕或喜爱"，要"带着相宜于一个自由自主的人的不偏不倚和坚定态度"来根据他的良心和内心的确信下判断。同样，证人们也都宣誓只说实情，尤其"要不怀仇恨和不带惧怕地发言"^{xlvi}。人们几乎忘却了使词和词的所指相分离的种种词义扭曲。而这种情况在哪里都不如在一场革命最深层的隐秘之处严重。人们提到自由并以它的名义杀戮。人们念咒做法祛除仇恨、害怕和种种喜爱，又把它们披戴在身。

玛丽-安托瓦内特的扶手椅在法庭中心对着法官的台子，但幸得她的律师肖沃·拉加德出版的若干迟来的笔记，我们知道，只有聆讯证人时它才在那里。庭上陈述的其余时间里，别人叫她登到被告专用的一张台子上，这是特别为集体审判准备的。这台子在法庭左边，她在那里被宪兵们围在当中。

庭审大厅里人满为患。公众三五成堆地挤在靠近迷踪大厅②那边为其准备的围栏后面。人像过节时那样异常地多。或许现场公众里有几个不知名的人在默默地支持着她。但他们应

45

46

---

① 这句话本来是法国的一句俗语，本意是好心办坏事，这里是讽刺的说法。

② 迷踪大厅（salle des Pas-Perdus）不是特定的厅名，专指法国政府机关大楼里诉讼当事人或行政当事人办事前进行等待的大楼前厅。这种前厅的空间一般都特别大，会让来办事的人在里面"迷失步伐"，故名。

该数量稀少又不事声张。50 年后，基本也就亚历山大·大仲马
自由无碍地叫红屋骑士①在他们当中露了脸。此人真名叫鲁热
维尔骑士，是最后一个为被废黜的王后冒险的传奇人物。在其
同名小说中，他苍白的脸庞，过于形之于色的焦虑把他奇异而
高尚的挚爱一表无遗。法庭有自己的探子和警备。监狱巡查长
皮埃尔·迪卡泰尔是 1792 年 9 月杀害朗巴勒王妃的凶手之一，
他在四五个警探的协助下，试图猜测出可能的谋反者[xlvii]。

现场公众主要由选区代表、活跃分子和无套裤汉组成，他
们全是巴黎当时所看重的那些数不胜数的民众社团和其他监察
委员会的成员。在场的也有妇女。这些妇女是著名的共和二年
"织衣妇"②，有洗衣女工、女商贩、稻草修复椅座女工、制成
品裤子女工或缝补女工，也有纺织厂的女工人。在大革命的行
进当中，她们曾把自己民族的……和工资的女守护人③的身份
强示于人。她们无处不在：在国民公会的旁听席上，在她们选
区的代表大会上，在俱乐部里，她们甚至创立了为她们自己活
动的俱乐部[xlviii]。我们后来看到，大革命最终违逆了她们，一
如悖逆于王后。

---

① 大仲马有同名历史小说，背景是 1793 年大革命时期的法国，讲的是王后玛
丽-安托瓦内特被关押在圣殿塔期间，热爱王后的骑士鲁热维尔化名红屋骑
士试图营救王后而被警察四处追捕，后在几个保王党的帮助下再次秘密营救
王后却仍不幸失败。

② 织衣妇（tricoteuse）：固定称谓，专指法国大革命期间到现场旁听国民公会
辩论、革命法庭审判乃至观看执行处决的下层民众妇女。她们总是一边听一
边手里织着衣服，故名。她们普遍要求推行恐怖政策，希望坚决使用断头台
镇压反革命分子，在打倒吉伦特派的政治斗争里她们也有积极参加。从 1790
年起，她们成立了两个专门的女性革命团体，但这一群体自身没有多少政治
能量，在 1793 年 10 月 30 日，她们的组织被国民公会解散。

③ 织衣妇在政治上拥护恐怖统治，恐怖统治政策里最重要的一条就是制定最低
工资以保障下层民众的生活。

气氛像通了电般叫人紧张。人们相互推挤，抱怨不好看到被 47
告。审判期间，为了更方便地瞧见她，别人甚至好几次叫她站
着[xlix]。雅各宾俱乐部此时在罗伯斯庇尔的保护下正处于权力顶峰，
它派了好几个人过来，其中有个叫路易·迪富尔尼·德·维莱尔
的，他供职于火药硝石管理处①，负责每天向其做一次庭审汇报。

*

我们不知道在玛丽-安托瓦内特 10 月 14 日早上进入自由厅
时具体认出了谁，但我们知道一点在此等她的人之所见。还有
几天就是 11 月 2 日，就要迎来 39 岁生日的她，已不过只是自
己的影子。她穿了一条黑色服丧裙子，披了条薄纱折角巾系
在衣服前端，戴着寡妇戴的大大的无边帽，白色细亚麻制，样
式相当简单，头发在下面结成荡着的发髻，用条带子束了起来。
有些人把她画成在审判中头上空空，这极不可能。一个妇人况
且还是王后，即使被废黜，公开露面也不会不戴帽子。在这里，
她戴的不再是过去那些标新立异的帽子了，而是顶不起眼的便
帽。穿的也不是她在凡尔赛宫有数百件的那种裙子。

她穿的裙子是她丈夫死后她在圣殿塔叫人做的那条。这是 48
她剩的最后几条之一。它破旧得必须加以缝补。在 1789 年 10
月弃离凡尔赛宫后，有人找着了一本 1782 年的她那些裙子的样
品簿子②，而且把它跟她梳妆打扮上的其他账簿一起规矩地做
了记录。现今它藏于国家档案馆，通过反差，叫人明白了一点

① 当时法国在战争状态，这个部门负责收集物资制造弹药，是一个军需部门。
② 此簿封面名称是"多森伯爵夫人，王后梳妆服饰管理女官，1782 年用簿"，
簿内王后各式裙子名称后面均贴一小块所用布料的样品，簿子的用途是核对
制衣商是否按时发货。

什么是昨是而今非。那些丝质样品是分栏归类的："宫廷礼裙；大裙撑裙；小裙撑裙；土耳其式束身长裙；宽摆长裙；英式紧袖收腰长裙①和拖摆收腰长裙。"所有这些都消逝了。

这一次，王后没做任何打扮。她曾先隐藏后又迷失在自己想要取悦于人的巨大意愿里。从今往后的她则不再存在于时髦女人的精致打扮当中，而是存在于她本身。她没戴任何饰物，没戴珠宝。和那块她自打在维也纳童年时期留存下来的表一起，在古监狱中别人把她仍然戴着的最后两只钻戒以及金婚戒都没收了。她那只巴黎公社选区专员们口中"当护身符用的戒指"也被拿走了。他们怀疑它上面喂了毒！他们还说，她费了最大的劲脱掉的就是这只戒指。我们之后会再谈到这只神秘的指环[1]。14岁的罗莎莉·拉莫列尔作为贴身女仆②在狱中服侍过她，只有年幼的她知道，她脖子上戴着一个椭圆形的颈饰盒③，盒子掩藏在她裙子下，系在一根黑绦带上，罗莎莉应该从未见过能与之媲美的东西，说它"很是珍贵"。这物件里装的东西无疑是叫她活下去的一切，那是一幅她儿子的微型画像和一圈他的头发。

只有她的鞋子保留着一处她往昔的雅致。罗莎莉说到，是一双"漂亮的刺李黑低腰鞋"，带着"圣于贝蒂④式的"[li]高跟。这是她唯一一双"能替换着穿的"鞋子。她穿这双鞋或许是因为想要显高和保持姿势端正。

---

① 玛丽-安托瓦内特来法国之前，法国上流社会妇女只穿带裙撑的裙子。这种英式裙随着玛丽-安托瓦内特的穿戴流行起来，成了她的招牌款式。

② 贴身女仆主要负责整理衣物和保管贵重物品。

③ 颈饰盒（médaillon）：当时常见的一种圆形或椭圆形首饰，用链子系着挂在脖子上，内部中空做成匣子，装人物的微型肖像、头发或有纪念意义的东西。

④ 圣于贝蒂（Saint-Huberty，1756—1812）：当时欧洲最有名的女歌唱家。

所有人都同意说，好几年来，她都不再是过去明艳动人的那个样子了。早在 1789 年 6 月，她亲爱的英国女性友人之一——德文郡公爵夫人于一切崩溃前，在小特里亚农宫受私人接待时就发现她"悲戚地改变了"[lii]。大革命彼时才初露端倪，王后就已为长子穿起了丧服。她这个长子受着肺结核的缓慢折磨，6 月 4 日于 7 岁半的年纪在莫顿宫离世。从此往后，她就不曾停过咽下自己的泪水，正如她稍后给她兄弟利奥波德的信里所写的那样。

大革命产生冲击，而民众怀着明显要杀掉她的企图，于 10 月 6 日涌入凡尔赛宫她的房间，同一天在滚滚尘土里和四起的嘘声下，她在被迫前往巴黎的途中悲恸不已。所有这一长串阴森凄惨、血腥又混乱的事件，直至她卫兵们的脑袋被插在长矛上挥来挥去①，把她推搡进了一个去而不返的世界。她的亲密圈子里相当一部分人都离她而去。她孩子们的管教女官波利尼亚克公爵夫人②，"朋友里最温柔的人"，这位"亲爱的知心

50

---

① 当时巴黎物资极为短缺，民众生活的压力已到极点。1789 年 10 月 5 日，巴黎数千妇女和男子拖着大炮来到国王一家所在的凡尔赛宫，要求国王签署批准 8 月 4 日立宪议会通过的废除一切封建特权的政令。路易十六同意，危机似乎已经解除。但次日即 6 日清晨暴动者即冲入凡尔赛宫杀死了国王的卫兵，涌入宫内王室成员的房间。为平息民愤，路易十六和玛丽-安托瓦内特同意当日离开凡尔赛前往巴黎。经过 7 小时的颠簸，并且在数千暴怒民众的伴随下，国王一家来到巴黎在杜伊勒里宫安顿下来。

② 波利尼亚克公爵夫人（duchesse de Polignac，1749—1793）：玛丽-安托瓦内特的密友，同时也是路易十六的法国宫廷里最有标志性的人物之一。她虽然出身非常古老的贵族家庭但家境并不富裕，也无势力。1775 年在一次宫廷舞会上她偶遇玛丽-安托瓦内特，受到她的喜欢和欣赏，很快成为王后身边的红人。她的家族也因此沾光，每年得到的巨额赏赐达 50 万锂，同时也拥有了强大的政治影响力。由于既受王室的宠爱，又花费巨大，相当一部分贵族出于嫉妒仇恨她，民众也因为她铺张浪费而对她极为厌恶。大革命爆发巴士底狱被攻占后，她收到国王王后的命令要她离开凡尔赛以自保。于是她逃出法国，最终到奥地利避难。玛丽-安托瓦内特被处决差不多一个月后，她也因病去世。

人"，比她自己还要更受人厌恶，自 7 月 16 日起就逃离了凡尔赛。她的小叔子阿尔图瓦伯爵①跑了，还有许许多多其他曾在凡尔赛宫过着舒服日子的人也都逃了。"我的灵魂受着痛苦、悲伤和忧虑的压迫。在每一天，得知的都是新的不幸。"ᴸⁱⁱⁱ 在每一天，她都明白自己要被迫独自承担这些不幸："我既见不到能理解我的眼睛，也遇不到能倾听我的心。"

　　大革命吞噬了她并把她封闭在一种宿命里，她无法理解这一宿命，却对它痛苦地有所感知。她记得自己几乎是在 18 世纪最大的灾难日出生的吗？那是 1755 年 11 月 1 日，当天的地震骤然吞噬了里斯本城。之后我们会再提到此事。也有人提醒说，她是在诸灵节②，亦是诸圣节③次日出生的。有些人就此持有末世录般的晦暗预见，如作家莱昂·布洛伊④于 1896 年，在一种非常"世纪末"的癫狂⑤中，切切实实地看到"成堆的亡灵"

---

① 阿尔图瓦伯爵（comte d'Artois, 1757—1824）：路易十六的弟弟，大革命刚一爆发就作为首批流亡贵族逃出了法国，不断筹划推翻革命政权，后来在复辟时期继路易十八即位成为波旁王朝的查理十世。他极为仇视大革命，一心要恢复封建专制统治。

② 诸灵节（le jour des morts）：天主教宗教节日，这一天教会会在墓地举行弥撒为亡故信众的灵魂祈祷。

③ 诸圣节（la Toussaint）：也称万圣节，是天主教宗教节日，用以纪念所有知名和不知名的圣徒。

④ 莱昂·布洛伊（Léon Bloy, 1846—1917）：法国 19 世纪下半叶作家，其作品有很强的宗教性色彩。

⑤ 布洛伊的文风被公认为笔调十分强烈，而他自己坚信一切历史的表象之下必然有上帝在冥冥之中安排好的绝对真理在支配，普罗大众看到的现世的一切都不过是镜花水月，而作家的任务就是揭开这面镜子去发掘真理。布洛伊的这种观念让他颇受抨击，所以作者用癫狂形容他。提到"世纪末"是因为据天主教教义，最后的审判会于某个世纪末来临。这里随后作者引用的都是布洛伊于 1896 年写的一篇关于玛丽-安托瓦内特的长篇随笔《死亡女骑士》里第一章最开头的内容。

向她的摇篮倾俯，他说道，摇篮里"睡着这一历史中全部的忧伤"①。神怒之日②！而玛丽-安托瓦内特成了象征死亡的"金马骑士"③，七苦女大公④。"她生于泪水之日，她生命中的一部分在咽下的泪水中度过。"liv

51

比起作为一个历史人物，这种种巧合在大得多的程度上，要是没叫她成为一个神秘主义小说的主角，也把她塑造成了一个一般小说里的女主人翁。"我的命运是带来不幸"，她在1788

————————————

① 引用的句子是为了说明布洛伊认为玛丽-安托瓦内特的出生就预示着以后的灾祸。该段全文是："末世的天使吹响了使人无比惊惧的号角，给教堂欢庆她出生的钟声和庆祝她受洗的徒劳礼炮声添上了无尽的焦虑。成堆的亡灵像海水一样围在她摇篮脆弱的床脚边上，摇篮里睡着这一历史中全部的忧伤；最后的审判中的恐怖灾难像黑鸽群般盘旋在这个纯洁的灵魂之上，而诽谤中伤再多再大都不曾使这个纯洁的灵魂有过动摇。"

② 神怒之日（Dies Irae）原文为拉丁语，指《圣经·新约·启示录》中所载的在最后的审判那一天，七位天使吹响七支号，前六支每吹响一支都有大灾难发生，代表神的怒火惩罚消灭不义的人，第六支号吹响时在种种异象的最后会有一场大地震发生。此处的引用一语双关，说明玛丽-安托瓦内特出生时发生的地震就暗合着《启示录》里最后的审判要到来前那第六支号的预兆，所以她出生这天就恰似神怒之日，同时神怒之日也是布洛伊随笔里作者所引的第一章的标题。

③ 金马骑士：布洛伊在随笔里对玛丽-安托瓦内特的一个称呼，这是一个象征性的说法，背后的典故来源于《圣经·新约·启示录》里的四骑士。这四个骑士一骑白马象征统治征服，一骑红马象征战争杀戮，一骑黑马象征贫乏饥荒，最后一骑马的毛色惨白黯淡象征死亡。四骑士的到来宣示了世界末日的开始。布洛伊把玛丽-安托瓦内特说成像是《启示录》里的骑士，即是说她的出生预示着世界末日灾难的来临。

④ 七苦女大公：作者自己对布洛伊原文用辞的简称。布洛伊原文作"七苦神圣帝国女大公"。这一称呼也是布洛伊对玛丽-安托瓦内特的一个象征性说法。神圣帝国女大公点出玛丽-安托瓦内特的身份，指她嫁到法国成为王后前是神圣罗马帝国的奥地利女大公，七苦出自天主教中的七苦圣母，指圣母玛利亚。这么叫是因为圣母经历了看着自己儿子耶稣基督被送上十字架，看着基督在十字架上受难，迎接基督死后下十字架，把基督的圣体放入墓穴等七项苦难。给玛丽-安托瓦内特加上七苦即指她也要像圣母一样承受极大苦难。

年 8 月已经写道。"我会给你们所有人带来不幸。"[lv]再后来在 1792 年 3 月她对她最后的拥护者之一，英国官员昆庭·克劳福德写道："我对自己不作幻想。对我而言不再有幸福。"[lvi]

自此以往，她就把昏黑暗夜的这一慢步流逝①负担在身。她的女仆之一康庞夫人②在回忆录里讲述说，她在去蒙梅迪的路上和国王一起在瓦雷讷被截住，她的头发直到那时还都是褐色的，亮得泛有几分金色光泽，可从那里回来后一下子就白了。瓦雷讷这件事在她的陨落中是至为残酷的一步。在民族和王室之间能够存余的信任和幻想于此被摔得粉碎。自此以往，对王后而言，杜伊勒里宫就不再是一座宫殿了。这是一所监牢和一处"地狱"。"被禁闭着，如同罪犯。"[lvii]"在瓦雷讷之行这场令人悲悼的大难之后，我第一次再见到王后时，"康庞夫人写道，"我碰到她正从床上下来；她的面孔没有太走样；但向我作完最初的几句嘘寒问暖之后，她摘了帽子并跟我说看看痛苦给她的头发造成了什么影响。只一晚的时间，它就白得有如一位 70 岁的妇人。"[lviii]

几天后，她给她看一只戒指，这是她打算送给在亚琛避难的朗巴勒王妃的。它里面装着一撮她的头发，上面刻着这句话："它因受了苦难而变白。"一年后，王后的朋友在拉福尔斯监狱被残杀，人们在被肢解的尸体手指上又发现了这同一枚戒指。她的刽子手们把戒指带回了三百人区的近郊圣安托万街③，它

---

① 此处昏黑暗夜指王后的不幸如黑暗长夜，慢步流逝指不幸一点一滴发生，不可抗拒。

② 康庞夫人（Madame Campan，1752—1822）：法国 18 世纪末至 19 世纪初的一位女教育家，她于 1770 年成为宫廷的侍从女官，大革命期间在杜伊勒里宫服侍过玛丽-安托瓦内特。热月政变后，她在巴黎开一家女子寄宿学校，很受上流资产阶级家庭的欢迎。

③ 三百人区是大革命时期巴黎的一个选区，当时近郊圣安托万街第 112 号的走失儿童收容院教堂是选区权力机构所在地。

像一件战利品显示在王妃的随身物品清单上，选区专员们于1792 年 9 月 3 日签字记道："一只带有一颗可旋猫眼蓝宝石的金戒指，里面有金色头发，头发连成八字结，上附（一道）题铭。"戒指的下落不知所终。[lix]

科研学者近来对所称的"玛丽-安托瓦内特综合征"或"突发性脱发"关注起来，但有些人对此不予相信，这些都无关紧要。叫王后白了头再早是在 1789 年 7 月，再晚是在她死的前一天。当事者们的记述是相吻合的。对大革命的惊惶，长久的关押改变了她。一个叫夏尔·戈雷的巴黎公社市政官员自王后于 1792年 8 月进入圣殿塔后就再没见过她，直到她丈夫死后才又于此碰见她，他大吃一惊："王后落得极度消瘦，叫人再也认不出来。"[lx]

从这一认知出发，有些人做得过了头，比如保王派报纸的笔杆子马勒·杜·潘在当时的环境下①，把一个叫雅凯·德·拉·杜艾的人的陈述拿来作引证，这个人从事着轻微的刺探活动，在 1792 年 6 月底被奥地利人逮捕。经盘问，他确认说他在杜伊勒里宫被攻占之前，趁着王后最后一次公开露面的机会看见过她。他描述说王后扑了过厚的粉，软塌着胸口，脸烧得发红且长着粉刺，双眼空洞无神，脸颊下垂，嘴唇惨白，沾着唾沫[lxi]。这已经夸大其辞了。后来她的拥护者和敌对者双方在重新编排其审判时讲得更加离谱。对于前者，要的是清楚明白地展示她殉难的伤痕。出于截然不同的原因，她的敌对者们也不会把她说得更美。展现她形象时他们说她没戴面纱②也没扑粉，衰老得过早，

53

---

① 此处指潘所在的波旁王朝复辟时期，此时自然要全力美化粉饰大革命时期被打倒的王权。

② 面纱是当时贵族妇女在公共场合必戴的佩饰，以示自己有身份，不会在公众面前直接抛头露面。只有下层阶级的平民女子才直接露脸。

容貌几乎是丑陋的，他们这是竭尽全力地想要向世人显示她灵魂的黑暗。我们知道奥斯卡·王尔德那部最有名的小说，当英俊的道林·格雷道德上的真实自我猛然出现在他肖像里时，画作变得丑陋不堪①。在革命者眼中，玛丽-安托瓦内特外表上的衰败，在猛地被揭示之时，是由一种妇人的道德败坏所致。再一次地讲，这场审判首先是对臆想之物的审判。正是这一点编排了整个审判。

*

54　　然而 10 月 14 日的这个早晨，王后究竟会是什么样子呢？除罗莎莉·拉莫列尔附带地对她的外表做过极少指明之外，再没有与事件同一时代的亲历讲述，人们只剩那么几幅画可去研究。在走样最少的那些画中，有一幅在所有的画里最让人信服。那是最后一幅肖像画，由波兰籍画家亚历山大·库哈尔斯基所画，无疑部分参照着记忆作于圣殿塔。玛丽-安托瓦内特在对她的其中一次讯问中自己也承认过在圣殿塔里被画过像。这幅肖像出了名，存有许许多多或多或少忠实于原作的摹本。其中一张摹本由她的前侍从女官②塔兰托王妃③向画家所订。这位王妃

①　此处指 19 世纪下半叶的爱尔兰作家奥斯卡·王尔德的名著《道林·格雷的肖像》。主人公格雷许愿希望肖像能代替他变老而他永葆原貌。之后他抛弃之前的爱人内心也没有负罪感，此时他发现肖像面目开始变得狰狞，发觉他许的愿成真了，此后愈发堕落。最后他又希望肖像能变回来，于是违心行善赎罪，可肖像反多了虚伪的表情。他出于绝望把刀插入肖像，结果自己倒地身亡，肖像恢复了原样而格雷则变得又老又丑。

②　侍从女官在宫廷里不是女仆或侍女，她们本身也是贵族，入宫服务于王后或公主们，如更衣打扮、陪同出行等。这些职务本身也有等级划分。

③　塔兰托王妃是法国沙蒂隆公爵的女儿，后来嫁给了意大利那不勒斯王国下塔兰托大公国的王子，因此称为塔兰托王妃。她于 1785 年入宫成为玛丽-安托瓦内特的侍从女官。大革命爆发后她不愿离开王室，亲眼见证了 1792 年 8 月 10 日民众攻占杜伊勒里宫。随后她被逮捕关押在修道院监狱，9 月屠杀时她掩盖住了自己的真实身份，得以幸免并逃了出来。

在修道院监狱避过了 9 月屠杀后成功逃到了英国。其他时间更晚的摹本现今藏于巴黎卡纳瓦雷博物馆。原本则一直在王后的近交拉·马克伯爵的后人手里。拉·马克伯爵认识画家并且于大革命后不久从他那里得到了画像。我曾有幸见过这件范本，拉·马克自己在画背面用一份手写的记录以证其真[lxii]。

模特身着丧服裙。这么看作品是在 1793 年 1 月 21 日以后，此外我们还知道巴黎公社全体代表委员会于当年 4 月 1 日发文规定，"圣殿塔中任何守卫人员均不得于内绘制任何东西"，因此它成于 1793 年 2 月或 3 月，至少在审判 6 个月前。审判时她面孔的憔悴衰老之态应该还要更重一些，从画中我们有证可查。

很明显地，她样子上大过她的年龄许多。她保留了她以前肖像上的狭长的鹅蛋脸，有些人说这继承自她的奥地利血统，叫人能认出她的也是这一点。同样她也继承了一双非常淡的蓝灰色眼睛，多愁善感，间距略宽。但是她鼻梁长得硬挺，鼓而突出，眼皮下垂而且可能因哭泣过甚而肿着，薄嘴唇往回抿着，面色发灰而黯淡。罗莎莉·拉莫列尔甚至声称她"带有非常淡的天花痕迹，几乎察觉不出"[lxiii]。

这跟伊丽莎白·维热-勒布伦所讲的相去甚远，她 1778 年第一次给玛丽-安托瓦内特画像时，"她脸色的容光焕发"叫她惊讶至斯："我从未见过如此亮丽夺目的面容。"她在回忆录里回忆说："亮丽夺目是确切的词，因为她的肌肤剔透得不留半点阴影。"[lxiv]这一回，阴影占满了她的脸。这些是她牢狱之灾的阴影，也是侵蚀着她的苦难的阴影，她频繁的大出血的阴影。她的大出血极少有见证者提及，今天我们知道这可能是癌变的一个纤维瘤所引起的症状[lxv]。有人在她死后不久甚至声称，把她由圣殿塔送至古监狱的马车里沾满了她的血[lxvi]。这个故事跟

55

56　血大有关联、纯洁的血、不洁的血、罪孽的血，引人腐坏堕落的血和使人脱罪归神的血，受戕害的人民的血、报仇雪恨的血和殉难牺牲的血，如同一串长长的譬喻。

　　如库哈尔斯基所画，玛丽-安托瓦内特什么也没向我们表现出来，除了一种郁郁伤怀又漠然外物的悲哀，这悲哀把旧日的笑容挤得再无容身之处。那些在他们年轻时于凡尔赛宫曾见过她的人后来回忆起的并非是这副面庞。利涅亲王①在她的挚交中跟她甚是熟识，直至他生命的最后时日，他在口袋里都还像保管一块圣物②一样存着一幅她的肖像lxvii。在复辟时期，路易·德·博纳尔德跟他儿子亨利还讲起在凡尔赛宫的套间里王后向他投去的关爱的仁慈微笑。当时他受命作为年轻的火枪手传达国王的命令。其时是 1774 年，国王登基那一年lxviii。

　　这一微笑曾照得不少老一辈的人心头灿然生辉。夏多布里昂在其《墓畔回忆录》中把它说得如魅术般叫人为之倾倒。这一幕发生在 1789 年 6 月凡尔赛宫牛眼宾候厅③里举行弥撒的时候。弗朗索瓦-勒内④在现场，时年他 20 岁："王后和她的两个孩子于面前经过，孩子们的金发似乎在等着戴上王冠。……小太子由姐姐护着行走；他察觉到了我并殷切地把我指给王后看。她向我投了一眼，附以一个微笑，以此做了在我的引见日⑤她

---

①　利涅亲王（prince de Ligne，1735—1814）：生于布鲁塞尔，是为奥皇效力的元帅、外交官，也是一名文学家，死于 1814 年维也纳和会期间。其回忆录是 18 世纪最具价值的回忆录之一。

②　圣物：圣徒或殉教者遗体的存留部分，抑或其生前使用的器具或受难的刑具，被认为有神性而受信徒崇拜。

③　牛眼宾候厅：凡尔赛宫内国王起居的大套间的前厅，供宫内廷臣集会所用。厅门上方装有圆形窗户似牛眼，故名。

④　此处即指夏多布里昂，这是他的名字。

⑤　引见日：旧制度法国宫廷用语，指该日同意某人人宫被引见介绍给国王和国王身边的人。

已对我做过的亲切致意。这道寂灭得如此之早的目光我将永不忘怀。"

　　她的遗骸掩埋在玛德莱娜公墓①一处围起来的地里，1814　　57
年 5 月，作为贵族院议员②，在受命认明其身份时，"庄重的子
爵"相信在这一微笑上认出了她，这微笑曾是那样好地"描绘
了她嘴巴的形状"lxix。一如往常，夏多布里昂在什么事上都不畏
缩，即使有牵碍亦然。这个微笑对于一整代人都曾是对幸福的一
个承诺，一个邀请。它如同过去柔美生活方式的脆弱映像，塔列
朗③谈及君主制的最后岁月时对这种生活方式是言之甚妙的。君
主制的最后岁月也是他们青春的最后岁月。他们是为这个抨击大
革命的。大革命通过杀死玛丽-安托瓦内特，杀死了青春和美。

*

　　在自己的回忆录里，有谁不曾奉献过几页篇幅给在位头几
年时期里的王后呢？这些篇章数不胜数。所有人都同意说她并
非美得完美无瑕，她有缺陷之处。但所有人都好似一只无可自
拔地受了灯光的吸引，烧着自己翅膀的蝴蝶一样，围着相同的
几个词说来说去：魅力、优雅、迷人。国王的前总督加布里埃
尔·塞纳克·德·梅扬当时像其他许多人一样正流亡国外④，
他在回忆录里对此说得极为精到："奥地利的玛丽-安托瓦内特比

---

①　玛德莱娜公墓：当时的一处公共墓穴，里面的尸骸混杂在一起埋葬，彼此不
　　相区分。
②　贵族院议员（pair de France）：波旁王朝复辟时期和七月王朝时期法国议会
　　里的上议院成员，由王室宗亲、教士和经册封的世袭贵族组成。
③　塔列朗（Talleyrand，1754—1838）：法国 18—19 世纪最重要的政治人物之
　　一，终其一生历经数个权力更迭始终不倒，其人毁誉参半。
④　此处指大革命爆发后一大批保王党的贵族和僧侣为躲避革命而流亡国外。

起美貌有的更多的是光彩。她面孔的每个线条分开单看时无任何引人注目之处，但合起来整体就叫人甚为悦目。要描绘这一整体的种种迷人之处，用得如此泛滥的妩媚一词恰如其分。任何女性头部的仪态都比不上她那样美，这头部在身体上的连接叫她一举一动皆显迷人和端庄。"回忆她时，他忍不住引了维吉尔①的诗："以其行焉，见真仙子（Et vera incessu patuit dea）。"lxx

"她是，"维热-勒布伦夫人还说道，"步态最美的法国女人。"lxxi而作于 1790 年初，差不多和塞纳克的回忆录写于同一时间的《法国革命论》②的作者英国人埃德蒙·伯克对此再三言之。"如今我有十六七年没见过法国王后了。那是在凡尔赛宫，她当时还是太子妃，她几乎足不点地缥缈而行，这世间肯定未曾见过更为美妙的图景。"lxxii

从那时到惊风密雨之间的时期里，玛丽-安托瓦内特步履如仙似地不食人间烟火。她像一位现身人间的仙圣。对于利涅，而且对于其他许多的人来说，她现在是也将一直是"迷人的王后"："在她与人的交往中我可有见过什么东西是没有透着赏心悦目、仁厚善良和品味不凡的吗？"

许多人钟情于她，虽则自己未予承认。"为数甚多的人热烈地心系于她"，亚历山大·德·拉梅特③在她的审判不久之

---

① 维吉尔（Vergilius，前 70—前 19）：古罗马著名诗人。

② 《法国革命论》：英国下议院辉格党议员伯克的代表作，出版于大革命刚刚爆发不久的 1790 年，出版后马上就受到重大关注。书中基本观点是全面批判大革命，同时对路易十六和玛丽-安托瓦内特多有赞誉。

③ 拉梅特（Alexandre de Lameth，1760—1829）：法国将军、政治人物。他所出身的贵族家庭非常古老，但他参加过美国独立战争，并积极投身大革命。到路易十六瓦雷讷出逃失败几近被完全推翻时，他又对革命的极端倾向感到害怕，于是趁带兵打仗时主动投敌被俘。他的政治理念主要是自由主义，在第一帝国、百日王朝和波旁王朝复辟时期均积极参政。

后^{lxxiii}记道。要数她的好述君子有多少那要用到双手十指以上，他们神魂颠倒，但总是色恭礼至，而且大部分时候都沉寂不发。如同利涅说的，她"当时可爱的冒失"叫她甚至没觉察到有这些人。然而有几人她有所留心。我们之后会提到英俊的瑞典人阿克塞尔·德·费尔桑的面庞。可还有多少人曾拜倒在她的石榴裙下呢？有极少数智昏心丧之人和唐突无礼之徒，如贝桑瓦尔男爵①，方才敢把自己的情感对她略有吐露，就会被不留情面地斥责^{lxxiv}。但也有夸尼公爵②，他是三兄弟中的长兄，担任国王的宫廷马厩总管③，她对他是情有所钟的。还有英俊的爱德华·狄龙④。尤其还有一大群被拒之门外的人，如路易·德·诺瓦耶子爵、吉纳公爵、洛赞公爵，洛赞在回忆录里就自

59

---

① 贝桑瓦尔男爵（baron de Besenval, 1722—1794）：原先当过军人，上过战场，以风流倜傥著称。后来他频繁地出入宫廷，跟玛丽-安托内特开始接触时大概50岁上下，但仍热衷风流。他在宫廷里活泼诙谐，很快成为王后跟前的宠臣。然而好景不长，据康班夫人在回忆录里说，一天在王后的私人套间里王后为某事请求他，而他误以为王后的意思是在暗示自己垂青于他，于是他跪在王后脚边，不料玛丽-安托瓦内特冷冷地说："先生，您起来，国王要是知道了您会永远失去圣心，但我不会跟他讲。"此事之后王后就和他保持距离，但他仍得以继续出入宫廷。大革命爆发时他负责巴黎地区的防务，但在布置军队上处理不当，导致暴动的民众攻占了巴士底狱。后来他被逮捕，险些被处死，经辩护无罪开释后于1794年病死。

② 夸尼公爵（duc de Coigny, 1737—1821）：法国军人，自15岁成为王家火枪手，历经数次战争，到1821年才去世。

③ 宫廷马厩总管（premier écuyer）：在法国旧制度的宫廷职务里并非贱役，相反级别和地位都相当高。马厩总管负责管理宫廷的日常用车和马匹的护养，也负责管理培训相关宫廷侍从的学校。该职务总是由出身显赫的贵族担任。

④ 爱德华·狄龙（Édouard Dillon, 1750—1839）：法国军人，他凭借路易十六之弟阿尔图瓦伯爵家臣的身份得以出入玛丽-安托瓦内特的小特里亚农宫，当时他以相貌英俊著称，而外界风传他是王后的情人之一。据布瓦涅伯爵夫人在回忆录里说，有一次在王后跟前他因旧伤发作晕了过去，王后出于担心就把自己的手直接放到他心脏处看他是否还有心跳，而这是不合王后身份的。

己的不得芳心进行报复，风言她与人有染。再有的是，在大革命爆发不久前，她自己的小叔子，王太弟普罗旺斯伯爵。她不信任他，觉得他精致得矫揉造作。"他过多地待在他的领带里面。"她讽刺地评论道。通过伯爵给他推心置腹的加斯东·德·莱维①的书信，我们知道他昏头昏脑地爱上了自己的嫂子，"美如维纳斯""面如天人"，虽则从未对她言之如此[lxxv]。他而后抱有一种欲独占而不得的怨恨。但她的大部分好逑君子像利涅一样行事，做到了把热烈爱慕转为真挚友情。"既然我不信会有专一又激烈的爱，知道这爱决不会变得两情相悦……而且我决不会跟任何人吐露，因为害怕别人笑话我……这一心意……就让位于最为强烈的友情了。"[lxxvi]

*

60　　当玛丽-安托瓦内特到被告人的椅子前站定并报出身份之时，整个这份迷人如同熄灭了一样，即刻飘逝掉了。然而她身上仍旧散发着昔日的某些东西。个子高高，身板挺直，头部带着别人曾如此羡慕的同一姿态，她一直都是王后，裹在一种失却的尊严里。之后在督政府时期而且直至复辟年代，众多艺术家都想象着她在法官们面前，如此表现她的形象。我自己也所差无多地相信他们无有谬误。这一与生俱来的尊贵神态不曾为她的那些不幸剥夺，而且许多人在狱中有所记录，这使得其中一个近距离见到过她的人说，要是别人会自然而然地奉一把椅子给一个妇人，"可能会几乎总是想把一个王座向她靠拢"。

――――――――――――

① 莱维（Gaston de Lévis, 1764—1830）：法国军人和政治人物，也写过几部著作。他 16 岁就成为普罗旺斯伯爵的侍卫长。后成为第二代莱维公爵。

"她自行王后之事，无须费确认之劳"，利涅亲王如此说道。

这不只是出于"她体态外形上的尊贵仪容"和"她言行举止上的迷人风采"。倨傲也使她挺得笔直。以金山银山为价，她也不愿任她的敌人们得享于她的败北而心满意足。她一直都很顽固。作为年轻的太子妃，刚到凡尔赛宫尚且懵懵懂懂之时，她花了一年多时间才对路易十五的情妇，她所讨厌的杜·巴丽挤出几个无关痛痒的字①。这一点因此是早已有之。

她知道她的出身并且晓得她的权利。1782年10月有一天，她跟她的姆娌普罗旺斯伯爵夫人吵起来，不遗余力地捍卫哈布斯堡家族相较这位夫人所出身的萨伏伊家族在高贵性和古老性上的优越[lxxvii]。这似乎理所当然，但也显露出了一种性格。无论在安稳日子里还是在磨难之中，如同夏多布里昂对于波旁家族所讲的那样，她都从未忘记"她自摇篮时就与生俱来的高人一等"②。1792年7月她还写信给其友人路易丝·德·黑森说："我前所未有地以生为德意志人为傲。"[lxxviii]这份对出身门第和对在法国所处位阶的自豪一直都是她在磨难中很大的支柱。可她能明白这还会更加惨痛地损害到她吗？在那些厌恶她的人那里，她的倨傲是过不了关的。"她把她掩饰作伪和自大自傲的

61

---

① 杜·巴丽夫人（Madame du Barry, 1743—1793）：出身平民，以貌美闻名，由黎塞留公爵安排介绍给当时丧偶并且前任情妇蓬巴杜夫人也刚去世的路易十五，迅速得宠，但她本人没有权力欲。玛丽-安托瓦内特非常鄙视她并毫不掩饰地表现出来，更拒绝在公众场合和她说话，而按规矩这是非常失礼的。这种态度不仅让路易十五不舒服，甚至惊动到维也纳，她母亲专门去信要求她"行为更符合外交礼仪"，她这才在元旦跟杜·巴丽说了唯一的一句话："今天凡尔赛宫人真多。"

② 夏多布里昂的这句话出现在他的《墓畔回忆录》第2卷第582页，原本说的是路易十八，原句是"路易十八从来没失去过他自摇篮时就与生俱来的高人一等这一记忆；他在哪儿都是国王"。

性格演绎得相当到位"，《巴黎革命报》的撰写人①就她审判期间的态度以批评的形式评论道^{lxxix}。

从现场的人中，只记下了一个平民妇女突然嚷出来的一句话："你瞧见她多傲气了吗！"^{lxxx}而这词在无套裤汉们的嘴里是常讲的。罗谢，圣殿塔门卫之一，一个受马拉荫庇的人，已经在吹嘘说："玛丽-安托瓦内特做出一副高人一等的样子，但我逼着她收敛成了普通人。"我们于此所见的远非王后与生俱来的迷人风采。很多人如此这般且长久以来把她看作裹在一团自傲里的人，这自傲"既无目的又乏理由"。

"怎么可能，"正值大革命期间，她于其中一封给过去向她指点过迷津的前奥地利大使梅西-阿尔让多的信里特意指出说，"既然生来就颇有个性，而且如此清晰地感觉得到在自己血管里流淌的血统，我却注定要活在这么一个时代，跟这么些人在一起？""但您不要因此以为我的勇气会弃我而去"，她立刻加上一句，好像是为了更好地说服她的通信者^{lxxxi}。而另一封信里写道："我决不会答应任何配不上我体统的事；人在不幸当中更能感受到他是什么人。"^{lxxxii}

被有些人当作倨傲的东西肯定是拜一种与生俱来的骑士精神般的荣耀感所赐，这一感觉在大革命期间若非显得可疑，那也无人买账。倨傲不遑多让地同样是一种对自身缓慢而耐心地组织锻炼的结果。在敌人们面前，她如同穿了一件护身甲胄。正是由于她晓得自己脆弱易受伤害，她才宣称自己打不垮，不会受伤。她有这样的勇气。"您永远注意瞧着，种种磨难既无

---

① 当时的报纸最经常的情况是一个人就独自创办一份，并且负责其中的所有内容，这种办报人一般就称作撰写人，因为编辑、主编这样的概念还未固定成型。

减于我的力量，也无减于我的勇气"，她对她的朋友约朗德·德·波利尼亚克写道[lxxxiii]。她说这话不单出于逞强或是要抚平她朋友们的担忧。她对周遭种种事件和事物的暴力性一直都有种敏锐而痛苦的意识，即便她在不合时宜地解读它们。在这一方面，她比她周围的人和国王肯定要清醒得多。

*

从大革命之初就无人质疑她的勇气。1789 年 10 月 5 日在凡尔赛宫，她拒绝和国王分离，当时众大臣正向她建言和她的孩子们避难到朗布叶①去。我们知道后事如何。次日清晨时分王后的套间遭人闯入。她的卫兵们被人杀害。民众搜寻她一直搜到她的床上之后，当像要一件猎物一般讨要她时，她找着了迎战他们的气力，在大理石庭院②的阳台上现身。1792 年 4 月，当时国王一家囚于杜伊勒里宫③，有人向她提议驾车把她单独送到布鲁塞尔，她依然拒绝把国王丢在身后[lxxxiv]。6 月 20 日，她无论如何都想进到御前会议议事厅和国王会合，他于彼被一众巴黎无套裤汉们给逼到了一扇窗户的窗台处，并且被迫戴上了红帽子④，稍后她自己则拒绝如此。"法国人，我的朋友们，掷弹兵们，拯救国王！"⑤

63

---

① 朗布叶：距凡尔赛 29 公里的一个小城，当时的马车一天内可以走到。1783 年路易十六在那里买下过一处房产。

② 大理石庭院：凡尔赛宫内的一处被四面建筑围合的庭院，地面铺以黑白两色的大理石石板，故名。

③ 路易十六一家被迫迁至杜伊勒里宫后，国王卫队被解散，国王一家在杜伊勒里宫由国民自卫军保护，实际上形同软禁。

④ 红帽子即指象征革命的弗吉尼亚帽。逼路易十六戴此帽形同羞辱他。

⑤ 据 1803 年于巴黎出版的《政治、文学、宗教事件编年实录》一书记载，6 月 20 日路易十六被无套裤汉民众逼迫时身边仅有几个国民自卫军的军官、宫内仆人和两三个老年人在护卫。路易十六刚离开议事厅，留在厅内的王后就情绪激动地对上述这些人说了这句话。

她不仅不想抛弃国王，还把他推向抵抗和行动。对她而言，只有斗争才会得救。在瓦雷讷，她是想要上马从带敌意的人群中间拼命穿过去的唯一的人^{lxxxv}。8 月 10 日早上，在杜伊勒里宫即将遭到最终的强攻前不久，她尽其所能以阻止她丈夫避入国民立法议会，她知道这议会是有敌意的。她想要留在原地直面民众："先生，这里有兵力①！"^{lxxxvi}

和一切她有所触及的东西一样，她的英勇之举分化了众人而非团结他们，而且有多激励她的拥护者的士气，就让她的敌人有多恼怒。所有人都知道 1790 年 6 月米拉波②在这一点上说漏了嘴的那句话："国王只有一个男子汉，那就是他妻子。"^{lxxxvii}人们早就猜到了她有魄力，如同猜到她拒不妥协。她是一个妨碍。别人则下决心叫她因之而成为一个牺牲品。4 年来，她都活在她的敌人们持续不断的威胁之下。1789 年 10 月有人曾明目张胆地试图杀掉她，1792 年 6 月 20 日在对杜伊勒里宫首次起义的时候又是如此。"奥地利女人，她在哪儿？她的脑袋！她的脑袋！"面对众人的长矛，她未有所动。她的脸上没有分毫

---

① 根据 19 世纪中叶法国人卡萨尼亚克（M. A. Granier de Cassagnac）所著的《吉伦特党人和 9 月屠杀史》（*Histoire des Girondins et des massacres de septembre*）中相关记载："对于第一遭把国王带到国民议会的提议，迪布沙热先生对勒德雷尔回应道：'您这是建议把国王带到他的敌人那里去。不，他不该去国民议会。'王后的回应还要更加明了些：'先生，这里有兵力；是时候搞清楚谁会占上风了，是国王和宪法，还是阴谋团伙。'"

② 米拉波伯爵（comte de Mirabeau, 1749—1791）：以口才著称，在群众中有很高的呼声，是大革命时期立宪会里最受瞩目的政治人物。他虽出身贵族，却是第三等级的代表。他对贵族阶层怀恨在心，因为三级会议选举代表时贵族把他排挤在外；他对封建王朝也有很强的厌恶感，因为过去他坐过牢。但米拉波也害怕"民主的不良极端"，所以他追求一种自由和强有力王权的结合。他很清楚自己地位和影响力具有的价值，因此想入阁路易十六的政府来控制国王和领导革命。但议会知道他既不清廉，又无原则，所以不信任他，规定议员不得同时进入内阁任职。

失色。一个目击者甚至觉得她的勇气里有些"超自然"^{lxxxviii}的东西。就此观点而言，她的白色传奇①开始得非常早，远在她悲剧性的结局之前。

她的脑袋被悬赏已久。在1791年6月被截于瓦雷讷之后，人们在巴黎焚烧她的人像。人们辱骂她，从宫殿庭园一直骂到她套间的窗下，她几乎再也不能和孩子们出来到这庭园里去了。1792年8月10日前夜，有人想把她关到一个铁笼子里展示给民众看^{lxxxix}。别人轮番预备着把她送到一所修道院幽闭，叫她扫巴黎的大街，送她到火药库济贫院的穷人②那里去，扔给狗，处死^{xc}。"法国人民很快就会疲于仇恨"，其时那些在国民议会里向她建言的人仍旧如此想着，然而对她的仇恨只有倍增^{xci}。

任何女人，在任何年代，都绝未受过如许仇恨的追撵。人们恨她说的一切，做的一切，碰的一切。沙特奈夫人③讲，当她在凡尔赛宫的时候，人们连对跑在她马前面的大猎兔犬都恨。　　65

---

① 白色传奇（légende blanche）：与当时关于王后的广为流传的黑色传闻（légende noire）相对应的说法。前者事实上是后者的一种衍生。黑色传闻是民间和革命势力所宣传的一系列针对王后的诋毁和诽谤性故事，而她死后，无论是后来的复辟王朝还是七月王朝为了树立自己的政治权威，又把王后和路易十六打造成为殉难的圣徒，大肆宣传王后在审判时即"受难"期间如何高贵不屈。这些反革命势力所进行的反转性宣传就被称作"白色传奇"。读者或应注意的是，白色传奇这个词是本书作者个人生造的表达，为的是对应保王党的白色政治色彩。关于政治性"洗白"的宣传其实一般称为"金色传奇"（légende dorée）。

② 火药库济贫院：全称怜悯—火药库医院，是巴黎的一所医院兼济贫院，1656年由路易十四命人于一所火药库的原址上建成，故名。1684年在里面又建立一所专门禁闭妇女的管教所。一直到大革命时，这个机构并非是真的医院，而是用以关押乞丐。因此说把玛丽-安托瓦内特送到穷人那里，实际意思是把她跟乞丐关在一起。

③ 沙特奈夫人（Madame de Chastenay，1771—1855）：出身贵族家庭，为伯爵之女，从小受过非常良好的教育。大革命三级会议时她父亲是贵族等级的代表。她一直都过着上流社会的生活，是一名作家，代表作是她的回忆录。

"已有证据表明这位公主的不幸永不会结束"，瑞典国王的大使斯塔尔男爵以天命论的调子写道。

她不傻，而且从没犯过傻。作为年轻的太子妃，1773 年 6 月首次亮相被介绍给巴黎人时，在受了他们疯狂的热烈欢呼之后，她就已经惊讶于"整个民族如此唾手可得的友谊"[xcii]。然而她真挚地尝试过叫自己值得别人如此。由此而言，对于人群变幻不定的种种过度之举她已是领教多时。当别人从人身上威胁她时，她懂得采取并保持坚定姿态，可对于言语上的暴力她无能为力。最令人惧怕的就是这些言语。"毒药……不是这个时代用的法子"，她对担心有人对她下毒的约朗德·德·波利尼亚克写道。"别人用的法子是造谣诬蔑。这是个更稳妥地杀掉您不幸的朋友的手段；别人会把最简单和最清白的事情颠倒黑白并火上浇油；别人会不断地蒙蔽善良的资产者，煽动愚民，别人会把我们描绘成想要血洗全巴黎的嗜血滥杀之徒……就在我们或许想以自己的血为代价赎来法国的幸福的时候。"[xciii]暂且来说，别人想要血洗的是她："凶犯的队伍不断壮大。"[xciv]杜伊勒里宫陷落不久之前，她为此所困，如同他人被一件坚信不疑之事所困扰。

*

66　　　自 1792 年 8 月起，在狱中，玛丽-安托瓦内特的勇气表现出默然地听天由命的样子。她对她的狱卒们毫不退让，并且避开他人哭泣。她不仅因于大革命，也因于她的傲气。在圣殿塔内，对于骤然撞上的几个对她有管制全权、狂热激烈的无套裤汉，对于这些最敌视她的人，她做出无视敌意的样子。她是见无所见，听无所听。关于她在圣殿塔中留居的罕有记述是在很久之后写就和出版的，是在复辟时期，尤其就她的前看守们而言，那时把自己打扮成光彩角色，为王后惋惜慨叹，对其他人，即对亡者，对那些再也无法为自己辩护的人诉责攻击是得体合仪的。

王后之女，日后的昂古莱姆女大公玛丽-泰蕾兹·夏洛特·德·法兰西的讲述和国王一家在圣殿塔中最后一批忠诚的仆人，日后的于埃男爵、让·巴蒂斯特·克莱里或是路易·弗朗索瓦·杜尔吉的讲述，出于一些显而易见的原因，也不遑多让地带有一定的既定立场。对这些话因而要带着事先的判明去看待。但这无碍于其价值。其中某些面孔一直都在：当然有埃贝尔，也有昂里奥将军，他是巴黎国民自卫军司令，每次监察巡视他没说两句就会搬弄起污言秽语。其他人中为世人所知者更少。工兵罗谢，以前当过鞍具工，是个 6 月 20 日和 8 月 10 日在杜伊勒里宫搞暴动的老手，地道的巴黎无套裤汉，先是马拉再是埃贝尔的勤奋读者。"一张吓人的脸，带着长长的小胡子，脑袋上有个黑皮高帽"①，路易十六最后的内室男仆克莱里如此描述说，他留下来服侍国王一家一直到 1793 年 2 月[xcv]。被埃贝尔称为"否决夫人②（的）灰狼"的罗谢充当着圣殿塔里管牢房钥匙的狱卒，这并不妨碍他跟那些杀害朗巴勒王妃的人掺和在一起，这些人当时试图进到玛丽-安托瓦内特那里去，好叫她亲

67

---

① 黑皮高帽：当时法国军队里掷弹兵戴的军帽，由动物毛皮制成。

② 否决夫人：对玛丽-安托瓦内特所起的蔑称之一。路易十六没有被推翻的时候，作为行政权力的最高长官他有权拒绝签署两届国民议会通过的同样的法律，这一权力被称作否决权。路易十六用此权力否决过不少议会的激进革命法律，这招来极大的不满与愤怒，而朝野都流传说是玛丽-安托瓦内特积极说服她丈夫否决的，实际上做主的人是她而不是路易十六，因此民间有此称呼。

吻她朋友鲜血淋漓的脑袋。大部分时候，荒诞只表现成一副稀松平常的样子，这令人觉得可悲。在这儿，它有着丑陋那张龇牙咧嘴的面孔。

当然，这些人对人所深恶痛绝的王后是不惊不惧的。1793 年 3 月，罗谢在里昂和议员勒让德尔一起扶持雅各宾派的市政府①。4 月 24 日，他手持他的工兵斧，载着马拉胜利地返回国民公会，其时后者正受吉伦特派的检举，刚刚无罪获释。他随后成了巴黎革命军队的顶梁柱之一。在圣殿塔，于一片混杂着暴力和种种猜疑的逼仄沉闷的氛围中，罗谢跟迪歇纳老爹一样自自然然地抽着他的烟斗，在他的女囚面前唱跳着卡马尼奥拉②，不许别人擦掉刻意留在塔内墙上的字句，这是为了羞辱住在其中的这个女人的："否决夫人将要跳舞""该碾死小狼崽子们"。

在记述里还有监狱主管蒂松，一个前巴黎城门的税务职员③，"阴险狡诈心肠坏"，他的妻子则为巴黎公社当探子打听消息。记述里也有这同一个公社的某几个选区专员，他们是根据轮班和抽签被派往圣殿塔的，比如医生勒克莱尔、裁缝勒舍纳尔、钟表匠蒂洛、发套匠马修，比如这个贝尔纳，以前是个神甫，他刻意坐在王后房间里唯一的那张放在壁炉旁的扶手椅

① 当时保王党在旺代地区掀起大规模的叛乱，其他地区如里昂和马赛也受到波及，当地的雅各宾政权有所动摇。

② 卡马尼奥拉：大革命时期非常流行的一首民间革命舞曲，也配有歌词，一边唱一边跳：唱主段落时慢慢地转圈同时用脚猛跺地面，副歌时尽量快地做此动作。此歌作于推翻路易十六之后，歌词大意是"否决夫人"即王后图谋血洗巴黎，但革命军队的炮兵叫她的阴谋落了空；"否决先生"即路易十六背叛祖国，所以也要毫不留情地杀掉为民除害。

③ 旧制度时期各种商品进巴黎城都要交税，因此在各个城门入口处都设有税务机关。

上。"我从没见过给囚犯桌子，也没见过给椅子。对她来说稻草垫子是相当好了。"[xcvi]别人从不让她一人独处，对她百般灌输共和思想教育课程。人们还对她以死威胁。弗朗索瓦·于埃说"种种举动、手势、话语、眼神，一切的一切直到默不作声……都被恶意地解读"[xcvii]。这甚或出于她过去曾是一个近神的人物，故而平等的感觉对她的看守们而言，比起成为一种权利，更在远甚的程度上成了一种真真正正的报复，或者甚至是一种叫他们忘乎自己身份的享受。在"不幸的女囚徒"的追随者们看来，这显然是在"凌辱不幸"[xcviii]。这些人对她和狱卒们的日常关系颇费文墨地写到她的"待人温和"和"彬彬有礼"。

他们中大部分人在往后会讲起他们种种隐秘的政治意图。要是我们对此无所留意的话，那么大概终会觉得这份意欲证明王后"善良"的执着令人感动。然而在大富大贵的时候她也并无二致，喜欢取悦于人、与人为善。玛丽-安托瓦内特不时托人打听蒂松太太的消息，她检举揭发完玛丽-安托瓦内特之后疯掉了，被遣送进教会医疗收容所[①]。又有一天，她训斥自己的儿子，他那天忘了向他的一个看守问好。这其中有些东西肯定出自她旧时的宫廷礼节。我从中则尤其看到了一种非比寻常的自控力的标志。在她的审判当中我们会再次看到这一自制。

冒冒失失、轻率浮躁的年轻王后在这些境况下变成了什么样子呢？她的传记作家们对此大费笔墨，而可曾有过这么一个王后吗？她只有两次忘我于自己的悲痛之中，一次是1793年1月20日她最后一次见到她丈夫那天，再是7月3日别人把她与

69

---

① 教会医疗收容所（hôtel-Dieu）：字面作主宫医院，指法国某些城市内建造年代久远的慈善机构，收容孤儿、赤贫者和朝圣者，也救治病人，由教会管理。此处特指巴黎教会医疗收容所。

她儿子分开之时。除此之外，她从无怨言。在 8 月 1 日到 2 日的那天夜里，她听着宣读把她从圣殿塔转到古监狱的政令，"情绪无所波动"且一言不发，她女儿如此说道^{xcix}。然而别人是在把她与她最后的挚爱，她女儿和她小姑子伊丽莎白夫人相分离。别人搜她的身，拿掉她最后的纪念物件。离开圣殿塔时，她撞到了一扇矮门的横梁上，别人问她撞疼了没有，她梦游般恍惚地这样答道："噢！没有，现下，没什么能叫我觉得疼了①。"^c

*

应该对她 1793 年 8 月 2 日凌晨两点到达古监狱这个"死亡门厅"②时的情况略说一二，以便让人对这个环境有一个了解。别人叫她陷在此处待了 76 天，一直到要传她上庭受审了才猝不及防地带她出来。这一切当然会影响到她的行为。但是至少她是夜里到的五月庭院③，是由好几个公社专员驾着马车给带去的，所以她得以避开了白天织衣妇的人群。据另一名囚犯的亲历讲述，她们习惯用"拍手、跺脚和抽搐似的狂笑"来迎接每一个被带到她们那里的"新猎物"^{ci}。别人没带她经过监狱的登记室，而是在看管她的卫兵所拿提灯的昏暗灯光下，把她径直带到了她的牢房。

---

① 这句话也成了她的一句名言。说此话的次日玛丽-安托瓦内特即受到革命政权派去的人的讯问。

② 这是当时的人给古监狱起的一个流行绰号，因为巴黎各个监狱的囚犯及外省部分囚犯在上革命法庭受审前，均被送往此监狱关押。恐怖统治时期该监狱关押过数百人，大多数囚犯在革命法庭受审后立刻被送上断头台。所以说一旦进了古监狱就意味着多半性命堪忧。

③ 五月庭院：当时的革命法庭建筑大殿正门口的院子。

如同其他囚犯——在 8 月初，他们有 280 人——挤在一块儿等候着他们的判决一样，她那天晚上进牢房的时候，应该会有一种昏暗压抑的感觉，会感觉到呼吸的空气和光亮有无可避免的缺减，而这缺减正是局促且半埋于地下的场所独有的。在圣殿塔，她还能在上层的天台散步，她还拥有尚可称为房间的住处并有她女儿和她的小姑子陪伴生活。直到 7 月 3 日别人把她儿子从她那里夺走交给鞋匠西蒙看管之前，她都自己负责他的教育，叫他读些历史书、游记和小说[cii]。别人甚至准许她使用一架击弦钢琴①，当她唱起她最钟爱的歌剧曲目时，这或许叫她回想起她在凡尔赛宫和特里亚农宫②里有小型音乐会的快活日子。

她在古监狱的牢房前面是监狱看守人委员会的会议室，位于一条长长的昏暗走廊的尽头左手边，在监狱的底层。别人刚把屈斯蒂纳将军从这里移出，他一个月后上了断头台。它比别的房间略大一点，通过两扇带栏杆的高窗户平对着妇人庭院的地面，女性囚犯被允许外出到这院子里去。在她两个半月的关押期间，她是唯一一个没有这一散步权利的人。仅在她死的那天早上，她才再次感受到了外面的空气并重新看到了天空。1846 年维克多·雨果在古监狱长时间地参观了一次之后就其观察记道，重重围墙和道道栅栏取代了"这两样自由而神圣的东西：空气和亮光"[ciii]。别人不单把她同外界隔开，也把她与监狱的其他部分隔断。她是位过于例外的客人。别人太过害怕她

71

---

① 击弦钢琴：古钢琴和现代钢琴之间的过渡钢琴，和现代钢琴相比声音轻重的区别和延音踏板效果不明显，琴键数量较少而且黑白和现代钢琴相反。

② 此处指大特里亚农宫，不是玛丽-安托瓦内特的住所小特里亚农宫。它是路易十四命人修建的，位于凡尔赛宫园林内，由一处庭院、一座宫殿和一套花园和水池组成。

会越狱。和研究她的大部分历史学家所说的相反，尽管在 9 月初下过给她换牢房意思的指令，但出于种种安全上的考虑，这件事还是几无可能[civ]。

她牢房里只有最基本的几件家具，就一张木桌、两张椅子，一张帆布床板的床靠墙放着，正对着室内那堵墙上的十字窗。还有一张竹木的坐便椅和一个外裹红色绵羊皮的坐浴盆供她清洁[cv]。罗莎莉·拉莫列尔，我们介绍过的服侍她的女仆，从她的房间给她拿来了一张布面的坐凳并在桌子上放了束花。在这片悲戚之海里，很是需要有至少那么一个有生机的欢快记号。这一切都像一处随处可见的墓穴。"地面黯淡无光，叫人吓得想逃，地牢似的"，勒内·沙尔①在某处写道。

地面是竖着摆的砖头地。砾石砖块垒的墙上搭有一层绷在一个木框上的撕裂了的布。布上的百合花饰已被人仔细去掉，但仍看得出一些印迹。牢房用木隔板分成了大小相当的两部分。在中间，一道开口由一面效果很差的屏风封着。两名宪兵占着第一个隔间，人进门即从这一间进。他们长期住在里面，至少一直待到 9 月。

别人既不给她油灯也不给她烛台点蜡。在秋季，当白昼开始缩短的时候，黑夜就愈发侵入牢房，而且夜里更兼阴冷潮湿。剩给她的就仅有妇人庭院里路灯的模糊光亮和各处走廊穹顶下被放大了的脚步、钥匙和锁的嘈杂声。别人留给她几本书，但不许她做一直做惯了的针线活。苦于没有更好的可用之物，她就以她牢房墙壁上的布幔打线，打成种种在她指间展了又卷，卷了又展的绞丝。这可谓是一种荒诞在操纵着的纺锤。她就这

---

① 勒内·沙尔（René Char, 1907—1988）：20 世纪法国诗人，二战时是法国抵抗组织成员。

样子一连坐上许久。在她思忆的远方，无疑有种种影像如同一支溃败的军队那样一一排过。"纺梭或者生命的天使/她们都修补着空间①。"ᶜᵛⁱ

从 9 月最初几天开始，她的关押境况就在最后的也是最富传奇色彩的一次越狱尝试之后，大幅地变得更加严酷起来。我们之后会再讲到这次越狱。别人来巡查她的牢房，"在白天和晚上所有的时候"（罗莎莉语），搜她的床，探查墙壁，确认她窗户栏杆的牢固度。

*

女囚来的时候，是在这间牢房里办的入狱手续。跟往常时相反，有一大群的人。整个走廊里满是宪兵。玛丽-安托瓦内特被巴黎公社众多的司法官员和行政官员围着。她由监狱主管里夏尔和他妻子陪同。里夏尔自此将对她全面负责。我们想见得到这家伙情绪激动，手足无措，并且很可能慌张害怕。当公社专员们抽身离开之时，这天夜里在场的罗莎莉·拉莫列尔注意到前王后"带着惊讶"定睛看着她口中"（她）房间可怕的家

73

---

① 完整的诗句是"然而还是有影像——闪过/纺梭或者生命的天使/她们都修补着空间"。该诗作者菲利普·雅科泰是法国现代诗人，此句出自诗集《在冬日之光下》，诗人主要探讨生命流逝乃至最后消失的不可抗拒和无可奈何。在这些诗中雅科泰喜欢把时空、永恒、真实等生命身处其中的概念比喻成包裹它的布料、衣物；用"纤维"比喻生命的肉体；而这些"撕裂"在诗人眼中就象征着死亡。随后诗人用"缝补"来预示垂死时的得救和新生。最后诗人发现进行"缝补"的针是死亡本身，死和生是一体两面，而想通了这一点，人就不再受这一想法的约束。这样一来，肉体是死亡了，但通过死亡的"缝补"，精神被"补完"从而获得了某种程度的"圆满"。该诗描写覆盖生命的空间布料断裂而人将去世，过去经历一幕幕闪现，随后断裂的空间被"补好"从而精神得救。这里本书作者写到时日无多的王后为打发时间而纺线，自己往昔的回忆也一一浮现，这和雅科泰此诗的主题正好吻合。

徒四壁"。8 月初这段日子天气很热。一颗颗汗珠珍珠似地在她脸上冒了一串，她用一块手帕擦拭了好几回。稍后罗莎莉想帮她就寝时，她仅对她说道："谢谢您，我的孩子，自打我一个人都没有了起，我就自个儿服侍自个儿了。"

她到古监狱的时候会是什么感觉呢？她知道这个监狱是法庭的，而且它对许多人而言是最终的一段行程。我们想起了维克多·雨果的《死囚末日记》。这个死囚进入他的牢房，"如同一个人陷入了催眠昏睡过去，既动不了也喊不出，又能听见别人在埋他。"[cvii]后来的第一帝国省长雅克-克劳德·伯尼奥①在写他的回忆录时，回忆起了他受到的指控，回忆起了他在 10 月初被逮捕送入古监狱，当时玛丽-安托瓦内特已经在那里了。这是个性情欢快、天性乐观的人，然而那天他的印象是自己周遭的一切都垮了。他把自己看作是在巴黎的心脏之处，"如同一个在沙漠中心迷了路的旅人"："一道巨大的深渊分隔着我和世界的其余地方。……我的想法相互间既不连贯也不成联系；……唯有一个想法盖过了其他所有想法，那就是我注定要死了。"[cviii]

死这个念头当然存于玛丽-安托瓦内特心头有很久了，然而，她到了古监狱最初的几刻过后，要说她丧失了全部希望我有所怀疑。她一直都在生的那一边。她同时代的人中有几人讲起过她在杜伊勒里宫最后一段日子里的自杀，我对这些谣言连一秒钟都不相信[cix]。她想要为了她的孩子们而活着。她应该活

① 伯尼奥（Jacques-Claude Beugnot, 1761—1835）：在大革命前是个外省的司法官员，大革命时做过立法议会的议员，后来因反对逮捕马拉而受到雅各宾派的仇视，1793 年 10 月他被捕下狱，先是关在古监狱，同年 12 月 26 日被转到拉福尔斯监狱，一直到罗伯斯庇尔倒台他才被放出来。

着，因为她是王后。她太固执，也太执着，因此不会自暴自弃。罗莎莉在她复辟时期对奥松讷修道院院长拉丰留下的见证里叙述了监狱主管的妻子里夏尔太太似乎跟她透露过的话。至少一直到 9 月，王后都在跟她讲并且自己想着，会被交换出去①或被送出国流亡。

然而她自己再也做不了自己的主了。她已经是一个第二十五小时②式的人物了，她的陪审员们也将如此。很久以来她的命运就由不得她了。它取决于千千万万桩的事情，而她对其中很大一部分并不知晓。

一幕幕悲剧永远都藏在秘而不宣的事情里那些最隐蔽的夹缝之中。

---

① 此处指用王后来交换当时战争中叛投奥地利的法国将军迪穆里埃在前线扣押并交给奥方的几个国民公会专员。

② 罗马尼亚作家维吉尔·乔治乌于 1949 年出版过同名小说《第二十五小时》，讲述的是主人公二战时期被纳粹党卫军关押在劳改营里的故事。点题的"第二十五小时"出现在书里第一部分第十五章的最后一句话："第二十五小时是一切救援的努力都没有用的时刻。这时候就是来个救世主也丝毫于事无补。这不是最后一小时，而是最后一小时之后的那一个小时。"

第二幕

异邦女人

人们着墨颇多地说对于玛丽-安托瓦内特的审判是没有实际意义的，说它是令人发指的，因为它没有实际意义。再一次地，夏多布里昂本人当了这一不齿行径的传唱诗人："大革命的第一桩罪过是国王之死，但是至为可怕的罪过却是王后之死。"ᶜˣ自他开始，出现了一众和他论调如出一辙的人。这是唯一一桩，后来巴尔贝·多勒维利①说道，或许会阻止上帝宽恕大革命的罪过。王后其人，人们曾坚持认为，仅有种种权力赋予的恩荣礼遇。她丝毫不曾参与君主大权的行使。她没有于 1775 年 6 月在兰斯受过加冕礼②。1791 年 3 月，国民议会甚至剥夺了她一切的摄政权③。如同在国王的审判不久之前，一名议员在国民

---

① 巴尔贝·多勒维利（Barbey D'aurevilly，1808—1889）：法国 19 世纪下半叶知名作家。他一度是共和派和民主人士，但最终成了一个不妥协的君主主义者，并且全力为绝对君主专制辩护，同时也鄙视同时代的资产阶级价值观念。有一批人对他的作品颇为推崇，其中包括波德莱尔，但另一批人如雨果、福楼拜和左拉对他则并不欣赏。本书第一章提到过的莱昂·布洛伊是他文学衣钵的传承人之一。

② 此处的加冕礼特指天主教国家为贯彻君权神授的理论，所采取的宗教性的君主登基仪式，由天主教会在教堂把象征上帝神权的冠冕戴到被认为是上帝在世俗世界的代理人的合法国王头上。传统上，除极个别例外，法国国王的加冕礼自 1027 年亨利一世起一直到君主制彻底终结，全部在兰斯的兰斯大教堂举行。强调玛丽-安托瓦内特没有如此加冕，意指她对于法国人而言不具正统的合法性。

③ 有摄政一说是因为在这个时间法国还没有建立共和国，政体还是君主制，路易十六还是作为国家元首的国王。根据定制，法国国王 14 岁成年，当时太子不到 10 岁。

公会的发言台上所表示的那样，她并非是不可侵犯的①，而且比起叛乱的平民大众或是普通的阴谋颠覆政权者，她没有更多的权利^{cxi}。国民公会曾礼遇过她丈夫，对于她却连这一礼节性待遇都不给，而且叫她承受一个刑事法庭的所有凌辱，把她像一个普通法上的罪犯那样从王座里拖到断头台上，别人对她做得比杀掉国王还要更严重^{cxii}。为了报复和散布恐惧，别人不仅想要忘掉她曾是王后，还为羞辱而羞辱她，别人牺牲掉她，没有目的且没有道理，没有实际意义。

76

然而她的审判在被推翻了的君权神授原则中，找得到个中缘由。这审判也与之呼应地，镶嵌在一个恒定向前演变着的政治背景当中。当事件发生之时，在它们所留下的逻辑必然性之后，我们总是找得到人们犯犹豫的那些痕迹。别人开始时甚至想在国王之前就先审判她，接着呢，国王死了之后，别人把她忘在了她的监牢里，而后又再次想起了她^{cxiii}。

*

1793 年 10 月 14 日在她的法官们面前，玛丽-安托瓦内特对这种种的犹豫不决、回心转意、破口大骂和忘诸脑后知情吗？在圣殿塔，她的一个支持者，一个人们从外面雇的男人，负责把每天报纸的主要标题向她喊出来。有时要是人们成功瞒过她看守们的警戒，她也能收到这些报纸。可是在古监狱呢？在死的前一天，国王曾请求在他亡后他的家人们可以自由离开，当

---

① 这里的不可侵犯特指大革命时 1791 年宪法第二条的规定："国王的人身神圣且不可侵犯；他唯一的称号是法国人的国王。"法国君主制中国王人身不可侵犯在司法上特指任何人都不得向司法机关起诉国王。

时的司法部部长加拉①回复他说，"民族，一贯伟大而且一贯公 ⁷⁷正，将会关照他家人们的命运"^{cxiv}。我们晓得这导致了什么。

　　然而有过两个月的休停。对她进行审判的问题到 1793 年 3 月才重新浮出水面。它重又浮现恰逢共和国踌躇彷徨之际。旺代叛乱在此时开始。雪上加霜的是，在北部和东部边境，反法联军对国民公会的各支军队再次占了上风。普鲁士人重新占据了莱茵河左岸。屈斯蒂纳 7 月 21 日向他们交出了美因茨②。奥地利方面则进入了比利时③。亚琛随后是列日于 2 月底被围困。3 月 18 日，迪穆里埃的部队于鲁汶附近的内尔温登被击败④。战争开始后，科堡亲王⑤的奥军和不久之后约克公爵的英军第二次踏上了共和国的土地。孔代在漫长的围城战之后被摧毁，于 6 月 14 日投降，瓦朗谢讷投降是在 7 月 28 日。如同 1792 年 8 月时一样，失败那幽灵般的可怖幻影和敌人驱兵直抵巴黎城下的入侵威胁闹得人心惶惶。

　　在国民公会，众人使出争抢功劳时的劲头为祸事彼此推卸责任，而且把它当一件政治武器一样使用。每一派都在争取主导解释这些败仗以消灭另一派。共和国全境内的叛乱和其边境

---

① 　加拉（Dominique Joseph Garat，1749—1833）：第三等级代表，1792 年 10 月 9 日代替丹东成为司法部部长。他在这一职衔下于 1793 年 1 月 20 日向路易十六通知了他的死刑判决。

② 　屈斯蒂纳之前在 1792 年 10 月 21 日攻占了美因茨，他随后和普鲁士人谈判，想要单独达成和平协议但没有成功。普军于 1793 年 3 月反攻并包围了该城。他曾向议会去信表示只有一个身为将军的独裁者才能救国，即暗示他自己，这让他深受雅各宾派的猜忌。1793 年 4 月 13 日他转任北方军团司令，但前线军事失利、吉伦特派垮台和他与普奥方面的往来使得掌权的雅各宾派终于对他发难，在此事次日即 7 月 22 日他被召回巴黎，经革命法庭审判死于断头台。

③ 　屈斯蒂纳转任北方军团司令之前受命攻下了比利时。

④ 　此役过后，迪穆里埃再无力攻取南尼德兰，使得反法联军得以侵入法国本土。

⑤ 　科堡亲王（prince de Cobourg，1737—1815）：当时反法联军中的奥军司令，后于 1794 年败于法军被撤职。

战事的种种由盛转衰彼此穿插相互叠加。在革命者眼中，内部的敌人和外部的敌人有着一张唯一且相同的面孔。旺代人，皮特[1]和科堡；叛乱者，英国政府和奥地利军队不过是一体的。怎么样才能在这个等式当中，一下子同时又解释得好失败又超脱于失败呢？怎么样才能走出大革命在其中愈陷愈深的政治困局？背叛的臆想就是在这里发挥了其全部意义。在后续历史中它有着顽强的生命力。人们看到它重新出现在我们历史上的每个重大危急关头，在 1814 年[2]，在 1815 年[3]，在滑铁卢战败之后[4]，在 1870 年[5]，在 1940 年[6]。背叛不光满足了一切，解释了一切，还成了革命内在动力的一个绝对必需品。没有反革命就不成革命，不管这个反革命是确有其事还是被无限地歪曲、利用、夸大。我们应该回忆吉伦特派的布里索[7]自 1791 年 12 月

---

① 皮特（Pitt，1759—1806）：法国大革命时的英国首相，也是英国历史上最年轻的首相，政绩卓然。为区分他和他的父亲，世人称为"小皮特"。

② 1814 年 3 月 31 日反法联军攻入巴黎，4 月 6 日拿破仑被迫退位，被流放到厄尔巴岛。法国被迫签订了 1814 年《巴黎和约》，其中规定版图恢复到 1792 年时的疆界。

③ 1815 年拿破仑短暂的百日王朝在滑铁卢战役失败后结束，拿破仑再无力维持政权第二次被迫退位，被流放至圣勒赫拿岛终了一生。法国被迫签订了 1815 年《巴黎和约》，其中规定版图恢复到 1790 年时的疆界，较 1814 年《巴黎和约》更为苛刻。

④ 滑铁卢战役失败之后法国经历了从路易十八的波旁复辟王朝到拿破仑三世的第二帝国的宪政危机和政权更迭。

⑤ 1870 年普法战争中法国战败，拿破仑三世垮台。

⑥ 1940 年二战初期法国战败，被迫向纳粹德国投降。

⑦ 布里索（Jacques Pierre Brissot，1754—1793）：大革命时期吉伦特派的领导人物。他支持建立共和国推翻君主制，但坚定反对判路易十六死刑，认为这在政治上不道义，而他的反对让雅各宾派对他极为仇视。他狂热推动对欧洲君主国列强的战争，这让他和相信战争会给大革命造成不利影响的罗伯斯庇尔和很多山岳派代表之间产生了广泛的对立。再加上吉伦特派保王党和联邦主义的标记，这一切终于使得他在政治斗争中失败，于 1793 年 10 月 30 日被革命法庭判了死刑并于次日上了断头台。

起在雅各宾派的演讲台上所做的讲话："我要承认这一点，先生们，我只害怕一点，就是我们没有被背叛。我们需要些重大的背叛事件！"[cxv]

背叛的幽灵给大革命提供了种种极端化理由的同时，把大革命拖入了无止境的愈演愈烈之势。它如同一块绝佳的燃料，导致了5月底吉伦特派遭到毁灭，6月底丹东及其追随者受到排挤①。在其审判开始之时，玛丽-安托瓦内特知晓所有这一切吗？她能够想象得到数月以来，她成了受制于各个派别的人质和他们权力斗争的牺牲品吗？大革命的每一个阶段，每一场危机都是使她迈向命运的额外一步。

*

自3月以来，尚未到达其权力顶峰的罗伯斯庇尔已在指挥着相关动作，而针对被废黜的王后的新打击则出自国民公会，诺迪埃②说，其中的每一场讨论，都是一场会战或是一幕悲剧。在这个议会里，混杂着野心、恐惧、般般激情和种种迷梦，它后来只有通过自残身躯才找到了生存下去的法门，并且最终落

①　此处指丹东当时离开救国委员会。他在1793年4—7月是国民公会内救国委员会的成员。该委员会是国民公会的执行机构，掌握着实际的执行权力。他不同意激进的革命措施，当时负责外交工作，计划秘密地和部分反法国家达成和平协议以瓦解反法同盟并准备释放王后。但是前线的军事失利使得他的想法显得不切实际，他的温和态度也招致无套裤汉和罗伯斯庇尔的强烈不满。吉伦特派和山岳派斗争的白热化终于导致国民公会在无套裤汉的威胁下宣布逮捕吉伦特派一众代表，丹东想尽量保下吉伦特派免遭清洗但没有成功。7月10日救国委员会重新选举时他请求国民公会让他不再进入，国民公会应他要求把他从中除名。9月委员会重新选举时他再次当选但是又选择不予加入。评论认为他这种主动远离权力的态度或者出于对政治斗争的厌倦，或者出于一种刻意的政治算计。

②　诺迪埃（Charles Nodier，1780—1844）：19世纪前后的法国作家。

得在律法之外寻求它的目的①。它既是大革命的灵魂，同时又是增强其音效的颤振音符。它是一出声乐总谱的聚放音箱，而这乐谱愈来愈经常地被公社和巴黎各选区演奏，不是跟它作对，就是在它之外。

3月27日，不可腐蚀者罗伯斯庇尔明确发布了要把玛丽-安托瓦内特送至她法官们那里的逻辑推导。既然共和国在受难，既然她被背叛，那么她的敌人们就该被惩处。国王以人民的名义被惩处过了，王后也该如此。我们想见得到他正在发表他的讲话，姿态前所未有的冰冷，疏远着他人且紧绷僵硬，适才假发上扑过了粉②并用力束紧了腰身，脸色极其苍白，皮肤疤痕斑斑③，在他永远戴着的发绿眼镜那罩了烟雾似的模糊镜片后面，一双眼睛躁动不安而固定不动。他语调单一④，声音像磨开线的布一般沙哑，并且因扯着嗓子说话而变得尖厉。玛丽-安托瓦内特从未见过他，不然或许也只是从远处望见而已。然而他在她陨落的故事里却扮演着种种首要角色，这些角色一如在古典时代⑤决定人们命运的希腊的摩伊赖三女神或是罗马的帕耳开三女神⑥。"到了是拯救国家还是任它无依无靠地灭亡的时

---

① 在律法之外指不遵行现行法律，意即政变。

② 假发是当时上流社会男子的服饰，上面扑粉以保持干燥。虽然雅各宾派是群众性质的派别，但罗伯斯庇尔本人出身外省生活优越的资产阶级，大革命前是律师。据史料记载他一直保持着资产阶级的打扮，系丝质礼巾，戴精心梳好的假发。

③ 据史料记载罗伯斯庇尔患有皮肤溃疡，所以这样说。

④ 法语说话声调不固定，同一句话可扬可抑。

⑤ 此处指古希腊、古罗马时代。

⑥ 摩伊赖三女神（les Moires）是希腊神话里掌管命运的三女神的总称。三人中一人纺织命运之线，一人展线，一人收线。她们在罗马神话中对应的名字是帕耳开三女神（les Parques）。

刻了。是时候探查祖国的情况并对其施以真正的解药了。……对罪大恶极之徒无所惩罚已经够久和太久。对暴君的惩处……难道因此将是我们向自由和平等所致的唯一敬意吗？难道我们要去忍受一个罪过不下于暴君，民族对其诉责不减于暴君，而人们还客客气气对待的人逃脱法律这柄正义短剑的惩罚吗？不。他就在这里等着对他罪行的惩处。"[cxvi] 玛丽－安托瓦内特没有被指名道姓，但罗伯斯庇尔随后提交给国民公会的政令草案清楚明白地点了她的名。她被控参与危害国家自由与安全，应当即刻受到审判。4 月 10 日他重申了提案。然而此事不了了之。国民公会当时仍由吉伦特派主导，心中另有所思。[cxvii]

　　是大革命的这些犹豫不决，这些反悔食言和这些前后态度一百八十度的反转，在玛丽－安托瓦内特的命运里投下了阴晴不定的模糊暗影，从而造就了她命运的一整出悲剧。她有罪，的确，可是只要活着，在共和国与列王的欧洲相持的战争中，她就一直是个珍贵的交易筹码。在 3 月末与 4 月初的日子里，迪穆里埃将军，瓦尔密的胜利者①，北方军团总指挥，有着吉伦特派朋友们的支持并对巴黎的暴行盛怒不已，正要准备开始这出总乐谱的第一乐章。人们知道他想要带着他的军队向国民公会进军并清除其中的雅各宾派，人们知道他没有被他的部队追随，他带着他的其中几名军官开了小差并最终在奥地利军队里找着了庇护。人们所知更少的是王后是他种种动作的利益所在

81

---

① 当时路易十六作为国王已被软禁但未被正式推翻，新的共和政权也尚未诞生。第一次反法联盟里的不伦瑞克公爵指挥的普奥联军和法国流亡贵族军队向巴黎方向进军准备"解救"路易十六，科勒曼和迪穆里埃两人率法军于 1792 年 9 月 20 日于巴黎东部的瓦尔密村附近成功地挡住了敌军前行。这一胜利使得大革命政权从心理到权力上都站稳了脚跟并得以存活下去，第一共和国就此成立，因而被认为是法国史上最重要的战役之一。

之一。和科堡亲王缔结的停战协议系于她的释放和君主制的复
辟。迪穆里埃则向奥地利人许诺以几处要塞作为担保。

在此期间，他向他们交出了国民公会派来逮捕他的战争部
部长布农维尔和四名专员①。[cxviii]

4 月里，代替迪穆里埃指挥北方军团的当皮埃尔将军试图
重新进行谈判，并且谈起了交换圣殿塔的女囚，这与国民公会
的专员们意见相左。他对此仅加上了几个相形之下更难为奥地
利接受的要求：承认共和国并且签订一个"无限期休战"协
议。奥皇后来的首相克莱蒙·德·梅特涅当时正在布鲁塞尔做
他主上的外交代表，他于 5 月 2 日将此事部分地进行了反映：
"我刚刚得知国民公会派人向科堡元帅先生提议释放王室一家，
条件是国民公会的成员和布农维尔先生同样要得到释放。"[cxix]

吉伦特派垮台之后，在丹东的推动下重新展开了谈判，他
当时和他的朋友们正主导着救国委员会，并为彻底终结恐怖统
治寻求着种种和平途径。在 6 月，他们向布鲁塞尔、威尼斯、佛
罗伦萨和那不勒斯派出了特使。同时向各个边境派了往常所用的
探子，这些职业密探准备着为一切政权效劳，只要他们是投身于
阴谋诡计中就行。这些人里面有莫里斯·罗克·德·蒙加亚尔②，

---

① 迪穆里埃指挥的法军在 1793 年 3 月 18 日的内尔温登之战中大败。此前他于
  1792 年 12 月底返回巴黎试图救出路易十六但未果，并且引起了山岳派对他
  的敌意。此败之后国民公会通过了决议召他回去问责。他害怕被送上革命法
  庭，于是接受了科堡合作的提议并打算向巴黎进军发动政变。由于泄密，国
  民公会提前向他派了布农维尔和四名议员作为专员，准备把他就地停职并命
  他回巴黎对自己的行为作出说明。
② 德·蒙加亚尔（Maurice Rocques de Montgaillard, 1761—1846）：人称蒙加亚
  尔伯爵，是法国大革命和第一帝国时期的政治人物。他和路易十六的弟弟普
  罗旺斯伯爵在军校结识。在军中服役几年后他返回巴黎在 1789 年做了密探，
  在恐怖统治时期也一直留在巴黎为王党势力进行间谍活动。从 1804 年开始，
  他陆续写了许多历史性著作，为当时的事件留下了回忆性的描述。

他是前波特拉侯爵，过去在巴士底狱坐过牢，两年后他的运作交换出了玛丽-安托瓦内特的女儿，这次的行动是成功了。在最温和的山岳派的想法里，这些举动意在保住意大利诸邦的中立，启动与反法同盟的休战进程，从奥地利开始。"政府中最平和的部分……执意不愿受到整个世界的排斥"，被派往那不勒斯后来成为拿破仑大臣的于格·贝尔纳·马雷①向玛丽-安托瓦内特的亲姐姐奥地利的玛丽亚-卡罗琳娜如此解释道[cxx]。圣殿塔的女囚在这些谈判的起步阶段的最后被提及，谈判至少以口头方式进行[cxxi]。

但是丹东于 7 月初被排挤出了救国委员会，尤其要紧的是奥地利人不想要向他们提议的休战，特别是如果它是"无限期的"。他们的确很想同意做一次交换，但做得像是一种别无选择的无奈之举，条件是共和国先向他们割让几处要塞、几块领土。在 1792 年 6 月，他们就已经在谈论着肢解法兰西王国并暗中觊觎着阿尔萨斯和洛林。再后来，是法属佛兰德地区②甚至还有皮卡第。在布鲁塞尔，梅西伯爵做了他维也纳主子们的传声筒："当从它那里拿到那些最美丽的省份的时候，这个强国就再也什么都不是了。"[cxxii]奥地利人打仗不是为拯救法国封建王朝，他们打仗是为了自己。他们的胃口随着他们的节节

83

---

① 于格·贝尔纳·马雷（Hugues Bernard Maret, 1763—1839）：法国政治人物。在大革命前先是在勃艮第高等法院，后在巴黎当律师。大革命时他被派往那不勒斯做大使，中途被奥地利人俘获并在恶劣条件下一直关押到 1795 年才被法方用玛丽-安托瓦内特的女儿换回，因此这句话是他被俘期间向奥方所作的交代。拿破仑非常欣赏他的行政才干和政治素养，从执政府时代他就身居要职，负责向拿破仑汇报下面各个层级报上来的信息。帝国时期拿破仑也对他同样看重，一直让他处于权力最中心并对他交办重大事务。他在外交上的意见也对拿破仑的影响极大。为奖励他的贡献拿破仑于 1809 年封他为巴萨诺公爵，1811 年他被任命为外交大臣。
② 今属法国最北部，与比利时接壤。

胜利相形见涨。他们正在北部和东部攻城略地，趁着共和国的武装力量一盘散沙而坐收渔利，并对他们未来的那些胜利确信无疑。

*

玛丽-安托瓦内特并不真正知晓这些，但战争对她而言却是一次关于真相的可怕试炼。她能够想象到在维也纳，她的亲侄子弗朗茨二世①，刚刚继承了她的两个兄弟约瑟夫和利奥波德②的皇位，方才加冕为皇帝，就冷冷地把她丢弃在为满足他种种野心而设的祭坛上吗？她哥哥约瑟夫对她素有情谊，虽说他作为家中长子有时待她严厉。自大革命之初他就关心着她的境遇，对她不吝建言。她很了解他，而且在 1790 年 2 月，他不过才 50 岁就去世时真诚地为他哭泣："他过去温柔地爱着我。他的死对我和他的国家是一个巨大的不幸。"^{cxxiii} 对于他的继任者和那个疏远的侄子弗朗茨来说她是个什么人呢？对许多人而言，她什么意义都不再具备。她甚至不再是一件供交换的物品。在夏季，她的名字在各国使馆的来往信函中几乎无人提及。只有她的朋友们觉得政府的这些缄默不语是对人耻辱相加。只有那些涉世未深而天真幼稚的纯真之徒或是那些心地纯良之辈才相信，皇帝只要往巴黎派一个信使，仅以她从此不再束缚于把她拴在法国的联姻关系为由，便足以不付任何对价地依理讨要她^{cxxiv}。7 月里，一名皇帝的心腹甚至对前路易十六的秘密特使布勒特

---

① 此处指神圣罗马帝国皇帝弗朗茨二世，他于 1792 年 6 月 6 日加冕，后来一再惨败于拿破仑。玛丽-安托瓦内特是他的姑姑。

② 约瑟夫二世和利奥波德二世是奥皇弗朗茨一世的长子和第三子。而弗朗茨二世则是利奥波德二世的长子。

依男爵①说道，假如圣殿塔的女囚与其家庭无意间一起被释放，奥地利人将会颇为尴尬并且在接收她之前三思而行。布勒特依报告道，这是"为了不在他们打算进行的安排中受到困扰"。[cxxv] 承认出来的老实话是可怕的。以前年幼的女大公②从未如同此刻一般举目无援。共和国这边不愿听到说起割让领土。况且罗伯斯庇尔在 7 月中旬进了救国委员会，它甚至完全不再愿意听到说起什么谈判。这将会是一场你死我活的战争，杀得尸横遍野。

像是事出偶然一样，7 月时在国民公会重新展开了对王后的攻击，人们又开始谈起了背叛。8 月 1 日，才加入罗伯斯庇尔阵营不久的贝特朗·巴雷尔③以救国委员会的名义，宣读了一份针对"奥地利女人"的铁面无情的起诉书。他指控她造成了民族身上一切的恶果并把她甩在欧洲诸王之首，仿佛在向他们掷去手套挑衅决斗④。"民族的正义向她主张它的种种权利，并且她应被交付的机关是审判谋反者的法庭。只有把王权的一切都斩草除根我们才能见到自由在共和国的土地上繁荣昌盛，只有对奥地利女人进行打击你们才能让弗朗茨，让乔治，让查理和让威廉感受到他们臣下和军队的罪过。"[cxxvi] 为了侮辱更甚，君王们被直呼其名。弗朗茨，是指奥皇；乔治，英国国王；查

85

---

① 布勒特依男爵（baron de Bretenil, 1730—1807）：法国大革命前波旁王朝最后一个首相，做过好几个地方的驻外大使，后回国任职。他于大革命前夕积极劝说路易十六采取镇压手段，巴士底狱被攻占后他出国流亡。路易十六曾去信命他联络欧洲各国君主以期恢复自己的君主统治。

② 玛丽-安托瓦内特出生时的头衔是奥地利女大公。

③ 贝特朗·巴雷尔（Bertrand Barère, 1755—1841）：立宪议会和国民公会的议员，曾是平原派的领袖之一，长于演说。他是救国委员会的报告人，恐怖统治时期他的鼓动性宣传帮了政权的大忙。督政府时期他遭到流放，执政府和第一帝国时他被赦免，波旁复辟时期他再度流亡，后于七月王朝时期回国。

④ 向对手扔手套后进行决斗是欧洲中世纪的司法诉讼方式之一，犹言挑衅。

理，西班牙国王；威廉，普鲁士国王。随后，巴雷尔使人投票通过了把王后移至古监狱，取得了决议逮捕所有在法国居留的外国人并命人关闭了巴黎各处城门。罗伯斯庇尔的朋友，大革命的大天使圣茹斯特所言无他。事情不再在于和奥地利人谈什么，而是在于惩罚他们和打败他们："您的委员会作出认定，对奥地利最好的报复是在其家族中放进断头台和世人的鄙夷，并且叫共和国的士兵们在冲锋中使用他们的刺刀。"[cxxvii] 然后是比约-瓦雷纳①，救国委员会中最为狂热激烈者之一，因一头红棕色头发得名"老虎"，他两次提高了嗓门就此作出说明。9 月 5 日，对于这个他之后在 10 月 3 日称为"人类和她这一性别的耻辱"的女人，在要求她应于本周之内受审时，他首次力主将她处决。提案经投票通过[cxxviii]。

玛丽-安托瓦内特不知此事。针对她所谋划的种种不利主要取决于力量和暴力的程度对比，首先是国民公会自身内部的，然后是巴黎公社和国民公会之间的。前者要求后者判罪处刑，以此不断向其施压。每一次演讲台上都有人展开理论主张判她死刑，巴黎则人心如沸如羹，国民公会行将被各选区的势力侵入。一边是民族代表，另一边是直接民主②。这一争斗，以统治合法性的名义进行，贯穿着我们整个的现代史。1793 年 9 月

---

① 比约-瓦雷纳（Billaud-Varenne, 1756—1819）：国民公会的山岳派议员和救国委员会的成员。他热烈拥护恐怖统治，然而恐怖统治后期他转而认为罗伯斯庇尔是一个独裁者，并在使罗伯斯庇尔垮台的热月政变中扮演着主要角色。热月政变后他又反对一切政治清算，于是被热月党人攻击为罗伯斯庇尔的同党，最终被判有罪，流放到了圭亚那。拿破仑雾月政变后对他进行了特赦但他拒绝回欧洲，最终在海地去世。

② 民族代表指代议制，而直接民主源于卢梭的政治理念，指公民直接参政不通过投票把权力让渡给代表。这种参政形式被认为是"唯一真正的民主"。这里的直接民主特指巴黎各选区的无套裤汉团体。

和 10 月里，每一回的起义日都使王后存活的时日进一步减少。
在这一背景下，她的审判，如同在此之后吉伦特派的审判一样，
形同协议和约定的结果。通过她的死，山岳派的国民公会把巴
黎公社给拉了过来，跟它荣辱与共并盖章坐实了与它的同盟关
系。换言之，向它让了步。因为，在 9 月和 10 月，咄咄逼人地
力主处决她的，正是那些对传统理念离弃得最深的巴黎选区，
正是那些埃贝尔分子[cxxix]。时而在雅各宾俱乐部，时而在科德
利埃俱乐部，人们都增加了动议数量。埃贝尔自己在他的《迪
歇纳老爹报》上进行着种种攻击。无套裤汉们按捺不住了，公
共安全委员会的细作们说道[cxxx]。从公社内，人们暗地里在全国
范围内组织起了一场史无前例的请愿造势活动。所有来信都寄
到了国民公会主席的办公桌上，每一次都在加码。这从 9 月 3
日开始，恰在审判的时刻完结。它随后通过同样杀戮成性般冷
酷的祝贺信继续着，一直到 12 月。我总共统计了超过 90 封，
但应该远甚于此。它们来自全国各地，来自边境，来自西部和
南部，来自人民协会①，来自各市镇、各区和各省委员会②。信

87

———————————

① 人民协会（société populaire）：一种在固定日期对公共事务进行讨论的公民
团体，在大革命时期有巨大发展。其他不同名称如政治俱乐部（club poli-
tique）、爱国协会（société patriotique）或是雅各宾俱乐部（club jacobin）和
人民协会实指同一事物，人民协会这一名称最能体现其革命意味。第一批人
民协会出现在 1789 年的法国各大城市，当时叫宪法之友协会。1790 年，人
民协会在全国大量增多。1793 年 6 月起，恐怖统治时期的人民协会内的温和
派均遭到了清洗。罗伯斯庇尔垮台后，热月党人对人民协会大力打压，共和
三年宪法禁止社团组织使用人民协会作为组织名称，最终人民协会被全部解
散，财产也被当局处分。

② 大革命后法国于 1790 年 2 月 15 日颁布法律废除了封建王朝时期大小不一、情
况各异的行省，全国新划为 83 个面积大致相等的省，每省的决策机构是经选
举产生的省委员会，区是省的下一级单位，每省至少分为两个区。市镇则由 1789
年 12 月 14 日的法律创设，实质上是经由封建王朝时代教会的教区转化而成。

雪崩似地涌来，而且反复出现的总是同一番话："奥地利泼妇""奥地利女恶棍""吞咽其受害者鲜血的奥地利母老虎"^{cxxxi}……早在 1791 年，一幅夸张讽刺画就通过一则非常直截了当的文字游戏已经把她表现成了"母鸵鸟/奥地利烂货"①，嘎嘣嘎嘣地嚼着金子和钻石，帽子上装饰着那种蠢鸟的羽毛。她的敌人们故意把她的外国出身，她和欧洲列王反法同盟之间的勾结，她对终结旧日的封建王朝的拒不同意，她的诸般花销和她的挥金如土混而为一，而传闻②此前已在宣传着这一切："我消化金银轻而易举，可是宪法，我吞不下。"在所有这些攻击背后，我们嗅出了一股子仇恨，要是针对国王的话则是找不到这种仇恨的。路易十六不过错在身为封建王朝的象征，王后自身则体现了它的罪过。

*

88　　　在无套裤汉们心中，玛丽-安托瓦内特是引发战争的大罪人，她顺理成章地也完全是共和国的大叛徒。这想法由来已久。于圣西门③撰写回忆录的时代，在凡尔赛宫廷内人们就已经讨厌起了洛林家族，因为它相对于诸王亲王子④享有若干优先性⑤

---

① 法语文字游戏，原文作 poule d'Autru/yche，两词拼法上几乎一致。

② 此处特指"黑色传闻"，详见前注"白色传奇"。

③ 圣西门（Louis de Rouvroy, duc de Saint-Simon, 1675—1755）：圣西门公爵，他是路易十四统治末期和之后的摄政时期法国宫廷内的主要见证者。路易十四死后，他进入年幼的路易十五的摄政委员会任职。作为作家他的用辞典雅细腻，文体灵活多变，感情丰富，被认为是法国 18 世纪最伟大的作家之一。《圣西门回忆录》是其遗作，被公认为法国文学的一座丰碑，对后世的夏多布里昂、巴尔扎克、司汤达和普鲁斯特等人都产生过决定性影响。

④ 法国封建王朝中的王亲王子（prince du sang）指的是国王的王孙所生的合法后代。

⑤ 法国宫廷内的优先性的特权主要指依宫廷礼节规定在他人的上方就座或行列时排在他人之前，表示享有此特权者的地位优于他人。

的特权，虽然它甚至连法国人都算不上。欲知详情的话应该再读一读那些篇章，在文中"敬爱的公爵"——如同卡巴尼斯①所说的那样——倾吐着恶毒的言语并心怀苦涩地抱怨"洛林家族运用着灵活手腕（在过去）晓得从所有事情里捞取好处（并）从最不经意发生和最让人觉得无所谓的事情里博得赞誉，谋取功名，求取特权"。稍后当它通过公爵弗朗茨三世②与玛丽-安托瓦内特的生母，奥地利的玛丽娅-特蕾西娅的联姻立足于维也纳之时，人们对洛林家族就更加厌恶了。长久以来，在法兰西王国中，人们更青睐普鲁士，先是"士兵国王"腓特烈-威廉③再是其子"哲学王"腓特烈二世④。它是法国的天然伙伴。

　　在 1750 年代末，为抗衡英国的势力影响，已不再是"受爱戴者"⑤的路易十五想要进行从普鲁士到奥地利的同盟颠覆，

---

① 卡巴尼斯（Pierre Jean Georges Cabanis，1757—1808）：法国医生、哲学家和议员。他深受启蒙主义的影响，大革命开始时很拥护革命的相关原则。恐怖统治时期他受人牵连遭到当局怀疑，但没有获罪。拿破仑雾月政变上台时他害怕新雅各宾派当权所以表示支持拿破仑，但之后又以消极形式反对拿破仑进行独裁。他去世前两周被拿破仑封为伯爵。

② 此处即指神圣罗马帝国皇帝弗朗茨一世。他最初是洛林公爵，当此头衔时人们称他为弗朗茨三世。

③ 腓特烈-威廉（Frédéric-Guillaume，1688—1740）：普鲁士国王。他在位时厉行节约，振兴经济，并且极为重视军队，不仅把普军扩充一倍，还大力拔高军人的社会地位。"士兵国王"是英王乔治二世给他起的外号。

④ 腓特烈二世（Frédéric Ⅱ，1712—1786）：腓特烈大帝，他是当时流行的"开明专制"的代表性人物，个人喜好古典和 17 世纪的法国文学，素与文化名流来往并立志做像古罗马帝国五贤帝时期的马可·奥勒留那样的哲学家皇帝般的统治者，所以被称为"哲学王"。

⑤ "受爱戴者"是路易十五的绰号，指他作为国王受臣民爱戴。他得有这个绰号是他直接进行个人统治之初，即 1743 年的事。

这得到大臣舒瓦瑟尔①的支持并由他组织谈判，而相当一部分宫廷近臣和法国政要对此感到周身不适。和世仇哈布斯堡家族结盟让人面上无光。这推翻了朝廷所有战争和外交上的传统政策，推翻了反哈布斯堡家族围堵的黎塞留②与其双重城线③的一干政策，推翻了马扎然④的一干政策。更为雪上加霜的是，这一政策变化是在七年战争⑤的艰难时局下发生的。和奥地利的同盟关系骤然地就要让人咽下苦果，这源于法国一场场的军事失利，尤其是罗斯巴赫会战⑥，以及 1763 年与英国签订的糟糕的和平条约，根据该条约法国失去了对加拿大、印度和诸多海岛的占有权。舆论很快就认为法国上了维也纳的当。

当她 1770 年来到法国时，年幼的奥地利女大公安东尼娅成了玛丽-安托瓦内特，随后对于革命者来说干脆成了安托瓦

---

① 舒瓦瑟尔（Choiseul, 1719—1785）：法国政治家。他于 1758—1770 年间是路易十五政府中的阁魁。他在 1756 年主导签订了和奥地利结盟的《凡尔赛条约》。

② 黎塞留（Richelieu, 1585—1642）：辅佐路易十三的权臣、红衣主教。他当政时法国正与哈布斯堡王朝争斗。在他的治理下法国王权得到了空前加强并建立起了绝对专制主义。

③ 双重城线（pré carré）：17 世纪法国最初为抵御西属低地国家的侵扰而把相关边境城市要塞化所形成的两道要塞城市防御线。

④ 马扎然（Mazarin, 1602—1661）：黎塞留的继任者，辅佐路易十三和幼年路易十四的权臣、红衣主教。

⑤ 七年战争：1756—1763 年间欧洲列强之间发生的战争，战斗区域覆盖欧洲、北美洲、中美洲、西非海岸、印度及菲律宾。其中英国和普鲁士结盟，法国和其传统对手奥地利结盟。战争结果是英国获全胜取得大量殖民地并在印度占有对法国的绝对贸易优势。法国则被剥夺大量殖民地并背上沉重的战争债务。

⑥ 罗斯巴赫会战：七年战争中普鲁士军队与法奥联军在 1757 年 11 月 5 日的战役。结果是一边倒式的联军惨败，普军只损失 550 人，联军损失约 8 000 人，另有 5 000 人被俘。

内特。14 岁时她嫁给了年纪轻轻的太子，路易十五的孙子。她不知道，她挑着对奥地利如此之多的积怨所化成的重担。她不仅是一位未来的王后，也是一个诞下子嗣的肚腹，一件质物和一个担保人，是正在无可分解地形成当中的新欧洲拼图里至关重要的一片。在敌视舒瓦瑟尔政策的那些圈子里，人们已经将此称为"怪物般的反常联盟"，她则是那个活生生的化身。

所有这一切都形同陷阱。甚至在当了大革命冥顽不灵的人质以前，1770 年玛丽-安托瓦内特就已经是她家族利益和欧洲政治的人质了。她徒劳地竭尽全力以使自己适应她的新国家，真诚地去爱它，用她品味留下的印记去持久地塑造它。带着她的德语腔调，她徒然地完美掌握了法语，和她的母亲书信往来，并不断得到梅西伯爵的建议，他受她母亲之命引导并提醒她祖国的种种利益。她一直是那个"奥地利女人"。邦贝尔侯爵①虽是法国人，却和她关系较近。要懂得这一点，应该读读 1781 年 12 月第一个太子②出生之时他在日记中所写的话。我们兴许会说，这是一个大概试图给自己打气的绝望之人写的东西："我们的表面朋友们彻底搞错了。太子之母不会是她儿子有朝一日将要统治的民族的敌人。"cxxxii可她将会是！

后来有些作家出来提醒说她是敌人，并指控说她的家族要对所有灾祸负责。1756 年，就在和奥地利订了同盟条约的那一

90

---

① 邦贝尔侯爵（marquis de Bombelles，1744—1822）：出生于洛林的法国军人、外交官和教士。他在路易十五时代先是从军，后任外交职务。大革命爆发前夕他正在威尼斯做大使。革命的发展迫使他辞职，此后他就一直当路易十六的秘密特使和外国宫廷进行沟通，并和玛丽-安托瓦内特的姐姐，当时的那不勒斯王后保持联系。

② 玛丽-安托瓦内特的第一个儿子于 1789 年 6 月 4 日因肺结核夭折。

年，是让-路易·法维耶①跳了出来。再是 1789 年克劳德·夏尔·德·佩索奈尔②在其《法国的政治形势》中进行了讨伐，尤其还有记者让-路易·卡拉③，他于大革命之初在其《爱国与文学年鉴》中就此议题展开了一场名副其实的文宣攻势。自不用说，从此密集出现了众多针对奥地利和奥地利女人的讽刺小册子。cxxxiii

　　自 1792 年 4 月起大革命随后的战争标志着同盟关系的最终破产，甚至剥除了玛丽-安托瓦内特成为王后的理由，而它们的作用就是对攻讦她的审判火上浇油。从此时起，以这个哈布斯堡家族的后裔为对立面，法兰西民族如同试图建立自己身份上的神话一样试图对照着进行自我塑造。她全然地既是一个涂黑的背景人物，一个色彩对比强烈的衬托，但单凭她人在法国，就又是共和国最初那些军事失利的一个托辞和一个解释。谣言甚嚣尘上。人们对她无所不责，无所不问，说她命人在 1787 年

---

① 　让-路易·法维耶（Jean-Louis Favier, 1711—1784）：法国外交家和作家，他在外交政策方面亲普鲁士。
② 　克劳德·夏尔·德·佩索奈尔（Claude Charles de Peyssonnel, 1727—1790）：法国外交官和作家。他写的《法国的政治形势》的副标题如下：及其与欧洲所有列强的关系，本书目的在于通过历史事实和良好政策的各项原则，展示与奥地利的同盟关系对法国造成的一切灾祸和法国当局自 1756 年、1757 年和 1758 年直至今日所犯下的所有过错。稿件交呈国王与国民公会。
③ 　让-路易·卡拉（Jean-Louis Carra, 1742—1793）：大革命时期的记者。大革命早期他即因《爱国与文学年鉴》的广为流传而众人皆知。他在雅各宾俱乐部里也是活跃分子。1792 年 8 月 10 日推翻路易十六的起义中他是主要推动者之一。他在自己的报纸上不断要求给平民装备长矛以对抗由清一色资产阶级所组成的国民自卫军，要求得到满足后这种无套裤汉的军事组织给公共安全力量的部署带来了混乱。罗伯斯庇尔起初重用他，后又指责他为叛徒，最终在针对他的检举控告不断增多的情况下把他交付革命法庭审判并送上了断头台。

毒死了国王最后一个敌视奥地利的大臣韦尔热讷伯爵①，说她命人向她哥哥约瑟夫秘密发遣了载着沉甸甸黄金的车队以援助后者对奥斯曼帝国的战争，就此挥霍掉了等额的民族财富，而且说她尤其自 1790 年起，促成了数次密谋不轨的夜间聚会，它们或在杜伊勒里宫内，或在布洛涅森林②举行，人们认为会上筹划了让祖国切齿痛恨的敌人获利的败仗。

我们后面再谈这些不同的说法背后隐藏着什么东西，但此时在舆论上，没有人再去怀疑存在着一个危险的"奥地利委员会"，它由王后主持，而且全国上下都有分支机构[cxxxiv]。奥地利委员会——此词自 1790 年起出现——起初为一些人所用，他们拥护那些最具暴力性的解决手段，是那些试图把法国推向战争的人的追随者。其次它是一个得来全不费工夫的借口，用以指控王后应对所有恶果负责，用以揭发她那些不起眼的小动作，揭发她加诸国王的有害影响。1792 年 6 月，人们甚至就此起诉了王权政府的最后两任外交大臣，说他们犯了向她臣服的罪过。他们是蒙莫兰伯爵③和克劳德·安托万·瓦尔代

92

---

① 韦尔热讷伯爵（comte de Vergennes, 1717—1787）：法国政治家。他自 1774 年起担任路易十六的外交大臣，被公认为法国最有才干的能臣和最有手腕的外交家。由于想向英国报法国在七年战争中失败的仇，他公开支持英属美洲殖民地的独立。又因为他不愿在对付英国的同时又把法国卷入欧陆战事，所以他疏远奥地利，在欧陆事务上采取中立立场。人们猜测他被毒死是因为他 1787 年在凡尔赛去世。

② 布洛涅森林：巴黎城西侧的一处森林，是下层民众的休闲场所。

③ 蒙莫兰伯爵（comte de Montmorin, 1745—1792）：被认为属改良派的君主主义者。他早先在西班牙做大使，后于 1787 年出任路易十六的外交大臣。1789 年 6 月他被解职，但 7 月时又被复职。1791 年 11 月 20 日他不再担当职务，和其他几个人一起组成了一个国王的私人咨询团。记者卡拉在报纸上揭发其存在时称之为"奥地利委员会"。1792 年 8 月 10 日起义路易十六被推翻后，他试图躲藏起来但被发现随后被送进了监狱。最终在 9 月 2 日的 9 月屠杀中被民众杀害。

克·德·莱萨尔①，两个人都是"给奥地利势力组织卖命的奴才"ᶜˣˣˣᵛ。他们的审判曾被搁置，但大革命又飞快地把他们重新抓到了手里。两人于 1792 年 9 月在巴黎和凡尔赛被杀害。

从这时起甚至不再需要证据了。谣言自我哺育并不断壮大。在 1793 年，当共和国吞下对奥地利战争的种种新败果之时，被囚的王后比以往任何时候都罪孽深重。"她牺牲掉她的丈夫，她的孩子们和收养她的国家以迎合奥地利家族的种种野心，通过把持人民的生命财产和政府的机密为它的那些计划效力。"ᶜˣˣˣᵛⁱ她必然继续着，从她圣殿塔随后是古监狱的监牢中，为一项于维也纳进行的令人发指的政策穿针引线，纵然就在此时，在奥地利的首都，人们却再也不愿谈起她。就此而言，玛丽-安托瓦内特有点像 1939 年和 1940 年的波兰人，他们当时腹背受敌②。

在相同的处境下，再也无洞可钻，再也无路可逃。在她被起诉的前一天出版的最后一批攻击她的讽刺小册子变得挖心刺骨起来。其中一份的匿名作者幸灾乐祸地以断头台的口吻说话。这个断头台如施虐狂般邪恶残忍并假作快活，以你相称③地非难她："像你这样的一颗漂亮脑袋可以做我械具的饰品。此外，我知道你很久以来就巴望着它回到你的国家；那行吧！为了让

---

① 莱萨尔（Lessart, 1741—1792）：在大革命前由路易十六任命的负责协调三级会议中不同等级的专员之一。大革命后，他先后任过财政总监、内务大臣、海军临时大臣和外交临时大臣。他的平和主义让他很不得人心，也无力阻止战争爆发。最终在吉伦特派的压力下他于 1792 年 3 月 10 日被起诉并关押在奥尔良。1792 年的 8 月 10 日起义后，他和其他嫌犯一起被送往巴黎，但在凡尔赛被运送他们的人故意放任民众杀害。

② 此处指纳粹德国和苏联在二战初期侵略并瓜分波兰。

③ 法语中一般皆用"您"作称呼表礼貌。

它到得更早些，我们可以把它放在一尊大炮里一段距离一段距离地发射。……你的那些奥地利人对此会感到多么愉悦！"cxxxvii

"你的那些奥地利人！"在她的审判中，她是"奥地利的洛林人玛丽-安托瓦内特"，至少在那些开庭报告的官方版本里是如此，当时想要叫人读到的也是如此。一开始人们把她的这两个名号更近地联系起来，再后来就自然而然地指控她曾想过把洛林重新并到奥地利去①！我们永远不会知道，在10月14日早上，当革命法庭庭长埃尔曼叫她报上自己身份的时候，她其实对他回答了什么。再后来，当他再次对她名字的诞生地抓住不放的时候，像是为了明着和他对着来而且已疲于应付一样，她回答道，人应该好好带着自己国家的名号。但是我怀疑她并没有忘记她血管里流淌的洛林血。

或许她此时此刻想到了南锡②的方济嘉布遣会③修道院的小圣堂④，那里一直安葬着她的先祖，诸位洛林公爵们。1770年5月17日，从维也纳到巴黎的途中，作为年轻的太子妃，她在那里有过停留，并曾在那里祈祷。这被当作她在法国领土上的第一站。现在这里仍有人来参观。大革命之后它纵然变了模样⑤，在此仍感受得到她的气息。这里一切都是黑白两色的，而且默然无声，饰有藻井的天顶⑥上密布着数百尊哭泣天使⑦的

94

---

① 自公元880年起洛林即属于神圣罗马帝国，直至路易十三和路易十四时代被法国占领。1766年，洛林成为法国的一个行省。

② 南锡：法国城市，以前的洛林公国的首都。

③ 方济嘉布遣会：天主教的一个男修会。

④ 此处指南锡方济嘉布遣会教堂内的附属建筑洛雷特圣母小圣堂，1609年兴建，1612年建成。

⑤ 大革命期间这里遭到革命者的打砸和洗劫，墓中公爵们的遗骸均受到损毁。后来奥皇弗朗茨一世重建了里面的亡者纪念墓碑。

⑥ 此处指洛雷特圣母小圣堂意大利巴洛克式的穹顶。

⑦ 哭泣天使是西方丧葬主题的雕塑中常用的象征题材。

雕像，诸位洛林公爵们的大理石棺墓排列得整整齐齐①。棺墓上方安置着一个不复往昔的君权②的雕塑标志：封顶加冕冠③、权杖、正义之手④，以此诉说着他们昔日的强盛。入口处，一块很可能是 1820 年代末镌刻并放置上去的牌匾，提醒着世人她家族里那些在她之后来过那里的人留下的纪念：1777 年 4 月是她的哥哥罗马人民的国王约瑟夫二世；1815 年 7 月是她的侄子奥地利皇帝弗朗茨一世⑤；1828 年是她的小叔子国王查理十世和她的女儿，成了昂古莱姆女大公的长公主玛丽-泰蕾兹。这些现已作古之人鱼贯而来，在他们的逝者面前凝神冥思。

数月前，在这个时间流逝之外的地方率步而行的时候，我无可自制地想到"法国人挚爱的"年轻太子妃，如同入口的牌匾以那个时代的夸张风格写着的那样，随后，在她命运产生的令人目眩的深刻印象里，想到 20 年后被带到法官们面前的被废黜的王后。

是这些人，尤其是公诉人富基耶-坦维尔现在在控告她曾经是洛林人和奥地利人。不再事关称呼用辞了。事情关乎她的生命。

*

95 　　在玛丽-安托瓦内特到庭，庭长要求她注意听对她的起诉书

---

① 作者原文中无更具体的描述，事实上并非一字排开，而是绕着圆形的小圣堂贴着墙壁一圈排放。

② 此处指并入法国前独立状态下的洛林公国。

③ 西方帝王加冕时戴的皇冠的环状冠身有数根拱向上延伸，汇集到一点把上方的空间封闭起来，故名。

④ 正义之手：自 13 世纪起法王加冕时使用的典礼物品之一，象征着国王的司法权。具体形状是一根权杖，末端雕有一只人手，前三根手指伸直，后两根手指内握。

⑤ 玛丽-安托瓦内特的侄子弗朗茨既是神圣罗马帝国的皇帝弗朗茨二世，又是奥地利皇帝弗朗茨一世。

之后，富基耶-坦维尔让他的书记员尼古拉·约瑟夫·帕里斯进行了宣读。帕里斯自 1 月起被人称作法布瑞修斯，这是照大革命时期流行的古罗马姓氏的样式取的①，却也是为了不再和杀害国民公会议员勒佩尔捷的凶手用同一个姓氏。

这是审判当中的第一个重大时刻。安托万·康坦·富基耶在 1793 年时年 46 岁。他个子高大，身材魁梧，皮肤有非常重的棕褐色，眼睛深陷在浓密杂乱的眉毛下，双唇细薄，下巴显得意志坚定，脸上带着以前出的一次天花造成的疤痕。既无人提过他的声音如何，也无人提过他的说话方式，这颇为遗憾。他生于法国北部的圣康坦市附近。他的父亲经济富裕，以务农为生，是他老家村庄埃卢埃尔的领主。他的长兄皮埃尔·埃卢瓦是国王的宫廷马厩管理员和房屋管理员②，后来在三级会议中被选为第三等级的代表，会议上他的沉默不语颇引人注目。

安托万·康坦一直在检察司法助理公会③执业，直到他买下了一个夏特雷法院④国王检察官的职位⑤。但是那些经营不善

---

① 大革命时期为了排斥所谓"封建王朝的反动腐朽文化"，兴起了一股追捧古罗马文化的风潮，并把古罗马宣传成法国真正的"正统"，以加强革命政权的合法性。
② 两个职务都是法国宫廷的中级职务，分别负责管理国王的马厩和宫廷人员在宫内的住房安排。
③ 检察司法助理公会：法国旧制度时期，巴黎和其他几个城市的高等法院的检察部门中的司法助理，如公证人、执达员等组成的有内部等级的职业行会。
④ 夏特雷（Châtelet）法院：旧制度时期法国首都的一审法院，有权审理除大不敬、异端等例外犯罪之外所有的一审民事和刑事诉讼。它设于中世纪路易六世在巴黎与巴黎中心的西岱岛的连接处建造的夏特雷堡垒，1190 年巴黎建了围墙后堡垒失去了军事防卫意义，夏特雷成为了一个王权司法机关。夏特雷法院行使司法职能的同时，也在辖区范围内行使行政职能，负责治安、公共卫生、管理职业行会和公会、打击偷税漏税。19 世纪时堡垒被拆除，变成了今天的夏特雷广场。
⑤ 富基耶-坦维尔中学毕业后挂靠在夏特雷的检察长科尔尼耶名下做见习司法辅助员，1774 年科尔尼耶退休时他将其职位买下，所以这样说。

的生意，加上据他的某些传记作家所说的嗜赌使他在 1783 年不得不把职位转手卖掉。他彼时困若草木，无所事事了一阵子，作为线人略微地摸索尝试了一下警察行当，并在大革命司法系统内再度开始了职业生涯。他的表亲卡米尔·德穆兰对他确有

96 提携，他则在后来并无多少情感流露地任他上了断头台。在塞纳刑事法庭随后是圣康坦刑事法庭任职之后，自 1793 年 3 月革命法庭创立起，他就被国民公会任命在此工作。他紧扒在那里过了 16 个月，其间历经了所有的党派斗争，直至次年 7 月罗伯斯庇尔垮台。

对他而言，这是结束的开始。自那时起，人们开始想要清算恐怖统治政权的总账。在 1794 年 8 月初被逮捕后不久，他在一份《致国民公会的声明》中吹嘘说，自己曾是那些不幸获罪的人们的老天爷和让那些歹人们惊惧的凶神。他不无自豪地说，他有功劳，"审判了超过 2 400 名反革命分子，全都一个比一个凶残嗜杀"。他申辩道，他连轴转地工作，以至于 16 个月以来每晚睡眠从未超过三小时。尤其是他身为一名无可指摘的公务人员，身为一个像他的职务要求的那样有责任感的人，不过是在服从指令，舍此无他。"我不过是国民公会的斧头。难道能给斧头判罪吗？"显然，"这一坚定而始终如一的步子"让他树敌无数[cxxxviii]。他顺带出言攻击"专制者"罗伯斯庇尔并转而否认自己和他同属一边，然而他却为其效劳过很长时间，这并非出于选择，更不是出于情谊，而是出于务实，因为他具有一种政治角力关系方面的敏锐感知力。

至于不可腐蚀者，他不信任富基耶，曾命人对他紧密监视，

97 并在垮台不久前曾试图让自己摆脱掉他。在恐怖时期，所有人都在相互猜疑，而罗伯斯庇尔肯定有这方面的才具。此外，对富基耶这样做也不无道理。这个前国王检察官心高气傲。他敏

感多心，喜欢什么都抓在手里，并且承认自己性格"冲动暴躁"。他很反感任人指点自己该干什么。他或许暗地里讨厌着不可腐蚀者，甚或对他的垮台有所助力。我们固然愿意相信这一点。但是目前来讲，他仍旧听命于他，假如他有想过要他倒台，那肯定也不是为了彻底结束恐怖统治[cxxxix]。

然而，他大肆宣称自己"温和并富有人情味"[cxl]。或许诚然如此。人们永远都强调不够，作威作福的卑劣之徒是善恶参半的。富基耶在家庭中似乎是另一个人，膝下围绕着他两次婚姻诞下的孩子们。他在 1782 年娶了第二任妻子亨丽埃特·热拉尔·多古，当时他的第一任妻子刚去世，新妻子满是柔情地爱着他所有的孩子们。在他的档案资料中我们找着了他年轻时的书信，信里充满了对他母亲的敬爱之情，在另外一些信里他显得很关心年幼的儿子皮埃尔·康坦的前途，他儿子恰好被安置在上莱茵军团，军衔是少尉。

在他的《声明》中，他显然利用这一机会哼哼唧唧地抱怨着"多子、不幸和贫穷的家庭"。也同样理所当然地，在他的审判上会有一些正派人士站出来指控说，他曾持有那些死刑犯最后留下的债券，而当他没有收钱好放过他们的时候，他甚至在传唤他们到庭之前就判了他们死刑。为图快省事草草写就的即刻传唤状①因一个拼写错误结果把另外的人送上了断头台，提前备下的已签署好的空白起诉决定意见书②，种种判刑人数

---

① 即刻传唤状：调查法官向警察或宪兵发布的立即传唤被调查人到法庭接受讯问的命令。

② 空白起诉决定意见书：检察官事先已签署生效，只留出犯罪嫌疑人名字一栏的空白以便马上进入司法程序的公诉决定意见书。这是一种违反诉讼程序从而侵犯他人诉讼权利的做法，本来应先调查，确定犯罪嫌疑人及相关罪证后再制作公诉决定意见书。

的预设配额①，像烤一炉子面包一样的成批集体处决，这些事都是他干过的。

实际上，比起嗜血成性，他更多的是一个投机分子，对他所依附的人奴颜婢膝又有政治嗅觉。我曾拿到过他的最后一封信，是 1795 年 5 月 6 日他被处决的前一天寄给他妻子的。信读来令人感动，如同一切触及一个人生命终点的东西一样，哪怕这个人无恶不作。但也是因为，他是在陪审团正要宣布裁决结果之前动的笔，在写完的时候他已知道自己被判有罪。开头很积极："勇气没有离我而去，而且绝不会离我而去。无论发生什么，我都乐于相信它，因为我的良心平静且无可指摘。"末尾却在四面楚歌中结束："唉！我要说的你都已经知道了！我全心全意地吻你。"这些话写得急匆匆的，好像被甩到纸上一样。随后他担忧起他的衣物和他的那些个人事务。这个曾使那么多人瑟瑟发抖的人，这个凶神恶煞的人，革命法庭残酷无情的公诉人，跟一个操心自己衬衫和拖鞋的资产阶级②小老百姓一样写完了信^{cxli}！当那些宵小之辈遭了罪挣扎其中的时候，他们的惨痛祸事让人嘲弄的地方在于，它向世人展现了他们真实的样子，展现了他们完完全全扎进了他们生活的细枝末节里，为的是不用去直面死亡。

这一次，法庭不再想听他发声，它叫他一了百了地闭上了嘴。富基耶于 1795 年 5 月 7 日一个晴朗的春日登上了断头台。这是在罗伯斯庇尔死去 10 个月后，玛丽-安托瓦内特死去 18 个

---

① 判刑人数的预设配额：提前决定应判刑人数，再设法使人入罪达到预定人数。
② 当时的"资产阶级"一词是相对"贵族"这个词而言的，很大程度上意指平民，强调社会地位和出身低下的属性。

月后。那些刽子手成了受害人，假如说所有人有什么共同之处的话，那正是暴烈的死亡这一共通的悲剧。权力，无论是哪一种，都喜欢滥用其力量。这一点存在于它的本质里。

在对王后进行审判时，富基耶-坦维尔正处在他权力的顶峰。法官们向他发函，打头是"公民，我的模范"[cxlii]。8月21日，他因屈斯蒂纳将军一案中写的公诉意见书[1]而受邀和埃尔曼一起荣誉性地出席国民公会议事会场[2]。他得到了他的个人秘书，检察官博纳的前司法辅助员和两个年轻的代理检察官有力的支持。这两人是未婚的让-巴蒂斯特·弗勒里奥-莱斯科，一个富基耶父母视如己出般抚养长大的家中同袍，和米歇尔·格雷博瓦尔。一条关于后者的记录的撰写者指责这两人过从甚密、牢不可分，别人送他们"外号夫妇，这个玩笑话叫他们乐不可支"，记录的匿名作者带着报复情绪加上如此一句。[cxliii]

弗勒里奥幸得罗伯斯庇尔的支持，于1794年5月被任命为巴黎市长。而没有罗伯斯庇尔的支持他则什么也干不了，在7月他和罗伯斯庇尔一起垮了台。审判他那天，富基耶在台上的时间就剩那么几天，却仍旧设法进行了回避[3]，以便不用非得

---

① 公诉意见书：检察机关代表在刑事审判中当庭发表的揭露被告人罪行，陈述指控被告的法律依据并要求法院对被告判处相关法律刑罚的口头发言。不同于公诉决定意见书或不起诉意见书，这些是检方向法院递交的决定对被告进行起诉或不起诉的书面司法文书。

② 荣誉性出席国民公会议事会场是当时有具体制度规定的一种荣誉，由国民公会的议长或某个议员提议，经全体议员投票或口头表决决定，颁布给个人或某个团体。接受这项荣誉的人的席位在议事大厅遭兴厅中议长的桌子后方一块特别划出的区域，进场就座和当天议事结束后离场时均受议会的欢呼，且由礼宾专员伴随离开。此外荣誉来宾还头戴橡树叶编成的橄叶环以示荣耀。

③ 司法回避：司法审判术语，指与案件当事人有利害关系的人不参与诉讼以保证审判公正，后面的回避都是这个意思。

亲自把最好的朋友送上断头台。这使他的人性多显露了一点，但所增无几。

100　　从 1793 年 7 月起，他大半是在救国委员会接收的命令。9 月 25 日，为准备对前王后的审判，他和弗勒里奥一起在救国委员会的同意下拟了一份新的 60 人待选陪审员名单①。有人②给名单中的每个人去了一封信，对于他们任务的性质没给他们留下任何存疑空间："民族的复仇交到您手中了。"③在筛选过程中，那些态度最为暧昧者被排除了出去。远非遵守抽签顺序，仍然是富基耶，在此处去掉一个名字，另行添上一个名字，对"他的"陪审团涂脂抹粉地完善直至最后一刻。所添加者来自当时的"牢靠分子"，即那些投死刑票的人。

　　15 名陪审员中只有约瑟夫·苏贝比耶勒一人曾试图回避。他是古监狱的一名医生，同时还完全是罗伯斯庇尔的个人医生。他不能参审，他申辩道，既然他在狱中医护过被告而且和她有过一些个人接触。但苏贝比耶勒是个言行无忌的共和派，在陪审团里人们需要他。"假如有人不得不要你回避，"庭长埃尔曼似乎发过话，"那会是检方，因为你本可以被她境遇的不幸之惨痛触动。"苏贝比耶勒之后参审了。他没有被任何东西触动，像其他人那样投了票。

---

①　法国重罪审判活动的具体的陪审员大致这样确定：先形成一个含若干待选陪审员的名单，再用抽签的方式，从名单中确定一部分人组成某场诉讼的陪审团。富基耶为操控审判，所以要自行重拟一个新的名单，以确保待选的是特别挑选过的人。这些人中后发现态度不明朗的就直接去掉，换上"牢靠的人"。

②　信为当时的司法部部长所发。

③　信件全文为："我通知您，公民，国民公会任命您为巴黎的特别刑事法庭陪审员。民族的复仇交到您手中了；是从您的工作中，人民期待着他自由的巩固，打击叛徒，就是把我们外敌的全部希望摧毁殆尽，而他们只能从悖信不法和背叛出卖中取得成功。"

这场审判里什么都弄虚作假。陪审员们是检方指定的，法官们针对被告显然事先通过气，律师们后面会有论及，他们由官方指任并受近距离监视。富基耶对他们疑心到说服公共安全委员会，在他们的庭上口头辩护结束后就将其逮捕，无论审判结果如何[cxliv]。当然，他们并不知情。别人在审判前一天指任了他们。他们基本没有时间读那些现有的起诉卷宗，相较于此，也没有更多时间写辩护词。他们能否传唤证人当然也是不用多论。

101

*

不管怎样，对富基耶而言，前王后的出庭都是他最重要的大事之一。他后来也把它引为一次成功。数周以来，他都在等王后出庭并批评那些委员会①无所作为，提出此事关乎法庭声誉。自 8 月 25 日起他就写道，在各个俱乐部里人们已开始议论喃喃。[cxlv]

在 10 月 14 日的早上，他是理应获胜的，但是他真的满意吗？他对她档案的缺空已抱怨了数周之久。他在 8 月已给国民公会写过两封信。10 月 5 日，他提醒救国委员会，没有针对玛丽-安托瓦内特的起诉材料，他将很难进行案件调查以便起诉。在这一天，他一无所获。人们互丢皮球彼此推诿了好几天，随后，在 11 日，救国委员会最终给了他许可，批准他可以调阅曾用于审判前国王的卷宗。但是人们不知道它们存放于何处。富基耶不得不去问二十四人委员会的某些前任成员，该委员会在前一年负责清点档案。国民公会议员，政治上非常温和的皮埃

---

① 此处指国民公会中的委员会。

102　尔·博丹当时主持共和国档案委员会，他这一头却是不紧不慢[cxlvi]。他最终于 10 月 14 日早上，就在审判开始当天，发去了几份不痛不痒的材料。后来富基耶不得不满足于对证人们和被告本人的事前讯问，可是这些讯问也未有多少战果。

归根结底地讲，国民公会把王后交给那些巴黎选区的时候，已决定从整件事情中甩清自己的干系了。颇具意味的是，它弃而未设自己的案件调查委员会，如同审判路易十六时那样。但愿巴黎公社和法庭会从其中妥善脱身[cxlvii]！

富基耶手上抓了几个可怜虫作为证人。他们什么也没有目睹，讲述着道听途说之言或借机自重身价。雷娜·米约，一个凡尔赛宫女仆役，信誓旦旦地称夸尼公爵亲自向她讲过那些秘闻并向她打包票说，被告曾命人给她兄长超过 200 万锂的钱财。她也从可靠消息来源处得知被告想命人暗杀奥尔良公爵。另一个人，皮埃尔·约瑟夫·泰拉松，是司法部文书，他看见被告从瓦雷讷回来时眼中凶光暴射。他相信，这足以证明 1791 年 7 月 17日她命人在战神广场对民众开枪①是想进行报复。第三个人是剧院经理和二流记者让-巴蒂斯特·拉布内特，他面不改色心不跳地宣称，自己于千钧一发之际躲过了她走狗们的刺杀袭击。

103　人们对那些信件进行追查，有人确定见过它们，却没人能拿得出来。迪迪耶·茹尔德依是马拉选区②的领导人之一，也是雅各宾派和科德利埃派成员，担任警务总管③。他和富基耶

---

①　此处即指练兵场惨案。

②　马拉选区：大革命时期巴黎的一个选区，最初叫法兰西剧院选区，后又更名为马赛选区、马赛与马拉选区、马拉选区。共和三年时它改回最初的名称法兰西剧院选区。

③　警务总管：当时巴黎总管警务的官员，约等于市警察局局长。

关系很近，富基耶还雇了他来当陪审员。他在 8 月 10 日起义后被送上断头台的瑞士近卫队[①]前上校达弗里家中找着了一封信。安托瓦内特曾命达弗里朝民众开枪，他相信确有其事。还有国王的一名大臣的信，信上说战争初期被告或许知道他针对反法联军的种种军事计划图。可信是和审判"卡佩"的卷宗一起清点的，且没人知道这些卷宗到哪里去了。人们询问了对此负责的二十四人委员会前成员中的至少两人，著名热气球驾驶员的兄弟，委员会秘书让-巴蒂斯特·加纳兰和国民公会议员瓦拉泽。一个说它们被巴黎公社要走了，另一个说它们似乎在公共安全委员会。这一切都给人一种别别扭扭的感觉，业余得让人难以置信。似乎人们对它们满不在乎，似乎所有这些证据不是必不可少的。

那些众所周知的提款券的情况也一样。玛丽-安托瓦内特似乎是从王室优待费[②]的资金中签发的，资金当时由图尔托·德·赛特依男爵把持。一如她向国外送钱，它们是她挥霍浪费的证据。其中之一是一张 8 万锂的提款券，签给了万众唾骂、当时已流亡国外的波利尼亚克夫人。它像抽鬼牌里的梅花"J"[③] 一

① 瑞士近卫队：瑞士的雇佣兵，15—19 世纪被许多欧洲宫廷雇用为保护王室和宅邸的卫兵。在法国，他们组成了一个瑞士步兵团。大革命时在 8 月 10 日起义中，约有 600 人被起义者杀害，60 人遭关押后被屠杀，剩下的一些人死于狱中或 9 月屠杀，存活下来的约有百人。后来的拿破仑政权和复辟的波旁王朝都使用过瑞士近卫队。
② 王室优待费：大革命时参照英国的虚位君主的王室开支所发明的概念，由年金和赠予的不动产两部分组成。1789 年 10 月 7 日国民议会投票通过法令时规定"每届议会应或对公共债务的利息进行偿还的数额，或对王室优待费的支付数额进行投票"。1791 年 9 月 3 日宪法第 10 条对王室优待费进行了原则性确认："民族通过王室优待费对王室威仪予以支持，立法部门在每次更换统治君主时为统治的整体时期确定数额。"
③ 法国以梅花"J"做鬼牌。

104 样被人反复不断地提起。加纳兰手头上有过这张提款券，瓦拉泽也是，但它是 2 万锂的。富基耶最终承认提款券之前"搞丢了"，但是，他保证道，人们正在找它。10 月 16 日审判结束之后人们还在找^{cxlviii}。在这件事情上，另一名证人，人们称为格雷科的弗朗索瓦·蒂塞和茹尔德依同样隶属于巴黎公社监察委员会，他干得过了火。他说在赛特依家里也见过数额超过 200 万的不同种类的食品购买券，它们使物价上涨好叫民众挨饿。这些券也不见了。

我们看到，富基耶的证人名单里塞满了线人和警察。许多人都曾接触过 8 月 10 日起义中"罪犯们"的档案，但当时各个机构组织上的混乱无序已到了没有人能把它们拿出来的地步。恐怖统治，它不仅仅是行政机关的膨胀，也是行政机关的无政府状态。我们的警察们倒是比其他人全身而退得好一些，因为他们干的这行，赋予了他们某种心思缜密、不动声色和警惕戒备的能力，这是做惯了监察刺探工作的人所具有的特质。他们耳朵灵而且看得远。玛丽-安托瓦内特的审判里一半以上的证人没有活过大革命，活过了大革命的并不是他们。我在研究警方那些秘密账户的时候，在富歇的名单上又找着了好几个其中的线人和警察。比如弗朗索瓦·蒂塞，他于督政府时期在讯问局签到领钱，之后领取着挂靠于警务总监的秘密探员补贴。受那位强有力的大臣①庇护，他在第一帝国时期一直干着监视报界

105 的行当。作为前印刷工人，他很熟悉报纸的情况，故而在大革命期间出版过几篇致敬断头台的讽刺小册子^{cxlix}。前司法执达员迪迪耶·茹尔德依的运气稍背一些。他被波拿巴在执政府时期

---

① 此处即指富歇。

反雅各宾党人的逐禁令再次波及，却也受着富歇的庇护①。逐禁令判他流放至印度洋上的科摩罗群岛②，他却躲了起来并改换了姓名因而无人追捕。后来人们在勒阿弗尔③又见到了他，在那里他开了间赚钱的典当借贷行，差不多什么生意都做，尤其是周边城堡中的残留物件生意，这些城堡在贵族因流亡而离开后被作为国有财产④出售。就他而言，这是件做惯了的事：在恐怖时期他就已在巴黎倒卖教会土地[cl]。

同样地，以前当过律师的泰拉松在 1794 年 4 月也很快入职民事行政、警务与法庭委员会⑤。他此前作为"侦察员"，在

---

① 茹尔德依 1790 年来巴黎前在周边小城阿尔帕容当司法执达员。大革命期间他身为巴黎公社监察委员会成员签发了许多逮捕令并在 9 月屠杀中发挥了重要作用。波拿巴雾月 18 日政变后当局把他逮捕并于两天后发布执行令判他流放，但当时富歇对他予以特别保护，最终减为受警方监视。共和九年雪月三日（1800 年 12 月 24 日）发生了针对波拿巴的未遂暗杀袭击，富歇事后查明凶手是王党分子，但波拿巴为打击反对他的国内左派遂对外宣称是雅各宾党人所为，结果一共有 133 人被判流放海外。逐禁令指出对包括茹尔德依在内的一批"9 月屠杀分子"要进行"特别监管"，所以这里说他是再次被波及。

② 此为原书中不准确的说法。18 世纪时欧洲对科摩罗群岛还未有过实际接触。当时 133 人中有 70 人的流放地是距科摩罗群岛不远的塞舌尔群岛，当时是法国殖民地，在拿破仑战争结束后被英国取得。

③ 勒阿弗尔：法国北部港口城市。

④ 法国大革命中的国有财产指大革命期间根据 1789 年 11 月 2 日的法令被革命政权没收的教会财产，包括建筑、物品、农地、矿产和森林。这些财产没收后被出售，以缓解当时的财政危机。王室和一些贵族的财产也在没收之列。随后，流亡贵族和被宣布有反革命嫌疑的人的财产从 1792 年 3 月 30 日起也遭到没收，并在 7 月 27 日的法令发布后出售。

⑤ 这个委员会是根据国民公会共和二年芽月十二日（1974 年 4 月 1 日）的法令创设的十二个执行委员会之一，用以替代当时的司法部和一部分内政部的机构，它受罗伯斯庇尔领导的救国委员会的控制。革命法庭庭长埃尔曼被任命为该委员会主席。随后，救国委员会发布了一系列决议，赋予了该委员会名副其实的内务警察权。罗伯斯庇尔倒台后，这个委员会很快被置于立法委员会的监管之下，并随着共和三年宪法的颁布被撤销。

1793 年 5 月已经为司法部当过密探。罗伯斯庇尔倒台前后他两度入狱，而后出了狱并在复辟时期了却余生。后来那些虔敬信主的人说，那时这个"被世人遗忘的老头"在教堂度日，他言传身教地引导基督徒敬主向善，以赎自己的种种罪愆[cli]。通过以其地位相胁，别人似乎也有强迫他在玛丽-安托瓦内特的审判上作证。然而我们仍要对这一大帮子前革命人士的革命性心存怀疑，因为他们在波旁家族重新上台之后，一下子就一边捶着胸口悔过认错，一边双膝跪倒。

106 　　在审判时，因为没有那些信件，人们只得退而求其次地去干些蠢事。把玛丽-安托瓦内特转往古监狱时，人们在她身上找到了一张耶稣圣心①的图片，于是就把它呈交当局，当作反革命分子集合时使用的一个危险标志。这一次，申辩中对她不利的是那些旺代人，他们不情不愿，一如她自己也是情非得已。表示对主虔敬和用于个人宗教敬礼②的图片在几个月内成了一张内战性质的图片。埃贝尔就这一问题表明过看法，他对此确信不疑，称从中看到了阴谋叛乱者佩戴的相同标志。此外，杜伊勒里宫来来往往的都是对《教士公民组织法》③ 抗命不遵的

---

① 耶稣圣心：耶稣神性的爱的象征物，耶稣通过这种爱人格化并因之为人牺牲。对耶稣圣心的宗教敬礼是基督教中一个常见的敬礼，尤其见于罗马天主宗。在基督教艺术中耶稣圣心常被表现为一颗燃烧的心并发出神性的光芒，因受罗马士兵的长矛贯穿而流着血，由荆棘冠围绕着，心脏上面有小十字架。有时心脏在耶稣正中间，耶稣则张开双手伸向它。

② 宗教敬礼：祈祷和一系列礼拜的言语和动作，统称敬礼。

③ 《教士公民组织法》（ Constitution civile du clergé ）：大革命时期的立宪议会在 1790 年 7 月 12 日通过的法令，经路易十六在压力下违心地批准后于同年 8 月 24 日成为法律。这部法律把 130 个主教教区减为 83 个，许多教职被撤销，主教与本堂神甫由各自教区的选举人大会选出，教皇失去对法国教会的实际控制权。从此法国全国教职人员统一从国家领取津贴，并且享有世俗的公民权，可自由进入世俗社会。每位教士需对《教士公民组织法》宣誓服从，拒绝宣誓者将失去教职。结果几乎全数的主教和半数的神甫拒绝宣誓。拒绝宣誓者被称为抗命教士，在恐怖时期受到了特别镇压。

教士。国王此前否决放逐他们①，就是因被告的影响作出的。更甚于反教权主义②的是无神论，它毫无疑问构成了这场审判的一个方面。这个无神论假使不是内心信念上的，起码也是一种出于斗争目的所运用的手段，再者好几个和埃贝尔关系相近的证人也宣扬应当如此为之。但是搞无神论并非审判的主要方面，而后来有些人却想让世人相信确实如此，他们是玛丽-安托瓦内特不着边际的歌功颂德者，积极鼓吹她像主显圣容③一般升华成了圣徒和殉道者。

许多证人拿不出证据，反而在前王后的审判上找着了为他们以前的境况进行报复的机会。从这一点上看，对玛丽-安托瓦内特的审判也是体现胜利的审判。这是平等对过去种种自成一统的职业团体的胜利，对不同位阶有高下之别的等级制度的胜利，对和地位挂钩的种种宫廷特权的胜利。这个妇人过去周身环绕着"最为耀眼的迷人魅力"，埃尔曼强调道，对她一视同仁，就是对法庭不会有所偏颇的保障。巴黎公社政府的检察官肖梅特甚至有过阴险的念头，想叫她和两个关押在古监狱的风尘女子一起出庭，她们因为讲过贵族派头的话而获罪。别人可

107

----

① 1791年11月29日立法议会针对拒绝向《教士公民组织法》宣誓的教士发布了《反抗命教士法令》。起因是当年夏天派往旺代的共和国专员报告说当地的叛乱应由拒绝宣誓的教士负责，罗伯斯庇尔也在雅各宾俱乐部要求采取镇压政策。不能证明自己进行过宣誓的教士，将受到特别监视，失去全部津贴，如果危害社会稳定的事件发生在他们的居住地附近，视情况他们就会被放逐到外地。路易十六当时还是行政部门的最高首长，他对这项法令行使了否决权使其没有生效。

② 反教权主义：法国启蒙时期的主要思潮，核心是强调应把宗教事务和世俗事务区分开来，反对宗教势力插手世俗领地，号召个体的思想自由。

③ 主显圣容是《圣经·新约·福音书》所载耶稣和三个门徒上了大伯尔山，耶稣在门徒面前显现神的容貌，脸发光有如太阳的故事。

能会把三个女人放到同一辆囚车送上断头台。但法庭对这种赏心乐事并无多少胃口[clii]。人们心里多少有数，在被告受审上所秉持的并非是公正精神，虽然人们声称，审判她就像随便审判哪个妇人一样。

前王后的整个审判都像一场宏大的社会阶层颠覆行动。突然之间，小人物和大人物讲起话来，好似他们之前处在同一世界。拉贝内特曾是驻凡尔赛宫国民自卫军的下士，他对国王的前战争大臣拉·图尔·杜·潘进行非难，并吃惊地发现后者没认出他。老贵族张口就回答他，直截了当，语气冷淡又如抽人一鞭子般尖刻："先生，我从未听人说起过您。"其他人于 8 月 10 日起义之前在杜伊勒里宫站岗值勤，他们无所顾忌、自自在在地述说和王后曾有过的种种对话。和那些大人物一样，他们自认也扮演过头等重要的角色。人家对他们讲过悄悄话，叫他们知晓了国家最机密的事务。别人有把他们当回事，就因为别人曾试图叫他们不要声张。

108　　富基耶当然没有被这一切蒙骗。苦于没有更好的东西，苦于无法用眼见为实的证据作支撑，他的公诉意见书比起针对王后，更多是给那些从一开始就要求理应把她处死的人写的。公诉意见书写得叫人觉得完美无缺，因为它正是人们想听到的。对玛丽-安托瓦内特的审判，是对旧制度向大革命所进行的战争的审判。显而易见，并非是人民对封建王朝欲行不利，而是封建王朝对人民密谋不轨。所有那些发生了重大暴力事件的日子都是国王的政府所为，1789 年 10 月 5 日、1791 年 7 月 17 日、1792 年 6 月 20 日、1792 年 8 月 10 日，它每一回都在谋划人民的败亡。而玛丽-安托瓦内特则是谋划里的灵魂人物[cliii]。

*

　　法布瑞修斯应该读了富基耶那四页手写的公诉意见书。他以一种中气不足且声调单一的声音读着，因为在一个法庭里人们通常就那么念。对于其中拙劣的文笔，重复的言辞，酸腐学究式的典故和泛滥的宏大语汇，人们几乎视而不见。大革命对这种滥用觉得如此赏心悦目，以致它值此时期，把法兰西语言经典式的天然质朴也给颠覆掉了。所有的一切在公诉意见书里应有尽有：人们的确信不疑、怀疑猜测和风闻谣传，种种脱离现实的异想天开和时下流行的说法，"和（那些）外国列强之间往来，既触犯刑律又会害人的""秘密通信"，向它们送去的"数百万的金钱"，那些"图谋不轨的秘密会议"和那个"奥地利内阁"①，那些"酒池肉林的放荡宴会"和那些"颠覆政权的种种密谋"，她的影响和她对罪行的掩盖。似乎在杜伊勒里宫御书房②里，在一幕帷幔之后，人们仍听得到丝绸摩擦的轻微声响。这是一道揭发那个妇人的声响，她从不现身，却看得到一切，听得到一切，知晓一切[cliv]。玛丽-安托瓦内特是特洛伊里的木马，是一位马基雅维利③式的玛塔·哈里④，是恐怖故事

109

_____

① 公诉意见书原句是"寡妇卡佩想要在这些暗地里进行的图谋不轨的秘密会议上叫人讨论所有立法议会曾提出的法律，这些会议的参会者长久以来都被合情合理地认定性质上属于奥地利内阁"。

② 杜伊勒里宫的御书房（le Cabinet du roi des Tuileries）：宫内路易十六私人套间里的其中一个房间。每天饭后路易十六会去这个房间工作并记日记。

③ 马基雅维利（Machiavélique，1469—1527）：意大利文艺复兴时期的政治哲学家，一般认为他的经典观点是强调实效，为达目的允许不择手段。

④ 玛塔·哈里（Mata Hari，1876—1917）：20世纪初的荷兰籍交际花，以情色舞蹈而知名。第一次世界大战期间，她在法国被指控为德国间谍而遭到处决。当时法军战况不利，还发生了重大的士兵哗变事件，所以部分人猜测法国政府为缓和舆论而急需一个替罪羊。

里的恶仙女，是个善于操纵利用别人的女人，顺理成章地，也是个大罪人，"法国人的祸害和吸血虫"。埃尔曼在庭审结束前不久概括得非常精到："要是人们曾想过，要从所有这些事实当中，得出一个口头的证据，那就应该叫被告在全体人民面前出庭受审。……是（他）控诉的安托瓦内特；5 年来发生过的所有政治事件都在佐证指控她。"[clv]

这对单单一个女人来说可谓迫之甚多。指控的分量足够表明，别人显然没有把她当一个普通公民来审判。她有罪，因为她曾是王后。既然所有的王后，尤其是那些外国王后，都不贞洁并且为非作歹，那么证据无关紧要。埃贝尔在他的报纸上很快就带着他一贯的粗鲁欢欣鼓舞起来："我觉得……她并不是对她所有的罪行都负有责任；但是，她难道曾经不是王后吗？这条罪就足够叫她矮上一截了。"[clvi]

吹捧和颂扬常常能够非常清楚地向人表明，一个人的强权意味着别人会对他恐惧害怕、阿谀奉承和隶属臣服。就目前而言，富基耶和他的公诉意见书被人们名副其实地焚香礼拜。这些信仍然沉睡在档案堆里，而且已被人遗忘。应该说，它们写得过于卑躬屈膝，因而显得荒唐可笑。举例来说，法庭的第一庭长，前治安法官[①]雅克·蒙达内的信是不吝辞色的。他 7 月底遭停职后旋即被人下令逮捕，而他的信就是写给下令逮捕他的人的。他此时待在狱中想要出来。"我带着最大的愉悦甚至是赞叹，读了印出来的对北方麦瑟琳娜[②]的指控书。……这份指

---

① 治安法官（juge de paix）：1790 年设立的一类司法人员，不需要有法定资格和法学专业资质，经当地选举产生，主要处理当地居民日常生活中的纠纷和轻微违法行为，手段以调解为主。

② 麦瑟琳娜（Messaline，20—48）：古罗马皇帝克劳狄一世的第三任妻子。据说她性欲超常又毫无廉耻，在妓院公开卖淫。最终她因被怀疑和情人谋反遭处决。北方麦瑟琳娜是俄国女沙皇叶卡捷琳娜二世（1729—1796）的政敌对她的蔑称，大革命时期这个称呼被加到玛丽-安托瓦内特头上。

控书将传诸后世，会使您闻名不朽，并且会让您享有共和国和人民福祉的全体真正友人的无尽感激。"信中一并称道对（人们徒劳地寻找的）那些事实的清晰陈述和它们强韧的真实性。在最后，为了做出一个好姿态，蒙达内顺道希望给被告安排一个痛苦的死亡，要和她曾施加到人民头上的死亡的剧烈程度相符[clvii]。有些人在试图保全自己那身臭皮囊时，总是嗜杀成性般凶残。

富基耶并没有被蒙住。他之前告发了自己的庭长蒙达内，说他在审判夏洛特·科尔黛时有宽纵行为，随后把他丢进了监狱叫他挣扎活命，因为他顽固地拒绝向法庭递交正式辞呈。后来他把他留在牢里一直到罗伯斯庇尔垮台，然而却未曾提他受审，这反倒救了他的命。罗伯斯庇尔当时想要一个不会妥协，尤其是忠心耿耿的人当庭长。别人遂把埃尔曼放到了他的位置上[clviii]。由此可见革命法庭的公诉人把法官们是拴牢了的！

*

同证人、陪审员一样，法官是这段历史中被遗忘的人。讯问开始，即大革命正在向被告投去无言的责难之时，他们就在那里，就坐在自己桌子后面。除却埃尔曼依次询问那些证人和被告外，他们并没说过什么重要的话。他们充当着龙套角色，而与此同时，他们的作用又是重要的。别人需要他们，好使这整场审判有个合法的模样。说到底，法官们在那些特设法庭里总讨不了好。无论是革命法庭，还是维希政府时期人们口中的特别庭①，我们总找得到它们的存在。这些人签署了指控书。

111

① 特别庭：二战期间与纳粹占领军合作的法国维希政府在自由区的军事法庭和在纳粹占领区的上诉法院设立的特别法庭，用以审判共产主义者和无政府主义者。判决不陈述理由，为终审判决而且可以溯及既往。

他们很快又将签署公诉意见书和法庭评议书①。

当我们稍近一些看他们时，他们显得令人吃惊，既为他们之间的相同之处，同时又为他们之间的不同之处。同一条不可见的线由历史所牵，大革命所系，把他们引到了这里，引到了这座自由厅中，引到了他们默默注视的王后面前。他们在众目睽睽之下待了几天，之后很快又退回到他们的昏暗中去。

差不多只有庭长马夏尔·埃尔曼能让人稍微想得起来。罗伯斯庇尔 8 月底任命他到法庭任职，如同任命了一个死忠的家丁。他赏识他，而且知道他在任何情况下都靠得住。他和他相识已久。大革命之前，年轻的埃尔曼在阿拉斯给阿尔图瓦省级地方法院②的代理检察总长当助理，当时罗伯斯庇尔作为律师已在当地声名鹊起。

1793 年，埃尔曼 34 岁。他相貌英俊，出身于古老的穿袍贵族③家庭，有着这种家庭的高雅谈吐、不事浮华和优美仪态。人们从未抓到他公然任人唯亲的把柄，他是第一个注意不让亲友以他的名义违规走后门享受好处的人，这极为少见，以至于被人记录在案[clix]。1794 年 6 月 10 日罗伯斯庇尔把革命法庭转变成了一种革命情绪热烈的机关，里面既没有辩论和律师，也没有庭上辩护，而此时埃尔曼已不再主持革命法庭的工作了。

112

① 法庭评议书：庭审结束后宣布休庭，法官对案件进行不公开评议时的讨论记录。
② 阿尔图瓦省级地方法院（conseil provincial）：法国旧制度时期阿尔图瓦行省内独立于王室司法体系的地方法院，在某些地方事务，尤其是重大刑事案件上有终审权。
③ 穿袍贵族：法国两种贵族中的一种。自古以来就是贵族的称为世家贵族或佩剑贵族，后来被国王任命担任某些军事、行政、财政、司法职务而受封为贵族的叫穿袍贵族。

然而这并没叫他至少免于负责 7 月的那些重大审判。这些事件被称为狱中谋反①，在人称大恐怖的时期让数百人上了断头台。罪犯名单、虚假证词和虚假指控中的一部分，是在他领导的那些机构，如民事行政、警务与法庭委员会里编造的。罗伯斯庇尔垮台之后，他徒然地沾沾自喜过去履职时"从未变过调子，总是作风朴实并照章办事"[clx]，却还是没在热月政变中保住性命，和富基耶-坦维尔于同一天上了断头台。

　　埃尔曼当时信服玛丽-安托瓦内特是有罪的。是他在 10 月 12 日对她进行的预备讯问。他在审判期间也主持法庭辩论。但是富基耶，"恐怖统治的铁齿铜牙"，如拉马丁②所言，决定一切[clxi]。埃尔曼对其行事不闻不问，一如和他一同参审的那四个法官。他右边是加布里埃尔·德列日，51 岁；再是人称梅尔-萨瓦里的安托万·马里·梅尔，48 岁。他左边是约瑟夫-弗朗索瓦·东泽-韦尔特伊，57 岁和皮埃尔·安德烈·科菲纳尔，31 岁[clxii]。

　　只有奥弗涅人科菲纳尔因他的运动员体格而显得扎眼。他有着黑色的眼睛，乱蓬草似的眉毛，他那种乐于享受美酒华服和光喊口号不干事的作风此前就已人尽皆知。其他人更年长些，多少有些不起眼。这四人差不多来自法国的天南地北——东泽

①　狱中谋反：恐怖时期的革命政权采取的一种暴力措施，指的不是叛乱或兵变，而是有预谋地把囚犯从肉体上消灭。这一计划包括数次行动，一部分行动在热月政变罗伯斯庇尔垮台后没有实施。但是罗伯斯庇尔和其亲信如圣茹斯特和库东，其实完全没有参与此事，它是公共安全委员会一手操办的，救国委员会中的某些成员也有密切参与。

②　拉马丁（Lamartine，1790—1869）：法国诗人、小说家和剧作家，是法国浪漫主义文学的重要人物，后世的浪漫主义作家都对他推崇备至。他也是一个政治人物，参加过 1848 年二月革命。他还写过一些历史著作，比如《吉伦特党人史》《大革命立宪议会史》。

来自贝尔福①、德列日来自马恩省的圣梅内乌尔德②、科菲纳尔来自康塔尔省的塞尔河畔维克③，但共同参审并非偶然，他们都属于以前为封建王朝效力的资产阶级官僚阶层。东泽的父亲过去是贝尔福市的学政④和国王的司法官。德列日的父亲相当富裕，也从事公职，他买下了圣梅内乌尔德市的一个商品流转税⑤税务主管的官职。科菲纳尔是维克初审法院的一个律师之子，而马里-萨瓦里的父亲则是国王狩猎管理处的兽医，他在路易十五统治时期买下了巴黎盐仓管理处⑥的一个官职^{clxiii}。

如同一个世纪之后《情感教育》里的弗雷德里克·莫罗⑦，所有人都"上"了巴黎，时间常常是在大革命之前，他们初次踏入社会工作会去操弄文学或穿上法袍。他们其中一人是夏特雷一个检察官的司法助理（科菲纳尔），另一人此时被纳入巴黎高等法院当了律师，同时还接任了他父亲在弗尔芒通市的国王代政官⑧一职（马里-萨瓦里）。在所有这一切当中，有些彼此呼应且非常具有大革命时期高等司法官员特色的东西：资产阶级出身，政府官位，把人册封为贵族的职务。大革命对他们

---

① 贝尔福：法国东北部城市，靠近德国。

② 圣梅内乌尔德：法国东部城市。

③ 塞尔河畔维克：法国东南部城市。

④ 学政（maître régent）：法国旧制度时期必须定期进行教学直到满一年时限的教育人员，他们因自己教育职务的关系有权管理一所公立学校。

⑤ 商品流转税：法国旧制度时期的一种关税，针对法国国内从一个行省运输到另一个行省的商品或法国与外国之间交易的商品征收。

⑥ 盐仓管理处（grenier à sel）：法国旧制度时期存放待征盐税的盐的政府机构，同时也是审理盐税诉讼的司法机关。

⑦ 《情感教育》是法国作家福楼拜 1869 年出版的知名小说，弗雷德里克·莫罗是书中主要人物之一，他是个年轻的外省人，18 岁时来到巴黎求学。

⑧ 国王代政官（lieutenant du roi）：法国旧制度时期的官职，是国王在地方上的代表，上级是总代政官（lieutenant général）和总监（gouverneur）。

而言，是在社会中继续向上流动的机遇，他们此时把流动扩大，而这个流动在封建王朝时期已经持续了好几代人。

只有约瑟夫·东泽-韦尔特伊的经历明显与众不同。他在南锡上的初修院①，而且进了耶稣会②，在里面一直待到 1768 年洛林的修会被取缔。如此说来，一个前耶稣会修士是玛丽-安托瓦内特的一名法官！在历史研究中会出现这种叫人惊讶的事情，有时它会把您带到您压根不曾想过的地方。东泽当时安身在巴黎，成了蒙马特女修道院院长的职事神甫③，还进了文人共和国④的圈子。他像其他前耶稣会修士一样为《文学年鉴》⑤ 撰稿，这份刊物的主编埃利·弗雷隆是伏尔泰的大对头⑥，而且是未来的国民公会议员和弑君者的父亲⑦。东泽在 1775 年也出

---

① 初修院：已穿上教士袍并恪守戒律生活的初学生在宣告宗教誓言之前度过预备考验期的修道院。

② 耶稣会：一个创于 1539 年的天主教男性修会，其修士会发一个特别的愿即服从天主教教宗。18 世纪时耶稣会在法国受冉森派、高等法院法官和百科全书派哲人的攻击。路易十五在 1763—1764 年发布诏书查禁了耶稣会，把它驱逐出了法国。但是在 1766 年以前，理论上仍独立于法国的洛林公国对耶稣会仍持欢迎态度。

③ 职事神甫：履行职责，但是没有教区的神甫。

④ 文人共和国（la République des lettres）：欧洲自文艺复兴时期开始的一个跨越了不同实体地理区域的构想出来的空间，在这个空间之内，欧洲各国的文人相互之间以写信或游学拜访的方式，使用他们通用的拉丁语，围绕着他们所共享的一些价值理念进行互动交流。

⑤ 《文学年鉴》（L'Année littéraire）：1754 年创于巴黎的一份法国文学期刊。

⑥ 埃利·弗雷隆的《文学年鉴》批评当时的文学，以 17 世纪文学做标杆，并且以维护宗教和封建王朝的名义攻击启蒙主义哲人。弗雷隆主要攻击的对象是伏尔泰，几乎每一期刊物都对伏尔泰冷嘲热讽，大加挞伐。伏尔泰则针对他写了许多讽刺诗，还专门写了一出戏攻击他，在剧中把他塑造成一个只图金钱、没有廉耻的密探和告密者。

⑦ 此处指他儿子路易·弗雷隆，大革命时期的极左派记者和国民公会议员，他最为知名的事迹是在恐怖统治时期作为国民公会派往中部地区的共和国专员镇压了土伦和马赛的联邦主义叛乱，手段血腥。

版了一本学者型的著作，标题像是他一生的写照，显得既有预
兆性又令人可笑：《被判死刑的最知名人物们最后的情感》。首
先有了写下来的话，随后有了那些说出口并杀了人的话。我们
要问，在 10 月 14 日，对于那个他即将送上断头台的女人的最
后的情感，他究竟会作何感想。我们对他个人亦所知无多，只
知从 3 月革命法庭设立起，他先被任命为法庭公诉人的代理检
察官，随后是法官。值此期间他应该有公开声明，放弃了他的
教士身份。在接受任命书时，他提到"要向共和国做出伟大的
服务""伟大的工作"，但同时也提到"很大的隐患"[clxiv]。他所
言不差。无论如何，他都是玛丽-安托瓦内特的法官当中，唯一
一个仅有极少司法从业经验的人。再往后富基耶叫他当了布雷
斯特①革命法庭的公诉人，命他清洗菲尼斯泰尔省吉伦特派控
制下的行政系统，他则心安理得地依命照办。在这个时候，通
过罗伯斯庇尔的秘书和代理检察官博内为求保险而作的安排，
他从旁对罗伯斯庇尔予以了协助。博内一只眼睛失明，前文对
他已有交代。此人是一个极端的狂热分子，不幸戴了只玻璃眼
珠，这使他看起来更加叫人害怕[clxv]。通过博内给他的后台老板
去的未公开过的信，我们有幸对东泽了解得更多了一点。我们
至少可说，反正这些信没有在袒护纵容。这位前神甫，博内说
道，空有一腔满满的干劲，他"不会自己独立思考"，而且一
直挖空心思所做的事"和他该做的完全背道而驰"。"要是他经
手一件事情，"他加上一句，"就会把它搞砸。"[clxvi]总而言之，
东泽是一个博闻多知的学者，他在政治需求不断变换的迷局里

① 布雷斯特（Brest）：法国布列塔尼地区最西部的一个海港城市，是菲尼斯泰
尔省首府，重要程度仅次于布列塔尼地区的雷恩。

115

有点晕头转向了。但他把众多流亡人士和神甫送上了断头台，兴致不减地为此沾沾自喜。他把这些神甫称为"作乱和抗命教士"^{clxvii}，这无疑是为了让人忘记他过去也是教士中的一员。在他给富基耶的信里，当其他人因无其他形式的审判而署名"断头台法官"时，他则把自己摆到了真正的"革命法官"群体中以此自居。其实在他们的头脑中，这两个叫法差不多是一回事。

不算东泽，我们的法官们拿出了他们的证据。这些人是专业人士。德列日曾当选立法议会马恩省的议员，随后出任很快更名为埃纳河畔蒙塔涅的圣梅内乌尔德省区①法庭庭长。科菲纳尔是雅各宾俱乐部成员，在设于大革命之初的翻案法庭里担任报告人委员②，而后在 1792 年，他是首个特别法庭（人称 8 月 17 日法庭）的法官之一，该法庭负责给 8 月 10 日起义中的"罪人们"判刑。他和富基耶-坦维尔有交情，尤其有利益关系，但远不是和他关系最近的人。

我们知道旧制度时期殖民贸易的重要性，当时它在战争③当中，尤其在圣多明戈④的奴隶起义中结结实实地受了损害。

---

① 省区（district）：大革命时期的一种行政区域单位，当时一个省内分为几个省区。

② 委员（conseiller）这个名词在这里不指行政或立法机关内的公职人员，而是法国某些司法机关中的高阶法官的统称。报告人委员（conseiller rapporteur）是司法审判人员里的一个职务名称，翻案法庭中的报告人委员负责在庭审时向法庭概括案情案由，详细分析个案涉及的法律依据并提出自己的审判结论。

③ 战争具体指英国和西班牙向法国宣战后，从圣多明戈东部向法国统治的地盘发起进攻。

④ 圣多明戈（Saint-Domingue）：加勒比海上安的列斯群岛中的一个岛，1626—1804 年是法属殖民地，但岛的东部由西班牙占据。大革命之前该岛产品占法国出口总额的三分之一。1791 年该岛爆发革命，独立后改名为今天的海地。

人们可以既当革命者却又敌视废奴①，而这为的就是保全产糖岛屿上的家族利益。拿破仑未来的警务大臣富歇的父亲，是南特贩运黑奴的船长和圣多明戈一处糖庄的庄主，富歇本人就是个人利益和革命追求之间矛盾的一个良好例证。这也是我们这两位朋友的情况，他们通过联姻——就科菲纳尔而言，他娶了父亲与弟弟都是种植园主的热纳维耶芙·帕日——和我们今天大致称为殖民者游说团体的组织关系颇深。别人后来很快就指控他们曾把某些为黑人权益奔走发声的人送上了断头台，比如记者克劳德·米尔桑，因为此人威胁要告发他们clxviii。

科菲纳尔由于和雅各宾派过从甚密，在罗伯斯庇尔之后只多活了几天。国民公会刚发布政令指控罗伯斯庇尔时，他曾去过不可腐蚀者家中找他，为的是带他到市政厅。市政府则在热月九日晚间（1794 年 7 月 27 日）已经宣布处于起义状态。他也出过力使昂里奥将军获释，昂里奥是国民自卫军司令，而且是马克西米连②坚定的拥护者，他被关押在公共安全委员会所在地，人们此前在那里逮捕了他。米什莱在这一点上提到了科菲纳尔"直率的友谊"。他强壮而注定要命的手，"把罗伯斯庇尔从法律的庇护下拉了出来，结果致他入了死地"clxix，米什莱抒情地说道。我们知道后事如何。市政厅被国民公会的部队攻占，不可腐蚀者的下巴被打得粉碎，似乎人们在送他上断头台之前，就曾想过叫他无法出声。这位前法官刚刚升任革命法庭副庭长，他躲了几天，还是被抓了起来，并于 8 月 6 日简单地

---

① 这里尤其指时任议员巴纳夫，他为圣多明戈种植园主在巴黎的团体代言，在 1790 年 3 月 28 日促使议会通过了一道法令，规定包括《人权宣言》在内的法国本土法律不适用于殖民地。

② 马克西米连是罗伯斯庇尔的名字。

验明正身后上了断头台。富基耶前一天晚上待在古监狱和他相邻的牢房里，他似有听到，一整晚他都在对自己以前的朋友们鬼哭狼嚎，骂声不绝。

科菲纳尔在玛丽-安托瓦内特审判里的同事们更为低调，后来他们更走运一些。东泽-韦尔特伊在不可腐蚀者垮台后在布雷斯特被捕，转到了埃夫勒的监狱，并在一年后得益于国民公会的特赦令而获释，这是国民公会于 1795 年 10 月解散前不久才颁布的。德列日和梅尔-萨瓦里在 1795 年 4 月富基耶-坦维尔的审判上出了庭并被无罪开释。他们肯定是被证人证言的温吞给救了。诚然，他们是履行过那些可怕的职务，但是他们过去晓得保有人性！别忘了在这一时期，在热月党人的国民公会统治时期，国民公会有着沉重的任务，要把真正应对恐怖时期负责的人和其他人区分开来，同时还要保全自己，那时人们对这么一个法庭的合法性尚未提出质疑。人们试图在其内部区分出哪些人或许曾作奸犯科，搞过个人报复，有过渎职行为，尤其是曾以罗伯斯庇尔小集团的名号，通过搞分裂，阴谋颠覆共和国①。

德列日和梅尔-萨瓦里是政治上的亦步亦趋者。罗伯斯庇尔垮台后成了"暴君"②，而他们不曾和他有过私交。他们那时是在坏的一边，但无意作恶。在他们履职过程中，好几个证人说

---

①　这里首先暗指的是富基耶-坦维尔，审判他时指控他的罪名是阴谋颠覆共和政体，挑唆人民内部对立，滥杀无辜。

②　"暴君"一词是罗伯斯庇尔的政敌们在他生前就对他使用过的称呼。他垮台后其政敌遂把这个外号广为传播。最有名的一次用法是热月九日罗伯斯庇尔垮台的前夕，在国民公会中圣茹斯特为罗伯斯庇尔辩护，随后反对罗伯斯庇尔的议员塔利安上台打断了他，要求撕破政治黑幕，比约-瓦雷纳也上台开始激烈攻击罗伯斯庇尔。罗伯斯庇尔欲回应，但会场内众人高喊"打倒暴君！"的声音完全把他的声音盖了过去。

道，他们晓得表现得公正和有道义感！他们过去特别还是爱国者。其中一个证人觉得德列日有些暴躁——有一股"天生性子上的工作狂热劲头"，但他是个有善心的人。人们甚至赋予了梅尔-萨瓦里一副慈悲心肠！他似有试图推迟审判程序，给囚犯们帮过忙。另一个证人讲述道，他在投票判决某些他私下认识的人死刑的时候，眼里含着泪[clxx]。我倒真想在审判王后那天瞧瞧这个法官的脸！这也是因为，流言已经把他打造成了一个真正与众不同的法官。在大革命之前人们就在暗地里风传，他是路易十五和让娜·弗朗索瓦丝·萨瓦里之间露水情缘的结晶。那是1745 年在凡尔赛宫。这一整篇有点仙子传说味道的美妙故事仅有一个历史学家讲述过，他曾给梅尔-萨瓦里写过一本小册子[clxxi]。

我们或许可以就此打住，但是其中某些相近的发现仍令人吃惊。安托万·梅尔是个医生，一个很可能不过是因情势所需或出于权宜之计才当了丈夫的宫廷小吏，要不然他怎么可能在次年取得勃艮第圣帕莱依市与弗尔芒通市的领主土地，并获得他儿子后来于他生前所继承的国王代政官职位？让娜·弗朗索瓦丝是书商纪尧姆·萨瓦里的姐姐，她老家在里昂和勃艮第，是巴黎同为书商的勒贝尔家或勒·贝尔家的近亲。此外我们知道同一时期，有个叫多米尼克·纪尧姆·勒贝尔的人是路易十五的首席内务官①，他于 1755 年设立鹿苑②之前，就在帮衬国

---

① 内务官：法国宫廷内服务国王的官职，负责管理国王的衣物。

② 鹿苑（le Parc-aux-Cerfs）：凡尔赛宫内的一片区域，最初是路易十三用于围猎的地方。后来这片区域成了凡尔赛宫和行政机构的工作人员的居住场所。路易十五得宠的情妇蓬巴杜夫人把一些女子安置在这片区域的一栋房子内，以供路易十五和她们姘居。其中有好几人生了路易十五的孩子，如此一来有时便会安排她们和宫廷仆人结婚。和路易十五会面时，勒贝尔会把相关女子接到指定地点。在大众想象中，鹿苑是一个类似于后宫的场所，表现着国王的穷奢极欲。

王寻欢作乐。另一个姓勒贝尔，名叫尼古拉·弗朗索瓦的人后来在 1767 年和让娜·弗朗索瓦丝的侄女结了婚[clxxii]。大革命前不久，他当着为玛丽-安托瓦内特的妯娌，普罗旺斯伯爵夫人绘制和保管领地地形图的差事。这一切都令人生疑。在悲剧故事里，私生子有时会像从壁橱里冒出来一样出现。

    人们永远无法厘清人生的种种晦暗不明。人们也永远无法把一团糨糊似的世间万事分个明白，辨清楚是什么叫人出于惧怕或怯懦而对暴行让步妥协，是什么使人本心为善却导致了无可挽回和流血的局面。不要试图去理解恶，圣奥古斯丁①在某处写道，这如同凝视黑夜或倾听静默。对于那些经历过恐怖统治的人，上天却依然为他们存了一种冥冥之中注定的厄运。无罪获释后，德列日在圣梅内乌尔德的法庭重新担任起了他的那些职务，不过是作为候补法官。他如草木扎根一般困在那里，在 1807 年死于第一帝国时期。至于东泽-韦尔特伊这个人，他也销声匿迹了。人们很久之后才在南锡又发现了他的行踪。他似乎被仍在当教士的弟弟收留了，并且避入市里的大神学院②躲了起来，在此隐姓埋名地生活着。无论如何，1818 年他死在了这里[clxxiii]。在死亡确认书里，他只叫东泽，隐去了他名字的另一半。也许他是想要消除掉一半的人生，好让世人遗忘自己。

---

① 圣奥古斯丁（saint Augustin，345—430）：罗马天主教会官方称希波的奥古斯丁，早期西方基督教的神学家、哲学家，当过天主教会在希波的主教，死后教会封他为圣人和教会圣师。他起初信仰二元论，后才在新柏拉图主义的影响下转信基督教。他被认为是托马斯·阿奎那之前对西方影响最大的思想家。文中奥古斯丁的原意指宗教意义上的恶不是一种相对于善的存在，而是一种存在中所有的缺失或缺陷。这里作者断章以为己用。

② 大神学院不是指规模大，而是相对于小神学院的说法。大神学院是培养修士的高等教育机构。小神学院是进行宗教教育的寄宿中学，学生可以通过考试升入大神学院。

梅尔-萨瓦里的结局更出人意料。他离开巴黎，在维托安顿了下来。维托是勃艮第的一个小村庄，在他母亲出生的欧苏瓦地区瑟米市附近。他在这里似乎生活了超过 25 年，半疯半癫，像万众唾弃的贱民般离群索居。彼时他酗酒成性，只在音乐中才得以遣怀。人们后来在 1822 年的圣诞节前夜发现他死了，身旁是他的小提琴，他的头埋在他家壁炉的灰烬里，脸被仍在燃着的火给烧焦了。"他死于什么原因？"，他的传记作者问道，"因为中风、醉酒、惊惧抑或出于悔恨？"[clxxiv]

只有前面这几行字的作者发有此问。但确实，内疚悔过的刽子手们常激起同情。他们虽则没有脱罪，但是变得更具人性了。恐怖统治中的仇恨与暴力惊涛拍岸般地爆发，而在 19 世纪写小说的大作家里，所有那些竭尽全力为这种爆发寻求一个解释的人，都把它写成了独具特色的作品。1820 年，夏多布里昂的一名友人皮埃尔·西蒙·巴朗什①出版了《无名者》。他在书中让自己作为一个倒霉的旅人上场，被迫在意大利山区的一个偏远村庄停留下来，并在一座残砖断瓦的房子里被一个老人收留招待。没人知道这个老人的任何来历，甚至连名字都无人知晓，除了他住在"弑君者的房子里"。我们可以想见后续如何。在七月王朝时期，巴尔扎克让内疚悔过的革命者成了恐怖统治中一个几乎少不得的形象，似乎他曾想像念咒驱邪一样将其净化。如同我们读他的作品时常遇到的那样，他在一篇短篇小说中——《恐怖时期的一段插曲》——给出了个尽善尽美的理想

①　巴朗什（Ballanche，1776—1847）：法国作家和哲学家。他年少时生长在里昂，大革命期间里昂被围城，他逃难出城，这段经历给他留下了痛苦的回忆，成年后他的思想和深受夏多布里昂影响的天主教思潮很接近，并发展出了一套独特的反大革命的观念。复辟时期他加入了极端保王党运动。

人物，他写了大革命下作事务①的执行人夏尔·亨利·桑松本
人，让他在 1793 年 1 月的某个夜晚，即处决国王的次日，作为
不幸的人现身。他寻找着自己灵魂的得救，一直找到一间小破
屋，屋子里藏了一个抗命的老教士。在他的请求下，老教士做
了一场弥撒"以供一个……一个神圣的人……的灵魂安息"。
无论是一身黑衣的陌生人还是他的受害者，他们的名字都没被
点出来，但是人们早在故事的主要人物明白之前就猜到他们是
谁了。刽子手脑海中挥之不去的种种记忆，他覆满汗水的脸，
留给老修士做质物的沾有殉难国王鲜血的手帕，这些充分说明
了他的悔恨之情。随着这场地下弥撒的进行，桑松变成了这么
一个人，在他身上完成了赦罪、赎罪和得救的神迹②ᶜˡˣˣᵛ。人们
或许喜欢相信这一切确有其事。芸芸众生的情况则平平无奇。
受苦的历程并非总能叫他们收敛伏低。在极少数情况下他们才
会身心投入地争取赦免，无论这赦免是什么。与平凡生活里一
样，恐怖统治时期满是这种人。

*

　　革命法庭当中有属于它的贵族，也有属于它的平民。这些
人在我们的故事中远非对自己的所思所想秘而不宣。要给他们
找出一副面孔，得在档案堆中待上许久。他们是审判王后的陪
审团里的 15 名陪审员。集体肖像从来都不好描写。这个与众不

---

① 此处即指在断头台上当刽子手。
② 这里的赦罪、赎罪和得救都是基督教的概念。赦罪指上帝主动赦免人的原
　罪；赎罪指通过支付某种代价赎免原罪；得救指人的灵魂得救，肉体死亡后
　灵魂不坠地狱升入天堂。说这三件事是神迹是因为根据基督教教义，只有上
　帝有赦罪、赎罪和救人灵魂的权柄，他人必须得神授权方能做到。

122

同的陪审团，这头吞食受害者的"秘兽"①，如同阿纳托尔·法朗士所言，它的每个成员都有自己的轨迹，然而所有成员的轨迹在大革命时期交织到了一起。

这十五人叫我想起路伊吉·皮兰德娄②那部戏剧里的"六个剧中人"③。起初，我在他们面前，感觉自己像是那个意大利剧作家笔下的剧场导演，他正被穿着丧服的一家子搞得极不耐烦。他们在他的戏台上晃来晃去，正不顾一切地寻找着一个作者，这个作者要有能力让他们把自己的现实主义戏剧重演出来。父亲、母亲、孩子们对故事各有自己的一套版本，大家的说法互相冲突，而大胆的导演则什么也搞不清了。"啊，要是每个人物能在一段美妙的独白中或者……径直地……在一场说明会里来到公众面前，把所有他心里不声不响地酝酿着的事都摊开给人瞧瞧，那就太叫人省心了。"clxxvi 他自己想要但又觉得难以

123

---

① "秘兽"是法朗士小说《诸神渴了》中的表述，相关原文是"（陪审员们）他们所有人，在祖国和共和国的险境中，感到或装作感到了相同的焦虑，燃起了相同的火焰，所有人都出于道德感或惧怕而如狼似虎，他们合而为一，成了单单一颗失聪恼怒的脑袋，单单一个灵魂、一匹秘兽，凭着它效用的自然行使，造成了大量的死亡"。

② 路伊吉·皮兰德娄（Luigi Pirandello，1867—1936）：意大利小说家、剧作家，1934 年获诺贝尔文学奖。他的戏剧着重强调生活中的矛盾与荒诞。

③ 此处指皮兰德娄 1921 年首演的著名戏剧《六个寻找剧作家的剧中人》。大概剧情是讲剧团导演和演员正在排练，此时一家六人闯入并要求导演编排关于他们的戏。之后他们却又对演员的演出不满，认为没有表现出他们的真实生活，最终导演让他们直接自己演自己。他们自己的戏为：丈夫和妻子有一个儿子，接着丈夫知道了妻子和他秘书有私情想成人之美，于是让两人私奔，两人生下大女儿、小女儿和小儿子。随着故事发展，秘书死亡，最终大女儿沦落风尘，大儿子冷漠无情，小女儿溺水身亡，小儿子饮弹自尽，旁观者则无法分辨，此时台上的演出到底是虚构的故事，还是真切的现实。下文说的"穿着丧服的一家"即指秘书死后两个月他的家庭仍在服丧，母亲和大女儿一直都穿着黑色的丧服。

办到的，是从他们各自秘而不宣的生活当中，展示出对其余人的生活而言所必需的东西。就只是像这样，我们将看到他们的生活显现，而并未遭到歪曲。

当然，王后的陪审员们的生活彼此相差并没这么大。但是我们仍然应当知晓他们的姓名。长期以来，历史学家们公布过一些不准确的名单，这是因为没去查询那些审判的法律文书原本。20世纪初，G.勒诺特和古斯塔夫·戈特罗①不是忘了说他们各自的姓名就是说错了他们各自的职业。更晚近的时候，大革命史学家热拉尔·瓦尔特仅把部分诉讼文书编辑成书，于1968年出版[clxxvii]，书中加上了过去不曾陪审的其他人。

10月14日的陪审团的基色理所当然是革命者、选区代表、积极分子和无套裤汉。在政治话语中，无套裤汉就是人民。事实上，他们只是半具人民性质，且仅构成其中一小部分，约占1789年法国2 600万居民的5%。要说他们代表了什么东西，那就首先是他们自己。我们此前已经见到，陪审员们是审判前的日子里由公诉人精挑细选出来的。他们中绝大部分来自小资产阶级、手工业者、巴黎的行业协会②和公会③。有些人生在巴黎，大部分则于1789年前不久在那里安顿下来。大革命部分上正是扎根于这一社会杂糅的进程中，扎根于这场18世纪下半叶巴黎的行业更替中。

124

---

① 古斯塔夫·戈特罗（Gustave Gautherot，1880—1948）：法国政治人物，也研究历史，写过不少历史和政治类著作。历史方面他主要研究大革命时期。政治上他是个坚定的反共和主义分子。
② 行业协会（métiers）：旧制度时期负责规范某一行业活动的协会，尤其是行业技能、技能学习、从业人员等级、权利和义务等。
③ 行业公会（corporation）：中世纪至旧制度时期同一行业的从业人员自身组成的自治性团体，享有某些垄断性地位和特权。

其中头一个人利奥波德·勒诺丹来自孚日省，在他的出生地洛林成为法国国土的时候离开了家乡。1776 年他通过考核当了制琴师并在圣奥诺雷街安了家，正对着皇家音乐学院，1781 年他则成了学院唯一指定的职属供货商。在大革命之前，他肯定就认识夏尔·利奥波德·尼古拉，此人跟他来自同一地区，他的兄弟同样是制琴师。他也住圣奥诺雷街，在那里他开了家印刷厂。勒诺丹应该也和雅克·尼古拉·卢米埃有关系，他是皇家音乐学院的中提琴独奏者。

在我们的陪审员里，好几人当时手上已在经营店铺。让·巴蒂斯特·桑巴在塔伊布街开着一间细密画作坊。夏尔·于昂-德布瓦索当时是圣路易岛街的铜器雕镂工。让·德韦兹是木工，出身蒙彼利埃的弗朗索瓦·特兰沙尔是细木工，乔治·加内是发套匠，皮埃尔-弗朗索瓦·巴隆是木工。至于夏尔-尼古拉·克雷蒂安，他和他的两个姐姐在新圣马可街紧挨着费多街上未来的法兰西剧院①的地方经营着一家小咖啡馆，在 1787 年他以 6 500 锂的价格买到了它的经营权。让-路易·菲耶韦来自搞贸易的行当，除此以外我们所知无多。克劳德·贝纳尔是司法执达员。其他人属于的范畴，我们或可称为吃才能饭的资产阶级。已略有介绍的约瑟夫·苏贝比耶勒来自贝阿恩地区，于 1774 年定居巴黎。他作为妇科医生，尤其是"石头手术医师"（肾结石），在这个领域成了一名专家，很快有了名气。他先在巴黎教会医疗收容所费朗手下工作，后在慈善收容所做外科手术主任。

---

① 该剧院即 1791 年成立的费多剧院，前身是普罗旺斯伯爵于 1789 年建立的"大殿下剧院"。1801 年，它与主要竞争对手法兰西剧院（又称法兰西喜剧院）合并，并以其名字命名。

在我们的陪审员里仅有一人是纯粹的外省人，而且是借着
1793 年 5 月国民公会选举进入革命法庭的机会在巴黎安定下来
的，此人是弗朗索瓦·图曼，烟草专卖员①和税务律师，他的
办公地点在拉塞，位于不久后更名马耶讷省的曼恩行省②。他
在大革命初脱颖而出，被选为维莱讷-拉-瑞埃勒省区的政务
官③，不是因为年龄，而是因为经历。在 1793 年，除开只有 28
岁的克劳德·贝尔纳，我们的陪审员们已是一群成熟男士了，
他们 30 多岁接近 40 岁，或者 40 岁出头。大革命时他们有稳定
工作和住所，有妻室，有家庭和店铺。

　　然而这场革命却将改变他们的人生。所有人都很早地涉足
了革命。饮料店老板克雷蒂安，印刷厂老板尼古拉和外科手术
医生苏贝比耶勒在 1789 年 7 月 14 日向巴士底狱发起了进攻。
经过 1790 年 6 月国民议会一道政令的赦免④，他们成了此地的
"胜利者"，这称号是当局颁发给他们的，极具官方性质，他们
和巴黎资产阶级民兵队约 950 名战士一起戴上了奖章。他们所
有人都在各自选区的人民协会随后是革命委员会内被选为选区
代表clxxviii。勒诺丹和尼古拉很快成了雅各宾俱乐部里的重量级
人物。尼古拉在 1794 年的头几个月中甚至成了俱乐部里极具影
响力的联络委员会的成员。

　　然后我们来看他们在通常情况下的经历。制琴师勒诺丹是

126

---

① 　当时烟草属国家垄断商品，由政府任命专人出售。
② 　大革命后国民议会通过 1790 年 1 月 15 日的政令，把原曼恩行省西部的那一
　半改制成了现在的马耶讷省。
③ 　政务官（procureur syndic）：1789—1793 年在省区一级经选举产生的行政官
　员，和省政府通过协商管理省区事务。
④ 　当时路易十六尚未被推翻，议会发布此政令通过国王的事后"赦免"，在形
　式上合法化了革命。

8 月 10 日起义公社成员。提琴演奏师卢米埃、木工德韦兹、执达员贝尔纳，还有雕镂工德布瓦索和发套匠加内，先后进了巴黎公社全体代表委员会。印刷厂老板尼古拉是监察委员会中的活跃成员，这个监察委员会在公社中权力非常之大，创于 1793 年，和国民公会各委员会关联在一起^{clxxix}。后来在大恐怖时期，细木工特兰沙尔被任命为其中一个人民委员会①的委员（博物馆选区），负责制定要审判的在押嫌犯名单。大革命叫他们担任了行使权力的职务，而在旧制度时期这权力他们甚至连做梦都没想过。

但这一切仍使人觉得头昏目眩。几个月内，他们从无足轻重和位不高财不厚的境况中脱离出来，掌控了万千同胞的生死。凭一句话，他们能救下一个女人的命或给她判刑，而过去她是王后时，只要把他们和她区隔开的沟壑一直是巨大的，他们就仅仅只能在版画里才见得到她。玛丽-安托瓦内特的审判也是这样的一件事：它是烦闷不快的情绪和做零碎买卖的人的报复，也是普普通通的生活对于不同寻常、难以企及的东西和被禁止了太久的梦想的报复。罗伯托·卡拉索②说它是"心烦意乱的人们第一个胜利的起义"^{clxxx}。他所言不差。我们要想把他们理解得明明白白，那最后应注意到，一如酒之醉人，权力也会冲昏他们的头脑。他们极有可能醉得忘乎所以了，况且他们原本

① 人民委员会（commission populaire）：又称革命委员会，不是指国民公会或巴黎各选区内部设立的职能委员会，而是一种恐怖统治时期的司法机关，由救国委员会决定在某些省区对应成立以取代当地的刑事法庭，任务是辅助镇压反革命分子。该组织有权确定嫌疑人，释放无辜的人并把嫌犯移送至革命法庭审判。

② 罗伯托·卡拉索（Roberto Calasso，1941— ）：意大利当代作家和出版商。他的作品常被认为介于小说和随笔之间，在法国曾获最佳外国图书奖。

就无此准备。

　　大革命也让他们比先前阔绰了许多。首先他们在实施恐怖统治的行政机关内的新职让他们大赚一番，仅作为法庭陪审员每月就有270锂。饮料店老板克雷蒂安更走运。他在选区议会演讲台上揭发了街区里发现的第一个指券①造假窝点之后，国民公会投票给了他一笔12 000锂的奖金[clxxxi]。其他人在新职中找着了重振生意或免于破产的机会。在无套裤汉们的权力关系网里也不遑多让地搞着走后门、行方便和任人唯亲的勾当。特兰沙尔8月被任命为陪审员后不久，得益于同在博物馆选区政府机构里参政的弗勒里奥-莱斯科②，他在卢浮宫街新开了一家细木工作坊。他雇用人手，累积着公共采购的订单，在这些订单上他常和罗伯斯庇尔的房东莫里斯·迪普莱合作，包括法律传达处各办公室的改建、国库机构各办公室的改建，等等[clxxxii]。印刷厂老板尼古拉也在这里捞着了好处。大革命时期他的工作订单数量前所未有。他先是成了《山岳日报》的印刷商，随后进了巴黎公社监察委员会，取得了监察委员会印刷品的垄断权，包括张贴在公共场所的公告、上级部门对下级发放的工作指导通知书、调研报告书。他也为战争部部长布绍特工作。1793年9月刚被任命为陪审员，他就和克莱蒙一起瓜分了革命法庭

128

---

①　指券（assignat）：大革命时期国库在1789—1796年发行的提款券，价值由没收得来的教会财产、王室财产和之后的流亡贵族的财产作担保，1791年开始变成流通的货币。议会滥发指券引起了严重的通货膨胀，最终督政府上台后于共和五年牧月二日颁布法律废除了指券。

②　弗勒里奥-莱斯科（Fleuriot-Lescot，1761—1794）：比利时人，大革命时期来到法国从事建筑和雕刻行当。通过结识罗伯斯庇尔，他接了公共工程的工作，并且在雅各宾俱乐部内很活跃，在巴黎历次暴动中都有其身影。他在1793年5月13日成为公诉人富基耶的代理检察官。最终罗伯斯庇尔垮台时他作为同党被送上了断头台。

《公报》的印刷垄断权[clxxxiii]。他扩建了印刷机厂房，地址一直在圣奥诺雷街，"在以前生而无瑕的圣母修道院内"，并雇了 13 名工人。新的房屋的所有人不是别人，正是莫里斯·迪普莱。尼古拉在雅各宾俱乐部攻击过的卡米尔·德穆兰对他这些有如天赐的订单语出讥讽："去年（1792 年）1 月，我还看见尼古拉先生在吃一个做熟的苹果。……人们会相信，一个 1 月时粗茶淡饭地过活的无套裤汉，革命法庭会在雪月（1794 年 1 月）因为印刷欠了他超过 150 000 法郎吗？……就是这样，我是一个和断头台近在咫尺的贵族，而尼古拉是一个和发财近在咫尺的公民。请小心提防，尼古拉先生，注意别让个人利益溜进最美好的意愿里。"德穆兰提醒他"权力的诱惑"带来的种种危险，而权力有如"令人目眩的新鲜事物，具有如此之大的力量"[clxxxiv]。事情确实如此。另一名陪审员，司法执达员克劳德·贝纳尔曾利用自己在公权力机关行政部门内的职务之便捞过好处，他把拿到手的动产转手卖出为自己牟利，在最后一刻借着自己在法庭里的位子逃脱了追究[clxxxv]。

他们所有人都和富基耶或他的代理检察官们有私交。卢米埃过去是他的个人秘书。特兰沙尔的一切都是拜他所赐，一如拜弗勒里奥-莱斯科所赐。但他们大多数人还是环侍在不可腐蚀者身旁讨生活。我们已经看到，苏贝比耶勒是他的个人医生。此人是迪普莱家中的常客。罗伯斯庇尔保持着固定频率不时找他问诊，让他治疗自己的溃疡。勒诺丹、卢米埃和特兰沙尔是他"一手提拔上来的奴才"，而且时机一到就为他打探情报。图曼从老家曼恩行省出来，乐见于他的宗教宽容，在 12 月为他重新开放做礼拜的教堂而欢欣快活："民族需要如此，而且仁慈的天主将得到良好的服侍。"[clxxxvi]印刷厂老板利奥波德·尼古拉毫无疑问是他贴身卫队中的一员，他从不任他单独外出，和其他几人一起，在雅各宾俱乐部护随着他，手上拿着短粗棍子。在平民百姓组成的陪审团里，尼古拉和克雷蒂安、特兰沙尔算是一类人，说话气势汹汹，而且长得虎背熊腰。他们是当时人们口中的"热血爱国者"。比如克雷蒂安，他在大街上会毫不犹豫地和别人拔拳相向。他以"人民权利"的名义，在他选区（勒佩尔捷选区）的各个代表大会上称王称霸，粗声大气地威胁，使人投票通过"煽风点火的动议"——如同特兰沙尔和卢米埃在博物馆选区一样，两把手枪放在桌子显眼的位置上^{clxxxvii}。他在自己的咖啡馆办了一个常设的群众俱乐部——共和国保卫者协会，在这里斯坦尼斯拉斯·马亚尔、格拉蒙、瓦利埃又聚到了一起。斯坦尼斯拉斯·马亚尔是 9 月"屠杀者中的首要分子"，人所共知，格拉蒙和瓦利埃隶属龙桑①的参谋部，将军最近刚被提升为巴黎革命军总指挥②。

130

他们所有人都是真真正正的无套裤汉。画家桑巴人称"不穿丝袜③和套裤者"，而细木工特兰沙尔在他信件上的签名是"特兰沙尔，真正的共和派"。但这丝毫无减他们的分歧。这些分歧是恐怖统治自身的矛盾。我们已经看到，图曼没有背弃他

---

① 夏尔-菲利普·龙桑（Charles-Philippe Ronsin，1751—1794）：大革命前从过军，对大革命持欢迎态度，后在革命政权的军队内任职。政治上他和科德利埃派过从甚密。恐怖统治时期他立场反复，人们怀疑他想推翻革命政权搞军事独裁，富基耶攻击他是"新克伦威尔"。最终他被捕下狱，于 1794 年 3 月 24 日被送上断头台。

② 总指挥（général en chef）：法国大革命期间 1793 年 2 月 25 日的政令所创的最高军阶，1848 年废除。

③ 这里的丝袜指当时穿套裤的贵族在套裤上套的丝质长袜，是贵族的一个象征性标志。桑巴的外号取自桑巴名字（Sambat）和不穿丝袜（sans bas）的谐音。

的宗教。沿着罗伯斯庇尔之前的印迹，特兰沙尔仅通过对最高主宰的崇拜①进行宣誓，并说自己是"自然之人"。其他人诸如巴隆、桑巴、贝纳尔或克雷蒂安，他们是心悦诚服的埃贝尔分子、激烈的无神论者和去基督教者。数月后，当埃贝尔的运势开始衰颓之时，巴隆被"清洗"出了雅各宾协会（1794 年 2 月），而桑巴则进了监狱。在牧月法令（1794 年 6 月）和罗伯斯庇尔当权的大恐怖时期，这些人全从革命法庭的陪审员名单里被移除了。

幸而通过他们的信件，幸而通过后来他们自己再次站到法官面前的时候，所说或所写的话，我们对于他们看待自己陪审员职务的方式，有了一个略微的了解。弗朗索瓦·特兰沙尔讲到"神圣的陪审团机构"。"法律对我说：你的看法只需对你的良心和最高主宰负责。"[clxxxviii] "我履行了出于自己良知的义务。我把对我进行评价的选择留给我的同胞们"，马耶讷省人弗朗索瓦·图曼辩解道。他刚刚投票赞成屈斯蒂纳将军死刑，屈斯蒂纳罪在对敌弃守美因茨。在这些情势里要知道一个将军是否有叛变行为，他加上一句说，用不着是一名军事战术的专家[clxxxix]。

确实，许多人都提及他们的良心。皮埃尔·安托万·安东纳尔在大革命时期的称呼是安东纳尔，他是第十五名陪审员，我还没讲过他的事情。他就此方面说了些人们无法辩驳的话，

① 最高主宰的崇拜（culte de l'Être suprême）：1794 年春季到夏季山岳派当局进行的一系列民事和宗教庆典活动。最高主宰的概念源于卢梭和伏尔泰的自然神论，罗伯斯庇尔引为己用，用以对抗在政治上主张极端革命手段并实行无神论与去基督教政策的埃贝尔派。在哲学上，最高主宰属于启蒙主义思想，认为存在一个创制万物但不干涉世界运转和人类命运的神。在政治上，最高主宰的崇拜活动的目的是凝聚共和国的价值观念，压制反革命势力。

要不是这些话引得把他这么多的同胞都送上了断头台，那它们大概能当他全部人格的担保。安东纳尔时年 47 岁，身为前骑士①的他在这帮人中是最年长者，他必然是其中阅历最丰富的人。1793 年 10 月 14 日这一天，他因不修边幅的穿着打扮，在陪审团当中显得与众不同。他高个子，灰眼睛，黑头发，长着一个鹰钩鼻^{cxc}。他也不像其他陪审员，和他们保持着距离，因为他是唯一一个花很长时间思考过自己在法庭内角色的人。"和一个陪审员的良知相比，我不晓得有什么东西在本质上更加不可侵犯。……（它）是供奉自由的活生生的圣殿；自由在这里是不灭的，它甚至应在此处维系着不可企及的状态；要是它在这里被攻击到，那它在世上大概就再也没有庇护之所了。"^{cxci}

安东纳尔作为失去了过去地位的贵族、阿尔勒市前市长、立法议会议员和未来的巴贝夫主义者②，以自由的名义为陪审员的权利辩护：陪审员能为其宣判声明公开陈述理由。自 9 月起，以"一个革命陪审员在法庭陈述理由时，会脱离他自身的性格"为由，救国委员会拒绝给他们这一权利，实则是为更好地控制他们^{cxcii}。这没有阻止安东纳尔此后公开发表自己的宣判声明。此人由于过于独立，后来于 1794 年 2 月被赶出了陪审团，随后他被关押在卢森堡监狱③，罗伯斯庇尔垮台后他才出狱。

132

① 骑士：法国旧制度中的一种贵族头衔，排在男爵之下。
② 巴贝夫主义：大革命时期的革命者格拉克斯·巴贝夫的思想。他从卢梭的作品中受到启发，有感于当时社会大众的苦难生活，同情工人和农民，提出生产资料和土地应平均分配和集体化，被公认是共产主义思想的先行者。政治上他积极参加反罗伯斯庇尔的热月政变，但他自己鼓吹继续革命。在督政府时期他组成图谋颠覆政权的平等派团体，结果被送上了断头台。
③ 卢森堡监狱：巴黎周边的卢森堡宫，大革命时期国民公会用作监狱，但对其并未作大的改建。

有良知，这良知在相当多的情况下，只有在后来当陪审员们试图为自己辩解时才会说起。在当时，时局紧迫，它事关内战，共和国的存亡系之于此。在革命法庭里，要的就是打倒对手，免得自己被打倒。克劳德·弗朗索瓦·德·帕扬，人称帕扬，是另一名来自多菲内地区①的贵族，在罗伯斯庇尔的追随者中是个对他头等忠心的人。他也是陪审员，他的一个友人则是大恐怖时期的亲历者。在这一点上，没有人比他在一封给这个友人的信里讲得更清楚："我亲爱的朋友，我当了很久的革命法庭成员，我觉得，出于这个身份，我该跟你说几点对于法官或是陪审员行为的观察。"他解释道，这个法庭和旧制度或大革命时期的任何司法机关都毫无关系，和特别司法机关也毫不相干。他说，这是一个"政治法庭。……过去所有没拥护大革命的人，光凭这一点就是反对革命的，因为他们什么也没为祖国做过。……逃脱了民族的司法审判的人全都是恶棍，他们总有一天会叫你该救的共和派完蛋。别人不断对法官们重复着：要小心注意，要拯救没有犯罪的无辜者；而我以祖国的名义跟他们说：要为救一个罪人而发抖！"然后他建议友人忘掉他天性上曾是一个有慈悲心肠的人："在那些人民委员会里，个人的人性，顶着正义面纱的温和，是一种罪过。"[cxciii] 杀人为的是不被杀，要说的就是这个意思。在过去所有存在大规模暴力的年代，人们躲在正当防卫原则后面，以使自己的罪行显得更为合理。

*

在这一背景下，我们的陪审员们有时杀戮成性般残忍的狂

---

① 多菲内地区：法国历史上的一个地区，现在法国东南部，最初是神圣罗马帝国的一部分，后来并入法兰西王国。

热，他们的独断专行，他们那些匆忙草率的决定会更易理解。后来，罗伯斯庇尔垮台之后，在他们自己的审判上，人们并没有忘记就这一点指责他们。"那份驱使他们行动的，对祖国之爱的过度忘我"，如同恐怖统治时期人们所说的那样，显得再也不合时宜。细木工特兰沙尔操着"一个嗜血成性的人"所讲的言语，宣称某人受到指控就足以让他确信他有罪，他承认和那些什么罪也没犯的嫌疑人打交道让他感到困扰，因为他得找着一个理由好判他们的刑，觉得诉讼程序进行得过于缓慢[cxciv]。加内吹嘘自己只投死刑赞成票并解释说，整个他当陪审员的期间，一个无辜的人都没能找到。克雷蒂安对判刑感到高兴快活，尤其是对那些富人们。对于富人，法庭是一箭双雕。它摆脱了他们并没收了他们的财产[cxcv]。辨认虚假的孕妇声明，紧接着把这些不幸的女人送上断头台，在这件事上苏贝比耶勒做得无人能及。

应该试想他们 10 月 14 日在王后面前，心里装着事先已经成形的确信不疑，也装着害怕。害怕是个糟糕的顾问。它像发迹后的享福一样使人自私自利。若非为暴力所困而任其摆布，人行使暴力是不会心无所感的。这样直接导致了斑斑暴行和行事愈演愈烈。当人太专注于自身或自己的生存时，他对其他人极少会有恻隐之心。出于所有这些原因，还出于其他原因，富基耶对他们是放心的。在他们那儿有"牢靠的人"。克雷蒂安甚至在聆讯证人之前就已经对王后是否有罪作了决定[cxcvi]。特兰沙尔说起被告，就像所有那些地道的无套裤汉说起她一样。她是"杀戮成新（原文如此①）的野兽，吞掉了一大块共和

① 原文指这个词最后一个音节的发音没咬准。译文予以对应处理。

134

国"[cxcvii]。我们想见得到他的宣判决定会是什么样子。40 年后，医生约瑟夫·苏贝比耶勒一直都没变过看法：王后该死。他甚至不是在讲她的"错误"，而是她的"罪行"。但他年纪大了，时代变了。现如今，他对一个朋友透露，他肯定不会判她有罪[cxcviii]。

不是所有陪审员后来的想法都如此坚定不移。在复辟时期，陪审团的一名候补成员弗朗索瓦·雷蒙被他的女婿，国民公会前司法部部长加拉的儿子指控曾投了玛丽-安托瓦内特的死刑赞成票。他拼了命地证明当时他不在陪审团里。他甚至把加拉父子告到了法庭，并在公证员面前签了份说明他无辜的证明书。在 1822 年，这种流言最为要命，对雷蒙更是如此，因为他在第一帝国时期受着富歇的庇护，成了一名富有的报社老板，而且拥有《立宪主义者报》的好几股收益，那是当时自由派的大报[cxcix]。

归根结底，所有这些人，无论是心怀真诚还是虚情假意，是懦弱、暴力，还是心肠慈悲或心地柔和，他们和别人相比都既不更好也不更坏。无辜，在最经常的情况下，是一种幸福或是一种上天的恩赐，而必然不是一种美德。阿纳托尔·法朗士在《诸神渴了》中对他们做了令人拍案叫绝的刻画："他们在狂热下进行着审判，并因过度工作而昏昏欲睡，处在场外那些刺激和掌管大权者的命令下，处于挤在旁听席上和隔出的公众区域内的无套裤汉和织衣妇的威胁下，他们拿着那些狂暴的证词作依据，以那些状若癫狂的起诉状为参考，置身于一片乌烟瘴气的气氛里，这气氛令大脑昏昏沉沉，叫耳朵嗡嗡作响，太阳穴突突直跳，并且使双眼布满血丝。"[cc]

或许人只有亲身感受到了，才算真正经历过一件事。在审判王后这可怕的两天里，这应该是他们所有人的情况。米什莱沉浸在大革命的激情中，把他们描述成一群勇敢甚至鲁莽的人。他们当时占着据他说是"最危险的岗位"。读者您想想看！"仍然还在散着勒佩尔捷的血味呢"。但是没有任何一个叛徒，任何一个有反革命嫌疑的人，任何一个反革命者曾试图拿匕首去捅他们。没有。他们当中好几人之所以没有活过大革命，在审判后几个月内就死了，是因为他们独自从局里开溜。他们互相厮杀。出现这种情况用不着有其他任何人。派系斗争足以作成此事。尼古拉、卢米埃、贝纳尔、德布瓦索与罗伯斯庇尔同时或在他之后数日内被送上了断头台。他们过去离他太近，在市政厅热月九日的起义和雅各宾派当中掺和得太深，所以他们活不成。科菲纳尔发起行动去释放扣在公共安全委员会所在地的昂里奥将军时[cci]，德布瓦索正和他在一起。至于制琴师利奥波德·勒诺丹，次年死亡找上了他的门。他和富基耶-坦维尔一同受审，在 1795 年 5 月和他一起被判有罪并上了断头台。

在同一场审判中，特兰沙尔、克雷蒂安和加内奇迹般地被宣告无罪。然而他们并未获释。在好几个月里，特兰沙尔几乎尝遍了巴黎所有监狱的味道，如英国修女监狱①、圣佩拉杰监狱、勒普雷西监狱②，到 1795 年 10 月才被释放。加内稍微早些，在 7 月获释。

随后他们的故事和督政府时期雅各宾主义最后的震荡交混到了一起。德韦兹和桑巴作为鼓吹恐怖统治的煽动闹事者，前者在 1795 年 2 月正值热月党人掌权期间受到起诉，后者 1796

① 英国修女监狱（couvent des Filles-Anglaises）：原为修道院，17 世纪时由逃至法国的英国天主教修女所建，恐怖统治时期被用作监狱。
② 勒普雷西监狱：原为勒普雷西中学，恐怖统治时期被用作监狱。

年 5 月被诉，当时他被国民公会下令逮捕，关押在勒普雷西监
狱。安东纳尔和克雷蒂安卷入了格拉克斯·巴贝夫的平等派的
阴谋颠覆政权活动①，在旺多姆受了审②，后者缺席审判，最终
137　他们于 1797 年 5 月被无罪开释。克雷蒂安继续不安生地躁动
着，把他的咖啡馆变成了练马场新雅各宾俱乐部③的附随机构，
在 1800 年 12 月圣尼凯斯街发生了针对波拿巴的袭击之后，最
后以流放而收场。他于 1802 年 3 月死在印度洋正当中，大科摩
罗岛的外海上。

　　那些脱身得最成功的人几乎全把自己置于了富歇的庇护下。
特兰沙尔作为线人在他的情报机构工作。桑巴作为他最青睐的
画家之一进了他的关系圈子[ccii]。人们既不清楚木工巴隆后来怎
么样了，也不清楚发套匠加内或木工德韦兹后来的情况。菲耶
韦或许回头搞起了贸易。图曼明智地回到了马耶讷，并为了给
自己的应有表现再多加一层筹码，揭发起了他埃贝尔派的旧友
们。安托内尔死于 1817 年，他缩在阿尔勒，手上广有钱财，但
受着保王党人的滋扰。

---

① 1796 年，巴贝夫及其追随者在巴黎宣扬其绝对平等主义思想，并试图引发
　警察和部分军队哗变，起义推翻督政府，建立实施平均分配的共和国。但是
　巴贝夫于 5 月 10 日被捕，军事哗变的尝试也被政府镇压。
② 督政府当局为避免支持巴贝夫的民众去营救他，把巴贝夫及其同党转到了旺
　多姆市关押并组建了一所高等法院，1797 年 2 月 20 日在旺多姆市开始了对
　他们的审判。
③ 1798 年 9 月—1799 年 3 月，第二次反法同盟建立，法国国内保王派朱安党
　人在西部死灰复燃之时，雅各宾派重新在权力格局上占据了优势，他们借此
　于 1799 年 7 月 6 日成立了一个新的政治俱乐部，又名自由与平等之友集会，
　会址在杜伊勒里宫内的练马场大厅，故名练马场俱乐部。俱乐部成员包括支
　持恐怖统治的恐怖统治派和新巴贝夫主义者。面对雅各宾势力的重新崛
　起，代表右派利益的督政府感到担忧，命令时任警务部部长的富歇关闭了练
　马场俱乐部的会场。

他们所有人当中命最硬因而最让人吃惊的，仍然是罗伯斯庇尔的前医生，约瑟夫·苏贝比耶勒。此人历经所有的改朝换代，被他那无可置疑的外科医生的名声保护着。他被任命为战神学校①（以前的军校）医疗系主任，随后是国民自卫军军医，再是第一帝国时期巴黎宪兵队的外科医生。在 1814 年，波旁王朝重新上台时，他甚至并未试图不动声色地抽身走人，而是无所顾忌地和宪兵参谋部全体人员一起前往杜伊勒里宫出现在了国王面前。听到他的名字，圣殿塔唯一的幸存者昂古莱姆女大公昏了过去。在 1830 年，当奥尔良的菲利普在 7 月的那些日子②之后掌了权的时候，他排在巴士底狱胜利者代表团的前头又站进了杜伊勒里宫。然而他却曾把新国王的父亲——平等的菲利普送上断头台！不过在 1808 年，别人还是拒绝了让他进入荣誉军团③。在 1814 年，他被剥夺了所有官方职务，后来在 1830 年代未得以进入皇家医学学院，但他继续在执业。他肾结石手术医生的名气大到让他处处被请，直至英国。

他最终在 1846 年，疲于久经劳顿，死在巴黎的皇家街（这并非虚构），年过九十。他属于大革命存留下来的那批人，但他们为数稀少。弗朗索瓦·热拉尔在 1819 年作了他的画像。我看到他目光睿智，有着一个大资产阶级正派而且可亲的外表，

138

---

① 战神学校：大革命时期由国民公会于 1794 年 6 月 1 日创立的军校，生源从无套裤汉的儿子中挑选，目的是向革命军队输送军官。热月政变后为清除罗伯斯庇尔的影响学校被关闭。

② 此处指 1830 年七月革命的 27、28、29 日。当时民众不满于波旁王朝查理十世的反动统治，发动起义要求成立共和国。经过支持奥尔良公爵的奥尔良派和共和派之间的权力斗争，奥尔良公爵路易-菲利普最终上台掌权，法国进入七月王朝时期。

③ 荣誉军团由拿破仑所创，以表彰对法国有卓越贡献的人，实际目的是拉拢人心，巩固政权。

身着黑色燕尾服，脖子高高地围系着白领巾[cciii]。常有这种情况，人们的脸丝毫无法展现他们的暴力。在玛丽-安托瓦内特的陪审团里，苏贝比耶勒是唯一一个留下达盖尔银版相片①的人，相片无疑是摄影师特兰卡尔在他死前不久拍的。这一回，他外表憔悴，那是那些年事已高、日薄西山的老人们的外表。但他仍自豪地戴着他的巴士底狱胜利者勋章。他的一位年轻朋友普米耶医生说，他对自己的共和主义信念和罗伯斯庇尔的友谊忠诚到底。他在自家存着一块以前皇家监狱的石头，石头框在一个覆有一顶弗吉尼亚帽的桃花心木匣子里。他是最后一位证人，未必最具代表性。他过世时，王后死了有 53 年了！[cciv]

---

① 达盖尔银版相片：19 世纪初以碘蒸气附在感光的银版上制成的相片。

第三幕

被 求 刑 的 人

//16 岁的太子妃　玛丽-安托瓦内特，1771 年

//王后玛丽-安托瓦内特，1775 年

//手持玫瑰的王后，1783 年

//王后与她的孩子们：玛丽·泰蕾兹（长公主）、路易·夏尔（第二位太子，死于大革命时期，后被尊为"路易十七"）、路易·约瑟夫（第一位太子，夭折于大革命前），1787 年

//法王路易十六

//大革命时期讽刺画，路易十六和王后被画成了双头怪，作于 1791 年 6 月王室出逃失败后

LA POULLE D'AUTRYCHE

„Je digère l'or, l'argent avec facilité; mais la constitution, je ne puis l'avaler."

//大革命时期讽刺画《母鸵鸟/奥利地烂货》："我消化金银轻而易举，可是宪法，我吞不下"

//王后在圣殿塔

//王后在古监狱

//审判王后

//王后在去刑场的路上，这是画家大卫现场勾勒的寥寥数笔

//王后登上断头台

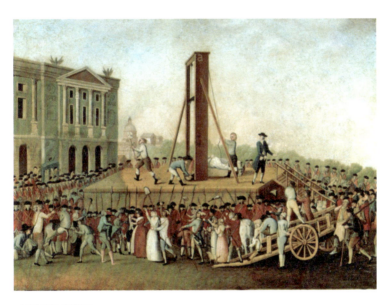

//王后被行刑后

//罗伯斯庇尔，雅各宾专政时期的实际最高领导人

//革命法庭公诉人富基耶-坦维尔

//革命法庭庭长埃尔曼

//肖沃-拉加德，王后的律师之一

//特龙松·杜·库德雷，王后的律师之一

//王后的情人，瑞典贵族费尔桑伯爵，始终积极营救王室

//鲁热维尔骑士，试图在"康乃馨事件"中救出王后，他是大仲马《红屋骑士》中主人公的原型

//路易十六之妹伊丽莎白夫人,大革命爆发后拒绝逃往国外,后和王后一同被囚于圣殿塔,王后临刑前给她留了一封信

//王后挚交波利尼亚克公爵夫人,王后死后郁郁而终

讯问开始时，才到审判玛丽-安托瓦内特的第一天。一场接一场的开庭，对于她剩下的日子而言，正像一种不可避免的倒计时，一场激烈追捕似的步步紧逼。这些庭审如此之久，以至于我们都开始想要知道，她是怎么有气力把它们一一承受下来的。14日第一次开庭，从早上9点一直到下午3点。经一次休庭后，5点重新开始聆讯证人和讯问被告，直至晚上11点。此时审判里41名证人中的17名已经到了证人席。次日，磨难的时间更久。同样是早上开庭直到下午3点，5点接着审理，一刻不歇，一直到第二天凌晨4点，即10月16日。法庭聆讯完了最后一个证人，律师们做了辩护，公诉人要求判刑，革命法庭庭长对辩论中一切最偏颇不公的表述做了总结，随即向陪审员们提出他们必须表态的问题。辩论只中断了不到一小时，在这个深夜里，无疑也是玛丽-安托瓦内特一生中最长和最黑暗的夜里，陪审团成员们讨论着。然后在接近凌晨4点时，判决下来了。这场耗时28小时的为生命而作的搏斗，是体力上的，同时也是精神上的。她大概从未上过如此有敌意的法庭，且是一人面对所有人。

我近来旁听了一场重罪审判。这是桩以性犯罪起诉的风化案。尽管助理检察总长只求刑8年，定罪的刑期却可能长达20年。在讯问时，从一张张捂住的脸，一颗颗低沉下去的脑袋，所问的问题，翻来覆去所讲的话，还有阵阵沉默所造成的沉闷气氛里，我感受到了诉讼各方的焦躁和渐渐加深的疲惫。一上来我就注意到这种把原告和嫌犯隔开的沉默，厚重可触，像一道玻璃墙般密不透风。从墙的这一侧到那一侧，人们差一点就能碰着对方，却无法交流，彼此既听不见，也不能理解对方的意思。这是一种已经精疲力竭的人的沉默。

　　他们在同一时刻同处一处，同时又在无奈之下，彼此陌生地被封闭在目不见物、耳不闻声的世界里。这是一场自闭者之间的审判，各方的断定彼此对抗，充斥着诸般痛苦。所有这些都让我想起玛丽-安托瓦内特的审判，尽管王后享有着事先已被定罪①的悲哀特权，尽管我手上只有些苍白的记录，映射着距今十分遥远的局势和时代里她所确凿经历过的事。然而我相信自己听到了审判王后一案的一声声回响，看到了两者氛围和环境上的一众相似之处。我也产生了同样的观感，即普通人猛地要被迫面对一种异常的情况并受其压迫，甚至被一种他再也无力掌控的进程碾得粉碎。从我关注的这个案件出发，我还看到了两案性质上的诸多共通点。没有物证，没有人证，也没有DNA 鉴定，法庭上只有陪审团对被告罪状的怀疑或盲目的确信。判决结果全然取决于陪审团的一念之间。最终这样产生的判决不会使任何人感到欣慰。说到底——我们将会看到——玛丽-安托瓦内特也是依性犯罪②受审的。而她的这类审判在历史上还是头一遭。

---

① 1793 年 3 月 27 日，罗伯斯庇尔发表讲话，要求处死路易十六之后，也将王后处决，理由是后者"对民族犯下的罪行不比前者少"，以便"清除迷信王权的遗毒"。

② 1793 年 10 月 6 日，巴黎公社组成了一个委员会前往关押着王后和王室成员的圣殿塔。他们讯问了小太子，并迫使 8 岁的太子重复王后和自己乱伦的指控。次日，这些人又去讯问王后长女和国王之妹，两人均否认指控。

*

记忆会跨过历史长河留存至今，那个时代的记录也同样如此，只是这些记录又稀少又不牢靠。明显是出于政治上的原因，它们不是被重写，被文过饰非，就是被篡改得面目全非，这就更加大了通过阅读它们得知真相的难度。革命观念中的成见就是一个天然的书报审查制度，屏蔽了一切与其理念不符的现实。至于流于后世，随处可见的庭审王后的记录也是如此，它必然和当时的真实情况相去甚远。国家档案馆的铁柜里还藏有一批从未公开过的手写庭审速记。这批在现场记下并就此原封保存的笔记应该更为可信，可我们仍对当时王后的应对情况知之甚少。记录者无疑对密集的交叉盘问感到应接不暇，所以只能在他本子的边缘，就证人的证言十分简短地记下被告的回答。这使我们看到了这一类的记录："寡妇卡佩承认其夫向她读过1789 年 6 月 23 日他在国民制宪议会上的讲话"；"寡妇卡佩坚称从未下令给拉法耶特①要求其开除小礼拜堂营②的士兵"[ccv]；"玛丽-安托瓦内特坚持否认提款券的事。"可是这些回答背后，毕竟还有一个活生生的女人。

142

尽管手上的文献为数稀少，尽管它们被一改再改，隔着

---

① 拉法耶特（La Fayette，1757—1834）：当时国民自卫军的司令。他赞同立宪君主制，虽然持共和立场，但认为有一个立宪君主对法国的政治稳定更为有利。他对路易十六的温和态度使激进的雅各宾派极为不满。1791 年 4 月 18 日，路易十六声称要动身去圣克卢教堂举行弥撒，而传言说这是为了准备出逃。人群于是聚集在杜伊勒里宫前，堵住了国王马车的去路。拉法耶特命国民自卫军士兵采取措施使道路通畅，但士兵拒不听令。路易十六无奈之下只得退回寝宫，拉法耶特事后则将抗命的小礼拜堂营士兵开除。

② 小礼拜堂营（bataillon d'Oratoire）：当时的国民自卫军在巴黎组建的 60 个营中的一个。名字源于招兵所在区作选举处之用的教堂。

重重岁月我们却仍瞧得见她，这令人惊讶。仿佛所有那些本应战胜了她，并使她屈服的东西，疾病、毁骂、羞辱、孤立、监牢都对她毫发无损。两天当中，她一直克制着自我，克制着伤痛，肯定也同样克制着对她的审判者的鄙夷。在前一天，她的律师们建议她致信国民公会，请求推迟几天审判，但她百般拒绝，因为她不愿被迫向她在 1791 年 10 月就称作"歹徒、疯子和蠢人的乌合之众"^{ccvi}的那些人做丝毫请求。

143

在超过两天的时间里，没有一个问题她不曾回答，没有一个圈套她没有瓦解。她甚至在一个名字，一个日期上纠正那些审问她的人，除错误，作修正。她小心翼翼，不想拉任何人下水。她清楚得很，在她面前出庭的某些人之所以被安排当了证人，是为了打他们一个措手不及，好在等到指控他们的时候说他们是同谋。她怀着勇气，带着保留，有所节制地对抗着。那些为无辜而脆弱的女性歌功颂德的人，如龚古尔兄弟①和皮埃尔·德·诺亚克②，后来说她也带着脉脉柔情，我对此并不相信^{ccvii}。必要时，她会面不改色地说假话。她和她丈夫在审判上的所作所为完全相反。她为自己辩护。她答复得恰如其分且恰到好处，对于她就此表现出的政治意识，人们甚至击节赞赏。

她就在那里，在几乎一直点着蜡烛照明的庭审大厅的昏暗

① 龚古尔兄弟（Edmond de Goncourt, 1822—1896；Jules de Goncourt, 1830—1870）：法国 19 世纪作家，夏多布里昂是他们推崇的文豪之一。他们最重要的著作是《龚古尔兄弟日记》。当今的龚古尔文学奖即以他们的姓氏命名。

② 皮埃尔·德·诺亚克（Pierre de Nolhac, 1859—1936）：法国 19 世纪作家，他在 1892—1919 年当过凡尔赛宫博物馆馆长，写过众多关于玛丽-安托瓦内特和凡尔赛宫的著作。

之中。她口无怨言地躬身接受庭长埃尔曼、富基耶、陪审员们持续不断的质问，回答得慢条斯理、平心静气、准确明晰。我们对法官们审问她的方式和语调都一无所知，但幸得玛侬·罗兰①，我们对此有了稍许的了解。吉伦特派前内政部部长的夫人几天之后被同一群人审问，她把后者比作在猎物面前的一群食肉兽。她在临死不久前撰写的回忆录中记述道，"一如先见已定的人，他们先入为主、尖酸刻薄，抓着一个大罪犯，就迫不及待地要给他定罪"[ccviii]。

144

*

在他们的桌子后面，玛丽-安托瓦内特的法官们动用着他们的职位所赋予的权能，试图在被告的答复使他们感到不悦时把她压到噤声不语，或是反之叫她招认他们想要听到的东西。我们至少可以说，反正他们不乏想象力。别人在所有的事上都问她，而且什么都问。别人问她，她有没有曾想要派人杀害一半的代表？她有没有曾在另一回，和阿尔图瓦（她的小叔子阿尔图瓦伯爵）一起，想要把议会炸掉？那些问题越荒唐（它们经常如此），她就越镇定。当埃尔曼死盯着她的罪行进行强调的时候，她答道："我不打算说否认之辞；我说过的和我要一直说下去的东西是事实。"[ccix]她丈夫被法官们弱化成了提线木偶，当埃尔曼想叫她承认她对他的影响的时候，她答道："从建议做一件事情到使人去做它相差很远。"[ccx]有时，问题太过愚蠢，比如当别人说她在皇家部队的里头，打扮成亚马逊女战士②的模样叫他们喝酒，

---

① 玛侬·罗兰即罗兰夫人。

② 亚马逊女战士：希腊神话里的女性战士民族。

145 腰带上别着手枪的时候①，她默不作声："我对此不作回答。"
同样当别人铁了心要她说，被划入叛徒阵营的拉法耶特曾是她
的同谋时，她也沉默以对。

我们可以想见，她对这种一派胡言暗自忿怒。就她而言，
她把后来所谓的"两个世界的英雄"②视为大革命的罪魁祸首。
她认为，拉法耶特作为巴黎国民自卫军司令，即使不曾推波助
澜，至少也是放任了 1789 年 10 月 5 日和 6 日的事件在凡尔赛
发生。是他在一年后曾试着把她从国王身边带离，威胁她要通
过国民议会追究她通奸，以此试着催她离婚。她更加无法原谅
他是在于他是一个缙绅③。他曾看守杜伊勒里宫。她把他视同
一个可怖的怪物，和他的亲信们相仿，是"一个可怜兮兮的歹
徒"，后来当他为时已晚地试图在 1792 年 7 月搭救她和国王时，
她十分干脆地拒绝了他的帮助[ccxi]。

在两场庭审的间隙，她对律师肖沃·拉加德说，她对自己
说过的话，对说这些话的方式感到忐忑。"我是否答得太过自
重？"我们感到，最后一次地，她想要取悦于人。她想表现出
她是一个法国人，而与此同时，她正被一群法国人像对外国人
那样审判。似乎在她的想法里，这根无形的线并未断掉，是它
给了她象征整个人民的神圣权力，从而让她成了一位法国王后。
因此比起作为一个女性，她更是作为一个君主在为自己辩护。

---

① 此处指 1789 年 10 月 1 日国王宴请刚到巴黎的法兰德斯团。宴会上王后受到
   士兵欢呼，象征王权的白色军徽四处挥动，而革命报纸宣传说当时象征共和
   的三色标被人践踏在地。此事被认为是反革命的表现，激化了民众的不满。
② 这是拉法耶特的外号，指新旧两个世界的英雄。他曾参加美国独立战争，被
   华盛顿任命为将军。
③ 缙绅（gentilhomme）：旧制度时期法国的一个阶层，指生来就是贵族的人。
   在王后看来拉法耶特背叛了自己所属的出身和阶级。

当别人 10 月 12 日就她向奥地利送的那些钱非公开①地审问她
时，她作了答复，她知道别人常拿这个理由反对她，但她太爱
她丈夫，所以不可能挥霍他国家的钱；她哥哥不需要法国的钱；
而且出于把她从情感上和法国联系在一起的原则，她不会给
他ccxii。当别人指控她组织了瓦雷讷出逃以使国王重返王位时，
她答道："他无需重返王位，他当时就在王位上；他从未渴望
任何东西，除了法国的幸福和想要它幸福。"ccxiii还有当别人责
难她曾试图欺骗人民时，她如此回答："是的，人民被欺骗了，
被残忍地骗了，但既不是被国王也不是被我（而是）被那些据
此有利可图的人。"ccxiv

有刊登在《导报》上的那种说法，也有她的支持者们早之
又早地散布在整个欧洲的英雄主义式的传闻。早在她的审判开
始之前，就已有人把这句对阿马尔说的光芒四射的回答安到了
她的头上，他 9 月初曾在古监狱的牢房里审问过她。"你们可以
是我的刽子手，我的凶手，但你们永远不会是我的法官。"ccxv然
而她并没有拒绝受审，没有要她的法官们进行回避——她难道
能够如此吗？她决定战斗，上了角斗场。

她的律师后来对于这场身体上和话语上的战斗留有一篇叙
述，在叙述中他认为她"表现得机智并且坚定"。但我们看到
他对他的当事人评价并不客观，尤其是在他出版了回忆录的复
辟时期。此后，那些给她涂脂抹粉的人对她惊叹个没完。他们
也是通过她的审判做文章，即使不是要把她捧得超凡入圣，至
少也想平反正名。他们的意图一目了然。他们想把她打造成一
个殉道者。在第二帝国时期他们向她敬献的圣徒传记中，龚古

① 此处特指司法程序进行中不允许公众旁听。

尔兄弟用"令人赞叹的耐心和冷静"[ccxvi]来描绘她。在这一点上，人们很难反驳他们。连雅各宾派都不得不承认她是一个试图"软化""说服"她的法官，令她的法官"心软"的人，具有一种"本能的力量"。我们感到这是一个能够在对抗里超越自我，懂得在苦难中自我成长的女性。她无疑也类似于那种执着的死刑犯，他们拒不接受败诉，具有一种不可抗拒的求生本能。别人把她的头浸入水中，按在里面，而她挣扎着还要呼吸。她的律师表示，好几次她都表现出心存希望，不愿相信将有一个已经注定的结局。人们事后可为她的行为寻找一切可能的解释。有一个解释对我而言似乎盖过了其他所有的，那就是这是一个彻底地掌控了自己的才能、自己的智慧和自己的情绪的女性，她的自我控制达到了一种非比寻常的程度。

*

148　　她此时此刻意识到她变成什么样子了吗？因为她到这一步是跨了很大幅度的。我不信玛丽-安托瓦内特在豆蔻时期曾像只傻乎乎的叽叽喳喳的麻雀，为人轻浮并难以预料，她母亲那时这般责备她。无论如何，她不只是如此。她也不是史蒂芬·茨威格①1932 年在敬献给她的书里所描写的普通女性，在他之后她众多的传记作家都是如此刻画。她当然更非 19 世纪前后那些崇拜她的信徒传给我们的基本教义里所讲的圣徒。她曾面对过的那些不同寻常的状况——婚姻、流亡、大革命、恐怖统

---

① 史蒂芬·茨威格（Stefan Zweig, 1881—1942）：奥地利作家。他给玛丽-安托瓦内特写的人物传记以奥地利帝国的档案和费尔桑伯爵的通信集为资料来源，书中回首了王后的一生，试图表明王后既不是什么维护王权的圣人，也不是革命者口中放荡的亡国祸水，而是一个普普通通的女人。

治——把她震动至深，并以某种方式强行使她成了她应当成为的样子。今天当代人对什么都喜欢用干巴巴的临床诊断书似的顽固思维去命名和探讨事物，这种思维把我们的生活去枝剪叶，缩减到以症状为起始并以治疗作终结。如此看来，我们或许可用创伤后期症候群来形容她。是束缚和对抗里的这些人格塑造，这些性格扭转，这些对人禀性的撕裂把她早早就拽离了普通道路。为察觉到这一点，应当万般注意地读她的信。她一生的开端就非比寻常。再怎么样，她都是奥地利的玛丽娅-特蕾西娅之女。她生来就是女大公，除此以外，别人还叫她当了世上一个一等一强国的王后。有人会顺着我的说法反驳说有些王后一生平凡。但她不是！在她君主生涯的各个时刻，她选择了一时不够君主，一时又君主得过了头。这显示着王后背后女性的一面。因此就她的脾气、信念，一如她的恐惧而言，她又是一个与众不同的女人。

到了法国宫廷，她所有确信无疑的事情第一次崩溃坍塌。她那时骄傲于在所有姐妹中被选中去统治"欧洲最美的王国"，却从高处重重跌落。她被送入了凡尔赛宫的种种阴谋诡计、暗箭伤人和机关伎俩之中，被一个缺乏柔情、沉默寡言、吊儿郎当、举止笨拙且态度冷淡的丈夫撇在一边，无人指引，她感到自己再也无人保护。促成她法国婚事的舒瓦瑟尔公爵本可对她有所助益，却在她到达几个月后失了圣宠并离开了宫廷。她丈夫从来都不在身边，对她一言不发。她得当母亲，而她成亲8年后直到1778年才当上。我一刻也不怀疑，她痛苦地经历了这一过程，有如一种羞辱。她想过美泉宫①简简单单、情意绵绵，

①　美泉宫（Schönbrunn，源自德语 schöner Brunnen）：维也纳西部的一处行宫。玛丽-安托瓦内特的母亲玛丽娅-特蕾西娅执政期间以洛可可风格对建筑作了改造。

裹在安乐窝里的家庭生活，而她发现现实中要过的生活有如地狱。

宫廷对她而言，飞快地成了一个条条框框、争权夺势、圈套重重，满是无趣和谎言的世界。这是一个暮气沉沉的世界，而她朝气蓬勃。这是一个停滞僵化的世界，而她讨厌一切显得哀哀戚戚，死板得严丝合缝，叫人觉得闷闷不乐的东西。宫廷礼仪，这部公主们尤其是外国公主们的教育机器叫她心烦意乱。她和自己别着来，否定自我，逼自己只当一个皮影戏的影子。她后来花了许久才明白，没有她国王就等于一丝不挂，要维系一栋靠出身的恣意定夺建起的楼房，那一切就都得讲究定制、仪典、尊卑，得显得神秘莫测并令人生畏。她不过是个孩子，喜欢欢笑和轻快。"我太年幼而且太过冒失"，她后来向她母亲写道。对于宫廷她只看到那个"木偶剧的机械小舞台"①，人人贪得无厌并且假里假气。普法尔茨公主②，巴伐利亚的伊丽莎白和她一样也是德意志人，1671 年嫁给了奥尔良公爵③，她在路易十四统治时期就已经历过同样的事了："自我在这里以来，

① 在作者另一著作《百日王朝》中，他对这个表达有进一步的解释："步了凡尔赛宫的后尘，隔着这个'木偶剧的机械小舞台'——我借用若泽·卡纳比斯评论圣西门的讲法——在此人与人之间礼敬有加，表面上一团和气，路易十八什么都不从这里透露给他的廷臣，一如瞒着他的大臣。"

② 普法尔茨公主（princesse Palatine）：神圣罗马帝国里 7 个最古老的选帝侯公国之一，普法尔茨选帝侯国的统治者的女儿。这里的普法尔茨公主特指普法尔茨的伊丽莎白-夏洛特（Élisabeth-Charlotte du Palatinat）。巴伐利亚的伊丽莎白是法国人对她的另一个约定俗成的称呼，因为她来自统治巴伐利亚的维特尔斯巴赫家族。由于她和德国友人的众多书信，她也是公众最熟悉的一位普法尔茨公主。

③ 这里的奥尔良公爵指路易十四的第一个弟弟菲利普·德·法兰西（Phillppe de France，1640—1701）。"奥尔良的菲利普"是他的外号。他出生时是安茹公爵，1660 年成为奥尔良公爵。

我已见惯了如此龌龊下流的事情，倘若我真的身处一个地方，那里没有大行其道的口是心非，谎言不像在这个宫廷中一样受到鼓励和赞同，那我就相信找到了一个天堂。"ccxvii

生活在凡尔赛宫，就等于打量世界的真实面貌，就等于她童年的梦就此破碎。瓦莱里·拉尔博①在他那些长篇小说里一直跟在他的化身，年轻的阿根廷亿万富翁 A.O.巴尔纳布特身后观察着他的成长教育。对于人们从一个年龄阶段到另一个年龄阶段的跨度以及产生的种种幻觉，他所言无他："年轻人带着他全然备好的测量工具米尺出了校门，而他恼火起来，因为那些事物顽固得很，不是比他的米尺大就是小。现实教会了他把棒子分成十份、百份，在必要时分成千份。我的征战就是这样使我成熟的。"ccxviii 凡尔赛宫的生活也是一场征战，而玛丽-安托瓦内特对此未有准备。玛丽娅-特蕾西娅的大使梅西-阿尔让多在书信中说她身处人群当中会局促不安，见到人多会感到害怕，厌恶和不认识的人讲话。她对前来滋扰、求情的人如此经常地退让，那是为了避开他们。作出抗拒叫她劳心劳力。她讨厌"想到哪怕一刻使她不快的事情"，或是对她显得太难、太复杂的事。她说，这些是"这个国家的烦心事"，而这个国家爱慕虚荣，盛行虚情假意。她感到形单影只。有时，她甚至仅有此感。我清楚地感受到她对母亲的倾诉，"通过我自己的经历，我明白远离家人生活会让人付出多大代价"ccxix。

背井离乡，这等于把她的躯壳留诸身后，的确，1770 年 5 月她在斯特拉斯堡经历过一场不同寻常的过境仪式。别人叫她

① 瓦莱里·拉尔博（Valery Larbaud，1881—1957）：法国作家和翻译家，他有不少作品是以异国风情为题材。A.O.巴尔纳布特是他的笔名之一。

赤身裸体，脱下她小女大公的衣服并给她穿上新身份的太子妃礼服，这仪式就像一出古怪的寓言故事。歌德在她之前不久曾游访过该地。在莱茵河的一座岛上专门立了一顶帐篷。人们以伊阿宋①为主题创作了一系列挂毯来装饰它。最大的一幅表现了伊阿宋和国王克瑞翁之女格劳斯的婚礼，以及他休掉的美狄亚的可怕复仇：起火的宫殿，被残杀的孩子们。"最惊悚的婚礼范例，前所未有"，歌德评论道。似乎别人曾想在 14 岁的年幼公主面前送上"最为丑陋不堪的幽魂"ccxx。

背井离乡，这等于也略微地抛弃了自己的精神。在凡尔赛
152 宫，玛丽-安托瓦内特过得并不幸福。为逃离束缚，她出游消遣。利涅提到她最初在巴黎的歌剧院假面舞会②上的出游消遣时，就此说了句非常令人揪心的话："她在那里并不比在别处更幸福，因为事实上我可以证明，从开始时……从她和男人里最尊贵，但也是最丑陋和最令人反感的那位结婚起，我就没见过她有一天幸福得完美无缺。"ccxxi甚至梅西也记录说她时常有"忧伤的时刻"，并用"太子殿下令人无法理解的行为"予以解释。

对一个对您一天说不过两句话，和您相处时言行笨拙而装模作样，只以打猎为乐并分房独睡的人该怎么办呢？一朝登基，累于理政，成了国王的太子就更少现身了。她第一个女儿在

---

① 伊阿宋：希腊神话里的人物。他为了夺回被他叔父篡夺的王位而寻找金羊毛，其间得到爱上他的科尔喀斯国王埃厄忒斯的女儿，身为女巫的美狄亚的帮助。为帮他报仇，美狄亚使用魔法设计杀了他的叔父，两人因此流亡到科林斯居住，但伊阿宋后来又另娶当地国王克瑞翁之女格劳斯。美狄亚为复仇杀死了格劳斯，也杀死了自己和伊阿宋所生的两个孩子。
② 此处特指巴黎民间的狂欢节期间一周两次从凌晨开始的假面舞会。据说玛丽-安托瓦内特隐藏身份和她小叔子阿尔图瓦伯爵秘密地参加过。

1778 年 12 月出生后，他仍一点不少地继续睡在她隔壁。像他弟弟普罗旺斯伯爵一样，他变得非常肥胖。"可怜的男人"，有一天她向母亲写道，这种样子令人生厌。在她那些信里，她很难谈论自己对他的外表所必然感到的厌恶，但她时时强调使他们合不来的东西，而那几乎是一切。她觉得他言语太稀少，反应太迟钝，表情太呆滞，"过于麻木和羞涩"。她对他的"一板一眼"，尤其是他言行举止的粗鲁无礼或是出言嘲讽，或是感到恼怒。有一天他对她的陪驾女官们[①]表现得比往常和蔼可亲了一点，她说了这句言辞刻薄的观感："请同意这一点，夫人们，对一个没教养的孩子而言，国王刚刚已算非常彬彬有礼地向你们打了招呼。"[ccxxii]她毫不含糊地对一位男性朋友说："我的口味和国王并不一致，他只对打猎和机械制品有感觉。您会同意我对着一个铁匠铺脸色相当难看。"[ccxxiii]简而言之，她丈夫叫她感到厌烦。她的读者兼她倾诉心事的对象弗尔蒙院长[②]毫不拐弯抹角地说她不爱他，鉴于他是这样的一个人，他很难被爱[ccxxiv]。

153

*

她过得不幸福，这样的日子久了以后，她最终怀疑起了自己，最终自己不爱自己了。有一个不会骗人的信号，那就是她为找一个让她觉得合适的画家花费的时间。在 1778 年伊丽莎

---

① 侍从女官（dame de compagnie）：在欧洲宫廷陪伴王后或公主左右的侍从，这些人常常自身也是贵族，不是仆人。

② 弗尔蒙院长（abbé de Vermont, 1735—1806）：索邦大学博士，曾被派到维也纳负责提高玛丽-安托瓦内特的法语水平，其间他得到了她的信任并在她到法国后被安排在她身边服侍。大革命爆发后他逃到了维也纳并最终在那里去世。他曾任谢尔略修道院院长。

白·维杰-勒布伦作了她的第一幅肖像以前，任何一张画像都没
让她满意。她在给自己母亲的那些信里对此持续地抱怨。在那
些肖像里，她无法认出自己。1774 年 10 月她写道："正是我
才要为仍然无法找着一个能抓住本人相貌特征的画家而难
过。"一个月后，在 11 月她写道："画家们让我烦得要命并令
我绝望。……别人刚给我带来（我的肖像）。它不像我，以致
无法拿它送人。"[ccxxv]她在她的精神、情感和外貌之间的映射里
无法找到自然协调，虽然她在她自身当中也找了许久。她在其
他人的目光中找过它，在对友谊的舍弃中找过它，在从束缚中
解脱了出来的世界的轻快中找过它。从这一点上看，她一生很
154 大一部分像是一出持续进行的存难不决的逃避。她曾激烈地想
通过逃离来争取自由。她从凡尔赛宫逃向了特里亚农宫，从特
里亚农宫逃向了巴黎，但她想要躲开的首先是她自己，是她的
空虚无聊，是她的那些烦心事和种种疑虑。这种不顺心不遂意
随处可见，表现在她加剧的敏感上，在她取悦于人的迫切意愿
上——布瓦涅夫人①说"她有过大的取悦于人的意愿"，在她对
赌博的狂热爱好上，在她对装扮的雅致追求上，在她对时尚的
不知餍足的激情上。罗丝·贝尔丹②和理发师莱昂纳尔只因她
生命的不完整而存在，她知道这一点。今日和往昔一样，我们

---

① 布瓦涅夫人（Mme de Boigne, 1781—1866）：原名阿黛尔·多斯蒙，又称布
   瓦涅伯爵夫人，她幼年在凡尔赛宫当过路易十六第一个太子的玩伴，大革命
   爆发后流亡去了英国，1804 年回国。波旁王朝复辟后她在上流社会中声名
   显赫。她写的关于七月王朝的回忆录是研究这段历史无可替代的史料。
② 罗丝·贝尔丹（Rose Bertin, 1747—1813）：原名玛丽-让娜·贝尔丹，出身
   平民，是当时一位主要给贵族服务的裙子饰物和发饰商。她在 1774 年被介
   绍给玛丽-安托瓦内特，王后欣赏她的才华，让她当了御用的时尚设计师。
   她借此走红欧洲各个宫廷，并且成了玛丽-安托瓦内特的一个亲信。

的消费瘾，对鞋子、帽子等各种物件的强迫症似的收集不过是为把那些空格子填满。人们用各种派不上用场的东西把自家塞满，为的不过是更好地驱走那些幽灵。但与此同时，通过肯定她的喜好，她也就肯定了她自己。借用马克·福马罗利①最近一本研究伊丽莎白·维杰-勒布伦的书的美丽书名ccxxvi，她曾是女性服饰的女王。

从避入的"女性世界"当中，产生了一些样式和一种风格，产生了特里亚农宫的那些别馆②和朗布依埃奶店③，产生了那些瀑布和岩洞，产生了建筑的三维图样，产生了外观上的典雅优美，产生了令人惊叹的一步一景，产生了重返自然的风尚④和对遗迹的追思⑤。这些全是女性的喜好，它们让那些哲人⑥和虔敬天主的信徒们震动不已，惊怒交集，当时所有那些

---

① 马克·福马罗利（1932— ，Marc Fumaroli）：当代法兰西学士院院士，历史学家和随笔作家。

② 别馆（folie）：法国14—19世纪流行的供贵族和大资产阶级在郊区休闲的豪宅，是现代别墅的前身。

③ 朗布依埃奶店（laiterie de Rambouillet）：巴黎东南50公里的朗布依埃宫的庭院内的一处建筑。路易十六于1783年购得此地，对宫殿建筑进行了扩建，并于1785年为玛丽-安托瓦内特秘密兴建了奶店，用以品尝旁边附属建筑内生产的奶制品。为让玛丽-安托瓦内特喜欢这里，建筑风格类似凡尔赛的小特里亚农宫。

④ 重返自然是当时受人追捧的一种品味，源自启蒙时期。在这种品味的指引下，玛丽-安托瓦内特的住所多采用淳朴的田园风格，在朗布依埃宫甚至有农场和生产奶制品的场所。

⑤ 遗迹（ruines）是当时在法国流行的另一种艺术品味。从16、17世纪到浪漫主义时期，欧洲人喜欢在园林等地摆放一些刻意做旧的古典建筑废墟，认为这样看上去有历史感和文化感，能激发人的想象和艺术趣味。在绘画上也有对这种题材的偏好。

⑥ 这里的哲人特指法国18世纪反对盲从天主教教条并奉行自由思辨的人，他们拒绝未经辩证就接受《圣经》中揭示的所谓真理，有时认为宗教就等于迷信。

鼓吹男子气概和那些比起雅典更偏好罗马或斯巴达的人则对此无比气愤。

155　　一切都趋向着达成这些脆弱的幸福映象。它们当中有她1784 年招待瑞典国王古斯塔夫三世的"希腊式"夜间宴游，有朗布依埃奶店里伊特鲁里亚风格①的全套餐具，有伊丽莎白·维杰-勒布伦给她作的高卢式着装（衬衫）肖像，有于贝尔·罗贝尔、拉格莱尼、米克和让-雅克·戴维南的风景画与遗迹画，有乔治·雅各布②的扶手椅和让·亨利·里兹内尔③的家具。奢华的东西样式变得简单起来。极度的精致不过等同于极度的赏心悦目。吊诡的是，在这些事上"奥地利女人"从未使人觉得更有法国味。当时极少有人像弗尔蒙院长那样注意到这些，在他看来，"她完完全全地采用了法兰西民族的调子和品味"ccxxvii。无论如何，今天人们称为"法式品味"的东西，是由她而来。人们大概不会像 1780 年代所讥讽的那样，有把小特里亚农宫叫成"小维也纳"的念头。

但是蜷缩在这一梦乡当中，在特里亚农宫内或国王 1784 年赐她的圣克卢宫亲切而柔和的幻想乡里，仍是一种逃避。别人把她说成是一个贪图权力并念念不忘时刻行使的野心勃勃的人，然而她却长久地拒绝权力，因为她对它感到惧怕。拉·马克伯

---

① 伊特鲁里亚风格（étrusque）是一种在 18—19 世纪兴起的新古典主义风格，从意大利古代城邦伊特鲁里亚遗迹发掘到的艺术品当中汲取灵感。这种艺术风格主要应用在墙绘、器具和珠宝上。

② 乔治·雅各布（Georges Jacob，1739—1814）：法国著名木刻工艺家，他从路易十五时期一直活跃到执政府时期，尤其以制作座椅知名。

③ 让·亨利·里兹内尔（Jean Henri Riesener，1734—1806）：法国著名木刻工艺家，他在 1769—1784 年为法国宫廷，尤其是玛丽-安托瓦内特制作新古典主义风格的室内器具。

爵后来曾听到她吐露的心里话，说她“对插手大臣①人选非常明显地避而远之”。在她刚当了王后不久，需要面对试图重掌权力的舒瓦瑟尔公爵不断地恳求时也是如此[ccxxviii]。“我对政治 156
事务仅有的一点耳闻让我感到，有些事情至为困难且令人为难”，她在 1774 年 7 月对她母亲写道[ccxxix]。曾被舒瓦瑟尔派到维也纳当差的弗尔蒙院长跟随她已久，对她颇为了解，他描述说她对政治无所涉足，“基于原则和兴趣使然”[ccxxx]。

奥地利方面则感到失望，始终对她不满。他们肆无忌惮地叫她“赖账的人”[ccxxxi]。把她送到巴黎，就好像投了笔钱而没得到收益。人们觉得，王后太过厌恶为她的母国利益去干政。她对政治事务“了解甚少”，“无法掂量它们的轻重”[ccxxxii]，梅西 1783 年出于替她缓颊而向首相考尼茨亲王写道。然而这不是聪不聪明的事，更多地和谨慎有关。她太清楚自己处于法奥之间位置的脆弱性了，因此不能以身涉险。尤其是她摸清了，1756 年结下的同盟关系的破裂对她或许具有危险，因为就此而言，某种程度上她既是同盟的人质又是同盟的保证。1784 年 10 月爆发了人称埃斯科河危机②的事件，维也纳因此与荷兰行将

---

① 这里的大臣特指首席资政大臣（principal ministre d'État）。法国从路易十三时期开始设资政大臣一职，完全听凭国王任免，位高权重。路易十四时期最初有三人，后来有五人，路易十五时期有七人，路易十六时期有八人。一人可以兼任负责某一领域的大臣和资政大臣，也可只任其中之一，但好几位外务大臣都是兼任资政大臣。首席资政大臣不是正式官名，而是一个非正式的职务和称号，指资政大臣中得到国王器重从而大权独揽统领全局的人，类似于首相。

② 1784 年 5 月奥地利趁荷兰对英战争之后处境艰难，向荷兰发出最后通牒提出了领土要求。荷兰不予接受，约瑟夫二世遂派军舰前往埃斯科河驻扎，借机挑起事端作为对荷宣战的口实。荷兰寻求法国干预，最终在法国斡旋下两国签订了《枫丹白露条约》，战争得以避免。

开战，巴黎为避免战争而威胁干涉时，她向她兄长约瑟夫二世说了这番意思非常清楚的话："要是不能扼杀这一将使人大祸临头的分裂萌芽，我将居何处境呢？"[ccxxxiii]她当时只是试图平息

157 两国之间或许存有的争执，绝非要动用自己的分量去影响时局，而且明显没有偏向她的兄长。她对当时的海军大臣卡斯特里侯爵透露，要是她兄长的野心威胁到了欧洲和平，她会第一个责备他[ccxxxiv]。

她丈夫也同样不安排她涉足他的政务，或是首席资政大臣们的政务。在大革命之前，他一直都表现得大权独揽。出于所受教育和性格，但也由于对自己祖父的情妇们的影响历历在目，他对女性暗施诡计的力量心存警惕。自 1774 年起维里院长①就说，他"意愿上不允许女性参与任何国事"[ccxxxv]。他自尊心强，故作寡言少语，为人敏感易怒，固执己见。"他生性极不爱开口说话"，玛丽-安托瓦内特记述道，此外她评价他"无法与人交流"。她还说"国王天性不信任他人"。"我向您坦言，"她在一封 1784 年写给约瑟夫二世的信里接着说，"政务方面我最无法有所作为。"[ccxxxvi]再往后，在大革命前夕，她对梅西-阿尔让多伯爵说："我从来不过是个附随，而且（国王）常让我感受到这一点。"[ccxxxvii]他的首席资政大臣们同样如此，莫尔帕②尤其是 1780 年代任外务大臣的韦尔热讷对他亦步亦趋，很少像是在协同理政。

说到底，在王后的一生中，是大革命的爆发才迫使她不得

---

① 约瑟夫-阿尔丰斯·德·维里（Joseph-Alponse de Véri, 1724—1799）：圣萨蒂修道院院长。他和路易十六登基后上台的莫尔帕伯爵私交甚深，因而对内阁的决策有巨大的影响力。莫尔帕伯爵死后路易十六甚至常常亲自向他咨询。

② 莫尔帕伯爵（Maurepas, 1701—1781）：路易十五时期任海军大臣，后来长期失宠。路易十六登基后他迅速得势成为御前资政大臣。他在恢复财政、重建王权方面颇有作为。

不面对权力的现实，并在她丈夫身旁行使自己的那份权力。她 158
并未因此成为一个执掌权柄的女人，但她很快明白了权力当中
的种种势态、需求和危险。几个月内，从 5 月召开三级会议，
到可怕的迫使国王夫妇离开凡尔赛宫前往杜伊勒里宫的 10 月起
义，他们看着所有那些过去构成他们存在的理由并支撑他们国
王与王后身份的东西像被施了一道黑魔法般烟消云散：君权的
神圣性、对三军的统帅、他们臣民的爱与敬。那头国民议会收
没了他们的权力，这头人民只向他们表现出怒火和仇恨。几周
之内，他们失去了一切：君权；政府；军队；那些大门防守薄
弱，自此被风吹打得任意飘摇的宫殿；惯常的生活；周围的侍
候。我们可以肯定地说，这一切都像一场真真正正的苦难一样
被国王夫妇经历过了。"苦楚"这个词一直反复出现在玛丽-安
托瓦内特这一时期的书信里。在她的想法中，王权遭到了无以
复加的损害。它"受了贬损"。邦贝尔侯爵在这一点上用精神
死亡来描述，他说，这比肉体死亡要残酷一千倍。

*

　　玛丽-安托瓦内特生命中第一遭震动的象征性场景，我们记
得是 1770 年 5 月在斯特拉斯堡发生的。在 1789 年这一回，她 159
所有的痛苦都集中在了她 6 月 4 日于莫顿宫临终并亡故的长子
身上。这个太子路易·约瑟夫·德·法兰西没能从他所患数年
的结核病的严重侵袭中幸存下来。他时年 7 岁半。这不是玛丽-
安托瓦内特失去的第一个孩子，却是她最钟爱的，因为他体质
最弱。她在这个孩子身上倾注了自己的全部希望。在 1779 年和
1783 年 11 月，她已有过两次小产。在 1787 年 6 月，她失去了
第二个女儿苏菲-贝亚特丽斯，她 11 个月大时去世了。她只剩

生于 1778 年 12 月，人称"飘飘"的王家长公主和生于 1785 年
5 月的次子，诺曼底公爵路易·夏尔，他在他长兄去世后正式
成为太子。好像是为了祛除即将折磨他的厄运一样，玛丽-安托
瓦内特叫他"亲爱的宝贝"。他就是圣殿塔中的孩子，就是审
判中将要涉及的人。

　　第一位太子的追悼仪式 6 月 7 日在凡尔赛宫举行。它看上
去古怪得很，好似某种敲响封建王朝丧钟的揭幕式。在孩子的
心脏夜间被运往圣宠谷教堂，他的遗体被运往存放国王殡椁的
圣德尼宗座圣殿①之时，全体宫廷近臣在凡尔赛宫内素缟麻衣
地从王后面前列队而过。"没有比这更催人泪下和令人感动的
场景了，"在场的邦贝尔记述道，"王后陛下倚着她房间的栏杆
扶手，由她全体身穿黑衣的仆从陪伴着，克制着不让自己因情
绪激动而喘不上气。此时她正看着她所有的宫廷近臣一小步一
小步地走来，某种程度上像是宗教巡礼一样鱼贯地向她致
意。"ccxxxviii王后穿着一件把她从头裹到脚的黑色蕾丝披风。人
们觉得这好像一场永别。一切都在这个可怕的 6 月交织出现，
既有家庭的痛苦又有政治的暴力。玛丽-安托瓦内特从此刻起明
白了这一点，"活在虚幻中的时代过去了"ccxxxix。

　　但她是唯一直面困境的人。至于国王，他愈来愈像 1880 年
代人们从塞纳河打捞上来，并在面部糊上石膏好得到模子的溺
水身亡者：他们半呆滞的脸有时表现出一种无法解读的郁郁伤
怀。韦尔热讷在 1787 年去世时，他第一次失去了股肱之臣。直
到那时，他都像路易十三一样，是一位在一种独特体制中高高
在上的国王。这种体制我们姑且称为权相体制，它取决于君主

160

---

① 宗座圣殿（basilique）：拥有特殊地位的大教堂的称号。

与他所选定的资政大臣的宠幸关系，这个人能够作为他枢密院①中的政治强人一言九鼎。路易十三有黎塞留，路易十六先后有莫尔帕和韦尔热讷。他的外务大臣去世后，再无人能镇得住朝局，群臣彼此各不相服。首席资政大臣走马灯似地轮换：卡洛讷，主教洛梅尼·德·布里安，瑞士银行家内克，布勒特依男爵随后又是内克。随人选的不同，当局意见朝三暮四，政策变化不定，或对民族采取抗拒态度，或对其作出让步。恰恰是在这一时刻，在 1788 年 5 月朝局飘摇不定的局面下，王后趁着讨论召开三级会议的当口，第一次进了御前枢密院。她此前已通过个人举措削减了宫廷开支。是在她的影响下，洛梅尼再是内克进了枢密院。

　　正当路易十六举棋不定，变成孤家寡人不堪一击之时，大革命出乎他意料地发生了。差不多遍尝诸法之后，他又飞快地放弃了它们。研究他的某些历史学家，如英国人蒙罗·普莱斯甚至暗示他当时深陷抑郁，因而无力施为[ccxl]。玛丽-安托瓦内特的侍女康庞夫人记述说，出逃瓦雷讷失败之后，他有超过一周的时间对任何人都未发片言。最让他不知所措的是他碰到了未有之大变局。"我知道别人给我安了软弱和优柔寡断的名号"，稍后他说道，"但此前从未有人曾在我的处境中待过。"[ccxli]玛丽-安托瓦内特转眼就意识到了这一变化。"国王魂不守舍"，她自 1788 年写道[ccxlii]。在一封 1791 年 8 月寄给梅西的信里，她写的话把他的优柔寡断突出得再清楚不过："您认识我所打交道的那个人；别人以为他被说服了的时候，一句话，一番道理又会叫他改弦更

161

① 御前枢密院（le Conseil du roi）：国王理政的咨询机关，资政大臣即枢密院中的重臣。枢密院几乎没有限制，议事秘密进行，不做会议记录。

张而心无定论。"[ccxliii] 大部分时候，她都小心翼翼回避着关键问
题，并且谨小慎微地提到"他过度善良"[ccxliv]。但在旧制度时期
的宫廷中，说国王"善良"，一般就等于批评他软弱。

162

*

一方面，人们强调国王的麻木——有些人不无鄙夷地说他
并非"绝对百无一能"[ccxlv]，与此同时另一方面，人们则惊讶于
王后的应对。1789 年 10 月王室被强迫安顿在杜伊勒里宫几天
以后，当时年轻的巴黎高等法院委员法官埃蒂安-德尼·帕基耶
对他们的反差大吃一惊："国王的相貌上印着一种听天由命的
性子。……王后表现出的痛苦则有着某种更为坚定和透出愤怒
的东西。"[ccxlvi] 王后身边的人还说，她"比国王的感受强烈得
多"。米拉波的朋友拉·马克和她共事了很长时间，他称道她
"决断迅速"，"意志强劲"[ccxlvii]。

在她丈夫最后 3 年风雨飘摇的统治期间，无人质疑她在巴
黎所扮演的首要角色。在此之前，她说起路易十六仍像是"在
我之上的人"。从那时起，国王开始"在旁边"或"相对于
我"[ccxlviii]。地位的变化有时隐藏在副词里。她写个不停，咨询
频频，身旁顾问密密环绕，这其中有拉·马克伯爵、孟德斯鸠
院长①、路易院长②和其他一干人等。立足于布鲁塞尔，"老狐

163

---

① 孟德斯鸠-费藏萨克公爵（duc de Montesquiou-Fezensac，1784—1867）：修道
院院长，大革命时被选为教士等级的代表。他反对革命思想，颇有口才。路
易十六在 8 月 10 日起义中被推翻后，他流亡去了英国。

② 约瑟夫-多米尼克·路易男爵（baron Joseph-Dominique Louis，1755—1837）：
修道院院长。大革命时期他对《教士公民组织法》宣誓效忠因而被开除了
教籍，但仍然为路易十六和玛丽-安托瓦内特执行了外交任务。路易十六被
推翻后他流亡去了英国。

狸"梅西一直在那里准备着应对一切状况。他们当中瑞典伯爵
阿克塞尔·德·费尔桑扮演了一个主要角色。比起国王，米拉
波在 1790 年更愿意秘密面见并给出建议的人是她。次年出逃瓦
雷讷之后，国民公会的杰出成员之一巴纳夫和她维持着定期的
政治通信[ccxlix]。有些资政大臣如蒙莫兰于她缺席时直截了当地
拒见国王。"我尽可能地听取了两边人的意见，" 1791 年 8 月她
对梅西写道，"根据他们所有人的意见形成我自己的意见。"[ccl]
如同奥地利外交官指出的那样，"一切都来自她"。

她表达着自己的想法。第一次地，她处在了第一线，掌握
了秘密资金，掌握了一个派往全欧洲的谍报人员网络。她学会
了倾听，学会了再也不把自己的感受表露分毫。过去，她任凭
自己按天然的直觉行事，不会谨言慎行，丝毫不知隐藏自己的
反应。过去她生气时，别人说王后"面红耳赤"。有些人觉得
这样子有魅力，另一些人觉得有损形象。从那时起，她戴上了
面具。

掩藏是战争时期的一种必要行为，而她则进入了抵抗状态。
第一次地，她直面了问题，放弃了逃避。她决定面对过去一直
惧怕的东西，即男人们的权力和政治上曲折迂回的圆滑手腕。
她所捍卫的是已被征服的那一方，而与此同时，大革命和国王
的默然无声也把她引到了这一步。她从此将要学会勉力行事，
学会扮演一个有时让人捉摸不透并且表里不一的角色，而这既
非她的性格，也不合她的脾气。"有时候，我感觉不到真实的
自己，我不得不思索一番，好看看是否真的是我在说话。"[ccli]

我们永远不会得知，她用了怎样的方法、耐心和技巧来封
存她交流的信息并且保护她的通信。也正是由于这一点，雅各
宾派没有找到她的文书。我们后来看到，提及阿克塞尔·德·

164

费尔桑这个人时，她已学会对信件加密，起码她给他发的那些是这样做了的，时间上至少从 1787 年开始[cclii]。因此她对此事是有经验的。但在大革命时期，加密发信，解密收信，专有名词表，密码板和页张号对应着关键词的书，这些还正处于制作和试验阶段。她的秘书弗朗索瓦·戈格拉，她的第一贴身女仆让娜·康庞在这件事上能耗费整整数日。"王后和外国的通信以密码写成，"康庞写道，"……在这项工作上我帮她寻找字母；经常逐字逐句完全照抄一份她加了密的副本，但对所写的是什么我却一无所知。"[ccliii]而王后自己说："写得多了我感觉很累。我从没干过这种活。"[ccliv]最常用的是一册贝尔纳丹·德·圣皮埃尔①所著的《保罗和维尔吉妮》的印刷本，但根据通信人的不同也会进行替换。王后还会用隐形墨水或柠檬水书写，伪装"空白"。他们装信用双层信封，把信隐蔽在一顶帽子，一个饼干盒，一个装茶或巧克力的袋子里，通过编造假想的收信人姓名，使用不起眼的通讯地址来模糊送信路线。迫不得已时会烧掉其中某些页张，另一些则藏在可靠的朋友家里。"今天我的门是关着的，我可以支配使用自己的房间"，1791 年 9 月她向她兄长写道[cclv]。她明白自己一直在被暗中窥探，过着一种密谋造反者的双面生活，为避开杜伊勒里宫的卫兵，她通过掩人耳目的过道，在夜间接见自己的顾问们。那些可靠的朋友受着千万种预防措施的保护。在巴黎负责俄国事务的西莫兰男爵某天晚上看到她亲自"用锁"锁上了她寝室的外门[cclvi]。几

165

① 贝尔纳丹·德·圣皮埃尔（Bernardin de Saint-Pierre, 1737—1814）：18 世纪法国作家和植物学家，早年以工程师的身份在国外四处就职，但因性格最后都以失败收场，回国后出版游记，结果成了畅销作家。《保罗和维尔吉妮》是他最受好评的一部长篇爱情小说，当时在国外也非常有名。

个忠心耿耿的人作为日常的信使为她效劳，有人为此丢了性命，比如她的内务总管路易·乔治·古格诺，他 1794 年 4 月上了断头台，把她的秘密带进了棺材[cclvii]。其他人——弗朗索瓦·戈格拉以及事已至此却在巴黎一直留到了 1793 年 4 月的雅尔热依骑士①——则逃出生天了。

这套做法当然是处于弱势的人才有的，但与此同时她从未如此决绝。这个女人身上左右矛盾的地方正在于此，她过去并无登上男性舞台的思想准备，甚至连想一想都不愿意，而她突然决心如此，并非出于喜好，更不是由于喜欢牺牲，而是同时既出于自保本能，又出于义务感——这个词常在她信里反复出现——更出于信念。无疑也出于骑士精神般的高尚情操。我们永远不应忘记她人格中的这一方面：她容易感怀于那些盲目追随者的舍生忘己，这些人一如旧时封臣对待自己的封建领主那样行事。有些人虽则一度被捕再而释放，却拒绝离她而去。"若是对心灵进行统治，王后不需要王冠。"[cclviii]她分发佣金，把盖印秘密信件的戒指交给别人。对于她的老朋友埃施特哈齐②，她送去一只玳瑁和黄金制的指环，上刻题铭：*Domine salvum fac regem et reginam*（愿上帝庇护国王与王后）。我也想到了英国人昆庭·克劳福德 1792 年 4 月离开巴黎不久前托付给她的那只凹雕图案的宝石，上面有一只抓着橄榄枝的鹰。而克劳福德一直记得他最后一次在王后房间的昏暗光线中见到她时她

---

① 雅尔热依（Jarjayes，1745—1822）：军官出身，1786 年娶了玛丽-安托瓦内特的一个贴身女仆。大革命时期他颇受王室信任，一直在国内外执行秘密传递消息的任务。路易十六死后，他两次试图营救国王一家，均以失败告终。最后他在复辟时期以将军军衔去世。

② 埃施特哈齐（Esterhazy，1740—1805）：法国贵族、军人，他在宫廷内和玛丽-安托瓦内特关系很近。

的面庞^{cclix}。这一切都不再是一个儿戏，也不是一时任性。事情关乎她的性命。和宫廷中最初的几年不同，这一次她没有迷失自我。她不再试图去释怀。况且，她从此时起无疑已经归于坦然。如此这般的世界把她抓回到了手中，而她对此不再逃避。

*

167 说到底，她选择了捍卫一桩利益，它对她显得理所当然的时候，她则从未想到过它。这一利益，就是君权神授的封建王朝，就是国王古已有之的种种权利，它们也是她儿子的。为此她通过一切手段，哪怕再曲折复杂，寻找着种种途径，以把国王扶回他最初所代表的强权。为此她曾尝试在冲突对抗里，把他带向他的第一使命，带向隐秘而神圣的命运：有些人被选中和他们的人民合为一体。她所捍卫的专制主义显然不该用后来大革命中的看法来理解。国王悉心保全着"王国的基本法"①。他的权力并非绝对，而是受着一个社会中"权利、特许②与自由"的调和，这个社会如果没有发展到原子化的个人状态，至少也分化为三个等级和不计其数的职业团体。她自 1789 年 8 月就向她朋友约朗德·德·波利尼亚克表明：国王之福——说远

---

① 王国的基本法是现代以前的法国公法上的概念，指一系列通过实践而认可并须绝对遵守的公法性原则的集合。它和国王的立法一起形成了一套法律位阶体系，后者要遵从前者。国王在加冕礼上宣誓遵从并维护基本法。王国的基本法的主要内容是规定国王权力的范围与边界，授受王位的规则，个人与各种团体的基本自由。它的一大效果从这一点来说就是限制王权。

② 特许（franchise）在封建制的法国特指封建领主通过签订特许状的方式向其领土上的某些市镇让与一系列权利、特权和自由，特许的受益对象主要是城市中经商的资产阶级，内容每个市镇往往各不相同，如不做农奴、个人人身自由、司法权不受控制、免除兵役、免除某些税收等等。特许状的获得也情况不一，有的通过协商和平取得，有的则是市民通过暴动叛乱争取而来。

一点的话，她本人之福和她的子女之福——全然在他"从至尊直到至鄙"^{cclx}的臣民之福当中。人们对这句亮眼的话大书特书，后来把她塑造成了一个慷慨激昂的王权女斗士。或许也是这一点，让感怀留恋王座与祭坛时代的人们如此长久地心醉神迷。在一篇 1950 年代专为她写的随笔中，路易·马西尼翁①直截了当地把她看作一个"奋起反抗的女圣徒……为着一个纯粹的念头奔走效力，这个念头则伸得像一柄剑那样直"^{cclxi}。确实，为捍卫她的家族权利，她至死方休。对她而言，她儿子的统治肯定开始于 1793 年 1 月 21 日。"逝者所属自归于生②。国王驾崩，国王万岁③！"倘若命运对她再有利一些，她会满腔热情地捍卫自己摄政的权利。别人在她的审判上就这一切对她作了指控。埃贝尔，还有 10 月 15 日对她作不利指证的鞋匠西蒙，他们指责她在圣殿塔内曾待自己儿子以国王之礼，给他让路，叫他倚着一个靠垫，坐在桌子的最高处。

　　王后这一惹眼的旧做派显然掩盖了引得她难以自处的东西。这首先就在于她见事不明，在于她对正在发生的事无法理解。她显然不是唯一一个一无所见的人。对于大革命强加给法国的这个一切都要推倒重来的政治运动，这个主权上从国王到民族

¹⁶⁸

---

① 路易·马西尼翁（Louis Massignon, 1883—1962）：法国著名伊斯兰学家。

② "逝者所属自归于生"（Le mort saisit le vif）是法国中世纪私法继承方面的一句表述，意思是死者的财产自动由他在世的继承人取得，无需经过司法程序确认生效。这里提这句话是因为王位在中世纪被认为是国王私人财产，继承王位和继承私人财产的性质相同。

③ "国王驾崩，国王万岁！"（Le roi est mort, Vive le roi!）是封建时期的法国君主在登基时由臣民根据传统所欢呼的一句套话。这句话源于法国中世纪王权上的一王两身理论，即同时存在一个永恒的精神化的王权概念和体现、承载这一精神概念的具体个人。国王去世时，人们认为死去的只是承载王权精神实体的肉身，王权本身则传到他的下一任继承人身上。

的骤然颠覆，和与此同时每个人地位上的突然颠倒，很大一部分人都被激得像马仰前蹄一般心生反感。就凭她王后的职责，她无疑也更有理由一直深扎在旧世界里。她于大革命只看到一出国王和他的人民之间的误解，叛国外逃者则相与维持。大革命是一桩阴谋，一出异常凶残的谋反行为的产物，而这个谋反不过是"一帮闹事分子和暴徒"cclxii的所作所为。

在她看来，民族被挟持而行无力抗拒。而在大革命看来，她正处于阴谋的核心。从这一观点上看，在罗歇·凯卢瓦①关于想象之物的随笔里，对章鱼臆想的表述与雅各宾派当时看待她的方式如出一辙，他们都周身环绕着黑暗而邪恶的力量。"蜘蛛在一个陷阱的中心。章鱼自身就是陷阱！"②

我们晓得帕斯卡尔的格言："真理在比利牛斯山这边，谬误在那边。"③ 她的审判有着这一射马中獐的悲剧性味道，并证明了如有需要，人总能变成某人的叛徒，反之亦然。背叛不只是一个日期的问题，如同塔列朗 1814 年 10 月在维也纳④巧妙地

---

① 罗歇·凯卢瓦（Roger Caillois, 1913—1978）：法国作家、社会学家和文艺批评家。他尤其关注无机世界的复杂形式和人类想象出来的事物的样态之间的必然关联。

② 在西方政治评论中，章鱼是一个充满魅力又满含危险的概念，依历史背景与环境的不同，指称过不同的东西。在法国，从最早的共济会员、德意志帝国，一直到殖民主义、犹太人、共产党、资本家。凯卢瓦此处的原文是："有关章鱼的神话经历了一个转变，在大众意识中从一种虽然可怕但到底是种食物的生物变成了一种有着异常魅惑能力的怪物。"

③ 语出帕斯卡尔的《沉思录》，意即真理和谬误都不绝对，会随具体的人和场景的不同而变化。比利牛斯山是分隔法国与西班牙的自然边界。

④ 拿破仑战争结束后欧洲列强在维也纳召开和会，讨论如何重新平衡欧洲各部分的势力。塔列朗说到背叛是因为他在 1814 年拿破仑战事失利与列强谈判时，被元老院选为临时政府的元首并通过元老院废黜了拿破仑的皇位，因而在政治上背叛了他。

向俄国沙皇亚历山大所说的那样，它也事关对事物的认知，事关人与人的分道扬镳，事关彼此突然变得陌生的精神与感性之间的分裂。

一门心思守护着王座，玛丽-安托瓦内特实施了一个策略，它归根结底就是 1756 年法奥同盟各项原则中的策略。她曾试着向大革命，向国民议会，向她合情合理地视为"一纸无法施行的荒谬之言"ccxiii的宪法争取时间，与此同时，她一直向国王的盟友们呼吁求援。1791 年 6 月在国王逃往蒙梅迪时，她认可了这个同盟的手段和效用。国王将会在布耶将军①部队的护卫下恢复行事自由。但人们对他们的忠诚心存疑虑。此前有人请求奥皇在卢森堡屯兵 10 000—12 000 人。布勒特依男爵和邦贝尔侯爵已被派往伯尔尼②，他们要在当地招募准备向阿尔萨斯或弗朗什-孔泰进军的瑞士部队。为了应对"第一时间的开销"，他们向布鲁塞尔当局、维也纳当局、马德里当局、瑞典国王写了书信以筹措 1 500 万锂。

王室一家在瓦雷讷被截住之后，玛丽-安托瓦内特一心希望在法兰克福或亚琛组织起一个欧洲君主们的"武装联盟"，以图威慑国民公会并逼它让步和国王达成一致。这没有奏效。她在很长时间内，都不无中肯地反对外国军队进入法国领土。她向她兄长解释道，这会"以一种令人惊恐的方式叫我们丢人现眼"，并且会进一步削弱国王的地位ccxiv。仅在最后时刻，在法国对奥地利开战之后，杜伊勒里宫受到直接威胁时，她才下了决心希望不伦瑞克公爵的部队进入巴黎，如同出于绝望而借助

————————————

① 布耶（Bouillé，1739—1800）：大革命时期的君主主义者，因为对路易十六狂热拥护而知名，路易十六命他负责组织出逃瓦雷讷的计划。

② 伯尔尼：瑞士西部城市。

最后一道法门，为的是拯救她家人的性命，也为报复"在此遭受的所有凌辱"[cclxv]。

和她站在同一阵线的政治极端分子让她为难，她不光必须和大革命战斗，也要和她最为咄咄逼人的友军搏杀。这些令人担忧的流亡人士由王国中的一部分贵族组成，在莱茵河边境上的威胁与日俱增。在科布伦茨①支持流亡者的特里尔大主教选帝侯②那里，她的小叔子阿尔图瓦和普罗旺斯对路易十六心怀龃龉。未来成了路易十八的普罗旺斯伯爵在王室出逃瓦雷讷失败之后，甚至试图让人宣布他为摄政。流亡贵族中的一部分人依附于他的权利和特权，他们聚集在领导他们的孔代亲王③身后，急不可耐地想借武力重返王国的残余部分。玛丽-安托瓦内特千方百计地阻挠她小叔子们的那些计划。她转眼就感觉到了这场新的家族战争的危险，倘若它一旦爆发，那不光会危及权力已遭削弱，而且是已削弱得如此之多的国王，也会危及整个国家的统一。

人可以封闭在一个体系当中——我们多少都是如此——却不失智慧，也不乏清醒。要体察到这一点，应该一读她 1791 年 9 月 3 日就此发给她兄长利奥波德二世的至关重要的论述。它不过是对同一思想的反复叙述。国王是唯一"具有正当性权力"的人。请约束流亡的皇亲国戚们。不要进行内战，不要进行对外战争：

① 科布伦茨：在莱茵河边的德国城市，大革命时期这里是流亡贵族聚集的中心。

② 特里尔大主教选帝侯的家族和法国王室有血缘关系并且公国地处德法边境，因此流亡贵族大量聚集于此。

③ 此处指第八代孔代亲王路易·约瑟夫·德·波旁-孔代，他是大革命爆发后首批流亡贵族之一，在莱茵河沿岸组织起了一支军队。但欧洲诸国一心要紧紧控制流亡贵族的活动，始终把这支军队置于自己的控制之下。

"我们无法忽视，在流亡人士中形成了一种他们不自知的朋党思维。……假如他们带着另一番于法律之外的复仇渴望打算返回祖国，那将激起煽动他们的同一种狂怒来打击他们自己。仇恨总是相互的，而且内战总是紧随外国军队之后。"[cclxvi]战争是男人们的一项娱乐。玛丽-安托瓦内特从来都不曾喜欢它。

这一切最终都被流亡圈子知晓了。在莱茵河对岸，人们几乎和在巴黎一样讨厌她。瓦雷讷事件后，别人说她和国民公会的温和派领袖安托万·巴纳夫有染，他在再次陪她回巴黎时曾被她的命运触动。别人指责她使国王及其权位受了贬损。随部分宫廷近臣一道，凡尔赛宫内旧日的怨恨也迁到了科布伦茨。王后重重地触到了引发他们怨恨的痛点。

显然这一切在她的诉讼当中，倘若未经歪曲，也只会表现得大幅走样。富基耶-坦维尔和他的法官们也封闭在自己的体系里，对于王后此前是怎样的人，对于她过去想要怎样，他们都无法理解，相形之下更无法赞同。他们忽略了她做法的复杂性，很可能还打算对此嘲讽一番。一个审判会相互质证，比起它具有的条条框框和思维上的严格推导，他们偏好自己臆想中安稳的确信无疑。我们知道，复仇作为理据被提个没完，从未被满足，在恐怖统治进程之中处于核心位置。完全是自然而然，它敛声静气地不请自来，进到了玛丽-安托瓦内特的诉讼里。在复仇之旁，是嫉恨，再是仇恨。它是一种失意爱情的标志吗？无论如何，复仇都不曾慰藉任何人。它盲目又失聪，摸索着拿它能寻着的一切哺育自己，从来都不知餍足。

*

玛丽-安托瓦内特的法官们在诉讼中做到了只处理政治方

面。但他们缺乏证据。他们指控了王后，想要羞辱这个女人。在他们的头脑中，玛丽-安托瓦内特想要行使权力，这一出格的觊觎之心自然在她极度的丧心病狂中寻着了解释。这些臆想顽固不化而且追溯久远。第一波批评一如平常，于 1770 年代前后发自宫廷。从太子妃随即再到王后，别人未曾原谅过她的特立独行，她的自由行事，她的出游消遣，如同邦贝尔所言，别人叫她对"年轻人吵闹的喜好"付出了代价。在她的交往圈子中，男人们穿着燕尾服被接纳进来，在她内室①的桌子上吃晚饭，女人们几乎能笑话一切，人们纵情跳舞，纵情玩乐，但这让许多人感到受了一种公开的鄙夷。在这里曾有毫不掩饰的快活时光。只有和她在一起，利涅才能扮成爱神的模样，两个长长的翅膀垂在体侧，前面带着一个报信人，扯着嗓子唱着："欢愉之神来啦！欢愉之神来啦！"[cclxvii]

叫人写了第一批攻击王后的讽刺小册子的，是老宫廷近臣里那些心怀嫉妒和落魄失意的人。永远不要把找麻烦的人等闲视之，因为他们可以冷酷无情。人们会原谅一次拒绝，却不会放过一回失礼。夏日的一个清晨，她曾想在玛力宫②园子的高处凝望晨曦升起，别人就编造她在凡尔赛宫小树林里夜间幽会[cclxviii]。她戴着面具几乎独自一人前往歌剧院的假面舞会，别人就寻出一些情人。她喜欢长时间待在女性友人的亲密圈子里——波利尼亚克公爵夫人、多森伯爵夫人③、朗巴勒王妃，

① 玛丽-安托瓦内特在凡尔赛宫内有私用的面积较小的房间。她在这些房间内接见最亲密的访客。
② 玛力宫（château de Marly）：路易十四时期所建的宫殿，毁于第一帝国时期。这座宫殿以园林式建筑著称，内有诸多水池和喷泉。
③ 多森伯爵夫人（comtesse d'Ossun）：舒瓦瑟尔公爵的侄女，在宫廷里担任玛丽-安托瓦内特的服饰女官，1794 年 7 月 26 日被送上断头台。

那么她就有情妇。她没和国王睡在一起，那是因为她和其他所有人睡，尤其是和她的小叔子，魅力非凡的阿尔图瓦伯爵，他是她亲密圈子里的一员。转眼之间，一些令人印象深刻的情人名单就在巴黎四处传播。

在这些情形下，人们相信她和红衣主教罗昂有染也就不足为奇。罗昂是法兰西宫廷大神甫①，喜欢讲究排场头脑却又过于单纯，他当时受了一帮骗子的诈骗，这些人由冒充成伯爵夫人的拉莫特指挥。凭一张伪造了王后签名的便笺②，罗昂打算把珠宝师博埃梅尔和巴桑热制作的传奇钻石项链③献给王后，而后来人们却发现它在伦敦出售。这条项链不过是在贪得无厌的王后的黑色传闻上又添了一笔，对她而言，情人、磨镜之乐、香水、黄金和首饰全是满足她种种恶习的机缘。红衣主教倒霉地被公开审判，于 1786 年 5 月获判无罪。玛丽-安托瓦内特自始至终无法想象这整出故事，人们却对她的无辜表示怀疑，如同响了三声猎哨，众人猎犬争食似地向她争相撕咬。总之，奥地利女人就是一个婊子。

因为项链事件真正的丑闻只发生在一个场景里，而这个场景明显有性暗示。夜间幽会被安排在凡尔赛宫的庭院里，发生在教廷王公④和专门为此变装成王后的演员兼妓女妮科尔·勒盖之间，它同时损害了王室人物的神圣和对宗教应有的敬重。从此时起，红衣主教的大不敬之罪就将成为全民族的大不敬之

175

---

① 法兰西宫廷神甫：法国旧制度和复辟时期总领王室宗教事务的官职，也是宫内位阶最高的教职人员，地位等同于公爵，因此常由大贵族充任。
② 拉莫特欺骗罗昂时伪造了玛丽-安托瓦内特签名的求爱信。
③ 钻石项链是路易十五为其情妇杜·巴丽夫人订制的，但未及完成路易十五已死。后来路易十六想把项链买下送给玛丽-安托瓦内特，她没有接受。
④ 教廷王公是对红衣主教的一个惯用称呼，人们把教皇的教廷比作宫廷，红衣主教即是教权宫廷内的王亲。

罪了。数十篇色情且伤风败俗的诋毁短文在境外出版，它们越来越多地逃过了书报检查。后来做了美国驻巴黎全权领事①的古弗尼尔·莫里斯，经验老到，也给王后一个不落地安了许多情人。在民众之间事情显然描得更黑。人们接二连三地指控她在特里亚农宫吃小孩子做成的肉酱，一天至少和六个男人睡觉，随后把他们杀掉并扔到沸水里毁尸灭迹^{cclxix}。民间老旧的顽固想法有着强劲的生命力。人们在 20 世纪初，曾把同样背德无道的事迹加到中国最后的皇太后慈禧身上。

王后张开的大腿不单单表明了男人们病态的窥淫癖^{cclxx}。它也宣示了政权道德上的衰败，品性上的失纯，状态上的失序与失衡。一切都颠三倒四。王后增加着情人进行统治的同时，没有情妇的国王丧失了权力。归根结底，在革命者眼中，玛丽-安托瓦内特真正的罪过在于她出手占了男人们的位置，因而僭越了她女性的角色与地位。

"我们在女人的国度里"，1789 年从美国初来乍到的古弗尼尔·莫里斯无不惊讶地记道^{cclxxi}。当他试图在回忆录中描述处于最后几年"生活的柔和"之中的法国社会时，这方面的行家里手塔列朗分毫不弱地强调着大革命不久之前女人们的无处不在。是她们在定调子。她们在做派、话语、品味，甚至在政策上发号施令。塔列朗就此写道，在巴黎的沙龙里，年轻女子们什么都敢谈，包括政府的决策或是当局最复杂的举措^{cclxxii}。如今，我们有了男女同比参政②。有些时代③不像其他任何时代，

---

① 全权领事：西方 19 世纪到 20 世纪上半叶的外交官职名，等级仅次于大使。因为过去信息传递缓慢，不得不授予外交人员全权以便能够正常开展工作。
② 在法国特别指参政要遵循男女平等原则，选举候选人必须男女人数各半。
③ 作者委婉批评的是大革命后的那些时代，尤指法国当代。

这些时代里的人灰暗阴沉，男女无别而且兴讼成风。

大革命，不只是平等对特权的胜利，也是男性的反扑对女性世界的胜利。伊丽莎白·维杰-勒布伦在她的《旧日烟云》中对此说得极好："彼时女人们正掌着权，而大革命废了她们的王位。""愿一切女人叫自己成为男人的社会都遭殃！"克莱里日记一个托伪版本的共和派出版商在注释中写道[cclxxiii]。人们其时正受着卢梭的影响，受着他《就戏剧演出致达朗贝尔的信》①的影响，受着 1750 年代前后他对女性权力恐惧的影响。雅各宾派后来把这一切不留余地地全部付诸实施。我们将会明白，玛丽-安托瓦内特在面对着她的法官们时，就处于这场辩论的中心。在凡尔赛宫廷男女杂处的社会中，从路易十五的情妇们到王后，君主的独断专行不断地和女性的有害影响相结合。为彻底终结这一社会，大革命将一套新政治模式强加于人，这一模式被置于道德标志之下，并在种种革命议会里由男人们雄性和阳刚的存在来主导。在《波斯人信札》中，孟德斯鸠就已经把后宫的建立和苏丹的大权独揽联系到了一起。有女性，就有道德习俗的违反，因而也有种种政治制度上的违规失范。而旧制度末期充斥着色情和放荡。我们记得 1777 年维旺·德农在地下秘密出版的杰作《毫无未来》中的开场白："某某伯爵夫人把我勾到了手但并不爱我：她骗了我。我生气了，她离我而去；这顺理成章……，而为了更好地报复，我一时兴起想重新占有她，等轮到我的时候，我已不再爱她。"[cclxxiv]

177

---

① 《就戏剧演出致达朗贝尔的信》是卢梭 1758 年发表的一篇文章，作为对达朗贝尔在百科全书日内瓦词条的回应。文中卢梭反对在日内瓦建造剧院，理由是这种娱乐既浪费金钱又败坏道德。

在 1789 年巴黎的那些陈情书①中，第三等级的成员们是第一批请求出台一部政策规范卖春行业的人。荒淫即是特权。色情则是反革命的。颂扬"正派规矩的资产阶级"的健康道德风尚在第三等级对贵族阶级的斗争中，是一个受人记录关注并不甚多的论据[cclxxv]。应当看看作为特派员的国民公会议员约瑟夫·富歇 1793 年 10 月在讷韦尔组织共和式婚礼的方式②，看看他是怎样邀请年轻的夫妇，在一片洁白斑鸠③的纷飞中，到祖国祭坛④上彼此发誓永远相爱，随后再把其中一个派到前线战斗，同时要求另一个去照料家务，负责孩子们的教育[cclxxvi]。人们飞快地削弱了赋予妇女的请愿与集会权。阿马尔在 9 月讯问过玛丽-安托瓦内特并出席了她的审判，他在对妇女权利的争斗中，让自己成了英雄海格力斯⑤般居功至伟的人物。几天后的 10 月 30 日，他在国民公会使人投票通过了一项关闭各种妇女的政治俱乐部与协会的法令。他的依据很简单。女人们生性容易"过度激动"，她们的神经构造对于自由，一如对于公共事务，都有致命的危险。女性即是谬误和无序。她们的道德教育

---

① 陈情书（cahier de doléance）是选举三级会议代表时把当地民众的意见与陈抗记录成册所形成的请愿性文件，最后由全国或省三级会议代表交呈国王御览。

② 当时富歇作为山岳派特派员前往法国中部和西部进行革命。他在当地大力推行革命和去基督化的措施，手段颇为激烈。

③ 斑鸠在西方象征夫妻忠贞。

④ 祖国祭坛（autel de la Patrie）：大革命时期象征共和国公民精神和民族的建筑，外形为一个圆坛，坛上有一个祭坛，祭坛上竖有一根古典式立柱。1792 年 6 月 26 日的法令要求每个市镇都要建一个祖国祭坛，上刻《人权宣言》和"公民为祖国而生，为祖国而活，为祖国而死"。绝大部分祖国祭坛在第一帝国时期被拆除。

⑤ 海格力斯：又称赫拉克勒斯，希腊神话中主神宙斯与人类女子所生的半神英雄，一生的伟业和冒险经历非常丰富。

"几近于零"。这些想法在许多革命作品里随处可见。"确实如此，如同人们天天所说的那样，"一个报社记者记述道，"法国妇女的习性尚未达到大革命的标准。"^{cclxxvii}

因此应该把妇女打发回家。或是叫她闭口不言，既然她潜在上是反革命的。玛丽-安托瓦内特的审判前后都有其他针对女性的重大审判：夏洛特·科尔黛、罗兰夫人、奥兰普·德古热①。

*

一切都相互关联。项链事件在 1789 年又被抛了出来广受争议，此时避难在伦敦的让娜·德·拉莫特出版了一份自辩声明，在其中她毫不遮掩地自居为王后与其女友波利尼亚克公爵夫人火热情欲的无辜受害者。话题抛出来了，平民女子遭到新时代女同性恋的玩弄并被玷污，这个女同性恋政治上的腐败程度只有其个人生活的荒淫才能匹敌^{cclxxviii}。大革命重启了对拉莫特的审判②。在 1792 年 6 月，别人撤销了对她的判决，并给这个骗东骗西捞名图利的女人平了反。富基耶肯定会叫她对被废黜的王后进行不利指证，倘若她不是已在伦敦跳楼自尽，而这无疑出于贫困和绝望。

即便如此，10 月 15 日埃贝尔仍然旧话重提，锲而不舍地

---

① 奥兰普·德古热（Olympe de Gouyes，1748—1793）：女性作家，后来从政，被认为是法国女权主义的先驱。大革命时期她对玛丽-安托瓦内特身为女性的多舛命运表达了同情，参照《人权宣言》起草了《女权宣言》。恐怖时期她激烈批判马拉和罗伯斯庇尔的所作所为，在吉伦特派遭到镇压后她提出抗议并发表了宣扬联邦主义的文章，在吉伦特派议员被处决后，她很快也被送上断头台。

② 项链事件曝光后拉莫特遭逮捕并被判刑，后越狱去了英国。

就王后和女子拉莫特在她的避风港湾小特里亚农宫中所谓的亲密关系向被告提问。他还像对着一件显而易见的事情一样作结论道："在那条著名项链的事件中，她难道不是您的受害者吗？"[cclxxix]我们想见得到这种冒犯会让玛丽-安托瓦内特感到多么愤慨。博埃梅尔项链上的那些钻石是她淫乱的证据。它们也把富基耶和法官们引向其他思路：她的穷奢极欲和铺张浪费，她交往圈子的违法滥权，她"鲸吞金子"的宠臣们，她任人唯亲的那些"圈定名单"，在特里亚农宫所花费的"巨额金钱"，她在其间当"女神"[cclxxx]的那些无休无止的游嬉。从 1781 年首席资政大臣内克在他著名的"国王御览报告"中公开宫廷近臣的年金和赏赐金清单①，到 1790 年红皮书②浮出水面，巴黎流言纷纷，我们则相信从中听到了所有这些流言震耳欲聋的回响。简而言之，玛丽-安托瓦内特挥霍掉的数百万金钱把国家引向了财政崩溃。

她对此心知肚明，她的左右当中曾有人坑蒙拐骗和小偷小摸，有人贪得无厌和违法滥权，宫廷中其他地方也处处如此。还有滥施恩宠：波利尼亚克家恩惠泽被一门上下，他们几份不同的年金合 70 万锂，债务代偿；给予吉什公爵夫人③，但也给了夸尼家、贝桑瓦尔家和其他家族的嫁妆均达 80 万锂。在 1787

---

① 为渡过财政难关、提高政府信誉，内克公开财政支出以让贷款人增加信心。这一举动颇受贵族非议，尤其是领取国王赏赐金和年金的贵族对此极为敌视。

② 红皮书（Livre rouge）：一份记录着路易十五和路易十六时期秘密开支的文件。1792 年 8 月推翻路易十六后，革命者在杜伊勒里宫发现了这份文件并如获至宝，把它当作封建王朝腐败的证据四处传扬。但其实内克和立宪议会的年金委员会事先都已了解这份文件。

③ 吉什公爵夫人（duchesse de Guiche, 1768—1803）：波利尼亚克夫人的女儿，她 12 岁时嫁给了吉什公爵。

年——而这无疑为时已晚——她是第一个减少服侍人员开支的人。也曾有 600 万锂用于购买圣克卢宫，但这是国王的一个礼物。她的确曾在特里亚农宫大兴土木，但她在那里过着比在凡尔赛宫开销更少的生活，没有王室礼仪的气派排场，也没有自己的宫廷近臣。康庞夫人甚至说她在那里颇为节俭。

她所能责备自己的，更多的不是她的开销，而是她在特里亚农宫曾经的样子，是她的田园游嬉①，是她那些诸如羊圈等的务农设施，是小村庄②里那些诸如假裂痕等的做旧风格，是这一整处幻想乡，这一整套做法。这处幻想乡和这套做法充满了农人式的淳朴天真，它曾长久地使她免于听到民众的嗟怨与流言。再后来，她将被他们搞得心生苦涩。她的那些回答至少称得上坦诚：“我们日增点滴不知不觉地被拖得开支糜巨；虽则如此，我比任何人都渴望让人了解其中发生了什么。”

她还能再多说什么呢？她对王国的公共收支与各项财政状况是不会有多少了解的。我们今天知道，路易十六统治时期最后几年的赤字主要由法国介入美国独立战争导致的超常花费造成。人们总说路易十六是承平统治，但法国有 6 年处于对英战

---

① 田园游嬉（fête champêtre）：18 世纪上流社会中流行的一种消遣方式，即贵族们在田园风光的自然场景里游玩嬉戏，以此满足对纯真淳朴和美好浪漫的品味追求。选的地点不一定真的在乡下，可以在精心布置的人工园林内。这里特指玛丽-安托瓦内特在凡尔赛宫园林内的消遣。参加的人都会精心打扮，在刻意布置成田园风貌的场景里进行风雅的游戏，同时有乐队隐藏在树林中奏乐。所以这种看似简单自然实则不然的活动被指责为骄奢的一个表现。

② 小特里亚农宫内有一个王后小村（hameau de la Reine），其中的房子外观刻意用一些假的裂缝做出仿旧效果。一些房子建成磨坊、农居等样子，但室内装修精良。玛丽-安托瓦内特在这些房子里生活和会客。另一些房子真正用于务农，如谷仓、制奶房，此外还有一个真正的小农舍，里面有猪圈、羊圈、鸡舍和马厩等。这种对乡村风情的向往反映出当时流行的重农主义思想和启蒙哲人对当时贵族品味的影响。

争状态，从 1778 年到 1783 年。在 1789 年宫廷开支有 4 200 万锂，占国家开支总额的 6.5%，这和第一帝国时期与复辟时期相去无几。另一方面，同年债务系统却吸收了数额难以想象的 2 亿 4 100 万锂，即开支的 41%。^{cclxxxi}

在审判中，人们显然把这一类考虑远远抛诸脑后。对玛丽-安托瓦内特的法官们而言，特里亚农宫的生活挥霍无度，因为它是荒淫的，而它荒淫是因为它秘而不宣。这桩大罪正在于此：外人无法进入的魔法阵似的密友圈子，王后挤滴管般分发的少之又少的请帖，对公众紧锁大门的园林，给守门人下的严命。对于这一私生活，这一现代做派，玛丽-安托瓦内特结结实实地付出了代价。种种异想天开的臆测随之而至。人们随即开始对"赤字夫人"①斥责怒骂。人们清楚得很，通奸的女人是挥金如土的。

*

182　　然而这一切不过只是个开头。为了更好地败坏这个女人的声誉，她的法官们起了邪恶的念头，要对她母亲的身份也进行攻击，而这构成了这个女人的主要部分。借此，他们就重新打击到了王后。在 19 世纪，浪漫主义作家们把玛丽-安托瓦内特的形象拿来大书特书，对她王后的部分和女性与母亲的部分做了分割。她的一个部分无可谅解，其他部分则可以。这是大仲马题材的全部所在。"作为王后，这是一个罪恶滔天之徒；作为女人，这是一个有尊严的和心灵纯洁的人。打碎一顶顶王冠是好事一桩，不幸让人得到净化。"^{cclxxxii}可如何把剪不断理还乱

---

① "赤字夫人"是民间给玛丽-安托瓦内特起的外号，意谓她的奢华生活让国家财政背上了赤字。

的东西相分隔呢？如果不曾是王后，玛丽-安托瓦内特不会是她所当的女人和母亲。她是唯一的同一个人。

革命者很懂得这一点。打击到母亲，就是打击到君主继承关系的神圣性，就是将之斩断，与此同时，就是再一次抽掉了封建王朝的魂。兹事体大，因为小卡佩一直在世，处于西蒙夫妇的看管下，被关在圣殿塔的一楼。这个孩子是国王。贬损了母亲，也就贬损了孩子，就是使封建王朝的鲜活肉身蒙污，它在共和国眼中，有着决然不肯逝去的恼人脾性。如此一来，它会自个烂掉，自个倒掉。弑君方式千差万别。共和国已经对付了父亲，对儿子它则开发出了弑君的新一面，这一面比起前一面还要恶劣，因为它打击到了一个无力自卫的孩子，这就是精神弑君。为此，也得羞辱到母亲。我不知道是谁病态的头脑中，孕育出了这么个马基雅维利式的不择手段的念头，它要攻击玛丽-安托瓦内特最为珍重的东西，并且要拿它来对付她。这念头是叫她死之前让她再最后痛苦一次。很可能是埃贝尔就此和富基耶-坦维尔进行的商议，随后，根据达成一致的意见，他再旁敲侧击地引鞋匠西蒙叫前太子开口。西蒙是个过于渺小的人物，肯定缺乏这种变态的想象能力，因而无法采取任何的主动。

保王派往后视为法国国王的人在 1793 年 10 月时年 8 岁半。自 1793 年 7 月 3 日别人毫无必要地把他带走交给西蒙起，他母亲就再没和他说过话。她后来再也没见到他。她女儿说，在离开圣殿塔去古监狱前，她整整数小时待在房间的一扇窗子处，为的是别人带他到圣殿塔的露台上散步时能瞥见他一眼。

玛丽-安托瓦内特一直都喜欢孩子。或许她想到了她自己的童年？或许这出于对她所失却纯真的感念伤怀？和她相像的东西令她触动，而触动她的东西脆弱易碎。"她身旁总有几个服

183

184　侍她的人的孩子，她慷慨地向他们施以最温柔的爱抚。"康庞夫人写道[cclxxxiii]。在饭桌上，她叫他们坐在她双膝上，还为他们组织游戏，举办小型演出，举行舞会。她请他们吃好吃的，并亲自侍候他们。当母亲之前，她甚至收养了一个 5 岁小男孩，她曾于路维希安①附近，凡尔赛周边村子里收留过他。再后来，她视如己出般爱着她朋友约朗德·德·波利尼亚克的孩子们：她的儿子"大阿尔芒"和她的女儿阿格莱，人们因她 1780 年和吉什公爵的婚姻叫她"吉谢特"。还有许许多多和她的孩子们年纪相仿的其他贵胄：她称为"我的小白鼠"的未来的贡托公爵夫人约瑟芬·德·纳瓦依，阿梅纳伊德·丹德洛，德尔菲娜和埃尔泽阿·德·萨布朗。阿黛尔·多斯蒙在宫廷中国王姑婶的环绕之下被抚养长大，她后来成了布瓦涅伯爵夫人时，忆起了王后送的诸般礼物[cclxxxiv]。

　　在她有第一个女儿之前，所有生于凡尔赛宫的人，尤其是她小叔子阿尔图瓦伯爵的两个儿子昂古莱姆和贝里，都叫她难过和烦躁得伤心哭泣。她明白，她是什么命部分上取决于她的母仪。她是王后，而她的孩子们不完全属于她。他们是政治和继承的重大利害中令人垂涎或引人忧惧的人质。她后来想尽量使他们免遭野心算计，一如免受宫廷近臣和舆论的仇恨针对。她和他们在一起感受到了巨大的欢乐，但也感受到了巨大的悲

185　痛。在她的长子，即第一位太子短暂一生最后的几个月里，她每天早上都从凡尔赛宫赶路到玛力宫去看他，她当时的侍从塞马莱伯爵说，每次离开他时她眼里都噙满泪水。他死后，她把全部的挚爱都转移到了第二个也是最后一个儿子，诺曼底公爵

---

① 　路维希安：巴黎西部郊区的一个小城。

路易·夏尔身上。当他 1785 年 5 月出生后不久，她向她朋友夏洛特·德·黑森写道他将成就"人民的荣耀和无比欢欣"^{cclxxxv}的时候，她怎么会猜得到他的未来呢？

越在跌宕起伏的大戏似的最后几年里，子女对她越显弥足珍贵。还在凡尔赛宫的时候，她向他们的前管教女官约朗德·德·波利尼亚克写道："我的孩子们构成了我唯一的精神给养。"^{cclxxxvi}三个月后，她在杜伊勒里宫致信道："事实上，倘若我能够幸福，那是拜这两个小家伙所赐。小宝贝招人喜爱，我疯狂地爱着他。他也很爱我，用他的方式爱着，并无扭捏。我喜欢像这样叫他，为的是让他想起您和您的孩子们。"^{cclxxxvii}她儿子当时 4 岁。她还对他的新任管教女官图尔泽勒夫人写道："他像所有身体结实、健康良好的孩子一样，非常冒失，非常轻浮，生气时表现暴躁，但没有冒失上头的时候，他友善易处、温柔甚至柔情款款。……他生性快活。"^{cclxxxviii}在杜伊勒里宫，她叫她女儿睡在底层靠园子一边的她的房间里，叫她儿子和其管教女官一起睡在一楼她的楼上。有时，她正给她朋友约朗德·德·波利尼亚克写信时，她女儿会加上几句话："是单纯的天性叫她写下的这三行字；这个惹人怜爱的小家伙在我写信时进来了。"在这一时期，她的孩子们仍有自己的服侍人员，自己的管教女副官，自己的贴身女仆和自己的家庭教师。只有在圣殿塔，和国王在一起，再是没有他的时候，她才完全承担起他们的教育。仅读她给图尔泽勒夫人关于他儿子的健康、锻炼的需要，他最微不足道的种种任性要求的详细说明就可感受到她对此十分关注。在凡尔赛宫，当她女儿因一次牙髓感染导致的剧烈牙疼而痛苦时，她心忧如焚，向最亲密的朋友们长篇大论地说了这件事情^{cclxxxix}。她最后一批给她母亲的信写在

186

1780 年，其中已经满是她的事情：断奶，第一次认出她，第一次叫出爸爸。

和玛丽-安托瓦内特在一起，就是毫无二致地在《爱弥尔》①里，在家庭圈子的亲密关系和情感的蓬勃迸发之中。在杜伊勒里宫被攻占前不久，有过最后一出家庭仪式，它不会让任何人感到无动于衷，而且对将来的国王的教育，尤其对他母亲的浪漫主义情怀而言显得意味深长。人们无疑对此缺乏注意。在 1792 年 3 月，路易十六应她的请求，封他儿子为骑士，随即请他选择他记挂在心并鼓舞他勇气的女士。孩子当时走向了他母亲，单膝跪下并握住她的手："我让您作为我精神上的女士，我发誓将抗击所有人以守护您的权利，至死方休。"ccxc 差不多与此同时，昆庭·克劳福德有了法子，准备把王后从杜伊勒里宫弄出来并送到布鲁塞尔，他撞上了一个斩钉截铁的回绝。玛丽-安托瓦内特不愿离开自己的丈夫，尤其不愿离开自己的孩子们。"母爱的情感，"他说道，"使她无畏地面对着必然的死亡。"ccxci 孩子们是她的命根子。她至死都在重复这一点，在她审判的几周以前，她还对在古监狱牢房里讯问她的那些人说："我的家庭就是我的孩子们；只有和他们在一起我才会觉得好，而没有他们我在哪儿也不好。"ccxcii

*

太子被带离的起初几个月，除了他头几天哭得厉害并拒绝一切饮食以外，任何记录都未留下。留意玛丽-安托瓦内特对她

①《爱弥尔》：卢梭 1762 年出版的名著，书中探讨了作者心目中的理想教育模式，鼓励培养儿童的独立人格。

儿子性格的说法对理解后面的事情不无意义。据图尔泽勒夫人说，她强调他常常害怕，喜欢讨陌生人的喜欢，尤其是有谎语癖的倾向："他会轻易重复听到的话，常常没想撒谎，却会在其中加入他的想象叫他看见的东西。这是个大毛病，应当就此对他好好矫正。"[ccxciii]第一批注意到他行为有变的人是圣殿塔内负责监视囚犯的那些选区专员。他们中的弗朗索瓦·多容有一天正和他在西蒙的屋子里玩地掷球①。他确认说，自己无意中撞见孩子正在说关于他母亲和他姑姑的胡言乱语，当时他正听到她们在楼上的房间里走动："这些该死的婊子还没被断头台砍掉脑袋吗？"[ccxciv]孩子并非完全与人隔离，他能看到某些值班的选区专员和站岗的国民自卫军士兵。他每天都到圣殿塔的露台上放风，但是根据救国委员会的命令，负责看护他生活的安托万·西蒙对他全权监管。

　　西蒙在 1793 年 57 岁，他妻子玛丽-让娜·阿拉达姆 48 岁。他在 1788 年娶了她，距他第一任妻子芭布·瓦约去世后不久。是瓦约帮他建立起他的生意的。她于 1760 年底把她第一任丈夫，一个巴黎老制鞋师的经营赠予了他。但生意很快垮了。西蒙夫妇又在塞纳街开了一家朴素的小餐馆式客栈。客栈生意还是不好，逐渐萧条，最终关门大吉。负了沉重债务的西蒙在人们不甚了解的境况中重新做起了鞋匠，并搬入了科德利埃街（今天的医学院街）32 号，离奥德翁十字路口不远。他一腔热情地参加了大革命，成了首都最"进步"的选区之一，法兰西剧院选区议会的一名积极成员，随后是 8 月 10 日起义公社成员，最终成了巴黎公社全体代表委员会委员。这是一个毫无二

① 　这是一种把小球扔到离目标最近者为胜的游戏。

188

心的无套裤汉。马拉住在和他同一条街的 18 号，推动着法兰西剧院选区的活动，这个选区很快将以他的名字冠名。马拉很了解他，对他颇为欣赏，并向救国委员会举荐他去看管小卡佩。西蒙此时已作为公社专员驻在圣殿塔内，且此前已检举过某些同伴的可疑行为，从而有了表现自己狂热劲头的机会。7 月 3 日他开始履职，并在 1794 年 1 月 19 日去职——后来他说这是出于他自己的请求——以便回到公社全体代表委员会出席工作。他很可能从未有过比这一时期更为丰厚的报酬：他领 6 000 锂，他妻子有 3 000 锂。然而他却不剩多少活命的时日了。他被卷入了热月九日起义，次日和罗伯斯庇尔、库东、圣茹斯特在同一时间上了断头台（1794 年 7 月 28 日）。他第二任妻子在他之后活了很久，1819 年在绝症患者收容所去世[ccxcv]。

西蒙是一个谜团。有些人把他说成一个不堪政治事件重负的忠义之辈，另一些人说他是一个冷血的施虐狂。有人甚至把他当作一位超前于时代的政委，负责施以一种越共式的再教育计划，以图把小太子从他出身的桎梏中"解放"出来，并使他重回大革命的怀抱。

他很可能不过是个喋喋不休、言行粗鄙的人，尤其是个奴颜婢膝之徒。一道沟壑把这个已经上了年纪的平民百姓和 8 岁的小太子分隔了开来，而我们还是得掂量一番它的深度。他只有一次吐露了真情，那时他刚从圣殿塔出来不久，对象是一个在巴黎的英国间谍网的法国探子——或许是一名国民自卫军军官，这个探子由英国外交官弗朗西斯·德里克从热那亚进行遥控。西蒙辩解说自己什么罪都没犯，并怪罪圣殿塔的卫兵，他们叫小囚犯喝"烈酒"，教他说"下流和渎神的话"，给他"淫秽书刊"。他也解释了小太子不良的健康状况，说这是梅毒——当时人称花柳病——引起的，可能是他接触别人给士兵叫来的妓女时感染上的[ccxcvi]。这一切都如此凄惨，以致历史学家 G.勒诺特在 1890 年代末期出版西蒙的部分证词时，倾向于把这段话以拉丁文转述。

西蒙尤其怪罪埃贝尔。是他起的意叫孩子作证攻击母亲。埃贝尔甚至拿断头台威胁太子，吓得这位小囚犯惊恐万分，昏了过去。我们不要忘记，在公社的权力体系内，作为选区议会成员的鞋匠很大程度受埃贝尔管辖，这个人自 1792 年 12 月起就是公社检察总长的两名代理检察官之一。西蒙也是他的一名热切读者，并在科德利埃俱乐部出席议事，而《迪歇纳老爹报》的撰写人自马拉死后就主导着俱乐部。简而言之，西蒙在他脚下对其唯命是从。他唯唯诺诺、逆来顺受，肯定是出于这一点，才被选去看管"小屁孩"——这是无套裤汉圈子给太子取的绰号。有些历史学家暗指埃贝尔当时犯了许多事。一个月后，国民公会议员沙博和法布尔·戴格朗迪纳向罗伯斯庇尔指控他曾和针对共和国的最危险的一桩腐败行为有干系。这些行为由巴茨男爵①领导实施，王党分子所有的阴谋活动男爵都有份，他的名字在大革命时期被不断地提及，成了一个神话[ccxcvii]。丹东的朋友卡米尔·德穆兰对自己的怀疑坚信不疑，他在自己

191

---

① 巴茨男爵（baron de Batz, 1754—1822）：法国 18—19 世纪历史上颇有传奇色彩的金融家。他本出身平民，但靠金融和经商发了财，随后被路易十六册封为贵族，从此得以接触上流社会。大革命初期他成了路易十六的秘密参谋，主要为国王筹措资金以资助封建力量对抗革命。他出名是因为革命法庭审判王后的证人沙特莱告发他和王党分子密谋在路易十六行刑那天把他从半道救走，当时还传言他借给王党分子让松侯爵夫人 100 万锂，好打通关节用她把王后从古监狱换出来。但从史料上看此人的机灵仅限于在大革命期间操持金融活动牟利。波旁王朝复辟后为表彰他为王室的服务，给他颁了圣路易勋章。

的《老科德利埃报》上对埃贝尔发起了一场公开声讨[ccxcviii]。报社记者兼保王派探子马勒·杜·潘通常消息灵通，对此他也一口咬定。1793 年 8 月和 9 月，埃贝尔或许在最后一波救走王后的尝试中插过一脚[ccxcix]。人们对此无法了解得更多。在 6 月，已有人把同一意图扣到过丹东头上。可为什么《迪歇纳老爹报》的撰写人于 8 月，后又于 9 月 27 日，在雅各宾俱乐部的演讲台上要求让女囚返回圣殿塔呢？[ccc] 如果还是根据马勒·杜·潘的说法，对着巴茨的一个女性朋友，他似有说过："要是我救不了她，我就叫她死。"他没食言。

不管怎样，三天后，在 9 月 30 日，西蒙写信给埃贝尔通知他小卡佩准备好了发言。光是便笺里词语的拼法上就显出了鞋匠的语气。"我求你别不管我要见你的请求，我很急。"[ccci] 10 月 6 日，人们煞有介事地对孩子进行了讯问。其中有巴黎市长巴什、公社检察官肖梅特、埃贝尔和包括执笔记录的多容在内的五名选区专员。西蒙显然在场。小卡佩坐在自己的椅子上，脚触不到地面的短腿来回晃荡。多容后来说道，他神情生硬，担惊受怕，据此相信他在撒谎[cccii]。他这天仅在重复着别人想让他说的话。他肯定在害怕。在这当中，他或许也带有那些在禁止之事上予以报复的情绪，孩子们会进行这样胆大妄为的挑衅。我们通过他姑姑知道，他在圣殿塔养成了自慰的习惯，他母亲为此吼骂过他。

别人坚持要他向西蒙确认声明，他做了，别人还让他签下"路易-夏尔·卡佩"，这是一个孩子写的签名，那些"p"和"t"写得歪歪扭扭，夏尔少了一个"s"。在杜伊勒里宫，别人叫他在书写工整的右侧书页签上"路易·夏尔"或"太子路易"，其中有些书页现今仍保存在私人收藏里[ccciii]。看着这些仅有数月间隔的不同签名并把它们互作比对，我们感到它们之间跨过了一个世界。次日，路易被叫去和他姑姑与姐姐对质。尽管她们否认，他仍坚持自己的说法。"尽管我流着泪，但他们依然固执己见。"他姐姐讲述道，"有些事我没弄明白；但我明白了的事如此可怕，这让我愤怒得哭了。"[ccciv]伊丽莎白夫人似乎喊道"哎呀！恶棍"。别人在 10 月 26 日他母亲死了后，又讯问了孩子一次。这一次，他给出了向女囚们带去秘密消息的专员们的名字[cccv]。我们感到，他对他的狱卒们说出了一切他们想听到的东西，以此而言告密成了他最后的法子，成了他面对他们进行自保的特有方式。然而在 10 月 26 日，他却在其中带有一种礼貌，这种礼貌出于绝望，似乎具有悔恨色彩。在叙述证言的末尾，他试图为他母亲出罪。他说，支持阴谋活动的是他姑姑伊丽莎白，而不是她[cccvi]。

埃贝尔有自己的证据。10 月 14 日下午，他对他要达成的效果胸有成竹。被叫到发言席上之后，他先提到被告生活中的各种变故，随后由此开始了正题。他说起他口中"不成体统的自渎"的小卡佩的情况，解释说他是被他母亲和姑姑给教成这样的。随后他从这一点说到了最过分的事。从孩子所作的声明当中，他对着庭长埃尔曼，并在富基耶的审视之下解释道，"可以由此得出这两个女人常常让他睡在她们之间；其中发生了最为无度的荒淫之行；根据卡佩儿子所说的话，甚至无须怀疑，母子之间曾有过一桩乱伦"[cccvii]。这还不是全部。埃贝尔很可能极欲表现自己的聪明才智，他不满足于指控，还予以论证。玛丽-安托瓦内特和她儿子睡觉不仅是为取乐，他解释道，也出于政治原因，带着对孩子"进行肉体的刺激"这种不择手段的意图，以便更好地掌控他。他说这话时有看过被告吗？至少卑

193

鄙小人还有勇气当面血口喷人。几个月后，当轮到埃贝尔行将走向断头台时，他哼唧着，四下扭动。而人们嘲笑了他。

*

194 此言一出，玛丽-安托瓦内特没有立马作出反应。她应该是听了埃贝尔的故事后大为震动，以致表现得似乎充耳未闻。一名陪审员不得不复述指控，并命她做出回答。她转向听众，说了众所周知的一番话，那是一种在所有人记忆中都经久不忘的讲述，使我们忘了其余的东西："如果我没有回答，那是因为自然的天性拒绝回应向一个母亲所作的这种罪责。我请此间所有的母亲为我公断。""在这里，"我们还读到，"被告表现得情绪异常激动。"^{cccviii}她红了脸，忍不住流出一抹泪水^{cccix}。一个亲历者说，她向公众的诘问有着"严肃戏剧般震动人心的语调"^{cccx}。稍后等情绪刚一过去，她就比以往都更自恃母亲的身份，清楚明白地说出了她对讯问她儿子的想法："叫一个 8 岁孩子说出一切想要的话是轻而易举的。"^{cccxi}

她向埃贝尔所作回答的其他版本此后在坊间飞快流传。当时，来自英国、人在巴黎的历史回忆录作家海伦·玛莉亚·威廉姆斯存下了一份记录，保存至今的就是这个版本："我请会场里所有的母亲为我公断，并请她们声明在她们当中，是否哪怕有一个人不是光想到这些可憎的恶行就会颤抖。"^{cccxii}据监视法庭的人员报告说，这一刻，第一次但也是最后一次地，审判

195 即将朝对被告有利的方向扭转。次日，警员普雷沃报告说，自被告发言后，好公民们（请理解为那些想要王后死的人）垂头丧气，尤其对审判的最终结果忧心忡忡。^{cccxiii}

当时在场的其中几人是从一而终或虔诚地再度回归的保王

派，后来到了复辟时期，他们回忆说有人发出撕心裂肺的叫声，有些妇女昏厥过去，人们似乎不得不把她们带走[cccxiv]。织衣妇们再差一点就要鼓起掌来。律师肖沃·拉加德在这方面指出有"一阵赞叹"，而雅克·弗朗索瓦·勒皮特在其回忆著作中一如既往地上头起劲。他听到"埃贝尔可怕的非难"时似乎气得发抖，痛斥"这个恶棍的鲜廉寡耻"[cccxv]。我更倾向于斯塔尔夫人①在审判发生的时候，给她情人纳尔博纳所写书信中惜墨如金的话："地狱在人间。"[cccxvi]

罗伯斯庇尔似乎也对"这个蠢货埃贝尔"感到光火，他差点就因那些愚蠢的夸大其辞搞砸了整件事情。盛怒之下，罗伯斯庇尔好像用叉子打碎了盘子，当时他正由圣茹斯特和巴雷尔作陪吃饭[cccxvii]。

我对这些丝毫不信。王后性事方面种种劣行的流言在公众当中广为人知，因此在大革命的拥护者之间，鲜少有人会对埃贝尔的指控感到惊讶。对于那些判她有罪的"最为无度的荒淫之事"，人们听闻已久。这一用辞在报纸上随处可见，已有10多年了。况且，奥地利女人还干过好些桩别的淫行……雅各宾分子们认为，纯良的道德风尚将在这一民族的正义之举上得到伸张。美德只会从中更好地获胜。路易·迪富尔尼每晚向圣奥诺雷街的俱乐部②作一次审判情况的汇报，对于埃贝尔揭示种种这般"可憎的恶行"[cccxviii]时，所表现出来的强压耻感、得体

196

---

① 斯塔尔夫人（Madame de Staël, 1766—1817）：路易十六的财政大臣内克的女儿，后来和瑞典驻法大使斯塔尔男爵结了婚。她凭借哲学方面的作品进入文坛，后向法国介绍了德国的浪漫主义文学，从而开启了法国的浪漫主义潮流。起初她对大革命思想表示欢迎，但自1791年起转为批判立场，赞同君主立宪制，并因这一立场备受革命者敌视。
② 此处即指雅各宾俱乐部。

有礼和有"羞耻心"的样子，他感到欢欣鼓舞。还有罗伯斯庇尔派的报纸撰写人说道，要是被告面对着她的指控者红了脸，那既不是出于害臊，也不是出于无辜，而是出自东窗事发的不快[cccxix]。以美德的名义，人可以言所欲言且为所欲为：尤其是当这个美德具备了几个伟大典范的意味时就更是如此，这些典范的意味是人们梦寐以求的，它们取自革命者名副其实沉浸其中的古罗马历史；尤其是当这个美德从私人范畴之中被猛然抽离，成了公共生活的仲裁者，并且通过判定善恶，赋予了后者一种道德意味时就更是如此，这种道德意味由美德存留至今，虽则可能会随时间的流动而无尽地变换。

无论如何，如同阿道夫·梯也尔[①]所说，臆想的真切感，还有仇恨最终压倒了理智，最终干脆压倒了国家政治中活跃的少数派[②]的人性。为了让共和国长存，它的奠基者必须在鲜血和最为黑暗的污蔑中开辟出一条道路。这种印记经久不褪。

*

197　　在法国，显然无人曾试图为被废黜的王后辩护，哪怕是对她表示谅解。这在当时过于危险。然而却有一道仅有的声音，

---

①　阿道夫·梯也尔（Addphe Thiers, 1797—1877）：法国政治家，1871—1873 年任法国总统。政治上他持君主立宪的立场，是一个自由派。对大革命史他有深入研究。"臆想的真切感"语出梯也尔的名著《执政府与第一帝国史》，本书作者在他的另一部作品《正在继续的就是大革命!》中，对这个表达有具体解释："作为开始，我想打破几个子虚乌有的说法。它们的言之凿凿顺带证明了，这段时期有着人们头脑当中产生的意象的烙印，梯也尔在他的《执政府与第一帝国史》中称其为'臆想的真切感'，它从来没有像在那些危机时期那样强烈。"

②　少数派即指资产阶级革命者，这样讲是因为当时法国社会绝大部分人口是农民，实际上并未参与革命。

而且是一个女性的声音，一个流亡者的声音，在这片沉寂中从日内瓦响了起来。这道声音，是热尔曼娜·德·斯塔尔的。王后生前知道吗？这极不可能，但倘若如此，她将不胜惊讶。斯塔尔夫人作为财政大臣内克的女儿，并不站在她这一边①。她是个满怀激情的立宪主义者和自由派。在 1791 年 12 月，她迫使国王接受了她的情人纳尔博纳伯爵，他此前在战争部曾进行过粉碎保王派势力的工作。她丈夫斯塔尔男爵也完全是一个持进步思想的人。

她的《对审判王后的若干思考》出版于 8 月底，在玛丽-安托瓦内特受审一个多月以前。然而她的文字表明她已猜到了一切，并明白了一切。她不是为王后，而是为女性和母亲辩护。她没有展开政治性的论据，而是试图唤起女人们对另一个女人的同情。这并非热尔曼娜·德·斯塔尔最好的篇章，它的文风略显夸张，但作为超前于时代的女权主义者，作者一语中的："在对弱女子的侵害当中，在对心怀怜悯的女性的摧残当中被牺牲掉的女人们，我重拾对你们的情谊。要是冷酷无情一统天下，你们精神上的感染力也就完了。……拿起天性所赋予的一切武器为王后辩护吧，前去寻找这个孩子吧，假如他非得失去这个如此爱他的女性，他也会随之而逝。"[cccxx] 对于她的"刽子手们"，她也痛加责斥。"你们通过死亡进行统治，对于政府本质上所缺乏的力量，要在恐怖统治中重新找回，哪里有一个王座，你们就在哪里竖起一座断头台！"[cccxxi] 最后她直接对王后后来的法官们喊话。他们面对着欧洲，通过他们的决定，仍可当

① 有人认为内克在财政大臣任上被路易十六解职是玛丽-安托瓦内特在背后挑唆的缘故，所以作者这样说。

她的"解放者"，而非她的"凶手"^{cccxxii}。

当时，热尔曼娜·德·斯塔尔孤零零的辩护词极少有人过目，几乎不为人知。它什么用场都没派上，就算派上也只是替所有这些沉寂未发的女性，作了一种身后的慰藉。玛丽-安托瓦内特的审判一直走到了终点，因为别无他途。不幸也像算术般发则必至。张满了弓，箭矢就被一只无形的手射了出去。无论现在再怎么样，它都将抵达目标。这场审判并非一出剧情剧，具有诸般的转折反复，出人意料，妙趣横生。这是一出悲剧。我想到了《安提戈涅》开场白里的那一段，其中让·阿努伊正介绍着女主人公，"正坐在下面的羸弱的小女孩"①，作者一下子就向我们预告了她毫无脱困之机。"她或许曾经很想活着。但做什么都于事无补。她叫安提戈涅，得把她的角色一演到底。……这是悲剧所独有的。这让人心无忐忑，这让人确信无疑……"②

---

① 此处指安提戈涅准备在坟墓里上吊自杀。

② 最后两句话是《安提戈涅》中的台词，大意是说不幸的结局一开始就已经注定是悲剧所独有的，观众对此心知肚明，因此观看过程中不会随着剧情变换而心中忐忑。剧中给出的解释是"因为我们知道不会再有那种肮脏的希望；人被困住的话就像只耗子，脸趴着冲向地而背对着天，能做的就只有叫嚷"。

第四幕

"死亡女骑士"

一个重罪辩护律师是什么样的人？我认识好几个，见过几个人上庭辩护，他们在陈述意见时常常显得才华横溢。人们从外表上几乎能把他们全认出来，50 岁上下的年纪又英姿勃发，蓬密的乱发显得略长，发色花白，有着一副属于他们自己的腔调，一种他们自己特有的嗓音，一份显而易见的进行表演和做戏的兴趣。在辩护时，他们理所当然地做出一副对客户的无辜坚信不疑的样子。在私下里和他们讨论案子时，我们对此则少了一点确信。对他们而言，似乎尖刻的讽刺，喜好挑衅的口味和种种离经叛道之举，还有一种清醒自觉的肆无忌惮，就等同于置身事外的超然。像所有对恶靠得过近和接触得过于频繁的人一样，这无疑出于必要。此外，他们还有法外之徒的一面，其间混杂着一种讨人欢心的巨大欲望。重罪辩护律师天生就会勾引人，他是那种死不悔改的花花公子，永远不会停止寻花问柳。我见过的那些人有时会拿自己的名声冒险，但不会赌命，这会让一切完全变成另外一码事。

玛丽-安托瓦内特的律师不是她自己选的，而是官方在 10 月 12 日给她指定的。他们有两个人：克劳德·弗朗索瓦·肖沃-拉加德，前文已有所表，因为他留下了写得太迟的审判笔记，以及纪尧姆·特龙松·杜·库德雷，两人之中他肯定心肠更好，但知道他的人也更少。前者 37 岁，后者 43 岁。如果法庭给她留有选择的话，她本可由其他人进行辩护，如同国民公会对路易十六所做的那样。被废黜的王后向来不乏拥护者。尼古拉兄弟俩艾马尔-弗朗索瓦和夏尔-马里出身于一个古老而显赫的穿袍贵族家庭，他们在 8 月宣布有意辩护。艾马尔-弗朗索瓦给王后写了信，随后不声不响地把信寄到了国民公会。"我向国民公会的议长致信，以使您了解我的热忱和舍生取义；愿这两者……能使您得到应得的公义。"勇气隐藏在人们对他所冒风险的准确估量之中。把保王派倾向的想法甩到大革命领导人物的脸上，尼古拉兄弟对自己干的是什么事心知肚明。他们冒着送命的危险回了法国，因为他们太过有贵族感了。国民公会没有接纳他们的请求，而是逮捕了他们。两人后来均被判死刑，一个在 1794 年 4 月，另一个在 7 月上了断头台^{cccxxiii}。

201　　富基耶-坦维尔最终不情不愿地选了律师。他们从革命法庭创设起就挂靠在那里，从根本上讲，他们和在其面前进行辩护的人同属一个阶层。对八九年理念①的契合并不总是生发于某种地域或社会阶级决定论：一边是第三等级，一边是那些特权等级。大革命在几乎所有阶层都深入人心，从至鄙到至尊，直至那些权势家族的内部。这一点在 1815 年、1940 年、1945 年，法国所有重大危急关头都有重现。

　　特龙松·杜·库德雷是一个做大生意的资产阶级老板之子，其父是雷恩市的商人兼市政长官②。肖沃生于沙特尔，他父亲曾于路易十五时期在那里获准成为修脸理发兼假发制作师。两人一个出身当官的资产阶级家庭，一个出身以手艺谋生的资产阶级家庭，都获准成为巴黎高等法院律师——肖沃在 1783 年，

---

①　八九年理念是大革命史中的一个表述，即指 1789 年大革命思想。
②　这里的市政长官（échevin）是旧制度时由市镇的资产阶级或全体居民选举产生的。

而且他们在大革命之前就已经通过几件出人意料、优秀精彩的
无罪判决闯出了名气。在大革命起初的那些时候,他们的反应
并不一致。肖沃对大革命热烈欢呼,甚至于 1789 年出版了一部
《三级会议理论或重生的法国》,与此同时,特龙松表现得则要
保守许多。但他们一个从来都不是真心实意的共和派,另一个
则一直是不宣于口的秘密保王派。他们都喜爱自由,并且热爱
自己的职业。1791 年 3 月,肖沃和马拉唇枪舌剑起来,马拉在
《人民之友》中说他是"歹徒们的律师",而他反唇相讥。"确
实,马拉,我捍卫过你,这不是为了论证你所谓的公民精神和
民意支持,人要蠢得可以才会心悦诚服地相信这些。……针对
曾威胁到你的滥权我捍卫过你,因为我恨独裁专制更甚恨过马
拉,我尤其恨它伤害马拉本人。"[cccxxiv] 两人都不乏才华。关于特
龙松,欣赏"他悦耳动听的声线"的拉克雷泰勒说,他的辩驳
尤其精彩。"他有着过人的热情和一种迸发的想象力,这些成
就了一个保民官①的财富。"1792 年 12 月,得知他的一个同行
让-巴蒂斯特·塔尔热进行了回避之后,他在国民公会前毛遂自
荐要为国王辩护。但路易十六已经选好了律师:纪尧姆·德·
马尔泽尔布、弗朗索瓦·特龙谢和雷蒙·德·塞兹。这没有妨
碍他公开给国民公会写自荐信,如此行事毕竟带有几分风险。
"圣殿塔的被告被人撇下不管叫我感到可怕,这些人出于从事
的职业是要致力为不幸者辩护的。"[cccxxv] 在一年后,必然是同样
的缘由,使得他在我们所知的杂技般困难的状况下,接受了玛

202

---

① 这里的保民官(tribun du peuple)指古罗马时期经选举产生的代表平民阶层,
并负责在元老阶层与执政者面前维护平民利益的官员。大革命时期的法国鄙
薄波旁王朝的封建专制,崇尚古罗马时期的风尚,所以当时会用这种说法来
形容为人民利益服务的人。

丽-安托瓦内特的辩护委托。特龙松和肖沃只在审判的前一天见
过王后一次。他们几乎无暇查阅卷宗，更无时间准备辩护陈述。
他们是被暂缓定罪的罪犯，我们看到，对他们予以逮捕的基本
想法在展开法庭辩论那天，就已由国民公会投票通过。

*

他们说了什么？我们对此几乎一无所知。那些审判的笔录
原件甚至没给出一个概要，而且什么都未曾公开。对法庭而言，
替辩方再宣传一遍辩护理由显然不在考虑之列。特龙松·杜·
库德雷辩护状的手写本貌似毁于督政府时期，在他所卷入的
1797 年 9 月（共和五年果月十八日）反王党政变①之后。至于
肖沃，他救下了自己的笔记，现藏于国家档案馆[cccxxvi]。它仅是
一个基本框架，而这就是所存余的全部了。我们感到，除几行
开场白外，作者客观上并无撰写辩护陈述的时间。两位"非正
式辩护人"，如同时人对他们所称呼的那样，把担子分摊了下
来。肖沃针对富基耶-坦维尔关于王后和外部敌人勾结的指控进
行辩护，特龙松对付在内部阴谋颠覆政权的指控。在深夜里，
第一个人讲了将近两小时，第二个人花费了一小时一刻。他们
说完的时候，差不多已到 1793 年 10 月 16 日凌晨 1 点了。

读着从肖沃-拉加德的辩护陈述中存留下来的只言片语，一
切都令人感到作为一名优秀的刑辩律师，他立足于指控所严重
缺乏的东西——证据。"没有什么事，"他在开头说道，"会比
得上指控表面上的庄严，兴许除了证据那荒唐的无效性以

① 此次政变指督政府时期包括巴拉斯在内的三位督政在军队支持下发起的针对
王党分子以及雅各宾分子的政治行动，当时王党分子在议会中占据多数。

外。"[cccxxvii] 如果不是他迅速重申了他绝对无能为力的东西，并刻意强调了审判的政治意味的话，我们几乎可以相信这整场诉讼都是正常的："被告不幸曾是王后，单凭这个想法就可以提前让共和派对她的辩白警惕戒备，纵非本愿也会让你们为外所动，但不受外在因素影响才符合你们的神圣品质。"关键正在于此。肖沃明白这一点。他恳请陪审员们摆脱偏见，和他一起专注于起诉状，逐条研讨。他也为女性和母亲的身份辩护了吗？我是怀疑的。他应该只顾对付最实际可触的指控，埋伏在法律和法学考量之后。问题是，法庭对此并不在乎。

然而，根据审判的官方报告起草者的说法，两位律师"履行了他们的义务，激情和雄辩一样不少，不分伯仲"[cccxxviii]。几天后在雅各宾俱乐部，救国委员会中最残暴的成员之一，人称科洛·德尔博瓦的让-马里·科洛①甚至觉得，寡妇卡佩根本不配有"这般灵活、雄辩（和）无畏"[cccxxix] 的辩护人。这表明他们的辩护陈述应是有理有据的。1816 年肖沃在出版回忆录时，显然作了添油加醋。他刚讲完，王后似乎就同他说话，带着她留给最忠诚的仆人的善意关切："您该多么疲惫，肖沃先生！我对您所有的艰辛感受深切。"[cccxxx] 这么写是因为他稍微有些地方需要世人谅解。大革命之初，保王派就已经怀疑他趟过几次革命活动的浑水，但掌握清楚的事实于此无多。诚然，肖沃曾为几个大革命的重要受害者辩护过：夏洛特·科尔黛；米朗达将军②；

① 科洛（Collot，1749—1796）：救国委员会成员，在恐怖统治时期作为特派员和富歇一起镇压了里昂的联邦主义叛乱。他认为断头台处决的速度太慢，倾向于炮击和枪杀。

② 米朗达将军（général Miranda，1750—1816）：西班牙军人，大革命前率领西班牙军队在美国独立战争中打击过英国人。后来他来到法国加入了迪穆里埃将军的革命军队并在征战中颇有战功。由于和吉伦特派的关联他数次遭到逮捕，共和五年果月十八日政变后险遭流放，后避难去了英国。

伊丽莎白夫人，她是玛丽-安托瓦内特的小姑子，在圣殿塔一直关押到 1794 年 5 月被处死。之后，他还为几个著名的旺代党人、布罗捷神甫①、拉·维尔厄尔努瓦②以及护宪元老院③议员克莱蒙·德·里斯的假定"绑架者"——康希和莫迪松④辩护过。但他也曾是布里索的顾问，更糟的是，还是革命军队埃贝尔派的军事长官之一龙桑将军的顾问。

回忆录里没说，10 月 16 日早上，别人在卢森堡监狱讯问他以求知道王后是否吐露过几桩可疑的隐情时，他为自己作了辩解，我们至少可以讲他辩解时是略失风度的。寡妇卡佩，他回答道，对他做了"最深的隐瞒"，而且在"她很可能有意隐藏起来的事"ccexxxi上什么也没和他说。肖沃在辩护陈述后被关进了监狱，他显然在试着保全皮囊。当然，自身脱离危险的时候，人们便常常在勇气问题上变得苛刻起来。同样被捕并受到讯问的特龙松没有屈服。10 月 16 日下午，国民公会决定让两名律师重获自由。一些闷闷不乐的人对此心忧如焚。我们看到，自 10 月 19 日起，科洛·德尔博瓦就在雅各宾俱乐部演讲台上攻击起了他们。埃贝尔在 28 日则添油加醋地说："对于把自己

---

① 布罗捷神甫（abbé Brottier, 1751—1798）：保王党人，试图推翻督政府，帮助波旁王朝复辟。

② 拉·维尔厄尔努瓦（La Villeheurnois, 1750—1799）：保王党人，果月十八日政变后遭到流放。

③ 元老院（Conseil des Anciens）：法国当代参议院的前身，热月政变后和五百人院共同组成了督政府时期的两个立法议会。

④ 里斯共和三年被任命为公共教育部的负责人，他参与建立了高等师范学院。波拿巴雾月政变后请他担任负责选举和解释宪法的护宪元老院的议员。他就任仅数月后被一群人绑架关在地牢达 19 天。实际情况是当时的警务部部长富歇授意手下去搜掠他的住宅以获取牵涉到他的文件，但这些人行事越权。波拿巴事后命令严惩肇事者，富歇于是把拥护王权的康希和他的小舅子莫迪松抓来顶罪。里斯害怕牵连拒绝出庭指证，结果两人被判死刑遭到处决。

的才华用于为王权效力，为世间所有的国王作过辩护、正在辩护或将会辩护的那些人，我要求予以密切监视。"[cccxxxii] 他在《迪歇纳老爹报》上更加凶暴："我难道没看见吗，这两个魔鬼的律师不光像圣水池里的小鬼那样拼死挣扎地证明那个烂婊子的无辜，还竟敢为叛徒卡佩哭丧，并跟法官们说惩处了大肥猪就已经够了，至少应该对他那个贱货老婆网开一面。"

我们可以确定，在恐怖统治的顶峰时期，挂靠于革命法庭的非正式辩护人的行当是不得安生的。1794 年 2 月特龙松·杜·库德雷鼓起勇气辞了职，他藏了起来才躲过了断头台[cccxxxiii]。肖沃一直在岗，但最终在 6 月（共和二年牧月）的革命法庭改革之后被投入了监狱[cccxxxiv]。直到罗伯斯庇尔垮台后他才出狱。在此之前，他不得不表忠心。在 4 月里，他低声下气地联络法官，向他们申请那张宝贵的公民证①，从那时起法庭辩护人必须持有这张证件。在这里他又屈服了。他搬出许许多多"爱国精神的证明"，它们是他"在大革命之前和之后"做的，他还为曾有"倒霉的荣幸"给寡妇卡佩辩护过而自辩："人们很清楚我曾给卡佩这个女人和科尔黛那个女人辩护过，却不知道是法庭任命我为她们的官方辩护人。"[cccxxxv] 在复辟时期，他再次站稳了脚跟。寡妇卡佩重新成了"被谋害的王后"。他那时出版的关于她的那些笔记成了一个良机，让他得以作了一长篇极尽吹捧之能事的阿谀之辞，其中逐页提到光辉四射的受害者那"高尚的傲骨""美丽的品格""迷人的魅力和善良的心肠"。就算这些都只是事后之言，但肖沃凭此脱了身。他在整个大革命

207

---

① 公民证（certificat de civisme）：当时的一种特殊证件，用以证明持有人是愿意为革命利益无私奉献的忠诚公民。

期间进行无罪辩护的同时，还在恐怖统治之下出色地为上莱茵省犹太人的利益进行了申辩，随即在督政府之下为梅斯城犹太人作了辩护^{cccxxxvi}。荣誉纷至沓来。他于 1806 年被任命为资政院①律师，再于 1828 年在复辟时期成了翻案法院委员法官。他以 85 岁的高龄死于 1841 年。人只有活下去才可以为自己辩白。

特龙松·杜·库德雷并无这般运气。罗伯斯庇尔垮台后他重新开始执业，并在 1794 年 9 月使 94 名南特人获得无罪宣判。是把人淹死在卢瓦尔河的卡里耶②逮捕了这些南特人并把他们发往巴黎。这场审判之后，国民公会下令逮捕特派议员卡里耶，而特龙松顺理成章地拒绝为他辩护。在卡里耶 12 月的审判上，他只负责为那些在他看来罪行最轻微的人辩护。在辩护陈述的末尾，他说了一句绝妙的话，概括了结束恐怖统治的一切利害，而督政府牙牙学语尚未成型的体制正试着走出恐怖："我们应该自由，同时不做凶手。"^{cccxxxvii}他紧接着当选为护宪元老院塞纳-瓦兹省议员，并对在旺代犯下的暴行作了猛烈揭露。后续如

208　何人所共知。对"保王派"的两院采取了激烈措施（共和五年果月十八日，即 1797 年 9 月 4 日）的次日，督政府中的"老大"巴拉斯下令把 15 名将军和反对派议员流放至圭亚那。特龙

---

①　资政院（Conseil d'État）：今天法国的最高行政法院，由拿破仑创立于执政府时期。共和八年宪法规定"在执政们的领导下，资政院负责起草法律草案和公共行政机关的规章，并解决行政方面的纠纷"。当时在司法上，虽然名义上裁决由国家元首作出，但实际上元首总是遵循资政院给出的建议。

②　让-巴蒂斯特·卡里耶（Jean-Batiste Carrier, 1756—1794）：国民公会中的极端分子，投票赞成处决路易十六，参与了革命法庭的设立。恐怖统治时期他作为特派员镇压了南特的反革命运动。他下令把政治犯、战俘、刑事罪犯和教会人士等装船运往当地的卢瓦尔河，再把船弄沉，1793 年 11 月—1794 年 2 月共有数千人被淹死。这被认为是大革命中最血腥暴力的一幕。当时卡里耶送往巴黎的南特人都是贵族人士。

松则在他自己称为"干燥的断头台"① 的受刑人之列。的确，他数月后于 1798 年 5 月在锡纳马里死于腐败热症②。他临死的前几天留给三个孩子的遗嘱令人撕心裂肺，足可引述在此："我的孩子们，距你们 1 600 法里并远在重洋之外的地方……有一位每天都挂念着你们的朋友。……相信他并遵循他的建议。他为人正直，有几分智慧，历经纷争，熟稔怎么为人处事，他不会把你们带入歧途。"cccxxxviii

有一个迹象是错不了的。趁着庭审间隙，玛丽-安托瓦内特把一些东西托付给了特龙松而非肖沃，它们是她所剩的最后一些可怜的纪念物：或许被她当耳坠用的两个金指环和一绺她的头发。律师得把它们转交利夫里的"女公民拉博德"。这一切全在 10 月 16 日讯问特龙松时被没收了。

在"女公民拉博德"背后，隐藏着路易丝·玛格丽特·埃米莉·凯尔佩·德·拉·博德，她是王后的第一贴身女仆，无比忠诚的雷尼耶·德·雅尔热依骑士之妻。路易丝·德·雅尔热依当时住在巴黎东北利夫里堡（今天的利夫里-加尔冈）她父亲的家中cccxxxix。法庭并未被瞒过，先是把王后的"女性友人"关押在了抹大拉玛利亚修道院③，六周后她被释放，但 1794 年 2 月在利夫里和她的女儿与女婿一起再次被捕，并被囚于英国修女监狱。她在罗伯斯庇尔垮台后才出狱。至于雅尔热依，当时他已逃往都灵避难了数月之久。我们从这些"恐怖时

209

---

① 圭亚那气候炎热，当时生活条件极其恶劣，流放此地者几年内多染病而死。
② 腐败热症即伤寒引起的发烧，这是法国过去的叫法。
③ 抹大拉玛利亚修道院（Madelonettes）的设立初衷是帮助妓女和行为不检的妇女改邪归正，实则直到 1790 年都是任意关押女子的矫正感化场所和监狱，大革命时期一度用以关押政治犯。

期的插曲"① 出发，有时会双脚一并一下子跳进文学中去。因为路易丝·德·拉·博德的第一任丈夫是王后的竖琴演奏师兼乐师菲利普·约瑟夫·伊内尔。在这次婚姻中，她有了一个女儿洛尔·伊内尔，1793 年 4 月，她女儿在 15 岁时和一个叫加布里埃尔·德·贝尔尼的人结了婚。您等个几年就会遇到巴尔扎克，而洛尔·德·贝尔尼就是他的挚爱。通过她，这个长篇小说家得知了许多关于大革命的事。他的保王思想，他对"当代历史的阴暗面"，对秘密团体和垂死挣扎的阴谋的迷恋必然从这一来源汲取过养料cccxl。

*

长久以来，被废黜的王后都处于冒险行动的核心。她的律师们为其利害辩护之时，所有这一切应该涌上了她的心头，或许给了她最后几个心存希望的理由。在她审判的前几个月里，她激起了如此之多的炽热爱意，以至于不曾有哪桩幻想的、捏造的或是真实的阴谋不是要解救她出来。对于拥护者而言，她是绝佳的囚徒，无辜的受害者，光凭她身处圣殿塔再是古监狱，就揭露了革命者的真实面目。她是他们为人下作的鲜活证据。

在对她的审判中，这一切都有颇多涉及。在法官们看来，要是有人曾数次试图把她劫走，那是因为她肯定还在对共和国酝酿着阴谋。她甚至丧心病狂到把几名爱国者带向了阴谋活动。当革命者爱国爱得不再彻底，被弄得态度软化并最终帮起了他们所负责监视的人时，这就蹚了为私利妥协和耍两面派的浑水。牵涉其中的巴黎公社选区专员的数量令人惊讶，他们被调到圣

① 这里特别化用了巴尔扎克的小说书名《恐怖时期的一段插曲》。

殿塔履职，或多或少地犹豫再三后下决心迈出了那一步。对于他们当中的五人而言，这是致命的一步。

在审判上，他们几乎全都到证人席上走了一遭。他们已遭人揭发，先是被鞋匠西蒙，4月里再是被负责照料圣殿塔内女囚们起居的蒂松夫妇，后又是被监狱主管马太。从此开始，他们就窝在巴黎不同的监狱里，如修道院监狱、拉福尔斯监狱、卢森堡监狱、圣佩拉杰监狱。在证人席上，他们众口一词地强烈否认和女囚们有过任何对话。王后也为他们辩白，坚称自己完全或基本不认识他们。然而要知道他们是谁于她却是轻而易举的。富基耶叫人把他们当证人唤了来，但埃尔曼却挨个讯问他们，仿佛他们已是一群罪犯。

211

他们本可和陪审员们同席议事，因为他们与之很是相像，但他们站到了审判中糟糕的一边。其中有饮料店老板让-巴蒂斯特·米绍尼，学校校长尼古拉·勒伯夫，寄宿学校学监让-弗朗索瓦·勒皮特，土木工程老板让-巴蒂斯特·樊尚，杂货铺老板弗朗索瓦·当热，货商奥古斯丁·若贝尔，建筑师尼古拉·比尼奥，前贴现行①职员克劳德·莫埃勒。他们本质上全都是品行端正的共和派，已在这个或那个重大革命事件中证明过自己的革命性，并在公社全体代表委员会拥有席位，若贝尔和莫埃勒甚至是公社里的警务总管。然而埃贝尔和西蒙打心眼里相信他们有罪，说他们有秘密的聚首，并和境外有过联络。监狱主管马太指控其中一人（图朗）从女囚处收了一个金盒子作酬谢，另一人（若贝尔）曾把一些装有彩色蜡刻肖像的颈饰盒转

---

① 贴现行（Caisse d'escompte）：旧制度时期的金融机构，在路易十五时期出于改善财政状况而设立，一度被撤销，后经路易十六恢复，大革命后在1793年8月24日再度被解散。

交给她，而后发现它们不过是些表现历史或寓意题材的图样①。

　　然而人们对事情走向却判断得离了谱。就法官们这边而言，他们似乎不愿让人把一切都说出来，以免过于强烈地把巴黎公社以及在它背后的大革命暴露于招致批评的境地。一个月后，在 11 月对他们进行了审判，除留在狱中的米绍尼外，他们都被宣判无罪。在王后的审判上，除一人外他们全都在场，而此人无疑"罪行最为重大"。他叫弗朗索瓦·图朗，33 岁，曾从事书商②的行当，受聘任职于流亡贵族没收财产管理局还没多久。他不在场，随后几个月中仍然在逃。是他、克莱里和当时正负责圣殿塔内饮食的国王前御膳官弗朗索瓦·杜尔哥，引发了 1793 年 2 月里再是 3 月初时的轰动性事件。勒皮特后来在回忆录中对此有过讲述。克莱里也是。他们计划把玛丽-安托瓦内特、她的小姑、两个孩子乔装成国民自卫军士兵弄出来，驾车一路送到诺曼底，再叫王室坐上船去英国。但是勒皮特没说，在最后时刻他害怕了，并在制作通行证上使了绊子，而他当时在公社内正是负责这一块的。说到底，这一切或许只是一场"美梦"，如同事后王后所写的那样。他们当中有些人，如被女囚们改称作"忠诚者"的图朗，很可能是真诚地被她们的命运所触动。其他人行事则为图财。

　　无论他们动机如何，大革命最终还是把他们抓回到了手中。1794 年 6 月 30 日图朗因在圣殿塔和"卡佩的女人们""串通"

①　据讯问笔录中的记载，玛丽-安托瓦内特说这些颈饰盒里的蜡像表现的是伏尔泰、神话人物美狄亚和一些花朵。后来询问证人时相关证人说他只给王后看过一些颈饰盒，上面的蜡像不过是寓意大革命的图样。应注意证人这样说很明显是为了否认自己和王后有过较密切的接触，以摆脱嫌疑。

②　18 世纪法国的书商同时负责图书印刷和贩卖，这个行业往往被当局严密控制。

而被处决，米绍尼和当热在 6 月同样如此。樊尚和若贝尔是在
7 月末，罗伯斯庇尔垮台之后。但是，除图朗外，别人弄死他 213
们用的是和圣殿塔中的职务毫不相干的理由。这里仿佛再次表
明，当局想掩盖掉整件事情。

*

　　这些不过是无足轻重的龙套角色。在劫走王后的最后的种
种尝试中，那些真正的组织者一直都在暗处。其中当然有巴茨
男爵，他曾是王后的龙骑兵近卫团军官，其人唯利是图，为王
室利益暗中活动，无处不在又从不现身。他似乎也曾试图解救
圣殿塔的女囚。夏多布里昂的友人伊德·德·纳维尔在回忆录
中对此确信无疑。组织者中尤其有那些人们对之确信无疑的人。
在 1793 年 2 月和 3 月，是一个玛丽-安托瓦内特的旧相识，一
个忠诚可靠的人在出力效劳，他就是雅尔热依骑士。通过他，
我们又找着了他的妻子，路易丝-埃米莉·德·拉·博德，王后
托付给特龙松·杜·库德雷的可怜纪念物的接收者。

　　前文已提及雅尔热依在杜伊勒里宫当王后信使时的情况。
他不苟言笑，深思熟虑，果断坚决。他是一个军人，封建王朝
垮台前不久，被国王封为旅将①。在 1792 年 8 月 10 日，他陪同
王室一直走到国民立法议会议政所在地跑马场②。他是接受到
国王最后命令的人。王后明确请求他留在巴黎躲藏起来，还派
了图朗去找他。是他在领导、组织谋反分子，并为劫持计划提
供资金。他甚至一路进到了圣殿塔内并见到了女囚。他妻子当 214

---

① 旅将（maréchal de camp）：法国旧制度时期的高级军官，军衔等同于准将。
② 此处即指杜伊勒里宫内的跑马场大厅（salle du Manège）。

时在不远处等着他，准备驾车把王室送往利夫里。王后向他托付了自己最后的信件以及她丈夫最后的纪念物品，因为他劫人的最后尝试终告失败，正要离开巴黎前往都灵——在那里他很快到了撒丁国王的帐下效力。出于成事不得的绝望，他向她建议只带走她一个，不带她的孩子们，而她拒绝了："永别了！我相信，要是您打定了主意要走，那最好赶快。……要是我们所有人能很快重新相聚，我该多么幸福！我对您为我们所做的一切永远感激不尽。永别了！这是个残酷的词！"[cccxli]

曾有过好些个其他的计划，最出格和最疯狂的那些就在其中。在 2 月，出现了一个和伦敦流亡贵族圈子走得很近的英国女人。她叫夏洛特·阿特金斯，过去是德鲁里巷①的一名演员，嫁给了可敬的爱德华·阿特金斯。她认得王后，因为大革命前她曾在凡尔赛宫由人向她引见过。她想花金子进到圣殿塔内，和王后互换衣服并扮成囚犯替掉她。后来她见到了王后，给她提供了秘密通信的手段，但是她再次拒绝离开孩子们[cccxlii]。最后看来，仿佛所有人都试图解救她。如我们所见，3 月里是迪穆里埃。6 月时共和派将军阿蒂尔·狄龙和弗朗西斯科·德·米朗达也有所牵涉。丹东和他的朋友们[cccxliii]则远远地在众人目所难及之处，在一片明暗难辨的模糊光晕当中，与之遥相呼应。

时间过得越久，行动变得越危险。风险升高时，便轮到冒险者登场了。所有人都知道康乃馨事件和把玛丽-安托瓦内特从古监狱劫走的终极尝试：红花，被人藏在花里的便笺，女囚的答复。人们对这一答复难以置信，它用别针刺写在一片纸上：

① 德鲁里巷（Drury Lane）：伦敦的一个街区，17 世纪和 18 世纪以街区内的戏院著称。

"我被监视关押，我没'对'任何人说话。"[cccxliv]

陌生人 8 月 28 日曾被带入她的牢房，得益于同谋的市政官员让-巴蒂斯特·米绍尼，他可能在 9 月 1 日又进去过一次。他准备再来，尽管有两个宪兵在场，他们占着其中一部分房间。在他们中，至少宪兵吉尔贝很可能是被买通了的，如同监狱主管里夏尔和他妻子一样，但他害怕了，并在 9 月 3 日向上级汇报了相关情况，为避免扯上干系，他略微修改了事实。大仲马把这个陌生人写成了红屋骑士，明目张胆的谋反者中最富浪漫气息的典型。他身高一米六，金发蓝眼，声音柔和，双手纤纤似女子。他化名莫朗，藏身巴黎。"公民莫朗少言寡语，相比之下饮食更少，几乎不饮酒，极少欢笑。""一个图谋不轨的幽灵人物。"[cccxlv]

红屋骑士确有其人，就是鲁热维尔。他全名叫亚历山大·贡斯·德·鲁热维尔，曾是一个军官，得过圣路易军团①的骑士勋章，过去在王太弟的近卫军团服役。阿克塞尔·德·费尔桑在 10 月的最后几天看到他到了布鲁塞尔，开始时把他当成了一个间谍[cccxlvi]，但是人们很快认出他出现在了比利时的法国流亡贵族圈子里。1792 年 6 月 20 日的事件发生时，他人在杜伊勒里宫，王后到哪儿他都跟着。宪兵吉尔贝在揭发里宣称，女囚看到他时一阵颤抖[cccxlvii]。玛丽-安托瓦内特在讯问时最终承认认识他，虽则没有给出姓名。不管怎样，鲁热维尔让当局鞭长莫及。费尔桑觉得他有点疯癫，狂热偏激，以自我为中心，爱

216

---

① 圣路易军团是由法王路易十四创立的荣誉性团体，用以奖赏在王国的军队中服役不少于 10 年的军官，出身贵族世家并且功勋最为卓越的天主教军官才有资格受赏。军团由低到高有三个荣誉勋位：骑士勋、指挥官勋、大十字勋。

摆架子，但为人诚挚。通过当中间人的一个美国女人，他得以接触了米绍尼。这个美国女人是杜·蒂耶尔夫人，她打心底里是个保王派，总把他叫到沃吉哈赫①的家中和她的相识，一个富有的木材商皮埃尔·方丹吃晚饭。他们是在那里碰头的。和圣殿塔的图朗一样，饮料店老板米绍尼"打心底里向着王后"，鲁热维尔说道。和玛丽-安托瓦内特有关的事里，总有人心的神秘莫测，因为两人谁都不愿接受金钱。他们准备借由一道公社的假命令，光明正大地把女囚带回圣殿塔，趁机叫她越狱。

217　　和圣殿塔的选区专员们一样，这个小团体尽数被捕，被投入了监狱^{cccxlviii}，除了鲁热维尔骑士。这些人同样在审判上就此作了证，他们中有里夏尔夫妇，照看牢房起居的女子阿雷尔，商人方丹，两名宪兵吉尔贝和迪弗雷纳，当然还有米绍尼。他和其他人一样，对自己的无辜和良善赌咒发誓。但如我们所见的那样，在 11 月的审判上，所有人都安然脱了身，这让人不无惊奇，除了可怜的米绍尼。

事实上，康乃馨事件的主要受害者是王后自己。再一次地，众人相信有一桩巨大的不轨阴谋，高声要求对奥地利女人进行审判，这更加催趱了她诉讼日期的临近。略显疯狂的种种献身义举有时带着危险。至于鲁热维尔，他后来没有善终。他一直忠于自己的保王信念，一直从事着阴谋活动，一直有点爱发虚罔之言，在第一帝国时期，他还让人称他为鲁热维尔侯爵。1814 年 3 月，他在兰斯被拿破仑下令以叛国罪枪决，靠着一堵墙死去。第一帝国当时正一溃千里。俄国人在周边居心叵测地

---

① 沃吉哈赫（Vaugirard）：旧制度时期法国塞纳省的一个市镇，后成为巴黎的一个街区。

游荡。自始至终的谋反作乱者起了一个糟糕的念头，他给《战争与和平》里著名的安德烈·保尔康斯基①的原型，沙皇亚历山大一世的侍从官沃尔康斯基亲王写了信，而信却为法国人所截获！^{cccxlix}

*

有的事玛丽-安托瓦内特知道，有的她不知道。当时律师们刚结束辩护，在富基耶之后，庭长埃尔曼准备好了作结。他向陪审员们宣读的文书，可说是一种控诉她的第二公诉意见书，而此时仍有人试图救她。走遍欧洲到处都有人想着她。所采取的这些主动既非来自外国使馆，也不是发自外国政府。国王们早将她弃之不顾。君主们的利益和共和国的那些利益一样，它们达成了一致要扼住并杀掉她。幸亏，在这个故事里为内心的情感还剩有一片小天地，这地方是为女性、朋友、情人所留的。要是不曾有过几个男人，而且不是为了她所代表的东西，准备为她忘我奉献；要是不曾有过这些隐姓埋名和悄无声息的高尚行为，那我们就该对人性绝望了。

一切已几成定局，然而此时，在 10 月 16 日，从巴黎一所监狱中，有人给富基耶-坦维尔写了信，并请求他把信转交国民公会议长。这是一张草草写了几行字的纸，它和那些微不足道的信混杂在一起，沉淀在一处无人问津的档案堆里，被遗忘了足有两个世纪。这封信的签名是"弗雷德里克，利南热伯②（原文如此），人质"^{cccl}。

218

---

① 托尔斯泰名著《战争与和平》里的男主人公之一。

② 原文 cte 有残缺，指伯爵 comte。

219 　　我一度有些难以辨识这个人物的身份，但随即想起了玛丽-安托瓦内特的两个朋友，夏洛特·德·黑森和路易丝·德·黑森，人们在她审判期间像物证一样呈示过她们的肖像。众所周知，她们的母亲玛丽娅·路易丝·阿尔贝蒂娜·德·黑森-达姆施泰特是普鲁士的路易丝①的外祖母，后者是第一帝国时期欧洲的传奇王后，几乎单枪匹马地奋起抗击过拿破仑的勃勃野心。但人们有点忘了，黑森姐妹的母亲出身神圣罗马帝国一个伯爵家族的幼子分支，即莱宁根-达格堡-法尔肯堡家族。在这些有点让人迷惑不清的德文名字下面，隐藏着法语化了的家族姓名利南热或利南日。这位弗雷德里克·德·利南热生于 1761 年，因此他是路易丝·德·黑森的表亲，几乎是其同龄人。他很可能认识过去维也纳年幼的奥地利女大公，或是后来凡尔赛宫的法国王后。如果我们愿意花时间细读公布国民公会政令的《全民导报》，会在大革命时期再见到他。

　　1793 年 4 月 5 日，议会公布了战俘名单，他们是奥地利军队高级将领，将作为共和国人质，交换国民议会选区专员和部长布农维尔，在几天以前这些人被迪穆里埃交给了科堡亲王。我们在其中找到了三位利南热：利南热-韦斯特堡的摄政伯爵夏

220 尔·沃尔德玛，其子费迪南和侄子弗雷德里克。这几位利南热此前拥有着前洛林公国内的飞地，刚被共和国剥夺。夏尔·沃尔德玛在雷根斯堡的帝国国会内还有投票权和参政席位。他们

---

① 普鲁士的路易丝指普王腓特烈·威廉三世的王后，人称路易丝王后。据说她美貌惊人，在对法战争期间非常受民众爱戴。1807 年，在普鲁士被迫向法求和的提尔西特和会上，她曾和拿破仑有过会谈以图减少法方提出的条件，但拿破仑没有理睬。

被囚于兰道①，后来人们把他们转移到了巴黎。4月5日政令第二条，把从此时起国民公会选区专员可能受到伤害的责任压到了他们头上："对国民公会选区专员和部长布农维尔施加的措施，将以相同方式施加在这些人质身上。"弗雷德里克·德·利南热是在这样的情况下，和他的表亲们达成一致之后，把自己交给了国民公会议长，为的是前往维也纳并在那里和弗朗茨二世进行谈判以达成休战。作为交换，他要求暂停王后的审判程序，直至他返回。"您怕什么风险呢?"他解释道，事情会全程保密，并可赢来"一个大好局面"。"至于我自身，其他人质的性命和牢不可破的诺言向您保证我的返回。"我们仿佛看到了一个中世纪骑士，他为挽救心上人，把自己的脑袋和荣誉置于敌人脚下。国民公会对这些老掉牙的牺牲之举浑不在意，而利南热为此损失惨痛。共和国是心中衔恨的。作为他英勇举动的代价，他的人质身份一直延续到了督政府时期，在1795年11月谈判达成很久以后才获释。最终布农维尔将军换回了玛丽-安托瓦内特的女儿，那是圣殿塔的最后一名幸存者。[ccli]

*

弗雷德里克·德·利南热向当局所作的直至当时尚不为人知的恳求并非孤例。它给一长串个人尝试画上了句号，这些尝试既低调又隐秘，对于那个最后谁也没救成的女人，在愈发增加她结局中悲剧一面的同时，最终全在各政府的不良意愿下撞得粉碎。自3月起，布勒特依男爵就试图向威廉·皮特和英国政府就一笔600万锂的借款达成协议。钱预备用以赎买王后的

221

---

① 兰道：德国城市，离德法边境约20公里远。

自由，但这一切陷到了犹疑不决的流沙之中。在布鲁塞尔和伦敦，一小撮人继续行动，他们由过去和米拉波关系密切的人领导，他的朋友奥古斯特·德·拉·马克伯爵彼时已成阿伦贝格亲王，而他的秘书让·佩朗正为奥地利人效劳。8 月初，有人恳请梅西-阿尔让多伯爵催促科堡亲王派一支强大的骑兵直下巴黎。也有人恳请约克伯爵，他正要在敦刻尔克前线展开围城。但两人相互推诿，一事未做。出于绝望，人们重新打起了赎出王后的主意。众人把此事托付给法国银行家让·德·里布，他是佩皮尼昂①前铸币主管，流亡到了布鲁塞尔。他的兄弟是一名前司法官员，一直留在巴黎。他在那里保持着许多生意上的往来，尤其是和丹东的亲信们。在 1792 年，他已向国王借出过 60 万锂，次年，还在伦敦和首相皮特进行的谈判中做过中间人。

222 　　梅西-阿尔让多同意了，但对此开了条件。谈判要以个人名义进行，不能把维也纳政府牵涉进去，最多只可向国民公会的成员们允诺一次停战。里布 9 月 4 日离开了布鲁塞尔，但他从未到达巴黎。他叫了无人认识的中间人给丹东带去一封信，却并不知道这个保民官已经既不再执掌救国委员会，也不再执掌国民公会。接近 9 月 15 日的时候，一个为梅西联络的探子不掩担忧："里布先生对他所走的不同门路全无消息；他甚至没有收到任何答复，派去的人一个也没有回来。"[ccclii]他向梅西坦承，他对解救王后感到绝望，相信她必死无疑。

　　在维也纳也是一样，人们试图直接向皇帝施压。人们希望有一个动作。波利尼亚克一家逃难去了那里，他们活动得最起

---

① 佩皮尼昂：法国城市，在法国东南角。

劲。于勒 1780 年受玛丽-安托瓦内特的恩典当了公爵，他接二连三地写信："逝去的每一小时都（能够）摧毁得救的全部希望。威严的圣上与恩主最忠心耿耿和最感恩戴德的仆人是胆战心惊地发着抖在斗胆向皇帝陛下描绘王后的险情。"[cccliii] 他也视丹东为最后救星。但弗朗茨二世甚至不屑于给他答复。

梅西-阿尔让多曾以政治的名义不置可否地远兜了那么多圈子，最终他态度也软了下来，为他认识了近 25 年的这个女人真挚地申诉起来。几乎每天都见到他的拉·马克作了刺动他的扎针："人们在维也纳应该懂得，如果历史有一天记载，在能征善战和节节胜利的奥地利军队 40 法里开外，玛丽娅-特蕾西娅的皇女死难在了断头台上，而人们连一回救她的尝试都没有做，这对帝国政府而言会是件令人不舒服的事，我则敢说会有麻烦。"[ccclⅳ] 然而，后来历史确实如此记载。同一天，梅西就此给蒂居男爵写了信，他是大权在握的首相考尼茨亲王的左膀右臂："正值欧洲的眼睛盯着这一事件的时候，我扪心自问，男爵先生，对他的皇姑受到威胁的处境袖手旁观而不让她避开或把她拉开，是否符合皇帝陛下……的威严。"[ccclⅴ] 他也建议实施"几个醒目的措施"，一个公开宣告，一次军事示威。他（终于！）请求允许他有权直接和国民公会的"几个孤立分子"打交道。10 月 11 日，他更加焦急了。情势十万火急，他写道，但无济于事。五天以后，他仍然一直在等不会再来的指示。

223

*

所有人中最心情激动、最忧心忡忡、最热切起劲的人，当然是费尔桑伯爵。他促使人们尽数行动起来，不断地重新发动他们，做着他所居住的布鲁塞尔、维也纳和伦敦的中间人。在

224

玛丽-安托瓦内特到了她审判末尾的时候，我不说他大约也会感到自责。她在最后时刻肯定想到了他。她托付给特龙松·德·库德雷的一绺头发或许就是给他的。

我们知道瑞典人先前的情况：出身贵族，在军中服过役，也在宫廷当过差，有一位在国王古斯塔夫三世麾下做元帅的父亲，信奉路德宗①并恪守荣誉。我们还知道他自 15 岁起便是秘密社团严修修会②的成员，这一修会号称源自圣殿骑士团，把义务和侍奉奉为天职。

他和玛丽-安托瓦内特生于同年。他们首次相遇时，两人都是 18 岁，当时是 1773 年 11 月，年轻的伯爵被正式引见至凡尔赛宫。太子很快就把他纳入了自己的圈子。不止有一人，一个同时代的人写道，想要像他那样被王后看着。"这个年轻的瑞典人是谁？"人们问道，"王后总是和他散步。"但费尔桑首先是一个军人。他开始为法国效力，作为罗尚博的侍从官在美国独立战争中站在起义者一边战斗。1783 年，他不无周折地得到了驻瓦朗谢讷瑞典皇家团的官职所有权③。他拒绝了父亲要他回斯德哥尔摩的恳求，并做了安排以留在法国。很可能是在这一年，在接近 7 月 15 日，他们相识 10 年的时候，上校和已是法国王后的女人彼此表明了爱意。这"印象深刻"的一天一直

225

① 路德教指宗教改革家马丁·路德倡导的基督教新教。
② 这个修会特指卡尔·高特尔夫·冯·洪特约于 1755 年创办的圣殿骑士严修修会（Stricte observance templière）。
③ 瑞典皇家团（régiment Royal-Suédois）是法兰西王国军队中的一个步兵团。说费尔桑取得该团的官职所有权是因为在旧制度时期的法国，不仅民事官职是公开买卖的，一些军事职务也可以作为私人财产开价买卖。贵族们则热衷于把自己的子弟送进声名显赫的部队中当军官以求功名。一般军官的职位会在同一个家族一直传续下去，如果要出售给他人，须得到国王的事先同意。

镌刻在他们的记忆里。费尔桑 15 年后对此还历历在目，载之于日记。司汤达就此形容是"结粹凝华"。"我打定了主意，"这次决定性的相会不久，他向他姐姐苏菲写道，"我永远不想结亲，这有悖自然。……我无法属于我唯一想属于的人，属于唯一真正爱我的人，这样的话我便不想属于任何人。"ccclvi 布瓦涅伯爵夫人很久之后在回忆录中说："王后只有过一桩重大情缘，或许，一次失身于人，对象就是费尔桑伯爵先生。"ccclvii

假若路易十六不是他所是的那个样子，费尔桑无疑会无足轻重。从这一观点也可看出，他使玛丽-安托瓦内特不得不接受他，如同接受一个救济和一个阻止她逃离欲望的车刹。

这名男子难以拿捏，因为评价他的主要是法国人，而当时他们并不一定能理解得了他，一如他们并非总是理解玛丽-安托瓦内特。费尔桑来自北方的重重迷雾。他对于拉丁思维的人而言是捉摸不透的。倘若他是一个小说主人公，加斯东·德·莱维就此写道，这肯定不是一本法国小说。出于不事声张的考虑，也为避免在给朋友们的信中不得不引述他的名字，英国国王的驻法大使多尔塞公爵称他为"罗马人"①，与此同时王后则是"布朗太太"。他们的故事超乎寻常，足以被视为梦幻。

226

阿克塞尔·德·费尔桑身材高大，相貌端正，皮肤白皙，双目湛蓝。起初，人们觉得他"俊美如天使"。但据有些人说，

①　法语原文作 Le Roman，字面意思为"小说人物"，实则是指英语中的"the Roman"，意即罗马人，这是本书作者根据英语和法语之间拼写相同而意思不同所做的一个文字游戏。书中的多尔塞伯爵是英国人，他给英国的德文郡公爵夫人也是用英语写的信，"the Roman"是他们在私人信件中对费尔桑约定俗成的叫法。德文郡公爵夫人的密友伊丽莎白·福斯特夫人是在意大利的罗马认识的费尔桑，于是她给费尔桑起了"罗马人"这个外号，仅限她和德文郡公爵夫人之间秘密使用。

1783 年他从美洲回来后似乎陡然之间衰老了 10 岁。或许这出于战争的磨难，或身畔无人的折磨。或许这也出于名声所累。人们常通过这层滤网评判和看待他人。许多他同时代的人自此时起知道他得王后的欢心，他们失望地感到他并不如他们所想的一样英俊。这正是德文郡公爵夫人给她的一个女性友人所写的话，当时是 1776 年，她正于家中接待他："在这里，人们觉得他丑陋，因为根据 B.太太（王后）爱他的想法，人们事先期待着会有一个美如冠玉的人。"不过她随即更正："他有着美得让人惊叹的眼睛，可能存在的最英俊的相貌和非常高贵的神态。谢天谢地，我对他并无爱恋之情。"[ccclviii]

　　最让他同时代的人惊讶的，是他的克制有礼和进退得仪。他对男人谨言慎行，对女人言行保守，莱维如此记录道[ccclix]。但这无碍他言行非常得当，彬彬有礼，有着一个大领主老爷的举手投足。诚然，他既无法国人的聪颖，又无他们让人眼前一亮的禀赋，更无他们的轻巧，但他有巨大的智慧，从不去出风头，即便自己处于万众瞩目的中心。确实，这并不是法国人的作风。伊丽莎白·福斯特夫人被人误以为是他的情妇之一，但如她说的那样，他并不曾有让她倾心于己的非分之想。鲜少有男人具备这一品质，在这般非同寻常的例外情形下，却令人难以置信地保持着自制。这叫心如止水。我们在费尔桑身上，完全能够感到，他谨慎，同时有一股强大的意志力，和完全不输于此的不求私欲与牺牲自我的精神。在大革命爆发前很早的时候，他就在不止一件事上把这些一展无遗。在 1779 年 4 月，瑞典大使已经惊讶于，在 24 岁的年纪上，正值开始得宠之时，他竟勇于离开凡尔赛宫前往美洲。他记述道，这需要"一种超乎他年龄的定力以战胜这一诱惑"[ccclx]。

他也是王后的男性友人中唯一逃过了讽刺小册子迫害的人。他是玛丽-安托瓦内特唯一的情人，却没出现在人们安在她头上的任何一个情人名单上，至少直到1791年以前都是如此。这在大革命期间对他有所助益。在他身上，热烈、强劲、激情是不见其踪的。"一个在冰封外表下的灼热灵魂"，科尔夫男爵夫人记述道[ccclxi]。他不在瓦朗谢讷时就在凡尔赛，作为亲近之人，处在王后的交际圈子里。但他也在无人知晓的情况下见她，每周两三次地独自骑马前往特里亚农宫，并自1787年4月起，在她内室的楼上拥有两个小房间。研究凡尔赛宫的历史学家们在这一话题上，对某个与此同时安置于小套间内的瑞典式暖炉着墨甚多[ccclxii]。他写给玛丽-安托瓦内特的书信合集近来被他的一个传记作家重新发现并做了分析，伯爵在其中对此称为"住在高处"。王后的丈夫路易知道此事吗？无疑不知，无论如何在大革命前是不知道的。

大革命在玛丽-安托瓦内特的一生中，正好造就了令人惊讶的双重结果：它不仅迫使她从正面审视自己，不事雕琢且无所曲折，还让她离所爱的人愈近了一点。直至那时，他们之间的炽爱都显而易见。这些性格里的互通关联，在情人们规律的往来当中，一直消弭着斯塔尔夫人口中"轻易为情所困"的东西。在这些关联上有某种脾性上的冷静，一种守口如瓶的能力，一股骑士般的浪漫情怀，一出由内生发的忠诚感和荣誉感。

在大革命中还有更多。自1789年起，玛丽-安托瓦内特和费尔桑重逢了，并围绕着一个相同的政治规划自然而然地达成了共识。他们对于君主制，对它的尊严和诸般权利有着同一思想，同一理念。在复兴它的手段上，除几处分歧外，他们看法

229　　也完全一致。与此同时，瑞典人觉得国王自身缺乏"坚定和头脑"ccclxiii。在巴黎，1791 年 6 月后在布鲁塞尔，费尔桑渐渐成了王后老成的指路人和主要参谋。从他给她去的那些信上看，他差不多有实无名地充当着一个外交大臣的角色。玛丽-安托瓦内特后来在审判上不得不避免和他扯上关系，哪怕是因为瓦雷讷事件。在法庭上，人们怀疑他在其中扮演的角色。"您和您家人一起出走所乘的那辆有名的马车是谁向您提供或使人向您提供的？——是一个外国人。——哪国的人？——瑞典人。——不正是住在巴黎巴克街的费尔桑吗？——是的。"ccclxiv

　　随后一切就在那里止步不前了。法庭知道的情况如此之少，以致埃尔曼和富基耶甚至没有想过拿被告可能会和他维持的政治联系去询问她。然而费尔桑却无处不在，尤其在他一直事败自责的瓦雷讷事件之后。"我此前热切渴望着为您效劳，我将因未能成事而悔恨一生；我想对您尽部分义务，对您有这些义务让我不胜愉悦。"有人指责他不过是一个野心分子，以此批评他在瓦雷讷的准备和实施工作中的角色。这些人在保王派人士里为数众多，对于他们，伯爵解释："我想向他们表明，人可以不带其他任何利益地被像您一样的人吸引。我此外的所作所为会向他们证明，那就是我唯一的野心，为您效劳过的荣耀就是我唯一的珍贵奖赏。"ccclxv

230　　我们当然可以自忖费尔桑在 1791 年 6 月的悲惨事件中的干系。选了庞大沉重的绿色四轮马车他有责任，但是，逆着他和王后的意见，国王不愿和他的孩子们分开。没有自己驾车这件事他有责任；但是，在邦迪①，国王有叫他离开他们。无论如

---

① 邦迪（Bondy）：巴黎郊外东北方的一座市镇。

何，瓦雷讷不是至关重要的事。要紧的是，没有他，王室在杜伊勒里宫还会更加举目无亲。他给布勒特依，给梅西所写的数不尽的信足兹证明。是他促使了他的主公古斯塔夫三世倾向于维护法国国王，是他在瓦雷讷事件后筹划着在诺曼底海岸进行一次俄国与瑞典的联合登陆，是他前往了维也纳以使皇帝信服必须有一个武装联盟，是他在国王死后捍卫着圣殿塔女囚摄政的种种权利，一篇接一篇地写着说明情况的文章。他给玛丽-安托瓦内特写的信和后者的回信有点像一册风暴天气里的生存指南。这些是唯一存留下来的信件。至于其他信件，那些在大革命之前的，它们被烧掉了。

这些信是关于政治的，但也显出了他们的爱情，玛丽-安托瓦内特唯恐它们落入国王之手[ccclxvi]。它们在 1870 年代末被费尔桑的一个远房侄孙首次公开，但并不完整。从加密原文所转写的内容的准确性并未经过确认。人们尤其悉心注意不去厘清划掉的段落，这或许是费尔桑自己或他姐姐划的。有人此前已把最敏感之列的其他段落涂抹掉了。和国家档案馆收藏品保存研究中心有合作的凡尔赛大学的一个科研组最近启动了复原工作。国家档案馆于 1982 年购得 23 封王后写给费尔桑的信[ccclxvii]，针对其中数封进行了研究。人们利用墨水化学成分的不同把文本从涂抹的污迹中抽离了出来。如今，有几封已被解密。与此同时，费尔桑的英国女传记作家艾弗利娜·法勒开展起了同一工作，她试图通过透视找回隐藏在所划笔道之下的文本。

这一次的大量发现，都表明王后对瑞典军官有款款深情。在政治背后，炽热的爱从未如此强烈。1791 年 6 月 29 日便是如此，当时她自瓦雷讷事败后首次给他写信："我活在世上，我的至爱，而这是为了挚爱您。"7 月 9 日："永别了，请同情我，珍爱我，尤其是勿依您以后看到的我的行事来评判我，除非收到我的音讯。我挚爱并永远挚爱的人啊，要是哪怕有一刻受了您的不良评价，我就会死去。"1792 年 1 月 4 日："我在末尾不会不对您说，我亲爱的和至为温柔的朋友，我疯狂地爱着您，每时每刻，永远如此。"在这些真情吐露中鲜有她沉迷于男欢女爱的痕迹。我们读了她的文字，会相信自己正置身于温柔乡纪胜图①或一部 14 世纪的骑士爱情小说②里。无论如何，她的文字和这一时代放荡书信中惯用言辞的直来直去都相去甚远。玛丽-安托瓦内特是王后，是女性，又是奥地利女人。她在这一点上是格外保守的。

232

费尔桑后来于杜伊勒里宫最后一次单独见到王后，是在 1792 年 2 月 13—14 日的夜间。他为此冒着生命危险从布鲁塞尔到巴黎走了一趟。这是一次最终的，或许也是一次多余的会面。在此期间，玛丽-安托瓦内特无疑已经得知，"亲爱而温柔的人"和美丽虽则不再非常年轻的埃莉诺·沙利文有过露水情缘。她是个意大利人，做过芭蕾舞女演员，当时是昆庭·克劳

---

① 温柔乡纪胜图（Carte du tendre）：17 世纪法国人想象中的一个叫"温柔乡"的地方的象征性地图。温柔乡的概念来自当时的女性文学家玛德莱娜·德·斯屈代里的作品《克蕾丽，罗马史》，很符合那些自称"雅女"的贵族妇女的品味追求。她们崇尚精神恋爱，推崇感情细腻婉转，行事温文尔雅的爱情方式。在"温柔乡"地图上，从"新的友情"之城一路下去，有"倾慕的温柔"之城、"敬重的温柔"之城、"感恩的温柔"之城，有"真挚"村、"美诗"村、"联结"村、"臣服"村、"爱意绵绵笺"村等数十个村庄以及象征着激情会吞噬人的"亲密"海和象征厌倦的"漠不关心"湖。

② 骑士爱情小说：法国中世纪以八音节诗或散文体写成的一类长篇文学作品。主题从罗马素材或布列塔尼素材当中选取，内容是骑士对心中所爱的高贵女士以礼相待，正派地爱着她们，并为之战斗。

福德的情妇，积极地和他一起参与过瓦雷讷远行的准备工作。1792 年 2 月会面后，一直到 8 月 10 日政权最终崩塌的那些信，都冷淡了许多。

但这于此并无妨碍。在圣殿塔，她依然强烈地想到了他。在雅尔热依 1793 年 3 月或 4 月离开巴黎前，她托给他最后一封信件，要他带给那个“去年来看过我的伟大朋友”。印戳是瑞典伯爵的盾徽①图案，作图章用的小物件嵌在她戴于左手的一个戒指上。它的样子是一条飞行的鱼，附有意大利语题铭：*Tutto a te mi guida*（“一切都把我引向你”）。此后，戒指不知所终。公社专员们 9 月在古监狱弄到手的那个神秘的“护身符戒指”，或许就是它。费尔桑很久之后在 1794 年 2 月方才收到这一最后的致意。但他并不需要王后的表示。直到最后时刻，他都在为女囚心惊胆战，在束手无策之中把自己的精神消磨殆尽。8 月里，刚得知她被转到古监狱时，他就向他姐姐和对之倾吐心事的苏菲·德·皮佩写道：“从此刻起我的心智不再拥有生机，因为这不再是活着，而只是我的肉体待在世上，并且为我感到的所有哀痛而受苦。要是我仍能为解救她而行动，对我而言似乎会少些痛苦，但令我痛楚不已的是现在除了恳求便无力做任何事。”[ccclxviii] 如此一看，谁还会觉得费尔桑有点冷漠呢？

233

*

自此之后，一切都风卷残云般地进行。在讯问之后和庭上

---

① 盾徽区别于纹章，指画在盾形图案中的象征性符号，以作地区、家族或个人的标识。

辩护陈述之前，埃尔曼问被告是否仍欲发言。玛丽-安托瓦内特最后的言语和她在审判期间的形象是一致的。她起了身，站着面对法庭，虽被两个不眠之夜弄得精疲力竭，但一直挺得笔直。她看着自己的法官们，没有磕磕绊绊，没有回头纠正，似乎被置于世间一切的指控之下穷追猛打数小时后，她仍旧确信自己234 有理："昨天的时候，我并不认识证人们；我不清楚他们针对我所作的证词；怎么！没有人针对我拼凑出过任何积极事实。"[ccclxix]再则，她不过是国王的妻子。

埃尔曼随后转向陪审员们，并把他们必须对之表态的那些问题交给了他们。我们今天知道指控的基调：她的"一众伎俩和与外国势力的种种勾结"，那些"金钱援助"和她提供的情报，她以图"在共和国内部煽动内战"的那些"阴谋活动"和其他"谋反活动"。吊诡的是，不再有乱伦的事了。对于这一组两题中的每个问题，埃尔曼都从她有罪出发提了另一个问题出来。随后陪审团退席讨论，与此同时她被带回牢房。这持续了一小时多一点，一直到将近凌晨 4 点。我们自问，既然是非已定，为何陪审团还需要这么些时间去下结论。

我们知道他们回复了什么，但玛丽-安托瓦内特对此并不知道。关于这一最后的等待，无人讲过任何事情。数年来，死亡就在她身边徘徊。她直面它，不戒不惧，于入狱前在自己的信中不断地提及它。1789 年 10 月她就已经说："我知道人们从巴黎来要我的脑袋，但我从我母亲那里学会了不惧死亡。"[ccclxx]她出身的自傲和她的为人，她的教育，还有她性格中的力量都让她显得理直气壮。然而我却相信，她重新进入自由厅的时候，235 仍然心存希望。"这一毫不起眼的小小希望。这个名为希望的小女儿①。"ᶜᶜᶜˡˣˣⁱ死亡，这一不齿于人的死亡令人惊骇的一面过于巨大，以至于她不会不依然怀有一束希望的光明。她感到无尽的害怕，但是，如同于连·索雷尔死前所说，"没人会知道这一点②"。ᶜᶜᶜˡˣˣⁱⁱ

埃尔曼重新开了庭，向她重申那些阴谋颠覆共和国的人要担什么风险。他问了她最后一次是否有话要讲。她什么也不愿再说，并用头做了个动作示意。此时只剩让她显得凛不可犯的沉默。庭长于是询问了陪审团，并宣读了"令人惊骇的判决书"。判决将于二十四小时内执行，地点在革命广场。

人可以被意外打垮而对此毫无表露。玛丽-安托瓦内特在1793年10月16日有过这一力量。埃尔曼把她发往极刑之时，她的举动似乎在说，死亡与她擦肩而过，但并未对她有所触及。"被告完全面不改色"，审判的官方报告起草人记述道ᶜᶜᶜˡˣˣⁱⁱⁱ。其他人提到她令人难以置信的"冷静"并为之惊讶ᶜᶜᶜˡˣˣⁱᵛ。别人叫她的律师肖沃-拉加德回到法庭前听宣读判罚，他说了同样的话："她什么蛛丝马迹也未表露，既无惧怕，也无愤怒，更无软弱。"ᶜᶜᶜˡˣˣᵛ她敌人这边则想为如此之深的自制力寻求解释。对他们而言，这一平静是奥地利女人向大革命投出的最后一次冒犯。受刑人崩溃的时候，刑罚才更能以儆效尤。要是她全然

236

---

① 这两句话引自一篇自由诗体裁的作品，作者夏尔·佩吉是法国19世纪下半叶到20世纪初的作家与诗人，他的许多作品取材于中世纪的神秘剧，这篇《第二德性之秘的门廊》也是如此。德性指基督教神学中的三美德，即信仰、希望和无私的爱，这三种德性引领世人。作者把第一德性信仰和第三德性无私的爱比作人的妻子和母亲，把第二德性希望比作小女儿。这里引文的神学色彩并不浓厚，只为强调王后希望的重要。

② 《红与黑》中于连的原话是："而且他（于连）感到从一部分自己的不幸当中解脱出来了。我此刻是一个懦夫，他反复地唱着，但没人会知道这一点。"

无动于衷，那是因为她总是懂得对人演戏。这是罪大恶极的女叛徒们的标志。"她脸上满是惯于犯罪和胆大包天所致的风平浪静。"ccclxxvi

然而，有人对她有所美言。在专门写她审判里这一终局的为数稀少的讲述中，所有作者都遗忘了公众和他们的反应，似乎他们不再存在。人们也没有更多地记住宪兵，按理说他们应有再次陪同她一直回到牢房。从此时起，人们叫她独自走向最终命运。她甚至是步履轻快地走向它，一个见证者说道。她穿过审判大厅，一言未发，"一无所见亦一无所闻"。从公众挤得三五成堆的围栏前经过时，她直觉似地扬起了头。随后，她消失在监狱走廊的昏暗之中。此时是凌晨 4 点多。

*

最坏的事即将到来。在这个地方人们的讲述有所分歧。根据宪兵莱热的说法，别人命她在所剩的最后时间里待在一个小间内，小间开在监狱书记处前厅的一角ccclxxvii。所有其他见证者，罗莎莉·拉莫列尔和管牢房钥匙的狱卒路易·拉里维埃则说她重新回到了普通牢房，在我看来，这种说法似乎最为可能。根据监狱主管博勒妻子的说法，玛丽-安托瓦内特刚到就要笔、墨水和纸。她当时开始写的那三页信后来被看作"王后遗嘱"，它无疑是她所写的全部信件中读来最令人揪心的，如果她确实是其作者的话。因为后人觉得事实并不尽然，如同后面我们将看到的那样。

近一个半世纪以来这信和她那些审判文档一起，藏于国家档案馆重大档案收藏室的铁柜内ccclxxviii。我有幸见过，而它第一眼看上去并不起眼。纸张大小很一般（37.3 厘米×23.5 厘米），对折成了一半。纸泛了黄，但质量相当好，在透明水印处有打头字母 GR①。纸上覆着一种字体很小的书写，密密麻麻，排得整整齐齐，非常好认，既无涂改也几乎没有任何为涂改而划的笔道。第一页我们数有 31 行，第二页 28 行，第三页 4 行。棕色墨水稍微有些浸纸。纸上好几处都开了洞。是被墨水浸的，还是被她的眼泪？信无署名。但在署名处，富基耶-坦维尔，国民公会议员迪弗鲁瓦——他也是公共安全委员会成员，马西厄，勒（戈）和勒库安特作花押的名字缩写证实了信曾被他们经手。

信的日期上写着 "8「10」月② 16 日早上 4 点半"，它是给伊丽莎白夫人的，她和王室的两个孩子一直被囚于圣殿塔。监狱主管博勒负责把信交给她，但后者始终没有收到，没读到它就死了："可怜的王后写了信，她把信给了我，但我没能交给收信人；信得带给富基耶。"ccclxxix

所有在玛丽-安托瓦内特的生命，她的精神，她的心灵，她情感的最后勃发中存余下来的东西都包含在了这三页信里。"我的姐妹，我最后一次写信是写给您的。我刚被判了刑，不是被判了一个可耻的死刑，它只对罪犯才可耻，而是被判去和您的哥哥重逢。我和他一样无辜，希望表现出和他在最后时刻里同样的坚毅。"随后她哀泣要离她的孩子们而去，向他们发去她的祝福，把他们托付给伊丽莎白，感谢她为自己作的种种牺牲并告诫她的儿子，永远不要试图为她复仇，这和国王死之

---

① 这里的 GR 是拉丁文 Georgius Rex 的打头缩写，指英国国王乔治三世。在水印处另有三个百合花形状的王冠图案，下面印有打猎的号角。这些纸张当时是从英国进口的，所以有这些标志。

② 此处原文为 8bre「Octobre」，拉丁文中 octo 代表数字 8，10 月即是古罗马历中的 8 月，法语中常会将 10 月写成 8 bre。

前对太子的嘱咐如出一辙。她也原谅他曾针对她说过一些他无法理解的事情。她哀泣要离开她的朋友们，伤感他们因她的死而将感到的痛苦。"我过去有着一些朋友……，愿他们至少知道，直到最后一刻我都曾想到他们。"她向上帝倾诉，并请求他原谅她的过错。这即是提前表明，她后来没有从一个效忠了大革命的教士那里接受过任何东西。在她信的末尾全是一声声对她孩子们发出的心如刀割的呐喊，她把他们丢在身后，不知道他们将来会如何，只敢勉强地希望他们能够幸福。"永别了，我善良而温柔的姐妹。……我全心全意地亲吻您，可怜可爱的孩子们，永远离开他们真是令人撕心裂肺！永别了，永别了。我将只顾去尽自己的精神义务了。"

　　我们至少可以这么说，在很长时间内，玛丽-安托瓦内特对虔信敬主的那些做法避得远远的，尽管她母亲有所劝诫。梅西-阿尔让多说，做太子妃时，她并不遵行封斋期间的斋戒。她当然有过好几个告解①神甫，先是路易·尼古拉·莫杜，随后在1792 年有贝尔热和普帕尔。但是，在千万件小事上，人们感到她强求自己参加宗教事务是出于义务，因为她是王后。在大革命时期，一切变得全然不同。博勒妻子言之凿凿地说，在圣殿塔内，她把很大一部分时间用于祷告。我们难以对此说出更多的情况。信仰的呼唤和基督的神秘奥义②息息相关，令人欣慰的是，这一神秘奥义逃过了历史学家的研究范畴。

---

① 　告解：天主教圣事之一，指罪人向神甫或直接向神供述自己的罪。
② 　基督的神秘奥义（mystère）指经神所揭示的应对其加以信仰的理念，这种揭示出来的理念无法用人的理性解释，故称神秘。这句话意指玛丽-安托瓦内特宗教行为上的剧烈转变完全出自她内心的宗教信念，并无客观事实可以加以印证，其实也无印证的必要。

然而我们知道，女囚在她牢房里存有一本祈祷书，一本
《关于上帝的旨意的日课经》①，它是供圣路易圣希尔皇家学
院②使用的。这是一本 1757 年出版于巴黎的书刊，橄榄色鞣制羊
皮封皮，略有老化。正是在这本书中，在留作空白的第 219 页，
她给她的孩子们写了最后的一句话。令人奇怪的是，它的日期和
她的信处在同一时刻，都是早上 4 点半，这后来为那些持怀疑态
度的人提供了论据。我们想象得到，她活生生地被封砌在自己的
痛苦之中，俯身向着那本读了几页的打开的书，这肯定是她所读
的最后一本，正就着一支蜡烛的光亮写着，当时天色尚未放明： 240

> 我的上帝！请对我发发慈悲！/
>
> 我可怜的人啊，我想为你们哭泣/
>
> 但我的双眼不再有泪水/
>
> 孩子们，永别了，永别了！

四短行字，出自她的笔迹，字体圆润，用笔认真仔细，字
迹端正，似乎她一直控制到了她的笔、她的手。令人奇怪的是，
唯有她的签名有点颤抖，因为这次她签的是"玛丽-安托瓦内
特"。祈祷书藏于香槟沙隆市市立图书馆，来自 1886 年的一次
捐赠。然而，它的故事，如同遗嘱的故事一样，和唯一且相同
的一个人物交织到了一起，此人就是国民公会议员埃德姆-博纳

---

① 《关于上帝的旨意的日课经》（Office de la divine providence）：当时的天主教徒
作日常礼拜时所用的宗教参考书，里面的内容是教徒在一天当中的特定时辰
做礼拜时要唱或念诵的祈祷语和礼拜辞。

② 圣路易圣希尔皇家学院（Maison royale de Saint-Louis-Saint-Cyr）：法王路易十
四在圣希尔为贫穷的贵族家女孩建立的一所寄宿学校。学院最终于 1793 年
关闭。

旺蒂尔·库尔图瓦。

*

库尔图瓦是个弑君者，山岳派，与丹东关系密切，但他也在那些人之列，他们懂得表现得足够八面玲珑，以便无所阻碍地跨过大革命的所有阶段。罗伯斯庇尔垮台后不久，他曾加入过一个委员会，该委员会负责清点不可腐蚀者的文件。是他作的相关报告，并于 1795 年 1 月在国民公会演讲台上把它宣读。但他只字未提王后的信。然而他却持有着它。他是在富基耶家中找着的它，还是后者从博勒处没收了它之后，将其交给了不可腐蚀者？

241 总而言之是通过他，化称王后的遗嘱在 23 年后的 1816 年重新浮出了水面。当时是一个令投票赞成过国王死刑的人惶惶不可终日的时代。波旁家族在法国重新上台后，弑君再次成为了中心议题。夏多布里昂是第一个对此有所记录的人："国王与王室家人的死是大革命名副其实的罪行。"ccclxxx 在 1 月，保王倾向非常浓厚并受报复思想支配的众议院①强行使政府接受了一部法律，它被虚伪地称为大赦法，实则把大部分以前的弑君者发配流放甚至判处了他们死刑。库尔图瓦由于投了赞成票，又在百日王朝时期重新依附过拿破仑，所以他清楚自己已被打上那批人的标记，他们将为 1793 年的投票和 1815 年的叛变付出惨痛代价。是在此时，他有了一个想法。1816 年 1 月 25 日，他给路易十八权势通天的警务大臣德卡兹的朋友，国务委员②

---

① 众议院（Chambre des députés）：法国波旁王朝复辟时期模仿英国两院制所设的下议院。

② 此处指资政院的资深司法官员，拿破仑所创的资政院在波旁王朝复辟后仍然存留。

路易·贝凯写了信。像通知一个好消息一样，他对贝凯说，他曾偶然保管过王后的几件纪念物，它们或可引起王室的兴趣。在那些东西中，有1793年10月16日的著名信件。他准备好了把它出让，假如政府能够对他宽大为怀，使他免遭流放。他62岁了，丝毫不愿离开他朗布吕赞市的舒适城堡。城堡在默兹省，他在那里安了家，享受着已经赚取的财富。库尔图瓦的努力落了空。在得到回复之前，默兹省省长就向他派去了一名治安法官和几个负责搜查和扣押珍贵文件的宪兵。他后来没有避过流放，并于数月后的1816年12月死在布鲁塞尔^{ccclxxxi}。据说无人给他扶灵。只有祈祷书在德卡兹的爪牙手下逃过一劫。它到了前国民公会议员的女儿手里，而这个人在沙隆安了家，最终它在市立图书馆里安稳留了下来。

至于王后的遗嘱信，它变得非常具有政治性。御前枢密院主席①黎塞留公爵②于1816年2月在贵族院③演讲台上披露了它。路易十八决定命人将其公开，并作为国王遗嘱的对称品进行展示。两人确实在信中都主张宽恕他们的刽子手。为培养人们的相关意识，信每年10月16日都要在各个教堂宣读。在路易十六弟弟的想法里，要有宽恕，显然需要存在一种过错，而过错，则一定要有它必需的赎罪。

---

① 这里的御前枢密院（Conseil du roi）指波旁王朝复辟时期的政府内阁，因为路易十八实行君主立宪制，所以仍沿用君主制性质的称谓。枢密院主席是实际上的政府首脑。路易十八在给德卡兹的一封信里写道："执政核心不是国王，而是枢密院主席。"
② 这里指第五代黎塞留公爵，他是红衣主教黎塞留的后人，祖父为黎塞留元帅。
③ 贵族院（Chambre des pairs）：法国波旁王朝复辟时期模仿英国两院制所设的上议院。

这一政治动作过于漂亮，转眼间不会没有人对文件的真实性提出质疑。一些笔迹学家对文本的书写一门心思地加以研究，却认出字确出自王后之手。但我们知道，关于字迹有人造过假，而且造假者众多。问题在于，玛丽-安托瓦内特如何能在死前的几小时，表达出这么完美无缺而且操控得这么得心应手的东西？

243 如夏多布里昂所言："手在这里和心同样坚毅。……从地牢深处，玛丽-安托瓦内特平静地给伊丽莎白夫人写着信，这平静和她在凡尔赛宫的纷华靡丽之中如出一辙。"[ccclxxxii]

然而，有好几个原因让我相信这最后一封信是真实可信的。首先，假如说路易十八的宠臣德卡兹伯爵编造了它，并于 1816 年叫人写了它，哪怕是根据一个语焉不详的组织材料写成的，对于死刑犯是向伊丽莎白夫人而非她的小叔子普罗旺斯伯爵托孤这件事，他为什么不三缄其口呢？后者在此期间成了法国国王，这于他是一个轻慢之举，而且我从中看到了在大革命时期他们长期政治失和的痕迹。路易十八和他的政府本是更有兴趣隐去此事的！还有信的材质。一名历史学家最近对玛丽-安托瓦内特用过的纸张作了专致的研究。在透明水印处，它和富基耶-坦维尔的信函是一模一样的。而后者收到的信件在国家档案馆有大量存留。我们可以进行一些对比工作[ccclxxxiii]。有些人士同样认为信是假的，就他们所见的玛丽-安托瓦内特而言，她并未达到遗嘱所具有的高度：写得太有文采，人格和思想太高大……那是因为他们没读过她的东西！1792 年给约朗德·德·波利尼亚克，1793 年 3 月给雅尔热依骑士写信的女人和 10 月给伊丽莎白夫人写信的女人是同一人，具有着相同的性格和相同的多愁善感。其中是相同的笔调文风，相同的感情宣泄，相同的真情实意。

至于玛丽-安托瓦内特，她当然对这一切从未知晓。她也从 244
来都不知道她希望留给孩子们继承的最后纪念物终将落入富基
耶之手，无疑也将落入她的头号死敌，罗伯斯庇尔的手里。

*

她停笔之时约是早上 6 点。在一个小时的时间内，我们对她
所做的事一无所知。她在祷告吗？她在睡觉，但此刻她睡得着
吗？年幼的女仆罗莎莉·拉莫列尔 7 点进入她牢房时，发现她半
伸着身子躺在床上。她瞧着开向妇人庭院的窗子，似乎通过那
里，正在逸出她最后的回忆。罗莎莉建议给她拿一杯自己正在炉
子上热着的汤。她拒绝了，但随后又接受了。她最终只能咽下寥寥
几勺。她感到胃如刀绞。死亡过紧地扼住了她。天亮前不久，别人
给她派来了教士，他肯定是救国委员会指任的，来给她做告解。

我们由此到了一个争论当中。今天它显得遥远，但在大革
命时期，却曾深远且令人痛苦地使国家一分为二。弗朗索瓦·
吉拉尔——这是他的名字——是圣朗德里①的神甫和巴黎效忠
组织法的主教戈贝尔的副手。和后者一样，他对《教士公民组
织法》作了效忠宣誓。为此他受了罗马教廷的处罚。另一些教 245
士保持着忠于教廷的传统，他则在某种意义上为他们中如此之
多的人所遭受的暴力、逐禁和死亡作了背书。玛丽-安托瓦内特
拒绝了他的服务。她只接受一个没起过效忠誓的告解者，这种
人当时人称"抗命教士"。她刚给她小姑子就此写了信。如果
一个起过誓的教士要来她这里，"我（可能）一句话也不会和

---

① 此处指巴黎的圣朗德里教堂。在 1790 年，圣朗德里还是巴黎 52 个教区之
一，但在 1791 年失去了教区地位。

他说，而且我（可能）会把他当一个绝对陌生的人对待"。这再次令人难以置信，这一刻，她曾有这般勇气，这种临危不乱。有人后来把她的拒绝说成是一个政治动作。人们几乎忘了，当时这尤其和她内心的信念、信仰是相一致的。自 1790 年代起，而且在整个 19 世纪，人们都在发问、辩论、争吵，以图知道王后有没有在她监狱里暗中接见过一个"好教士"，即路易·马尼昂。他在 9 月的最后几天里似乎给她领过圣体①而且做过告解。人们在这个话题上的著作汗牛充栋。为数众多的见证者们——包括马尼昂自己——叙述彼此一致，都证实"好教士"到过监狱，今天很难不把这些严肃以待[cclxxxiv]。但归根结底，这无关紧要。

要紧的是，女囚或许所能收获的确信和振作。但她在给伊丽莎白的信中对这一切都只字未提，或许是出于谨慎。"我要死了"，她仅仅写道，"死在天主的、教皇的和罗马宗的宗教当中。"这同时所言甚多，又所言寥寥。此处也是无关紧要的。"我们的死应当是我们生命中的一件大事，但上帝是唯一能了解它的人。"在这一刻，我们仅能从她身上瞥见那些可见之物。我们对安慰的需求永远无法得到完全满足，一直在心中挥之不去，在那个重大夜晚的数十分钟之内，她可曾愿意，可曾懂得彻底断绝这一需求？[cclxxxv]

*

8 点了。天放了亮。罗莎莉帮她换了衣服。她此时避进了一道狭长空当里，这道空当隔开了她的床和地牢靠里一面的墙

---

① 领圣体（communion）：天主教的圣事之一，具体而言指主持仪式的神甫把象征基督血肉的葡萄酒和生饼让信徒服下，从而喻示着信徒和基督之间产生了亲密的联系。

壁。她费了许多气力撵走宪兵军官，他负责看守她，并得了决不可让她离开视线的命令。所有人都怕她自杀并就此逃过断头台的耻辱。她绝对无此意图。"看在清白正派的分上，先生，请别让人看着我换衣服。"她当时脱下了自己的黑色长裙，换了一条白色凸纹布的晨裙，肩膀披上了一条细纱布折角巾，并且换下了她大大的无边帽，换上了另一顶更简单的白色细麻布帽子，"不带坠带且不带服丧标志"。有人说在富基耶的命令下，她曾被要求穿上一条白裙子，好让她不穿国王的丧服赴死。至少白色是无辜的象征色！换了衣服，她把刚脱的带血迹的衬衣藏到了牢房里一个隐蔽的小角落——是罗莎莉记下的这一细节。猛然之间，场景赤裸裸的表现对我们一展无遗。这是一个即将走向死亡的有病在身的女人。数周以来她都受着出血之苦，这出血的症状在恐慌的作用下应是有所加重了。稍后她要求独处片刻，很可能是出于同一原因。

从 8 点或 9 点起，她牢房里应该有了许多人。在她的最后时刻，别人甚至不让她凝神静思。管钥匙的年轻狱卒路易·拉里维埃进来了好几次，他被博勒安排收走那里的餐具。他母亲让娜·拉里维埃曾在古监狱服侍过被关押者。随后别人替换了她，因为她太过殷切，不够牢靠。至少，路易·拉里维埃对死囚有着同情。"拉里维埃，您知道别人将叫我赴死吗？"

随后轮到法庭庭审书记员厄斯塔什·纳皮耶进来了。他由好几名法官陪同，但我们不知道是哪几个，还有一队宪兵。他负责向死囚通知执行判决，把她交给刽子手，并且陪同她一直走到行刑地[ccclxxxvi]。他请她再听一遍对她刑罚的宣读，对此她回答道："这个宣读没有用处，我太清楚这个判决了。"但纳皮耶还是一直读到了头。职责在身，无可推卸。他是夏特雷法院

247

前司法执达员，精于司法机器不为外人所知的种种奥妙。几个月后，在 1794 年 6 月，他接受了著名的奥朗日委员会①的席位，委员会的名字是它所在的城市名，这个城市是大恐怖时期最令人恐惧的城市之一，它在四十七天内把 322 人送上了断头台。罗伯斯庇尔垮台后，纳皮耶被判刑 12 年。在阿维尼翁教皇宫②前面的一个断头台上，他被绑在一根柱子上示众，之后在那里被一群陌生人用匕首捅死。纳皮耶擅于职守，一边等待着自己悲惨的命运，一边悉心注意着事务的良好开展。他需要向富基耶汇报，后者可不开玩笑。

人们此时正处于恐怖统治让位于行政流程的时候。在这片规章的迷雾中，甚至再也瞥不见一张面孔。一切从此都将变得不问姓名并脱离个人。她被"巨大的革命本能"审判了，而"纷繁的行政程式"从此将主持她盛大的死刑仪式。在玛丽-安托瓦内特基督罹难似的苦难的终点，在这一"巨大的革命本能"被"纷繁的行政程式"不知不觉取代的过程当中，除了令人发指，还有着某种使人沮丧低落的东西。这两个表达出自托克维尔。我们忆起了他于《论美国的民主》中对大革命的后世之名沉思之时[ccclxxxvii]，在这一主题上的不尽忧虑。今天，我们所有人都带着一个号码出生、死亡。至于法国前王后，她则在一纸手续中结束了自己的生命。填上空白就足以证实她的死亡。一切最终总是归于索然无味的按部就班。甚至恐怖统治亦然。

---

① 该委员会即设在奥朗日的人民委员会，实指当地的革命法庭。关于人民委员会，详见前注。

② 14 世纪，由于罗马政教各派别之间的激烈斗争，直接威胁到教皇安全，在法王腓力四世的支持下，教皇克雷芒五世从罗马迁居到阿维尼翁，并在此地建有堡垒式宫殿。

诚然，下级事务的执行者①是有名有姓的，但他不再是昔日
操刀处刑的独特而神圣的怪物。直到大革命时，这些处决看上去
都像是一种刽子手和受刑人之间独特（且惊悚）的贴身肉搏，可
持续数小时之久。人们也尊重种种社会等级②，一直尊重到了对
那些极刑的选择上。吉约坦博士③的械具在 1790 年 1 月经国民议
会批准通过，从 1792 年 4 月起它的专一使用把死亡非人化了。不
再有剥皮抽筋、千刀万剐。吉约坦承诺道，人在脖颈处只会感到
"一阵清凉"。这械具也使刽子手变得平平无奇。后者猛地被发回
到了面目模糊的大众当中。他一如他人，不过是一介普通公民，
一个共和国的公务员④。断头台不仅把死亡变得众生平等，也使
它变得集体化和机械化。它和卡夫卡于《在流放地》⑤中虚构的

249

---

① 下级事务的执行者（exécuteur des basses œuvres）指刽子手，这是当时专门
  的法律术语，并无贬义。
② 这样说是因为法国社会在旧制度时期严格遵循数种社会等级：身份等级，财
  富等级，是否是教职人员，等等。这些社会等级反映在刑事审判的定罪量刑
  上，则不仅考虑罪行本身的严重程度，也考虑加害人和受害人各自的社会身
  份和社会状况，如是否是贵族、经济条件如何等，因此同罪不同罚乃至受不
  同司法机关管辖、同罚而执行方式相差很大的情况非常普遍。制假币者会被
  丢入沸水，被认定是巫师者处火刑，对君主大不敬会处五马分尸。贵族的死
  刑一般是斩首，平民则处绞刑。赤贫的平民则要受尽酷刑后再处死，尸体还
  要在城门处示众数周。
③ 法语中断头台一词（guillotine）即源于发明者的姓氏吉约坦（Guillotin）。
④ 注意这里作者所说的刽子手是共和国的公务员与实情不符。大革命后法国的
  刽子手全部是与国家订立劳务合同的雇佣工，从未属于国家公职人员，也没
  有任何国家法律条文定义他们的职权范围。共和国时期的刽子手没有工资，
  仅由国家司法部发放劳务报酬。
⑤ 《在流放地》是《变形记》的作者奥地利作家弗朗兹·卡夫卡 1914 年创作的
  小说。他的作品气氛绝望阴郁，表现了非人化的现代社会对个人不可抗拒的
  压倒性控制。《在流放地》中的机器由一个军官操作，通过一系列复杂机制，
  处刑的理由会被输入犯人的肉体，经过一个漫长而血腥的过程后，犯人最终会
  死亡。后来机器自己加快了处刑速度，犯人死亡的时间比正常设定快了许多。

古怪机器毫无二致，这机器同时又宣布判决又加以执行。

*

10 点多一点，玛丽-安托瓦内特夹在两排宪兵之间离开她的牢房前往了书记处。纳皮耶让跟从的队列让出一个口子。当时应该摩肩接踵地挤了许多人。在书记处，别人叫她坐在一张长椅上。像在一场编排良好的芭蕾舞剧当中那样，现在轮到刽子手登场了。自处决国王以来，夏尔·亨利·桑松就开始抱怨自己年老体衰，让儿子亨利接了自己的班。正是后者在 10 月 16 日像神甫行弥撒一样郑重地履了职。有一本托伪的回忆录借了公开处刑人一族最后的名门之后的名义，根据它的说法，父子双双在场，但为数稀少的曾对场景留下过一番叙述的亲历者只说到过儿子。亨利·桑松时年 26 岁。路易·拉里维埃提到一个身材高大的"年轻男子"。他此时此刻头脑中在想些什么？有人后来把他说成一个对他的受害者满怀敬意的保王派，垂拱脱帽，毕恭毕敬。事实上一切都发生得相当突兀，几近机械。"请伸出手。"玛丽-安托瓦内特当时似乎有个后退的动作。"难道要绑住我的手吗？对路易十六可一点也没绑。"然而别人还是把她的手捆在背后，捆得非常之紧，拉里维埃强调道。随后别人给她作了装扮，摘掉了她的无边帽，剪下了她的头发①，又给她戴回了帽子。宪兵莱热记道，她的头发"被如此之重的悲伤染白并乱得令人哀叹"。这几乎不可能像她的某些拥护者后来所说的那样，王后在牢房里自己剪过它们。

桑松早上稍早的时候去见了富基耶好向他领命。他向富基

250

---

① 这是为了使断头台的铡刀落下时不会受脖子处头发的影响。

耶要一辆带篷的马车，以便把他的贼人一直运送到断头台。公诉人对此勃然大怒。人们于是打发人去征求救国委员会成员们的意见，而那些人把处决的具体事项的全权丢给了法庭。富基耶不容辩驳地下了决断。事情似乎如此。因此王后坐的不会是一辆马车，而是给一般的死刑犯坐的司空见惯的马拉平板囚车[ccclxxxviii]。在所有处决王后之后所作的叙述当中，人们都坚定不移地冀图表明，通过待她如众，并不似待她丈夫那般，当局曾想竭尽全力地羞辱她直至生命的最后一刻。这并不假。绑着的双手、剪掉的头发和桑松的囚车足以说明，对于风尘表物的死刑犯们的种种古老特权，对于把王室宗亲带向死亡的宝马雕车，玛丽-安托瓦内特的法官们是想要彻底终结的。囚车造得妙就妙在，很好地满足了民众复仇的乐趣。亘古以来它就在缓缓滚动前行，自克雷蒂安·德·特鲁瓦①的亚瑟王传奇起便是如此，在其中高文骑士②拒绝做"用一匹马换一辆囚车……的下贱交易"。在中世纪，"耻辱车"是专给杀人犯和强盗用的。如果说兰斯洛特上了车，那是为了填满他夺人之妇的迷情，是为了走向他十恶不赦的罪过并和王后桂妮薇尔重逢。她是亚瑟王的妻子，他则出于一种有罪的情愫而爱着她[ccclxxxix]。

251

---

① 克雷蒂安·德·特鲁瓦（Chrétien de Troyes，1135—1185）：法国 12 世纪时首批骑士爱情小说的创作者之一。他创作了一系列和亚瑟王传奇有关的故事，这里特指他的作品《囚车骑士兰斯洛特》。故事大意是说主人公兰斯洛特是亚瑟王手下的圆桌骑士之一，他却爱着亚瑟王的王后桂妮薇尔，一天王后被劫走，他前往营救，途中对他的最大考验是要他放弃自己的骑士名誉登上一辆囚车。在骑士守则要求牺牲的激励下，他犹豫两步后依言照做。

② 高文骑士是亚瑟王传奇中的人物，也是亚瑟王手下的圆桌骑士之一。他出现在亚瑟王传奇的许多不同故事当中，这里特指他在《囚车骑士兰斯洛特》中的表现。和兰斯洛特一样，他也出发前去营救桂妮薇尔，但途中遭到失败。

爬过那几节引向战神庭院的阶梯之后，玛丽-安托瓦内特穿过书记处栅栏时正好 10 点 30 分。她被一群宪兵围着，并由桑松跟在后面。他押着她，抓着系在她双手手腕处的粗绳子，往后直扯她的臂肘。此时此刻，她像一只动物一样绳索加身。看见没有料到的囚车，她又往后退了一下，这必定是出于恐惧。

252　然而，她没借助任何人就登上了让人进到车里的短梯横杆。她当时试图跨过车头横座好到面对着马的位子上去，但桑松和他的助手叫她坐到了另一边，背对着行进方向。由此我们又处在了中世纪，置身于愚人节①和狂欢节中。在这类节日中，为更加传神地模拟当时种种身份等级的上下颠倒，人们让一个主教人偶反骑在一头驴子上游街②。在我们所有重大的宗教或社会危机当中，打破常规的激情都处于中心位置。宗教战争③、大革命，曾轮番上演打碎圣像或进行戏仿的巡游。这一回，是玛丽-安托瓦内特当了巡游里的傻子王后。这王权不再是凡尔赛宫光芒四射的王权，而是阴森可怖且遭人奚落的封神尊圣的王权。

*

她的队列准备好离开战神庭院前往革命广场的时候，群

---

① 愚人节（fête des fous）原是欧洲中世纪一种化装性质的节庆，在法国至少可追溯至 12 世纪。先是教士们积极参与，在教堂里会选举一个年轻教士作傻子主教甚至是傻子教皇，教士们会穿奇装异服，唱淫秽歌曲，在祭坛上大嚼香肠，玩纸牌和骰子等。后来这种狂欢扩大到普通民众，成为一种全民参与性质的狂欢节。

② 愚人节的庆祝对象是耶稣进入耶路撒冷时骑的驴子，所以会这样游街。

③ 这里的宗教战争（guerres de Religion）特指在法兰西王国境内天主教徒和新教徒之间，从 15 世纪开始，断断续续一直进行到 18 世纪的冲突。

众已等待她多时。富基耶事前命护送人员要 8 点准时到达司法宫广场^{cccxc}。处刑应于 10 点进行。这即是说实际的处刑晚点了。公社作了妥善安排。一大早，人们便在所有选区集中了一切可集中的人力。各个桥头、广场和十字路口均安置了大炮。从 7 点开始，3 万名国民自卫军严阵以待，沿囚车经行的路边上站成了一道双层人墙。交通禁行。为避免线路边上的民居窗口被天价出租，当局禁止人们在那里观看。所有民众都在街上。官方预计，队伍将花一小时多一点走完从司法宫到革命广场的差不多 4 公里路。这似乎费时极短，因为聚在一起的巴黎人数量庞大，所有亲历者都说，他们云集在路边上。其中有一人比别人更为抒情，他坚称"人头攒动如波涛起伏的大海"。囚车应该是停了许多次。甚至连马似乎也惊得前仰起来。

我曾试着徒步重走了一遍队列经行的路线，虽然从那之后亲历者提到过的一些街道已经不复存在。河岸当时无法走人。人们从司法宫庭院出来，左转进了圣贝泰勒米街，即今天的皇宫大道，随后再向左转到了钟表河岸。从新桥穿过塞纳河并从三圣母广场北上，从铸币街和滚木街一直行至和圣奥诺雷街的交会处，从此差不多走完它的全长再左转，进入今天的皇家街，当时改名作革命街，最终到达革命广场，即今天的协和广场。如同《全民日报》的一名撰写人后来所解释的，奥地利女人应该"长久地饮酌死亡"。她的公开亮相相对其处决仪式至关重要。所有人都知道置她于死将非常迅速。人们带她横穿巴黎缓缓巡游，由此把所有权力重新赋予了当家做主的人民，充分准许了其享受演出。对她的拥护者而言，这趟旅程显然并非一次巡游。这是一条新的背十字架的苦路①，是重新开始的基督受难。

骑马的宪兵们把囚车围在当中。一队革命军在前开道。它由一名凡尔赛蒙唐西耶剧院的前戏剧演员率领，此人名叫纪尧姆·安托万·努里，人称"格拉蒙"。有人说，王后个人在大革命之前对其似有提携。如今他和他儿子效力于指挥革命军的龙桑将军的参谋部。这是一个信念十足的埃贝尔分子，为鼓动民众不遗余力。好几个亲历者都看到他骑在马上，挥舞着他的剑，对着囚车的女行客污言秽语，并扯着嗓子叫道："她来了，可耻的安托瓦内特！她完蛋了，我的朋友们。"

随着队伍的前进，人潮向它的经行之路涌去。许多人尝试着穿过骑马的宪兵队尽量接近囚车，从这头到那头地尾随而行。

我们在途中看到了一切。被废黜的王后缓缓穿过移动而变换的人群，而人群对她反应不一，这进一步增加了她被迫经历的戏剧效果。在圣奥诺雷街，于小礼拜堂选区小圣堂的高处，一位母亲举着她的儿子。他年纪和小太子一般大，向她送上了最后一吻。更远处，在圣洛克教堂前，另一名妇女则试图唾她的脸。有人向她伸拳头。有人尖声作哨。有人对她辱骂。一名前骑兵军官，绘画业余爱好者夏尔·亨利·德福塞（或德·福塞）沿着队伍，难掩自己对这个行将死去的女人的感受。他肯定地说，在到圣奥诺雷街之前，既无人嘶喊，也无窃窃私语，更无出言不逊。只有在这条当时为市井小民居住并总是拥挤不

① 背十字架的苦路（chemin de croix）指耶稣背上十字架前往刑场时游街示众的整个路途。在天主教传统中是信徒个人或集体进行的一种宗教仪式。对信徒而言，通过自己背着十字架模仿从耶稣被判死刑、耶稣背上十字架、被钉上十字架、下十字架一直到耶稣被放入坟墓等一共十四个耶稣受难当中的特定时刻，可以由此和基督的痛苦在精神上产生紧密联结。

堪的狭长街道上，才听得到民众的喧哗与不善^{cccxci}。后来甚至有大革命的拥护者称此刻人群言行失态。《鲁吉夫日报》①的撰写人，山岳派议员迪弗鲁瓦几天后懊丧道，王后没有在"一个伟大民族默然的满足当中"被带至极刑。"人民的庄严"，他还说道，被这一声声"打倒她！打倒她！"的"愚蠢而放肆的嚷闹"给遮盖了。^{cccxcii}

迪弗鲁瓦或许乐见，一面是人民充分的自制，另一面是其受害者露出垂死之态并痛楚万分。然而发生的事却与此相反。所有见证者的叙述在这件事上都所言略同。在囚车上的每分每秒，玛丽-安托瓦内特都未曾显出怯弱之相。甚至雅各宾分子们也不得不同意这一点。"她大摆坚毅之姿。"^{cccxciii}另一人说道："她留有一种自傲，一种端庄，一种挂在面相上的高傲之色"。^{cccxciv}"而且，这贱货从头到尾都大胆放肆"，狂热的埃贝尔尚自如此写道^{cccxcv}。傲气、荣誉感、教养、脾性、勇气压过了一切。

*

玛丽-安托瓦内特在囚车上并非独自一人。桑松与其助手扶着扶手站在她身后。她在牢房里拒绝过的吉拉尔神甫被官方指派陪同她直到行刑地。他人在现场，于她旁边身着便服，但她甚至不去看他，对他一言不发。她坐得笔直，由于双手被捆在背后，几乎是向后仰着，变白的头发沿着她的无边帽被剪到发根，脸色非常苍白，脸颊凹陷，颧骨处略显潮红，双眼充血，凝眸而视。她似乎对人群的躁动和叫喊无动于衷。"这条铺着

① 《鲁吉夫日报》（*Rougyff*）取名自迪弗鲁瓦（Duffroy）姓氏字母的变形。迪弗鲁瓦是这一日报的创始人，他在这份报纸上支持山岳派的政策。

和砌着人脸作墙的路。"我们再次想起维克多·雨果的死刑犯，他再也听不见，再也看不见："这一切是一片在我脑袋里回响的嘈杂，有如一声铜器的回音。"cccxcvi

然而打皇家宫殿①前经过时，她从分神中被拉了回来。宫殿的所有人是她丈夫的堂亲奥尔良，他投了国王的死刑赞成票，改称作"平等的菲利普"，是她的头号敌人。她无疑清楚，他在 4 月被捕，和他家人一起被囚于马赛的圣让要塞。当时很快便要轮到他赴死了。"这座宅邸很可能使她重拾了印象深刻的一些回忆"，《巴黎历次革命》的撰写人记道。她知道她很快即将从迪普莱的房子前经过吗？cccxcvii 但不可腐蚀者不在其中。他正在国民公会，这天国民公会若无其事地开着列席会议。因为即便事情大过天，巴黎的生活还是要继续的。人们也想要她注意到雅各宾过道②门楣上的题铭："歼灭暴君们的共和国武器制造局。"这一切无一与事无关。共和国在战争当中，它遭到背叛，而玛丽-安托瓦内特付出了代价。她在自己赴死的去路上或许想起了这些。

稍远处，在圣奥诺雷街另一栋房子的一楼，画家大卫正全神贯注地静候着她。他 45 岁，已经有了名气。作为国民公会的山岳派议员，他投了国王的死刑赞成票，并在令人生畏的公共安全委员会出席工作。就在几天前，他参与了在圣殿塔内对小太子的讯问。他恨国王们。他尚不知，几年之后，他将成为拿破仑的奴才，给他画了加冕礼。他的一个传记作家暗示说，他人在现场，在王后的途经之路上，离卢浮宫不远。卢浮宫如时人所称的那样，更名共和国艺术品中央博物馆，当天下午他将

---

① 这是卢浮宫以北的建筑群的统称，包括宫殿、庭园、长廊和剧院。
② 这是连接圣奥诺雷市场 51 号和 37 号之间的过道。

在那里展示他的两幅关于马拉和勒佩尔捷的画[cccxcviii]。无论如何，他在那里都绝非偶然。作画者的激情压倒了一切，他极欲最后一次地瞧见，最后一次地定格那受人厌恶的女人的样貌，如同他后来对走向断头台的丹东所做的那样。趁女囚路过时抓紧时机画下的寥寥数笔对他足矣。他在她左侧，画了她坐在囚车里的侧面全身像，画中人消瘦、衰老、僵直，耷拉着嘴角，闭上了眼睑。这是一张坚硬而悲哀的面具。

258

他画的肖像是一次复仇，仿佛他以画家的方式签发了她的死亡令，毫无同情，冷眼旁观。这是人们存留的关于她的最后一幅画，这幅画在我们心中徘徊不散，和凡尔赛宫那些肖像的明艳和迷人相去甚远。大卫杀死了昔日的女人和女性服饰。一个活死人从我们眼皮底下经过，一去不返。我们理解龚古尔兄弟的胆战心惊，当时他们于1859年首次看到画像的一张相片："这是某种丑陋低俗的东西，类似孩童所做的鸭子版画[①]。"[cccxcix]然而在漫画背后，我却觉察到了某种专属于他模特的东西，一种力量，一种内在的专注。这是人将死之前所具有的东西，会使您对已经消逝无踪的活人世界视而不见且听而不闻。全部的情绪都在其中，强烈而绵实，它不在画家的意念里，而在他所表现的女人的心灵、肉体和精神的封闭状态中。圣奥诺雷的囚车是她最后的监牢。那里再也无处可逃。

*

时近中午。人们转过革命街街角，到了以前的路易十五广

---

① 这一批评的全文是："这是某种丑陋低俗的东西，类似孩童所做的鸭子版画，显而易见画带有这位画家的共和倾向和讽刺意图，他是马拉和拿破仑的奴才，他于铅笔笔端只画下了玛丽-安托瓦内特临终时丑陋不堪的夸大之作。"

场①。"受爱戴者"的骑马雕像昔日订购自雕刻师埃德姆·布沙
259 东，它已被一尊自由女神的巨大石膏像取代。女神手执长矛，
头上戴着弗吉尼亚帽。罗兰夫人在几周之后冲着她说道："噢，
自由！多少罪行假汝之名犯下！"②

　　广场上黑压压的，全是人：有些人说有 20 万人。民众至少
10 点起就在那守候，他们对这场戏迫不及待。无人指出有任何
骚动。警察戒备着。一个观众说，没人对女死囚即将来临的命
运心生怜悯cd。在大革命的想法中，自 1 月起这个广场上接连
发生的政治处决，是一场场民众的欢庆，是对危害共和国的罪
行杀一儆百式的纠正，也是在面对着共和国的敌人们时，对民
族主权不断重新作出的确认。对正到达此地的玛丽-安托瓦内特
而言，它不过是恐怖和死亡。

　　囚车停在杜伊勒里宫庭园主路的中轴上。她有看过将杀死
她的阴森器械吗？她曾有觉察到距此极近的地方是杜伊勒里宫
吗？在这里她和她的孩子们一起度过了最后的岁月，在这里她
最后一次见到费尔桑。所有人都注意到她面色极度苍白。她的
心跳击鼓吹号似地加速，所有血液都涌了上来。但是再一次地，
她并没有自暴自弃。在场的人中有人觉察到了这一点。人们承
认她"相当坚毅"。一名阿尔让唐地区监察委员会的成员当时
在场，他次日给朋友们就此写了信。他和鞋匠西蒙语言一致。
260 这一语言专属这整个场景，它表现出了场景的平等主义导向，
除圣去魅的激情，却也道出了在始料未及之事面前的惊讶。登
上断头台的女人到头来并非民众幻想里的那个风骚浪荡且性欲

---

① 路易十五广场即更名前的革命广场，今天的协和广场。
② 这是罗兰夫人上断头台之前说的一句名言。

反常的王后。我保留了原始字句："贱货和病恹恹的肥猪在最后时刻表现得同样漂亮……，她在旦头台上①（原文如此）带着一种让人无法相信的坚毅。"他还加了一句："纹丝不动。"[cdi]

她挺得笔直，内心安宁且表现平静，在登上把人引向致命平台的阶梯时，她的双腿并未出过岔子。"她强充好汉地登了上去"，《共和国奇才》的撰写人说道。她无人搀扶。任何时刻，她都未曾试图向人群开口说话。无意踩到刽子手的脚时她有表示歉意吗？人们后来无限地重复这一点，这无疑是因为除死亡以外，再无事可说。"我等着你呢"，人们让断头台如此说道[cdii]。她来了。别人给她松了绑，摘下了她的无边帽，按住了她的手脚。一切发生得都如电光火石一般。躺人的板子，末尾的挡头，让脑袋穿过去的孔眼，铡刀，干巴巴的一声响，身首分离。桑松向民众展示了头颅，如同展示着其主权血淋淋的证据。其时是正午一刻，共和二年第一个月的第二十五天。

在巴黎天文台，公民亚历克西·布瓦尔刚接替了因保王倾向而被解职的卡西尼，他兢兢业业地记录下了这一天的天气。6点一刻："天空晴朗，地平线周围有几片云。"8点："天气晴朗，有水汽，无风。"10点："同样的天气。"正午："乌云密布，有风，有雨。"[cdiii]

261

要寻找征兆，可不该从天空着手。

*

没有偶然。也无巧合。圣德尼宗座圣殿内，在同一天的几乎同一时刻，根据国民公会的命令，人们在火把的光亮和地下

---

① 此处原文为 godille，应是断头台 guillotine 的误写，译文做同样处理。

墓室的昏暗中，正从过去的埋葬地把国王们的尸骨掘出。从达戈贝尔特①开始，从死去超过 1 000 年的人开始。人们把他们的尸骨四散丢落，似乎通过糟践他们的遗骸，就第二次地杀了他们。人们也在几近食人的场景中凌辱着他们。有个叫热尔曼·普瓦里耶的人是负责挖掘的委员会成员，他在日记中简略地记道："早上 11 点，当路易十六的妻子，奥地利的玛丽-安托瓦内特被砍下脑袋的时候，我们搬走了路易十五的棺材。"ᶜᵈⁱᵛ 为使复仇完整，便要把祖父和孙媳一同亵渎。两人最终进了一方公共墓穴的深处，和一处无名乱葬坑中的死人们混到了一起。而夏多布里昂评论道："人们发掘出我们先祖的骨灰，搬走他们的遗骸，如同乡巴佬把我们城市的淤泥和垃圾搬上自己的运货敞车。"ᶜᵈᵛ 随后这继续着。晚上在共和国剧院，有人上演了西尔万·马雷夏尔新排的独幕喜剧。这是一出预言。它名叫《国王们最后的审判》。火焰圈着这些人，他们像一群丑角一样彼此争吵，被牵着一直走到了一座荒岛上。他们再也不会回来。ᶜᵈᵛⁱ

作者预告道： "国王们在凡间为我们准备了御用礼乐庆演②。"

> 未来的人们请记得我
> 我活在国王们正在终结的时代。ᶜᵈᵛⁱⁱ

---

① 达戈贝尔特一世（Dagobert Ⅰ，603—639）：公元 7 世纪时墨洛温王朝的法兰克国王。

② 御用礼乐庆演（Menus plaisir）：法国君主制时期宫廷享用的种种仪式、庆典、演出。这里引用此句意即表明国王们从礼乐庆演的取乐者反转成了被他人取乐者。

尾 声

　　玛丽-安托瓦内特的脑袋刚落进篮子里的时候，革命广场上的人们就喊起来："共和国万岁！"欢呼声经久不绝。人们拍手称赞，帽子在空中飞舞，以表快慰。"对人民来说这是一个节日。"[cdviii]诸份革命报纸对事情得体地致了敬。在国民公会，让·亨利·武朗几乎立即就向议员们汇报了处刑。他甚至不再以姓名指称受刑人，而是说"这个死了有一小会儿的女人"。[cdix]色当和蒙梅迪人民协会的代表们这一天索她的命来了。他们为稍微来得迟了些而致歉，并保证会迅速"把这一正义之举的消息带到前线"。他们说，这将会重振"祖国卫士们的士气"。确实如此。在处刑之后的日子里，没有一个人民协会不向国民公会送去贺信。其中只有"满怀欢畅""欣喜若狂""拍手称赞"。在某些城镇，如巴 黎附近的贝尔西，人们甚至"万众唾骂地"把前王后的胸像放在一辆出殡车后拖行，然后再把它和"暴政的其他残迹"一起在公共广场上焚毁。为给她起绰号，人们也争相地别出心裁。所有爬行的和撕咬的野生动物都有人用。她轮番地是"毒蝮蛇""母狼""渴望鲜血的母老虎""吞噬法国人鲜血的凶残母豹子"。我略去其余，以免絮叨。人们也遗憾她只遭受了"仅仅一次死亡"，而她却曾使成千上万的爱国者丧了命。如有可能，人们确实会为她再度发明出昔日的种种酷刑，如"轮刑①和拷打"。她的"短一截"太过迅速，人们抱怨道。"民族之斧"是"对她那些万恶罪行而言过于温和的极刑"^{cdx}。

在巴黎，报纸上显出一种更具政治性的热烈情绪。其中所讲的是"伟大教训"，是一个"主持正义的伟大示范，迟早会被毗邻的民族效仿"^{cdxi}。"上天对这一正义之举露出了微笑。"^{cdxii}安托瓦内特死了，出于她的种种叛徒行径，出于她花费了人民的金钱并出卖了政府的机密，但如某些报纸文章撰写人强调的，也是出于她"没有德行"并"麻木不仁"，出于她的"种种荒淫之举"，出于她过去是一个坏妻子又是一个坏母亲。再一次地，大革命对女性的仇视表现得淋漓尽致。"革命法庭方才对妇女们给出了一个重大范例。"^{cdxiii}

265　　人们说着正义，但也把处决奥地利女人当作为人民复仇所必需的刑罚来致敬。"复仇"一词在报纸上反复出现。"血"这个词也是如此。为非作歹的王后的"不纯洁的血"，"被残杀的爱国者们"的无辜的血。在《暴力与神圣》里，勒内·吉拉尔②对大革命只是一笔带过。然而他在论述中对玛丽-安托瓦内特的受审与受刑作了最细致的描述，似乎"司法制度和供奉牺牲"在过去有着"同一功用"。革命法庭，就是理性化的复仇。人们一边对暴力矫饰遮掩，一边使它变得正当，后又超越了它。得以如此，靠的是一种合法刑罚，即判处传唤到庭的那些人死

---

① 轮刑：一种欧洲中世纪酷刑，先把犯人绑在十字架上用铁棍打断四肢和肋骨，再将其四肢编到轮子的辐条上，正面朝外悬挂展示。痛苦的受刑者一边遭受别人的辱骂，一边奄奄一息慢慢死去。

② 勒内·吉拉尔（René Girard，1923—2015）：法国人类学家、哲学家，法兰西学士院院士。

刑。靠的是以法律的名义把他们送上断头台^{cdxiv}。

*

在革命广场上，警方还是通报说有几个心情悲伤的人。
"贵族们容易认，他们嘴唇紧抿，神色局促不安"，监察员鲁博
报告道^{cdxv}。也有人听到了几句"没有公民精神的话"。那些有
此言语的人被立即逮捕。但无人尝试做任何事。人们太过于害
怕了。

唯一发生的事故已经预示着，许多人将会长久地崇拜殉道
的王后。一个小伙子强行冲破防护断头台的守卫，并把他的
手——其他人后来说是一条手帕——蘸到了受害人的鲜血当
中^{cdxvi}。还是血！他遭到了逮捕，险些被私刑处死。这是一个
巴黎旧货商店的伙计，名叫曼戈。"安托瓦内特的血！他想拿
它做什么？"《救国报》的撰写人评论道，"他想接种暴政的因
子吗？惩处这一对民族司法的侵犯行为总是一件好事。"八天
后对他进行了审判。富基耶要求判他死刑，但是完全出人意料，
他被无罪开释。对于他，我们想起了雨果《悲惨世界》里的加
夫罗契①。据他说，他在断头台下倒霉地受了推搡，玛丽-安托
瓦内特这个"骚货"的一滴血落到了他手上，而他用一条手帕
擦了手，以免被沾上^{cdxvii}。

266

*

这于事并无妨碍。王后生命中的最后一天也是另一生命的
第一天。这一生命枝叶繁茂，蕴育在她的种种圣物中。朱利

---

① 加夫罗契是《悲惨世界》中的流浪儿，以狡黠机敏著称。

安·格拉克①称之为"正统的神秘保王主义"。在这堆东一簇西一丛的受人顶礼膜拜的东西里，有王后的头发、王后的裙子碎布、王后的饰带。"要敬重地触碰它们，大概得要比历史学家的手更为妥当的东西；大概得要某种类似教士的手那样的东西。"cdxviii 后来，人们把她古监狱的牢房改建成了礼拜堂，挖掘出她的遗骸，将其隆重地运到了圣德尼宗座圣殿，又在丢下遗骸的墓穴的位置，修了一个小圣堂。它一直伫立于安茹街和奥斯曼大道的街角处，那里过去是玛德莱娜墓地。在那里殉道的王后像一副对着天主心醉神迷的模样，在十字架脚下，由宗教女神像扶持着，雕塑家科尔托给她刻了伊丽莎白夫人的容貌。后人对着她泪流满面，数十年如一日地让她置身于反复念诵和礼拜焚香的云雾缭绕之中。走遍法国到处都有闭关清修的修女在为她祷告。许多人对博斯农民马丁·德·加拉尔东②所说的信以为真，在对神之真言的狂乱传扬中，他把受刑罹难者的平反说成是从正统上复辟君主制的先行条件。在兰斯，极端保王派议员夏尔-莫里斯·萨拉贝里于 1825 年 5 月在最后一位"法国国王"③进行加冕礼的时刻把她提出来作了引证，似乎圣油④一涂便净化了亵渎："兰斯大教堂，古监狱，查理十世领了圣体，玛丽-安托瓦内特在她的地牢里领了圣体，正统封建王朝的

267

---

① 朱利安·格拉克（Julien Gracq, 1910—2007）：法国小说家、评论家、剧作家、诗人。

② 生于加拉尔东村的普通农民托马·马丁自 1816 年起声称见到大天使拉斐尔显灵。拉斐尔要他去见路易十八，请国王遏止全国转向世俗的势头，以赎大革命的罪愆。此人的出现很符合当时保王派的政治需要，路易十八也接见了他。他本人就此成了"农民先知"。

③ 此处指查理十世。在查理十世之后七月王朝的君主把"法国国王"的称号改为"法国人的国王"。

④ 圣油是教堂举行圣事时所用的油膏，由橄榄油和香料制成。

得胜之日，大革命十恶不赦的罪过之日。"^{cdxix}

一些虔诚的历史学家日后重新编绘了她受处极刑的场景。有些人甚至说她在断头台脚下就死于营养不良，没有遭受断头台铡刀之耻。^{cdxx}其他人让她双膝跪地祈祷："主啊，请启明并触动我的刽子手们吧。"^{cdxxi}在一片非常具世纪末风格①的末世灾难性气氛中，也曾有囿于妄想者、心智失常者和受苦受难者。巴伐利亚的路德维希二世②曾像对圣母玛利亚一样向她求助。他想要她赋予力量，以克服自己的同性恋倾向。^{cdxxii}应该重读莱昂·布洛伊，以便了解他的殉道者于 19 世纪幽暗月亮似的沉沦

---

① 世纪末风格（fin de siècle）是一个标签，对应着法国 19 世纪 80 年代与 90 年代的种种文化运动和艺术运动，如象征主义、现代主义、颓废主义和新艺术。本书中特指 19 世纪末的欧洲，尤其是法国的许多知识分子的普遍精神状态：迷离、悲观、苦闷、消沉、彷徨。瓦格纳的《诸神的黄昏》，尼采的虚无主义都反映出这种状态。在法国，这种颓废心态有着特殊的现实背景：1871 年拿破仑三世帝制的垮台和之后正统主义者企图复辟君主制的失败使法国进一步巩固了共和制度，这让政治上的反共和主义者郁郁不快。去基督教化的世俗倾向在全社会展开，又让坚守宗教的人感到人心不古。说到底这是一场思想上的古今之争：面对正在建立起来的新秩序、新文化，习惯于旧秩序、旧传统的人感到无法接受，这一部分人把变革中伴随出现的一些社会问题和弊端视为国家乃至全人类价值体系正在沦丧的标志并为此感到绝望，下文"某些人"即指他们这样的人。这一时期，标榜厌世、否定现实的颓废主义文学盛行，一些宗教人士则认为这种乱世预示着《圣经》上的世界末日，所以后面说"末世灾难性气氛"。玛丽-安托瓦内特正是作为代表过去和传统的一个重要符号，在这种思潮中被搬出来大加发挥。下文提到"沉沦"并引用了布洛伊的文字来表现这部分知识分子希望过去的旧观念、旧传统可以最终"制胜"。

② 路德维希二世（Louis Ⅱ de Bavière, 1845—1886）：巴伐利亚国王。他政治上有亲法倾向而厌恶普鲁士，但在普奥战争法国战败后他被迫同意巴伐利亚并入德意志帝国。此后他越来越深居简出，1886 年遭遇政变后被宣布心智失常，被迫退位。路德维希二世的私人日记显示他有同性恋倾向。此外他有社交障碍，精神自闭，并把自己封闭在他所迷恋的德意志传奇故事的象征世界之中。

当中，在某些人眼里的形象："玛丽-安托瓦内特从她的万众唾骂之中完成了封神尊圣，她头戴王冠，手持权杖，双脚站在看她受刑的 30 万观众额头上。……她拾起了自己的头颅，开始独自行走和统治起来①。……你将以此标志克敌制胜②，噢，19世纪！"^{cdxxiii}

人们曾相信她从未属于自己。她是出于这一点而有如此之多的化身。人们意欲取而代之地占据她。人人都曾将她据为己有。一些人把她打造成君主制的一个圣徒，而与此同时另一些人持续地将她置于共和国的地狱。米什莱率先发难："王后过去是有罪的，她曾招呼了外国人。这于今天已被证明。"^{cdxxiv}拉马丁相信她"或许是无辜的"。这一"或许"在七月王朝时期的正统派③圈子里曾引得抗议连连。^{cdxxv}随后，随着两个法国的界限，即共和国的拥护者与反对者间的界限逐渐模糊，如同喀耳刻④的受害者那样，人们也给她找了种种其他形象。拿破仑已在讲着她的不计后果，轻浮寡智，乏才鲜能。人们把她当成一个蠢女人，或是一个被宠坏了的小女孩。无论怎样，她都丝毫无法理解自己的境况。人们还把她塑造成一个大众情人，一

---

① 这句话的前一句为："玛丽-安托瓦内特像圣德尼那样做了。"指王后像殉教的圣徒圣德尼一样遭斩首后拾起头颅继续行走并做着生前的事。

② 语出拉丁语 In hoc signo vinces。君士坦丁大帝在公元 312 年的米尔维安大桥战役前曾看到云端浮现出象征耶稣基督的凯乐十字符号，同时出现一句话 In hoc signo vinces，即"你将以此标志克敌制胜"，之后的战斗果然获胜。本书作者展现布洛伊引用的这句话，即意指当时像布洛伊这样的知识分子把玛丽-安托瓦内特当作一面反现代、反现实的大旗挥舞，借以宣扬自己的主张。

③ 正统派（légitimiste）：查理十世被迫退位后波旁家族长子一支的拥护者，他们支持查理十世的后代香波公爵。与此相对，拥护奥尔良公爵的人被称作奥尔良派。

④ 喀耳刻：希腊神话中的女神，她会变形术和幻术，最擅长在草药上施魔咒，使悖逆她的人变成各种动物。

种为那些时尚杂志卧躺的平面模特。应该到索菲亚·科波拉的电影里去看看她在自己的鞋子堆里打滚①。她轮番地是一个时髦公主，一个性别研究的主题，一个同性恋文化中备受尊崇的标志符号，拒绝束缚并受其所害的那些女性中的一员。她或许会像奥森·威尔斯②一样，出现在《上海来的女人》的最后一幕，那个女人被囚禁在一个镜子迷宫内，镜子无尽地映着她的影子。

269

＊

　　然而一切从沉默作了开始。数月之中是一片死寂。共和国太过忙于自身事务，忙于处理自己的统治合法性，处理自己的种种派系斗争和战争，很快便遗忘了她。国王们也是如此。保王派的宣传家马勒·杜·潘很早就对此感到了担忧。"国民公会谋害了法国王后，此事一直被弃之不顾，丢给了几个无知的无良二流记者述说。……各国朝廷对这一惨剧无所过问，以至于公众很快就失去了线索，任凭这一死亡给人留下的第一印象在十五天后消散。"[cdxxvi]拿破仑后来在圣赫勒拿岛忆起，当时维也纳的惯常做法是对她保持着一种深深的缄默。一听到她的名字，"人们便低下眼睛，意味明确地改变谈话内容，为的是避开一个令人不适和叫人尴尬的主题"。[cdxxvii]马勒·杜·潘建议欧

---

① 索菲亚·科波拉是当代美国女导演，她在 2006 年拍了一部关于玛丽-安托瓦内特的电影《绝代艳后》。法国评论界包括历史学家们一致认为电影为迎合好莱坞的商业娱乐需求，仅把玛丽-安托瓦内特表现成一个一心享乐、没有头脑的幼稚少女，在心理和思想上终其一生没有任何成长，这严重与史实不合。影片的场景和装饰徒具华丽，但显得肤浅刻板。

② 奥森·威尔斯（Orson Welles, 1915—1985）：美国知名导演、编剧、演员，《上海来的女人》是他 1947 年自导自演的一部惊悚片。

洲各国朝廷应大张旗鼓地拿王后之死来做文章以重振人心。因为在 10 月末，重新占据上风的是共和国。这一发不可收拾，直至 1815 年①。

270　　唯一有哭悼她的，是那些真正了解并爱过她的人。玛丽-安托瓦内特不是一个人死去的。她于身后带走了她的几个女性朋友，她们或是无法承受有人谋害了她，或是因曾和她过于亲近而在她之后为恐怖统治所擒。"朋友里最温柔的人"约朗德·德·波利尼亚克于 1793 年 12 月 4—5 日的夜间在维也纳第一个逝世，距她至死不渝地挚爱着的人死后一个半月。她患有肺炎，没撑过去。几天后人们埋葬了她。墓已不知所终，但人们始终记得上面的题铭："死于悲痛。1793 年 12 月 9 日。"

　　罗伯斯庇尔垮台的前一天，即 1794 年 7 月 26 日，王后的另两名侍从作为她们友情的受害者也死了。这一天，人们把她的梳妆服饰管理女官多森夫人送上了王座倾覆广场（今天的民族广场）的断头台，因为她在出逃瓦雷讷那天拒不揭发她的女主人。人们也想这样对待她最喜欢的一个贴身女仆阿黛拉伊德·奥吉耶。"我的小母狮"，玛丽-安托瓦内特如此称呼她，因为她的头发，也因为 1789 年 10 月 6 日她在凡尔赛宫把她从一次必死无疑之中救了出来。这一次指控她的证据，是王后被带到圣殿塔前，她交给王后的 25 个可怜的金路易。前宫廷女仆

271　躲过了第一次逮捕，她从当时居住的巴黎附近的顾拜旦堡逃了出去。她在城里用着一个化名，藏身于黎塞留街波尔多旅馆的一间出租屋内。但公共安全委员会的警员们很快又找到了她。当他们过来的时候，她从五楼的一间窗户跳了出去。两小时后，

---

① 此处指拿破仑战败被囚后，法国的领土边界退回到了大革命之前的状态。

她死在自己女儿的怀抱里。这天是 1794 年 7 月 26 日，正值恐怖统治寿终正寝之时。

*

在王后死后的日子里有些人真诚地怀念过她，但那些人留下的痕迹少之又少。在法国，当时全无下笔的余地。在欧洲其余地方，信件或是亡佚，或是仍旧沉睡在家族的阁楼。热尔曼娜·德·斯塔尔是其中唯一捍卫过她的女人，她在瑞士为她的"可怕命运"黯然神伤。"她的刽子手们，"她向情人路易·德·纳尔博纳写道，"用尽了一切种类的酷刑。"^{cdxxviii}但是哭悼她最厉害的地方在布鲁塞尔。阿克塞尔·德·费尔桑 10 月 20 日得知了她的死讯。他再也没从中平复过来。他在这天闭门不出，和能够分享他情感的极少数朋友们在一起。他们是布勒特依男爵和菲茨-雅姆伯爵夫人，一名前宫廷侍从女官。在接下来的日子，他的日记里充满了她。10 月 24 日："她的影像、她的苦难、她的死和我的情感在头脑中停留不去，我无法想到其他事情。"10 月 26 日："每一天我都想到此事，每一天我的悲伤都在增长。每一天，我都更加深切地感到我所失去的一切。"11 月 5 日："唉！我多么自责自己对她做的一切错事，我现在知道自己是「如此」爱她。"^{cdxxix}他后来叫人在巴黎搜寻能从她那里存留下来的哪怕最微小的纪念物品。他日后活在对她的崇拜之中，从未结婚。他后来也以暴力的方式和她再会黄泉了。他回到了斯德哥尔摩生活，在 1810 年 6 月 20 日这一天，在出逃瓦雷讷的周年日，他被民众用石头砸死，受到践踏。

272

后　记

我的兴趣落到玛丽-安托瓦内特身上，既不是出于她的敌人们的掌声雷动，也不是出于她的朋友们的伤心泪流，而是由于我有一天正参观她古监狱的牢房时所感受到的宁静。凑巧那里只有我独自一人，一切都沉浸在我此后所感受到的气息之中。这一气息体现着她曾是谁和她曾经历了什么，有一个主导性特点：封闭。困住她的监牢不仅曾是大革命的那些地方——杜伊勒里宫，随后是圣殿塔，再是古监狱，它们还是她整个一生当中的种种场所。终其一生，她都试图从中逃离，随后，有一天她决定重归自己的命运。她认出了自己。她过去是王后，做了王后该做的事，一直把王后当到了头。她由此得到了成长，并由此而死。在某种意义上，她通过服从取得了胜利，这是对她的出身、地位、信念、义务的服从。"服从"这个词本来几乎可作本书的标题。大革命在这一悲剧性的死胡同当中，扮演了一个至关重要的角色。她是借助于它，对抗于它而彻底实现了自我。

在参观她最后的监狱时，我恰好正就这个年代进行着研究。我当时正开始写富歇的传记，他是国民公会议员、弑君者、里昂特派员。那时，我已有了一个念头，想要有朝一日，通过两个地点、两个时期对这个年代加以回顾。在我眼中，它们对想要理解今天我们是谁至关重要。这两个地点和时期于我，则象征性地标志着它们的起始和过火之处，换言之，标志着大革命的光明一面和阴暗一面。与此同时我也冀图表明，把两者相区隔几无可能。

推倒一切、昂扬激情和大革命乌托邦的奠基之地颇易寻找。这就是凡尔赛宫网球场大厅。在这里，第三等级诸位代表于 1789 年 6 月 20 日作了著名宣誓。他们起誓，在给予民族一部宪法之前决不解散。关于这一时期的叙述将在适当时机登场。

与此相反，国民公会时期开展过恐怖统治，发生过暴力行为与仇恨事件的地点则有很多。巴黎革命法庭大厅算是一处，它和其他地方别无二致。是玛丽-安托瓦内特这个人物，是她从未有人写过的审判历史把它推到了我的眼前。我在那个地方看到了古典悲剧中的密闭剧三要素①。我也看到了试图理解恐怖统治所必需的东西。1793 年 10 月 14—16 日，两个社会、两套表达体系、两个世界在那里，以微缩而简略的形式，在一种奇异的战斗中对峙。战斗之奇异比在国王的审判上还要更甚，因为其中的敌对双方线条勾勒得更清楚，面目刻画得更鲜明。这双方是支持大革命者和反对大革命者，是代表男性者和代表女性者。这双方是两种主权，也是两类统治合法性，并且是一些语汇，它们随着套用在一方或另一方身上的不同而不断变换着意涵：祖国、背叛、美德、谋反。这双方是两个世界，它们绝对矛盾，水火不容；它们貌似共存，表面互通音讯，互有往来，

275

---

① 密闭剧（le huis clos）指只发生在一个场景，所有演员在剧中从头到尾一直出现的一种戏剧。这种剧没有场景切换，没有演员上下台，好像空间处于"密闭"状态一样，故名。三要素指戏剧中的三一律的规定：行为、时间、地点要形成一个相互统一的整体，否则会破坏戏剧的真实感。这里用密闭剧的特点来形容玛丽-安托瓦内特的审判。

却彼此耳不闻声。

这一自闭直接导致死亡，玛丽-安托瓦内特和其朋友们的死亡，她的控告者们和她的法官们的死亡。这个难逃一死的悲剧性群体令我难以自拔地着迷。人们委实得要承认这一点：我们把共和国随后是民主建立在了累累尸骨之上。

还得重新找着这些踪迹。对于旧时小说里虚构的大侦探们，比如一个像内斯托尔·比尔马①或是黄色房间里的鲁尔塔比伊②那样的人，我是喜欢并挚爱的。历史学家必定和他们在某些方面有共通之处，那就是具有好奇心，讲究方法，能直觉性地插科打诨。他会调查。说历史是一个谜团，不如说它是一种堆积或堆砌起来的东西，某些人士失当地称这些东西为证据。这些东西仅仅是一些叙述（一些话语），是人们对事件的回忆或引述，因成文时机的不同而彼此矛盾、互不相同、前后衔接、中途中断，或多或少地受过歪曲。历史是一个寻宝游戏，一团多少有些时日尚新和时日已旧的蛛丝马迹的乱麻。简而言之，它是一处请历史学家来予以重建的废墟，但历史学家知道，重建结果将决不再"符合模型"。尽管如此，着手一项研究或写作一本书于我而言，仍有一丝寻宝的味道，这种味道完全会让人对此陶醉飘然。如同我的朋友弗朗索瓦·叙罗说的那样，我们启程，前去寻找"时代的黄金"。这也像士兵的障碍突破训练，又像寻找圣杯。条件是要保持头脑冷静，有时被引到寻找的东

---

① 内斯托尔·比尔马（Nestor Burma）是法国侦探小说家莱昂·马雷 1942 年创作的虚构人物。此人机智油滑，对世俗道德无所顾忌，对女性举止轻浮，时出讥讽之言，被认为是文学中法式侦探的典型。

② 鲁尔塔比伊（Rouletabille）是法国小说家加斯东·勒鲁笔下的人物。他是1907 年出版的侦探小说《黄色房间的秘密》里的主人公。

西之外时，被引到镜子的另一面①时，被引到一些时而消隐无形、时而真实可触的国度里时，不要惊讶。写这本书的途中，我时常想到爱丽丝和她纸牌里的红心王后，想到这个女人突然变得怒气冲冲，发起火来并声嘶力竭地喊道："砍下他们的脑袋。"^{cdxxx}我也想到了大肚子乌布。"乌布妈：我要是你，对于你这个屁股，我会想把它安在一个王座上。你将能无尽地增加财富，隔三岔五就吃顿香肠，一身奢侈地招摇过市。乌布爸：哎呀！我对诱惑让步了。混账王爬蛋，王爬蛋混账②。"^{cdxxxi}讽刺永远不会完全从创作它的当下剥离出来。

*

关于玛丽-安托瓦内特的著作汗牛充栋，关于她的审判的研究则少之又少。首先在 19 世纪初，当时有我们几乎可称为圣徒研究的著作，它们专门致力于写她生命的最后时刻，其中的作者有蒙茹瓦③、罗克·德·蒙加亚尔，还有奥松讷修道院院长

277

---

① 此处暗指《爱丽丝漫游仙境》一书的续作《爱丽丝镜中奇遇》，法语译名为《镜子的另一面》（*De l'autre côté du miroir*）。

② 乌布是法国 19 世纪剧作家雅里的荒诞剧《乌布王》里的主人公，人物原型是雅里的中学老师。为凸显荒诞意味，雅里故意让剧中人物的言语显得粗俗。剧中许多桥段都刻意带着莎士比亚名著《麦克白》的痕迹。文中引用的段落是乌布妈正在劝乌布爸谋杀波兰国王以篡位夺权享受荣华富贵，这复刻了《麦克白》中麦克白妻子劝他谋杀国王酝酿政变的情节。"王爬蛋"（merdre）是雅里对粗话"王八蛋"（merde）的故意歪曲，为的是造成奇特效果，引起观众惊讶。

③ 加拉尔·德·蒙茹瓦（Galard de Montjoye，1746—1816）：法国 18 世纪下半叶至 19 世纪初的文学家，大革命时期他在巴黎办过一份叫《国王之友》的保王派报刊，后为躲避当局而流亡出国。拿破仑雾月政变后他返回巴黎，从此弃政从文。在玛丽-安托瓦内特的研究方面他于 1797 年著有《法国王后玛丽-安托瓦内特的历史赞誉》。

拉丰等。别名 G.勒诺特的路易·泰奥多尔·戈瑟兰在 1897 年，古斯塔夫·戈特罗在 1907 年，更严肃地致力于描写她的关押与死亡，戈特罗把这些称为她的"垂死"。他们中的第一个人是独一无二的发掘档案的专家。他通过自己的叙述，很快成了传递大革命受害者心声的人，以至在 1935 年，被葬在巴黎东部皮克普斯公墓内遭断头台处决者的方形区域里。戈特罗则是一名研究旺代战争的历史学家，巴黎天主教大学教授和下卢瓦尔省①参议员。他毫不松懈地积极反对共济会组织和他在自己的一本书中称为"红色浪潮"②的势力。我们无法指摘他们有不利于玛丽-安托瓦内特的偏见。但她的审判几乎全是以她的视角来处理的，仿佛她在那里是孤身一人，仿佛她的法官们完全或几乎不存在。在同一时期就革命法庭做过研究的历史学家们对他们亦无过多关注。无论是埃米尔·康帕尔东在 1862 年，还是亨利·瓦隆在他那套专门研究法庭并于 1880—1890 年出版的全六册的巨著里，都没有对审判档案进行过真正的挖掘。就这方面而言康帕尔东更令人惊讶，因为他是档案学家，作为 1857—1908 年国家档案馆司法科的主任，他是首个建立法庭 1793 年 3 月—1795 年 5 月"已审案件"索引的人。[cdxxxii] 更晚近的时候，历史学家热拉尔·瓦尔特于 1968 年出版了王后的审判材料，但他满足于复述《导报》的笔录，此外也没有明确他的文献来源，或是指出他在其中主动所做的裁剪。甚至他关于陪审员们的名单也是不准确的[cdxxxiii]。

　　那个年代是重返原始资料开展研究的时候。今天，国家档

---

① 　1957 年后该省改名作卢瓦尔-大西洋省。

② 　此处指戈特罗 1946 年出版的反苏俄共产主义的书刊《铁幕之后，红色浪潮在欧洲汹涌》。

案馆的当代部分保存于巴黎郊区，在塞纳河畔皮埃尔菲特市。那里是革命法庭档案的所在地。对巴黎人来说，去那算是小小地出了一次远门。我们下到了地下，但并没有像儒勒·凡尔纳的《游记》①里的主人公们那样阵阵发抖。我们也不是在《地下铁》②里，很不幸没什么机会碰见全新演绎成现代梅茜朵拉③的伊莎贝拉·阿佳妮④，尤其是在高峰期。我们乘坐地铁 13 号线出来到了圣德尼大学对面。到档案所在地要走上十来分钟。唉呀！这是以前的郊区。我是孩子的时候，我祖母住在巴黎南方的维里。那也像我们在《追忆》⑤中读到的一样，其中罗贝尔·圣卢正要去探访自己的情妇，她住在一座不知名村子的磨石建的别墅里。那是在春天："为了到她住的房子，我们沿着一个个小园子走着……园子里升旗似地长着开花的果树，一簇簇有如巨大的白色临时祭坛⑥。"梨树、苹果树、樱桃树，完全是一个花果世界。在那里，我们仍能看得出这些昔日别馆的印记，它们过去是国王的财务官员们和情妇们的度假别墅。

　　在皮埃尔菲特，这一满是别墅和花果园的外郊已经消失了。

279

---

① 此处指凡尔纳 1864 年出版的科幻小说《地心游记》（*Voyage au centre de la Terre*）。

② 此处指法国导演吕克·贝松 1985 年执导的剧情类犯罪电影《地下铁》（*sub-way*）。影片大概讲述一个男人在巴黎地下铁内逃避追捕，同时也深入展示了这个地下世界中的边缘社会和朋克文化。

③ 此处指法国 20 世纪上半叶的女演员让娜·罗克，她以参演吸血鬼系列电影而出名，梅茜朵拉是其艺名。

④ 阿佳妮（Adjani, 1955—　）：法国 20 世纪 70 年代知名女演员，经常出演神经质、心理状态不稳定并具神秘气质的角色。《地下铁》是她主演的影片之一。

⑤ 此处指法国作家普鲁斯特的名著《追忆似水年华》。后面的罗贝尔·圣卢是书中出场人物。

⑥ 临时祭坛指天主教在宗教巡游时由神职人员抬着游街的大祭坛。

如今，这里干净、清爽，房子以玻璃、铝材、钢材建成。这是一片片的方块长条。我们离开了格拉克笔下郊区的几无可能真实存在的边界，那些郊区被森林侵蚀了一半。我们甚至再也认不出塞利纳①的郊区少气无力且贫穷破败的地界，在这其间城市滴汗似地渗有一股气息，最终变得腐败，并对想看它的人展示出了"它由垃圾桶组成的大屁股"②。不，我们在未来。国家档案馆的新楼在水上。我 12 月第一次来这里。这一天，天气晴朗。我们几乎相信自己是在被阿波利奈尔遗忘的街道上："它太阳般崭新而洁净，有如小号。"③然而整栋建筑和它管道状的楼层堆积，它的楼梯和悬空过道，有点脱胎于皮拉内兹④的监狱系列版画。

*

内部产生的观感则大相径庭。阅览大厅气派无比，四周环水，完全建在木制地面上，明亮通透。

这里没有人的声气，有着一种大教堂式的寂静。显得有点

---

① 此处指法国作家路易·费迪南·德图什（1894—1961），塞利纳是他的笔名。他的作品大量运用口语中的俚语俗语，革新了 20 世纪的法国文学，内容多流露出对人性的清醒揭示，反对英雄主义等主流价值。

② 此处指塞利纳的著名小说《茫茫黑夜漫游》，书中描写了非洲、美洲城市甚至是战时巴黎的下层人民的悲惨生活状况，其中写道"城市里，在它的奢华散发出的谎言渗得到处都是并最终变得腐败的地方，城市对想看它的人展示出了它由垃圾桶组成的大屁股"。

③ 摘自阿波利奈尔的诗集《酒精》中的《区域》，原文为"我今早看到一条我忘了名字的漂亮街道，它太阳般崭新而洁净，有如小号"。

④ 此处指欧洲 18 世纪的意大利建筑师和雕刻家皮拉内西，皮拉内兹是他在法语中的通用叫法。这里的监狱版刻系列指他于 18 世纪中期创作的《想象的监狱》。这个系列里的各种监狱内部空间显得广阔而压迫力十足，建筑的各部分体量巨大，彼此交错，表现出一种怪异的空间感。

无所事事的工作人员一副在他们柜台后等着顾客的样子。这挺好的。我迫不及待想打开我的档案屉，它是别人推荐查阅的首个屉子，内容是对王后的审判，位于关于革命法庭已审案件的 W 序列。我找好了座位，打开了它。档案屉中有好几个棕色封套，每个对应一个案子。我翻到了王后的。它看似非常单薄。在它里面，有一道简短的手写批注，笔迹细腻而倾斜："封在这些封套里的档案在铁柜里，第13号资料格。"就是这个！

　　我那时知道什么是铁柜，但并不真正清楚它的历史。几天后做档案研究的朋友亚纳·波坦告诉我，他是这方面的专家，并为我打开了它的重重大门。这可不是锁匠弗朗索瓦·加曼的柜子，路易十六叫人把它改装进了杜伊勒里宫一条昏暗过道的墙裙里，后来它的发现加速了他审判的到来。这个柜子与此不同，更加令人震撼。它在 1790 年 11 月由国民议会向巴黎锁匠马尔格里订购，为的是在此放置《人权宣言》和第一部法国宪法（1791 年 9 月 3 日）的铜质刻版，以及制造指券必不可少的印版和钢印。这部可怜的宪法，它仅仅持续了两年时间！1792年 7 月 14 日，趁着联盟节①的时机，离君主制垮台正好剩一个月的时候，人们把这些著名的铜质刻版放进了一个匣子里，象征性地埋在了巴士底狱的位置，仿佛想要以此预防昔日的君主独裁统治，阻止它的那些密札和国家监狱卷土重来。而杜伊勒里宫很快便被攻占，共和国宣告成立了。1793 年 5 月 7 日，救国委员会任命了一个委员会，这次是负责把铜质刻版挖出来。

---

① 联盟节（la fête de la Fédération）是革命政权于 1790 年 7 月 14 日，即攻占巴士底狱 1 周年时，在巴黎战神广场举办的一次歌颂大革命的官方庆典，主要目的是促进民族的团结。后在 1792 年同月同日又举行过一次。联盟指全国各地爱国力量的大联合。

它们受了毫不留情的敲砸，却被人保存着，因为对于从此翻过的君主制过去而言，它们是令其蒙羞之事①的鲜活标志。

至于铁柜，它存留了下来。在 1848 年，人们把它安置在了苏比斯府邸一层的卫兵大厅里，这座府邸自第一帝国时期起被用以存放国家档案。同年 12 月，儒勒·米什莱在一份闻名至今的报告中，建议修建一处场所，作为他设想中民族成文记忆的鲜活心脏。他设计了它的透视效果图，并把铁柜放在了中心位置。人们后来在里面存入了构建法国历史的一切，其中有永不握手言和的被战胜者和战胜者的历史，希尔德贝尔特的赐权状②和审判路易十六的卷宗，拿破仑的遗嘱和网球场宣誓的文件。

在 13 世纪，圣路易决定把圣礼拜教堂一层的圣器储藏室变成卡佩家族的档案文书存放室，仿佛他想要合并天上和地上的两个权力，从而把国王们尘世间权力的证据，置于基督荆棘冠冕的庇护之下。对米什莱而言，铁柜以一种诗情画意的、世俗化的并且是公开化的样态，充任了新的王室文档贮藏库③。研究大革命的大历史学家的梦想实现了。这就是国家档案馆重大文档存放室，它揭牌于 1866 年，并在很长时间内，直到 1993 年都是国家档案馆法国历史博物馆馆址，对于所展出的约 2 500 份档案文件而言，这里既是它们的保管场所，又是它们的常设展厅。[cdxxxiv]

282

---

① 此处指 1790 年 7 月 14 日路易十六出席了联盟节，并作为法国国王在仪式上宣誓忠于民族和法律。

② 此处指法国中世纪的国王希尔德贝尔特一世所作的赐权状，在其中他向巴黎主教承诺建一座供奉圣徒文森和圣十字架的圣殿。

③ 原文作 Trésor des Chartes，字面意思指特权状贮藏间。设立在圣礼拜教堂一层的档案文书室，存有大量国王颁发的特权许可状，故名。

　　我曾很难理解审判王后的文件是怎么到的那里。无疑它们得和审判路易十六的文件汇合。应当把国王们和王后们陨落的所有痕迹保存在一起。多亏了亚纳·波坦，在皮埃尔菲特发现的小小批注的笔迹勘验使我得知，文件存放进铁柜的日期很可能是在1849年，1848年那几场革命的共和化转变则对此有所助益。批注者不是别人，正是路易·科舒瓦-勒迈尔，他领导了王室档案馆司法科有近20年，而王室档案馆后来成了国家档案馆，随后在1852年成了帝国档案馆。他的经历令人称奇，有点像今天的《鸭鸣报》①主编成了法国国家档案馆的领导。在1814年，科舒瓦创办了一份讽刺小报，它闹出了很大的动静，甚至把路易十八都给逗乐了，这就是《黄色侏儒报》。这份报纸差不多对谁都开火讥诮，其中有横跨一切政权的不倒翁、返回法国的饥肠辘辘且心智愚钝的流亡贵族。人们为他们编了一些古怪可笑的骑士团，说他们是"墙头草骑士"和"熄烛罩骑士"②。百日王朝之后，因为有点太过自由派了，科舒瓦在法国难有容身之地。他流亡到了布鲁塞尔，创办了《逃亡的黄色侏儒报》，在1819年返回法国后，又和几份不同的报纸有着合作，其中包括有名的《宪政报》③。这是个喜欢抨击执政当局、行事大胆出格的人。他的经历证明了要成为档案专家，可全然用不

① 《鸭鸣报》：法国一份著名讽刺性报纸。
② "墙头草骑士"讽刺的是拿破仑百日王朝时期那些随政治风向的变化而不断变节的人。"熄烛罩骑士"讽刺那些拥护旧制度，一心要扼杀大革命新思想的人。
③ 《宪政报》（le Constitutionnel）：一份在百日王朝时期由富歇在巴黎创办的政治报纸，创办时的名称是《独立报》。它的最终名称确定于波旁王朝二次复辟时期。这份报纸联合了自由派、波拿巴主义者和反教权主义者，曾五次遭到查禁，每次都以不同名称重新出现，包括《宪政报》这个名称。

着一头扎进故纸堆里。

*

今天要想进入重大文档存放室，在自己面前开启铁柜进行研究，那得验明身份获得批准才行。我在 1 月一个美好的日子里有了这个机会。在忠诚的朋友的陪伴下，并在专门负责相关场所的工作人员的带领下，我一下子就又置身于空旷大厅的优美环境之中了。大厅完全沉浸在昏暗和寂静里，犹如"一座巨型墓场"cdxxxv。四周墙壁高近 10 米，墙上满是装有红封皮文档的屉子。左右两边，是两个法国的各种文件，贵族的和第三等级的，昔日的贵族院的和众议院的。有一整个纵横交错的楼梯与金属悬空过道网规定着它们的等级，通过这些我们得以进入查阅。我几乎可以相信自己置身于博尔赫斯空想式的，由无限增多的六边形房间构成的图书馆里①，或是身处《玫瑰之名》翁贝托·埃科笔下方济各修道院里纯属幻想的图书馆之中②。唯有这么一点不同，就是在这里，并没有禁止查阅的书。各种标签、标题反映着每个档案屉里的内容，标注着一段过往，召唤着过去的亡魂。

在中间处，框在一面墙内的是装圣物的柜子和其中的圣物。

---

① 此处指阿根廷作家豪尔赫·路易斯·博尔赫斯 1941 年出版的名篇《巴别图书馆》。这个虚构出来的图书馆由无限延续的六边形房间构成，房间内每本书都是 410 页，篇幅也完全相同，都由 22 个希伯来字母和空格、逗号与句号无规律地随机组成。此图书馆是宗教上的全能的神或哲学上的本体论的隐喻。

② 此处指意大利学者和作家翁贝托·埃科 1980 年出版的小说，书中的图书馆和博尔赫斯的巴别图书馆如出一辙，都是反映着世界的一切事物。后面说重大档案存放室和它不一样的地方是没有禁止他人查阅，是因为《玫瑰之名》里的图书馆除图书管理员和他的助手外，其他所有人都不得入内。

有一道从护墙的细木壁延伸下去的对开式木门，再是两道铁门，当然还有三副钥匙。它们在工作人员手里，非常之大，配合着 284 他准备开启的复杂的锁而制成，令人称奇。第一道门锁上，我们读到："费西·亨利·科克1791年2月15日"；第二道门上是："新式锁，由巴黎制锁师波默拉组装。"我记不得打开柜子得费多久时间了。在1849年，一名档案学家曾费了劲写了篇长长的笔记解释其运作。精细到这个份上，就不再是一种装置上的操作，而是一种仪式了："插入马耳他十字钥匙并转半圈，停止，柄往下移，把钥匙左转到一个开口处，在那里把它水平插入，右转，这一扇门就开了。左侧这扇门上下由铰链固定，一个长插销形的摇杆使铰链能够活动。第二扇门有三把钥匙。把三角形钥匙插入上方，转两圈，在中间插入铸有S图案的钥匙，转两圈。把双重圆柱形钥匙插入下方，以同样的手法操作，在第三扇门的中间转两圈停下，听到轻轻的咔哒一声后随即猛向左转。这样一侧就打开了；另一侧像第一道门那一扇那样打开。"[cdxxxvi]

　　一道道门终于打开，露出了包着红色绵羊皮的九层档案屉。这是一个名副其实的阿里巴巴宝洞。王后审判的卷宗连在粘插页的纸条上，放在山羊皮制鞣革封皮的大开本里，其中一本比另一本更厚一些。第一本是关于"寡妇卡佩"的审判本身的，285 第二本是康乃馨事件和1793年11月18日的审判（共和二年雾月二十八日）。它们的档案编号是 AE/I/5 第18号和第19号。[cdxxxvii]我在记录这些文件的时候，发现它们从未被任何前人真正发掘过。在那里，有10月审判的庭审笔录的一份手写原件，任何打印文本都未准确、完整地反映它。除此以外，有本书提及的匿名庭审记录，它最接近原貌地复原了庭审氛围。还有利南热 10 月 16 日的信，控诉王后的材料，证人们的搜查笔录，对审判陪审员的传唤令，富基耶的起诉书原件等，共计 85件材料。至于讯问笔录，玛丽-安托瓦内特 9 月在古监狱的，10月在圣殿塔的，它们在名为康乃馨事件的第二本文件里。

　　材料很多却仍显不足。就法官们和陪审员们而言，我们有了为数众多的细节，但对他们的生平却一直所知无多。为此须得回到皮埃尔菲特的档案馆，以便在热月党人统治时期重大审判的文档中更完整地瞧见他们。在这些审判里，他们中许多人都有出庭。同样在一些不同序列的档案中，有些关于监狱和玛丽-安托瓦内特审判的其他材料。然后，查着查着有意思的东西就来了。在巴黎市立历史图书馆，我们找着了富基耶-坦维尔的信件。我那时想知道 1793 年 10 月的那些日子里天空是什么颜色，而我在巴黎天文台的档案馆里发现了。一些收藏者向我开放了他们的藏品，其中有几件可称珍品。

　　米什莱在其《法国史》的导论中对列位国王一一作了描摹，并如见其人似地向他们说着话。我们能做到和幽冥交谈。这便是我在本书中敛声静气试图所为之事。这是些有意义的对话。人们可从中知晓当下、过去和未来之事，知晓列位王后之事和死亡之事，知晓众人之事和自己之事。这有如一场旅行，它似哑谜，只显现其秘密的一半。

i 多容生于 1759 年，在君主专制时期接受了训练。他获得了 1775 年沙龙（当时法国一年一度的官方艺术评选——译者注）的雕塑奖章并参加了众多比赛。特别是在 1782 年，他展出了一组歌颂孔代亲王的群像，并将其献给了第戎的勃艮第三级会议厅。他是 1792 年 8 月 10 日巴黎起义公社成员，随后成为他住所所在地弗布尔圣马丁街所在的邦迪选区的巴黎公社委员（《法国国家机关年鉴，共和历共和二年》，*Almanach national de France, an II de la République*，第 388 页）。他同时还是巴黎市治安与监察委员会委员。阿尔贝·索布尔编著的《共和二年巴黎选区成员人名索引》（*Répertoire du personnel sectionnaire parisien en l'an II*，巴黎，索邦大学出版社，1985 年）里没有他的记录。然而他留下过一份关于他在圣殿塔的任务的描述，全文首次出版于乔治·勒诺特所著《玛丽-安托瓦内特的关押与死亡，斐扬派—圣殿塔—古监狱，根据证人叙述与未公开的档案》（*La Captivité et la mort de Marie-Antoinette, Les Feuillants—Le Temple—La Conciergerie, d'après des relations de témoins et des documents inédits*，巴黎，佩兰出版社，1908 年，第 45—85 页）。他声称他在 1792 年 9 月 2 日和 3 日的大屠杀时阻止了暴动的民众冲入圣殿塔。他还于 1793 年 10 月 6 日作为秘书书记员在圣殿塔协助参与了对太子的讯问。作为 1794 年初针对巴黎公社的清洗的受害者，他先是被监禁，在罗伯斯庇尔倒台后很快获释并活过了大革命。之后他发了财，恢复了巴黎市政府里的职位直到督政府结束，²⁸⁸甚至在 1799 年 11 月波拿巴政变的前一天还发表过一个拥护共和国的慷慨激昂的声明（《巴黎县区第四区督政执行长官于共和十二年八月十日在感恩寺的讲话》，*Discours prononcé au temple de la reconnaissance le 10 août de l'an VII de la République par le commissaire du Directoire exécutif du 4e arrondissement du canton de Paris*）。这些都没妨碍他在第一帝国时期与一批雕塑家合作，在卡鲁索广场建造歌颂新制度的凯旋门。多容后于拿破仑垮台前的 1811 年去世。

ii　见古斯塔夫·戈特罗所著《雅各宾主义的野蛮行径。大革命时代行政机关对档案、艺术品和宗教古迹的毁灭记述，据大部分未公开的原始文件而成》（*Le Vandalisme jacobin. Destructions administratives d'archives, d'objets d'art, de monuments religieux à l'époque révolutionnaire, d'après les documents originaux en grande partie inédits*，巴黎，G.博谢纳出版社，1914 年）一书中对多容的相关记述。但是出于对大革命的厌恶，戈特罗并没发现多容与亚历山大·勒努瓦（18—19 世纪法国中世纪研究学者、文物保管家，建立了法兰西文物博物馆，见证了大革命期间对王室陵墓的破坏，也积极反对革命对艺术品的野蛮破坏，致力于保管历史文物——译者注）之间有过关联。然而多容其人在 1806 年出版的《亚历山大·勒努瓦的法兰西文物博物馆所集雕塑文物历史与编年记述》（*Description historique et chronologique des monuments de sculpture réunis au musée des monuments français d'Alexandre Lenoir*）一书中有所提及。该博物馆自 1995 年起收藏了他的一件作品，给新的赤子喷泉（巴黎一座喷泉，主题是纪念被犹太的希律王屠杀的婴儿——译者注）当饰头的两个青铜的美杜莎的头像，如今收藏在卢浮宫。卢浮宫也从多容那里接收了一件作品，即《珀耳修斯与安德洛玛刻》。督政府时期，多容应勒努瓦的请求修复了一系列出自让·古戎（法国 16 世纪雕塑家——译者注）之手，用来装饰圣安东尼城门处的凯旋门的浅浮雕。在一本最近出版的关于大革命时期捣毁圣像的晚近研究的书中，里夏尔·克莱证实多容通过变更含义拯救了众多艺术品。他把国王的权杖定义为橄榄枝，十字架改称为兵器捆等（《大革命期间巴黎的捣毁圣像运动。符号的变迁》，*Iconoclasm in Revolutionary Paris. The transformation of signs*，牛津，伏尔泰基金会出版社，2012 年，第 257—258 页）。

　　所以说，没什么是单纯的。勒努瓦把多容当作一位"人们非常敬重的"雕塑家，而多容要是有私心想暗地里从他自己对那些文物的破坏中保住能留下来的，就不可能不和勒努瓦走得很近。我们知道亚历山大·勒努瓦在 1795 年创立了法兰西文物博物馆，以此竭尽可能地去拯救大革命中的文物。我们知道，大革命破坏的对象首先就是政治性目标。见《一座革命博物馆。法兰西文物博物馆》（*Un musée révolutionnaire. Le musée des Monuments français*，阿桑出版社，2016 年），收录有多容的青铜头像的第 56 辑。

289

iii　保存在卡纳瓦雷博物馆的这两张宣示表来自国民公会大厅，本来放在公会主席座椅背后。宣示表由巴黎圣殿大道的达盖工坊印制。

iv　《自由、平等、博爱、理性。国民宪兵在法庭旁执勤。布鲁图斯、马拉、勒佩尔捷半身像的树立和向特别革命法庭敬献伟人画像以及一块来自巴士底狱地牢的石头的现场记录》（*Liberté, égalité, fraternité, raison. Gendarmerie nationale servant près des tribunaux. Procès-verbal de l'inauguration des bustes de Brutus, Marat, Pelletier et de la présentation au tribunal extraordinaire et révolutionnaire des images de ces grands hommes, et d'une pierre provenant des cachots de la Bastille*），巴黎，共和二年霜月一日，贝兰图片社，圣雅克街。

v　奥诺雷·德·巴尔扎克，《人间喜剧》（*La Comédie humaine*），第6卷，《烟花女枯荣记》（*Splendeurs et misères des courtisanes*），巴黎，伽利玛出版社，"七星文库"，1977年，第711页。

vi　安热莉克·维塔斯的历闻，见 G.勒诺特著《革命法庭（1793—1795）》（*Le tribunal révolutionnaire, 1793—1795*），巴黎，佩兰出版社，第173页。

vii　关于恐怖统治早期，见让·克莱蒙·马丁《暴力与革命。试论民族神话的诞生》（*Violence et révolution. Essai sur la naissance du mythe national*），巴黎，瑟伊出版社，2006年。以及安妮·茹尔丹的文章《1793年9月5日。恐怖被提上日程了吗?》（La journée du 5 septembre 1793. La terreur a-t-elle été à l'ordre du jour?），收于《恐怖统治的种种面孔。共和二年的政治例外》（*Visages de la terreur. L'exception politique de l'an II*），M.比亚尔与 H.劳尔主编，阿尔芒·科兰出版社，2014年；《未有此名称之前已存在的恐怖主义，半吊子恐怖主义?》（Terrorisme avant la lettre, terrorisme à temps partiel?），收于《丹东。神话与历史》（*Danton. Le mythe et l'histoire*），M.比亚尔与 H.劳尔主编，阿尔芒·科兰出版社，2016年。

viii　1793年8月8日巴黎各监狱有 1 555 人在押。A.蒂代，《法国大革命期间巴黎历史手抄本参考文献总汇编》（*Répertoire général des sources manuscrites de l'histoire de Paris pendant la Révolution française*），巴黎，新闻图片社，1912年，第10卷，国民公会（第三部分），第71号。

ix　夏尔·德·拉克雷泰勒，《大革命10年磨难回忆录》（*Dix années d'épreuves pendant la Révolution. Mémoires*），巴黎，塔朗迪耶出版社，2011

年，第 93 页。拉克雷泰勒是审判路易十六期间于 1793 年 1 月上旬到巴黎的。

x 格蕾丝·达尔兰普·艾略特，《我在法国大革命期间的生活日记》（ *Journal de la ma vie pendant la Révolution française* ），巴黎，菲尔曼-狄多出版社，1862 年，第 342 页。

xi 3 月 9 日就国民公会议员让·邦-圣安德烈作的报告做了讨论。报告内容是卢浮宫选区议会上的会议，会上有人要求设立"特别法庭，……用以惩处叛徒、阴谋颠覆政权者和闹事分子"（《议会档案》，*Archives parlementaires* ，第 60 卷，1793 年 3 月 9 日的会议，第 3 页）。

xii 《议会档案》，第 60 卷，1793 年 3 月 10 日的会议，第 59—61 页。

xiii 根据托皮诺·勒布伦关于共和二年芽月十四日（1794 年 4 月 3 日）审判丹东所记笔记。

xiv 儒勒·米什莱，《法国大革命史》（ *Histoire de la Révolution française* ），巴黎，罗贝尔·拉丰出版社，"书籍"系列丛书，1979 年，第 2 卷，第 310 页。

xv 阿尔贝·索雷尔，《欧洲与法国大革命》（ *L'Europe et la Révolution française* ），第 3 卷，《对国王们的战争（1792—1793）》（ *La Guerre aux rois, 1793—1795* ），巴黎，朱氏出版社，2003 年，第 346 页。

xvi 见莫妮克·拉布丹，《革命法庭的死刑犯们，1793—1795》（ *Condamnés à mort par le tribunal révolutionnaire, 1793—1795* ），巴黎，圣阿尔邦出版社，1998 年。

关于国民公会就涉及特别刑事法庭及后续的革命法庭所投票通过的政令，见《法律、政令、决定和普遍性规章全集。分析说明表》（ *Collection complète des lois, décrets, arrêts et règlements généraux. Table analytique et raisonnée* ），第一辑，第 2 卷，布鲁塞尔，1838 年。特别刑事法庭部分，见第 926—927 页。革命法庭部分，见第 935—936 页。

xvii 这个人叫弗朗索瓦-安托万·莫埃勒。此人活了大革命并留下回忆录：《在圣殿塔的六天以及其他关于被关押于此的王室一家的细节》（ *Six journées passées au Temple et autres détails sur la famille royale qui y a été détenue* ），巴黎，当蒂出版社，1820 年，第 67—68 页。

根据《1793 年法国国家机关年鉴》（ *Almanach national de la France pour 1793* ），隶属于巴黎公社委员会的莫埃勒被任命为贷款账户管理员。

他和勒皮特是唯一活过了大革命的圣殿塔专员。但是他后来失踪了。1809年，他父亲，一个南希的王家国库管理员在《巴黎日报》上登了寻人启事以图重新找到他（1809年7月31日）。之后就再无关于他的音信，直到他的回忆录出版。

xviii 关于此节，见G.勒诺特，《玛丽-安托瓦内特的关押与死亡》，第365—367页。

xix 法官的着装自1791年1月起就在国民议会的一道政令里规定过了，当时刚创立了翻案法院。《议会档案》，第23卷，第122页，1791年2月11日。

xx 《议会档案》，第76卷，1793年10月16日。

xxi 这种怯懦软弱和胆小怕事能叫一个本性温和的人走极端，关于这一点的描写，我十分欣赏夏尔·诺迪埃（19世纪前后的法国作家，于法国浪漫主义文学的诞生有重大贡献，一生著作极丰——译者注）的《大革命与第一帝国群像》（*Portraits de la Révolution et de l'Empire*）里关于一个叫莫奈的人的一段话。这个莫奈是个教士和老师，在恐怖统治时期是厄洛热·施耐德（大革命期间的一个还俗教士，革命狂热分子，在斯特拉斯堡革命法庭当公诉人，后来自己也被死刑处决——译者注）在斯特拉斯堡的合作者之一。这段话写道："要花上超过11年才得到怯懦软弱怎么能叫一种自然而然的团结陷入狂热，胆小怕事怎么能助长疯癫，或是成了犯罪的帮凶。"（第1卷，塔朗迪耶出版社，1988年，第246页）

xxii J. A.迪洛尔，《对政府过去的种种委员会的罪行的补充》（*Supplément aux crimes des anciens comités de gouvernement*），巴黎，新产品商会出版社，共和三年。迪洛尔说这话的时候正值热月政变，当时他试图把那些"搞阴谋颠覆"的雅各宾党人定性成"本意是出于公心"。阿尔诺·德·莱塔皮（法国文学家、历史学家——译者注）在其著作《巴茨的颠覆阴谋（1793—1794）》（*La Conspiration de Batz, 1793—1794*，巴黎，罗伯斯庇尔研究学会，1969年，第239页）中引过他这句话。

xxiii 1793年3月13日经过公开投票表决后鲁西永被任命为革命法庭法官。这里引自他因此事写给国民公会的感谢信（《议会档案》，第60卷，1793年3月13日的会议，第1761页）。该信在G.勒诺特的《革命法庭（1793—1795）》（巴黎，1908年，第73页）中引用过。鲁西永后来成了玛丽-安托瓦内特审判里四十一个证人之一。此事见卡巴内斯医生的

《历史秘辛》（*Cabinet secret de l'histoire*），巴黎，阿尔班·米歇尔出版社，1905 年，第 194 页及后续。

xxiv 在大革命爆发前夕，沙特莱当时有一份很清白的财产。见他和丹尼丝-皮埃尔·特雷隆于 1789 年缔结的婚约书，现存于国家档案馆（档案编号 T//706）。在这一辑档案里还放着一份经当时的巴黎市长存底记录，受益人是他女儿克洛迪娜皮-埃雷特-弗朗索瓦丝的本金为 6 000 锂的抚养合同（其女当时尚未成年，沙特莱把这笔钱委托他人经营管理，本金和收益归他女儿——译者注），一份租赁期从 1790 年开始，位于圣十字街的一所房屋的租赁契约，还有些自愿借贷的爱国税纳税收据（爱国税是大革命早期路易十六的财政大臣内克为缓解濒临崩溃的财政而征的一种一次性特别税。这种税是自愿性的，根据纳税人申报的财产额征收，税务机关也不予调查核实。该税实质上等同于一次借贷，政府承诺以后会偿还。——译者注）。沙特莱住在旺多姆广场附近的一处资产阶级街区，原来叫新圣马可街，大革命时期叫长矛街。

xxv 见《富基耶-坦维尔及其同伙的审判卷宗原件。公民康邦的发
言》（*Pièces originales du procès de Fouquier-Tinville et de ses complices. Discours du citoyen Cambon*），巴黎，共和三年，第 80 页，藏于法国国家档案馆，档案编号 W/499 和 500："富基耶案"。康邦用当时热月政变的政治语言控诉，说沙特莱是"罗伯斯庇尔的爱将"和"嗜血捕头"。在富基耶等人审判期间，沙特莱和他朋友画家普里厄一起为这些人画了张临摹像，该画先后经手让·迪普莱西-贝尔托和维旺·德农，现藏于法兰西国家图书馆，版画部分。

关于沙特莱在大革命期间的史料，也应参阅亨利·卡尔韦《巴黎一个实施恐怖统治的工具。救国委员会或巴黎省监察委员会（1793 年 6 月 8 日至共和二年稿月二十一日）》（*Un instrument de la Terreur à Paris. Le comité de salut public ou de surveillance du département de Paris, 8 juin 1793—21 messidor an II*）一书，巴黎，尼泽出版社，1941 年，第 5、161 页。又见阿尔贝·索布尔著《共和二年巴黎选区成员人名索引》沙特莱词条（见原书所引）。

xxvi 贡比涅市立图书馆。德马尔凯基金会。

xxvii 一份小特里亚农宫画集的样本于 2015 年 11 月 3 日由克里斯蒂拍卖行卖出。沙特莱的水彩风景画分属该画集第 4、6、10、12 和 19 件收

藏。关于沙特莱在意大利的旅行，见德农博物馆的展览目录：《那不勒斯与庞贝——维旺·德农的行迹》（*Naples et Pompéi—Les itinéraires de Vivant Denon*），沙隆，天空之喙出版社，2009 年。

沙特莱还为玛丽-安托瓦内特画了好几幅油画，其中就有《1781 年 7 月 27 日为普罗旺斯伯爵举办宴会时小特里亚农宫里小凉亭的灯火》（*Illuminations du Belvédère au petit Trianon à l'occasion de la fête donnée pour le comte de Province le 27 juillet 1781*）。该画在王后寝宫二楼展出。

xxviii 雷塞伯爵，《王后玛丽-安托瓦内特写给大公国公爵夫人路易丝·德·黑森-达姆施泰特的书信集》（*Lettres de la reine Marie-Antoinette à la landgrave Louise de Hesse-Darmstadt*），巴黎，普隆出版社，1865 年，第 48 页。信具体日期不详（1792 年 6 月？日）。

夏洛特·德·黑森和路易丝·德·黑森两人的微型画像在玛丽-安托瓦内特给夏洛特的信里有所提及，该信日期很可能是 1783 年 6 月。此信同样被雷塞出版，收录于《玛丽-安托瓦内特与撒丁王国王后玛丽-克洛蒂尔德·德·法兰西未公开通信集》（*Lettres inédites de Marie-Antoinette et de Marie-Clotilde de France, reine de Sardaigne*），巴黎，菲尔曼-狄多出版社，1876 年，第 71 页。玛丽-安托瓦内特给夏洛特·德·黑森-达姆施泰特王妃的信（1783 年 6 月）。王后说到此事时写道"两张对我的友谊如此珍贵的画像"。这两张画像为王后的室内画（室内画是欧洲大概于 15—18 世纪为富人创作的一种尺寸不超过 60×60 厘米绘制精细的画，挂在私宅内面积很小的房间内——译者注），由意大利画家依涅齐奥·维托里亚诺·甘帕纳在 1783 年 5—6 月之间两姐妹来凡尔赛宫居住期间创作。关于这一物品的展示，见共和二年第一个月二十四日（1793 年 10 月 15 日）的笔录（国家档案馆，铁柜，档案编号 AE/I/5，第 18 号档案）。

xxix 见《国民消息报或全民导报》（*la Gazette nationale ou le Moniteur universel*）上关于玛丽-安托瓦内特的审判报告，1793 年 10 月 16—28 日第 25—36 期。另有一个版本，在无关紧要的几个地方有所不同，登于《革命法庭公报》（*Bulletin du tribunal révolutionnaire*），第 22—32 期。这两个版本都是经过救国委员会和国家安全委员会管控的。最接近审判记录手写原件，内容上也是最完整的出版物是一本小册子，标题是《人称"奥地利的洛林人"寡妇卡佩玛丽-安托瓦内特的审判》（*Procès de Marie-Antoinette dite Lorraine d'Autriche, veuve de Louis Capet*）。在巴黎由卡约与库尔西耶印刷工出版社出版，在外省由平等发信人出版社出版。出版年份是共和二年（1793 年 10 月）。

1793 年 10 月 14 日和 15 日（共和二年第一个月二十三日与二十四日）的庭审手写笔录对出庭的证人身份有记录，但对他们的询问内容（以问答形式进行）并无任何记录。唯一对这些询问有所记录的手写文件是 11 页的审判"庭审笔记"，到现在都没有公开出版过，该文件以一种电报般的简短文风写成。这个版本的询问记录和出版的"官方"版本非常不同。在可能的情况下，我是参照这一文件与出版的笔录做的对比。国家档案馆，铁柜，档案编号 AE/I/5，第 18 号。本书中为了行文顺畅，对证人做介绍的顺序没有和原始文件保持一致，除此之外别的方面完全遵照文件内容描述。

xxx　《拉·图尔·杜·潘夫人回忆录。一个 50 岁妇人的日记，1778—1815》（*Mémoires de Madame de La Tour du Pin. Journal d'une femme de cinquante ans, 1778—1815*），巴黎，法兰西信使出版社，"重拾过去"系列图书，1989 年，第 155 页。

xxxi　布伦尼耶于 1729 年生于蒙彼利埃。他活过了大革命，于 1811 年去世。1784 年的《王室公报》上把他的头衔写成"太子殿下和法兰西子弟的医生"，还有"王太弟的候补医生"。王太弟即未来的路易十八，普罗旺斯伯爵。布伦尼耶是"医学博士""凡尔赛宫慈善与王家护理医生"。后来他被选为王家医学协会的医生会员。他在 1782 年给王家长公主接种，给第一个王太子——在 1789 年 6 月去世的那个——接种是在 1785 年 9 月，第二个王太子，即关押在圣殿塔的那个，他的接种是在 1788 年 5 月。

xxxii　见玛丽-安托瓦内特写给刚于 1789 年 7 月 24 日担任国王孩子们的教陪女官的图尔泽勒伯爵夫人的信，收于《图尔泽勒伯爵夫人回忆录》（*Mémoires de Madame la duchesse de Tourzel*），第 1 卷，巴黎，普隆出版社，1883 年。该信也收于《玛丽-安托瓦内特书信集（1770—1793）》（*Marie-Antoinette. Correspondances, 1770—1793*），E.勒韦尔编，塔朗迪耶出版社，2005 年，第 488—491 页。在其回忆录里，图尔泽勒伯爵夫人还指出是他于 8 月 10 日前一天给杜伊勒里宫带来了最可信的巴黎起义的消息（《图尔泽勒伯爵夫人回忆录》，见原书所引，第 2 卷，第 201 页）。该文的编辑在他的名字上拼错了许多，把布伦尼耶写成了布朗热。

xxxiii "玛丽-安托瓦内特搞掉了他法国元帅的位子，他就此为题对其抱怨。""庭审笔记"，国家档案馆，铁柜，档案编号 AE/I/5 第 18 号。

xxxiv 这个讲法是夏尔·诺迪埃在他的《吉伦特派最后的宴会》（*Dernier banquet des Girondins*）里用的，内容是关于皮埃尔·韦鸠尼昂·韦尼奥在 1793 年 5 月 12 日国民公会讲坛上的讲话里的一段。

xxxv 曼纽埃尔把这封信发表在 1792 年 1 月的《新闻报》（*La Presse*）上。这封信引起种种嘲笑后，他又把信发表在彭瑟兰出版社出版的《法兰西邮报周刊》（*Courrier français*）上。见弗朗索瓦·马尔尚所著《雅各宾派的群魔乱舞》（*Les Sabbats jacobites*），第 57 期，巴黎，1792 年 2 月，文中信被描述为"无礼的愚蠢"，又见《请选择：皮埃尔·曼纽埃尔致国王的信；假如我是皮埃尔·曼纽埃尔我会给国王写些什么》（*Choisissez：Lettre de Pierre Manuel au roi；ce que j'aurais écrit au roi si j'étais Pierre Manuel*），出版地址与日期不明（1791 年）。

xxxvi 《民族致王后的信》（*Lettre de la nation à la reine*），写于 8 月 4 日，出版地址与出版日期不明（1792 年）。

xxxvii 《法国王后玛丽-安托瓦内特同奶兄弟韦伯回忆录》（*Mémoires de Weber, frère de lait de Marie-Antoinette, reine de France*），巴黎，菲尔曼·狄多兄弟出版社，1847 年，第 433 页。"人们应该同意说在世上没有比王室和他们那套配件更叫人觉得不舒服的东西了。是时候扫除这拨人并把围着王后的这些妇人从她身边拔掉了。"又见《图尔泽勒公爵夫人回忆录》，见原书所引，第 246 页及续页。

xxxviii 克洛德·弗朗索瓦·肖沃-拉加德，《法国王后奥地利的玛丽-安托瓦内特和法兰西·德·伊丽莎白夫人在革命法庭的审判的历史笔记》（*Note historique sur le procès de Marie-Antoinette d'Autriche, reine de France et de Madame Élisabeth de France, au Tribunal révolutionnaire*），巴黎，基德和德洛内出版社，1816 年，第 22—24 页。

xxxix 雅克-弗朗索瓦·勒皮尔，《若干回忆或我在圣殿塔当差的忠实记录》（*Quelques souvenirs ou notes fidèles sur mon service au Temple*），巴黎，H.尼克尔和勒莫尔芒出版社，1814 年。他的讲述在 G.勒诺特所著《玛丽-安托瓦内特的关押与死亡》中被部分提及。见原书所引，第 152 页及续页。让-西尔万·巴依于 11 月 12 日被处决，曼纽埃尔于 11 月 14 日被处决。

xl 儒勒·米什莱，《法国大革命史》，见原书所引，第 599 页。瓦拉泽在吉伦特派的审判结束后于 1793 年 10 月 30 日自杀。

xli 马勒·杜·潘，《供研究法国大革命史所用回忆录与书信集》（*Mémoires et correspondances pour servir à l'histoire de la Révolution française*），第 2 册，巴黎，阿弥奥出版社，1815 年，第 499 页。

xlii 见米歇尔·比亚尔，《您讲无套裤汉的语言吗？〈迪歇纳老爹报〉辞典，1790—1793》（*Parlez-vous sans-culottes? Dictionnaire du Père Duchesne, 1790—1793*），巴黎，塔朗迪耶出版社，2013 年。

xliii 米歇尔·比亚尔，"关于伤人批评的忠厚意见。《迪歇纳老爹报》上随着对杜伊勒里宫的拜访而发展的埃贝尔的极端化（1790 年 12 月—1792 年 12 月）"，《法国大革命年鉴》（*AHRF*），第 357 期，2009 年 7—9 月，第 47—56 页。

xliv 《迪歇纳老爹报》，第 268 期，1793 年 8 月 4 日。

xlv 《迪歇纳老爹报》，第 192 期，1792 年 11 月。

xlvi "共和二年第一个月二十三日（1793 年 10 月 14 日）的国民公会辩论笔录，早上 9 点"，铁柜，档案编号 AE/I/5，第 18 号（W290/179）。

xlvii G.勒诺特，《玛丽-安托瓦内特的关押与死亡》，见原书所引，第 346 页注。又见阿尔贝·索布尔，《共和二年巴黎选区成员人名索引》，见原书所引，第 305 页。又见皮埃尔·卡龙，《恐怖时期的巴黎。内政部情报人员报告》（*Paris pendant la Terreur. Rapports des agents secrets du ministère de l'Intérieur*），巴黎，皮卡出版社，1910 年。在 1793 年 10 月 15 日警探普雷沃的报告里，提到有"可怕的人潮"，第 254 页。

xlviii 见多米尼克·戈迪诺，《织衣妇公民。法国大革命期间巴黎大众阶层的妇女》（*Citoyennes tricoteuses. Les femmes du peuple à Paris pendant la Révolution française*），巴黎，阿里埃阿出版社，1988 年。

xlix G.勒诺特就此写道，王后说："民众很快会厌倦看我疲惫的样子吗？"但是如果确有此话，作者也并没指出这句话的来源。收于《革命法庭，1793—1795》，见原书所引，第 138 页。

l 《导报》，第 17 期，第 627 页，1793 年 9 月 13 日周五，"巴黎公社，9 月 10 日委员会会议"。

li G.勒诺特，《玛丽-安托瓦内特的关押与死亡》，见原书所引，"罗莎莉·拉莫列尔的讲述"，第 246 页。

　　勒诺特采用了学者兼商人，奥松讷修道院院长拉丰的说法，《关于法国王后的苦难与死亡之全面而秘密的回忆录》（*Mémoires secrets et universels des malheurs et de la mort de la reine de France*），注 1，"罗莎莉"，巴黎，皮特出版社，1824 年，A.利普书商出版社再版，1836 年，第 2 卷，第 1—33 页。

　　拉丰说王后遇难 29 年之后，1822 年复辟时期他在博泽夫人的帮助下，在巴黎又找到了罗莎莉。罗莎莉不识字。保王派作家收集的她的经历调整得尽量和作者的情感需要保持一致。然而记述还是让人觉得真实可信，尤其是在玛丽-安托瓦内特古监狱里的物质生活方面的某些细节上。这些细节和不同的几个跟她有关的监狱回忆录里的描述始终一致——拉丰肯定没有看过这些回忆录，它们保存在档案里（特别是在国家档案馆档案编号 F/7/4392 和 W/121）。见亚历山大·蒂代，《法国大革命期间巴黎历史手抄本参考文献总汇编》，见原书所引，第 10 卷，第三部分，第 1—87 号。

　　描述玛丽-安托瓦内特帽子和头发的人也是罗莎莉。有些历史学家批评拉丰说他要是没有虚构罗莎莉这个人物，至少也是虚构了她出现在古监狱。在档案里没有关于她的记录，为数稀少的古监狱里的当事人也对她没有任何提及——包括监狱主管博勒的妻子（《由博勒夫人讲述的……对王后关押期间的最后时刻的准确描述》，*Récit exact des derniers moments* [sic] *de captivité de la reine* […] *par la dame Bault*，巴黎，C.巴拉尔印刷出版社，1817 年）和宪兵莱热（《圣殿塔专员弗朗索瓦-安托万·莫埃勒回忆录，圣殿塔中的六天》，*Souvenirs du commissaire du Temple François-Antoine Moëlle, Six journées passées au Temple* […] 节选，见原书所引，第 67—70 页），这一事实确实令人感到疑惑。可这也许是因为这个年纪很小才 14 岁的文盲姑娘，作为监狱主管里夏尔夫人的女仆，过于微不足道所以才没人会花功夫记录她的事。对于这一质疑，见维克多·皮埃尔，"在古监狱的玛丽-安托瓦内特"，收于《历史问题杂志》（*Revue des questions historiques*），第 47 期，巴黎，1890 年。2010 年出版了一本关于罗莎莉的小说体作品，但描写相当细致：卢多维克·米斯罗尔，《玛丽-安托瓦内特最后的女仆罗莉莎·拉莫列尔》（*Rosalie Lamorlière. Dernière servante de Marie-Antoinette*），巴黎，普莱奥出版社，2010 年。见米歇尔·萨波利所作导读。罗莎莉于 1848 年在巴黎的绝症病人疗养院去世。

　　lii　"*She is sadly altered.*"

liii 《玛丽-安托瓦内特书信集（1770—1793）》，见原书所引，第515 页。玛丽-安托瓦内特致波利尼亚克公爵夫人的信，1790 年 8 月23 日。

liv 莱昂·布洛伊，《死亡女骑士》（*La chevalière*），巴黎，法兰西信使出版社，1896 年。

lv 《玛丽-安托瓦内特书信集（1770—1793）》，见原书所引，第468、500 页。

lvi 玛丽-安托瓦内特 1788 年 8 月 25 日写给梅西-阿尔让多伯爵的信与玛丽-安托瓦内特 1789 年 12 月 29 日写给波利尼亚克公爵夫人的信。昆庭·克劳福德，《关于苏格兰女王玛丽·斯图亚特和法国王后玛丽-安托瓦内特的介述》（*Notice sur Marie Stuart, reine d'Écosse et sur Marie-Antoinette, reine de France*），巴黎，J.格拉蒂奥特印刷社出版，1819 年，第46 页。

lvii 见玛丽-安托瓦内特 1792 年 1 月 7 日写给波利尼亚克公爵夫人的信，波利娜·德·图尔泽夫人引述，收于艾弗利娜·勒韦的《他们所见的玛丽-安托瓦内特》（*Marie-Antoinette telle qu'ils l'ont vue*），巴黎，公共汽车出版社，2014 年，第 720 页。

lviii 康庞夫人，《法国和纳瓦拉王后玛丽-安托瓦内特的私人生活回忆录》（*Mémoires sur la vie privées de Marie-Antoinette, reine de France et de Navarre*），巴黎，波杜安出版社，第 3 卷，1823 年，第 2 册，第 150 页。

lix G.勒诺特在《玛丽-安托瓦内特的关押与死亡》中引用的笔录，见原书所引，第 81—84 页。

lx 同上。"市政官夏尔·戈雷的讲述"，第 144 页。康庞夫人在其回忆录里写道："因苦难变白。"

lxi 弗朗索瓦·德克斯特，《外国人所看到的法国大革命，1789—1799：根据未公开的通信集所描述的在伯尔尼和伦敦的马勒·杜·潘》（*La Révolution française vue par l'étranger, 1789—1799: Mallet du Pan à Berne et à Londres d'après une correspondance inédite*），图尔，玛姆出版社，1897 年，第 113—114 页。

lxii 在油画布所作的画的原本背面记着一份从未公开过的手写记述，记述者拉·马克详细地说明库哈斯基应该可以在他于圣殿塔作为国民自卫军士兵两次站岗的时候仔细地观察到王后，然后再回家把肖像画出来。

（私人收藏的）这幅画作是站立的半身像，王后靠着作为自然背景的监狱里的一堵墙。拉·马克认识库哈尔斯基，在大革命前他就为拉·马克工作过。

lxiii　G.勒诺特，《玛丽－安托瓦内特的关押与死亡》，见原书所引，"罗莎莉·拉莫列尔的讲述"，第 245 页。

lxiv　伊丽莎白·维热-勒布伦，《回忆录，1755—1842》（*Souvenirs, 1755—1842*），迪迪耶·马索作序，巴黎，塔朗迪耶出版社，2009 年，第 67 页。

lxv　见塞西尔·贝利，"回忆录作家们的参考文献中玛丽－安托瓦内特的带病的血：如何瓦解恐怖时期的书面证据？"（Le sang malade de Marie-Antoinette dans les sources des mémorialistes：comment déconstruire une écriture de la terreur?），《18 世纪》（*Dix-huitième siècle*），第 40 期，巴黎，发现出版社，2008 年 1 月。

罗莎莉·拉莫列尔和宪兵莱热提到过大出血。8 月底时，王后两次感到不适。鲁热维尔骑士于 8 月最后几天里见过玛丽－安托瓦内特，他于 10 月底时在布鲁塞尔跟费尔桑也讲起过她的失血（阿克塞尔·德·费尔桑，《费尔桑伯爵与法国宫廷，让-阿克塞尔·费尔桑伯爵文书选》，*Le Comte de Fersen et la Cour de France，Extraits des papiers du comte Jean-Axel Fersen*，由其侄孙 R.M.德.克林科斯特伦男爵出版，第 2 卷，巴黎，菲尔曼-狄多出版社，1878 年，第 98 页，"他的日记节选"，1793 年 10 月 23 日）。塞西尔·贝利自己支持"更年期预备阶段中妇科方面的一连串状况"这一说法。她也倾向于支持 19 世纪一些保王派历史学家的观点，认为她的失血是其关押所造成的深度心理创伤状态的结果（和她儿子分离，等等）。

lxvi　阿克塞尔·德·费尔桑，《费尔桑伯爵与法国宫廷》，第 2 卷，见原书所引，第 100 页，1793 年 11 月 13 日。

lxvii　利涅亲王，《我一生经历之片断》（*Fragments de l'histoire de ma vie*），第 1 卷，巴黎，普隆出版社，1928 年，第 312 页。

lxviii　慕利尼耶，《路易·德·博纳尔德，他的一生，他的政治生涯，他的理念》（*Louis de Bonald，La Vie，la carrière politique，la doctrine*），巴黎，阿尔冈出版社，1916 年，第 9 页。以及弗拉维安·贝尔特兰·德·巴郎达在其关于博纳尔德的将出版的论文中对于此段的评论。

lxix 弗朗索瓦－勒内·夏多布里昂，《墓畔回忆录》（*Mémoires d'outre-tombe*），巴黎，弗拉马里翁出版社，第 1 卷，第 4 册，1982 年，第 214—215 页。

lxx 塞内克·德·梅扬，《18 世纪末杰出人物肖像与性格……》（*Portraits et caractères des personnages distingués de la fin du XVIIIe siècle* [...]），巴黎，J.- G.当涂出版社，1813 年，第 74 页。肖像在他在世时首次于汉堡出版。塞内克在他流亡初期写下此句。

lxxi 伊丽莎白·维热－勒布伦，《回忆录，1775—1842》，见原书所引，第 67 页。

lxxii 埃德蒙·伯克，《法国革命论》（*Réflexions sur la révolution de France*），巴黎，阿歇特出版社，"众数"，1989 年，第 95 页。

lxxiii 马勒·杜·潘，《供研究法国大革命史所用回忆录与书信集》，见原书所引，第 95 页。

lxxiv 康庞夫人，《玛丽－安托瓦内特私人生活回忆录》（*Mémoires sur la vie privée de Marie-Antoinette*），巴黎，伽利玛出版社，"页张"系列丛书，2007 年，第 117 页。

lxxv 见《加斯东·德·莱维的回忆录群像》（*Souvenirs-portraits de Gaston de Lévis*）里所收的他的信件，雅克·迪帕基耶，巴黎，法兰西信使出版社，1993 年，第 287 页及后续。也见洛赞公爵的回忆录，"两个月内我成了个跟前的红人"。尽管当时有书报审查制度，1822 年的第一版还是有些篇幅写有王后的不雅之举（《洛赞公爵回忆录（1747—1783）》，*Mémoires du duc de Lauzun，1747—1783*，巴黎，巴洛瓦大哥出版社，1822 年）。在有虚假内容的部分里，作者吹嘘说他拒绝了王后对他的求爱，这一节由《忆旧杂志》（*Revue rétrospective*）（第 2 卷）出版。康庞夫人在其回忆录里则说洛赞因言行失当而遭撤职。之后，在 1788 年玛丽－安托瓦内特不许他在其叔父比龙元帅死后继任法国近卫团的指挥官。

lxxvi 利涅亲王，《我一生经历之片断》，见原书所引，第 1 卷，第 79—80 页。

lxxvii 《邦贝尔侯爵日记》（*Journal du marquis de Bombelles*），日内瓦，德洛兹出版社，第 1 卷，第 169 页，1782 年 10 月 29 日。

lxxviii 雷塞伯爵，《王后玛丽－安托瓦内特写给大公国公爵夫人路易丝·德·黑森的书信集》，见原书所引，第 48 页。

lxxix　《巴黎革命报》（*Révolution de Paris*），第三季度第 17 期，总第 212 期，第 95 页。

lxxx　肖沃-拉加德，《法国王后奥地利的玛丽-安托瓦内特和法兰西·德·伊丽莎白夫人在革命法庭的审判的历史笔记》，见原书所引，第 25 页。在关于圣殿塔的在押人员的讲述里，多容讲到玛丽-安托瓦内特时说起"她既无目的又没理由的傲气"。G.勒诺特，《玛丽-安托瓦内特的关押与死亡》，见原书所引，第 57 页，注释。

lxxxi　《玛丽-安托瓦内特书信集，1770—1793》，见原书所引，第 608 页。玛丽-安托瓦内特致梅西-阿尔让多的信，1791 年 9 月 12 日。

lxxxii　《忆旧杂志》，第 2 辑，第 1 卷，巴黎，1835 年，第 463 页。玛丽-安托瓦内特致梅西-阿尔让多的信，1791 年 8 月 16 日。"我的血流淌在我儿子的血管里，而我希望有一天，他的表现能配得上玛丽娅-特雷西娅外孙的身份。"

lxxxiii　《玛丽-安托瓦内特与撒丁王国王后玛丽-克洛蒂尔德·德·法兰西未公开通信集》（由雷塞伯爵出版），见原书所引。玛丽-安托瓦内特致波利尼亚克公爵夫人的信，1789 年 10 月 31 日。

lxxxiv　昆庭·克劳福德，《关于苏格兰女王玛丽·斯图亚特和法国王后玛丽-安托瓦内特的介述》，见原书所引，第 55 页。

lxxxv　《布瓦涅伯爵夫人回忆录》（*Mémoires de la comtesse de Boigne*），第 1 卷，巴黎，法兰西信使出版社，1982 年，第 83 页。布瓦涅夫人讲了当时在瓦雷讷的舒瓦瑟尔公爵的故事。

lxxxvi　王后这话是对巴黎公社的代理政务官勒德雷尔讲的，他试图说服王后离宫。《勒德雷尔伯爵回忆录》（*Mémoires du comte Roederer*），巴黎，普隆出版社，1942 年，第 36 页。

lxxxvii　米拉波给宫里写的条子，1790 年 6 月 20 日。

lxxxviii　"1792 年 6 月 20 日所发生事件的简报"，由瑞典驻巴黎外交人员发给费尔桑伯爵，收于《费尔桑伯爵与法国宫廷》，第 2 卷，见原书所引，第 304 页。

lxxxix　根据舒瓦瑟尔公爵对费尔桑讲述的 8 月 10 日事件的详情，收于《费尔桑伯爵与法国宫廷》，第 2 卷，见原书所引，第 43 页。"费尔桑日记节录"，1792 年 9 月 11 日。

xc　扫巴黎的大街和在火药库济贫院待 30 年这一想法出于国民公会

议员勒基纽，见《J.M.勒基纽摧毁的偏见》（*Les Préjugés détruits par J.M. Lequinio*），巴黎，社会圈印刷出版社，共和元年十一月一日（1792 年），第 206 页。

xci 《玛丽-安托瓦内特与巴纳夫秘密通信集（1791 年 7 月—1792 年 1 月）》（*Marie-Antoinette et Barnave. Correspondances secrète, juillet 1791—janvier 1792*），巴黎，阿尔芒·科兰出版社，1934 年，第 56 页。巴纳夫致玛丽-安托瓦内特的信，1791 年 7 月 25 日。

xcii 玛丽-安托瓦内特致其母亲玛丽娅-特蕾西娅的信，凡尔赛宫，1773 年 6 月 14 日，收于《玛丽-安托瓦内特书信集》，见原书所引，第 147 页。在这封信里她提到了她于 1773 年 6 月 8 日首次在首都公开亮相时巴黎人的兴奋。

xciii 《玛丽-安托瓦内特与撒丁王国王后玛丽-克洛蒂尔德·德·法兰西未公开通信集》（由雷塞伯爵出版），见原书所引，玛丽-安托瓦内特致波利尼亚克公爵夫人的信，1792 年 3 月 17 日。

xciv 玛丽-安托瓦内特致费尔桑伯爵的信，1792 年 7 月 24 日，收于《玛丽-安托瓦内特书信集》，见原书所引，第 807 页。

xcv 克莱里，《法国国王路易十六在押期间圣殿塔内纪实日记》（*Journal de ce qui s'est passé à la tour du Temple pendant la captivité de Louis XVI, roi de France*），第一版，伦敦，贝里斯印刷出版社，1798 年，再版，巴黎，法兰西信使出版社，1968 年与 1987 年，第 48—49 页。法兰西信使出版社再版的附页里附有玛丽-安托瓦内特女儿关于圣殿塔的忆述："从 1792 年 8 月 13 日直至太子路易十七去世期间圣殿塔内所发生事件的讲述"（1823 年首次出版），第 156 页。

xcvi "蒂尔吉的讲述"，收于 G.勒诺特，《玛丽-安托瓦内特的关押与死亡》，见原书所引，第 113 页。雅克·克劳德·贝尔纳是巴黎圣玛格丽特街区的副神甫，负责怜悯济贫院的圣事。他是 8 月 10 日的起义公社的委员后来又当了主席（9 月 7 日），是公社委员会委员，蒙特勒依选区罗伯斯庇尔派的几个领导者之一。他于共和二年雾月十一日被送上断头台。蒂尔吉在圣殿塔服务于国王一家一直到 1793 年 10 月，他以前在凡尔赛宫后在杜伊勒里宫担任着负责国王御膳的低微职务。他的讲述首次由让·埃卡尔在他的《法国与纳瓦拉王国国王路易十七历史回忆录》（*Mémoires historiques sur Louis XVII, roi de France et de Navarre*，巴黎，H.

尼科勒，1818年）的证实材料中出版。

xcvii　《国王路易十六和路易十八的内务官，于埃男爵回忆录（1787—1815）》（*Souvenirs du baron Huë, officier de la chambre du roi Louis XVI et du roi Louis XVIII, 1787—1815*），巴黎，卡尔曼-莱维出版社，出版日期不明，第102页。

xcviii　见蒂尔吉的讲述（第113页），勒皮特的讲述（第163页），收于G.勒诺特，《玛丽-安托瓦内特的关押与死亡》，见原书所引。

xcvix　《从1792年8月13日直至太子路易十七去世期间圣殿塔内所发生事件的讲述》（*Récit des évènements arrivés au Temple depuis le 13 août 1792 jusqu'à la mort du dauphin Louis XVII*），由昂古莱姆女大公所述，巴黎，书商兼出版商奥多出版，1823年，克莱里再版，《法国国王路易十六在押期间圣殿塔内纪实日记》，见原书所引，第179页。

c　同上。

ci　《伯尼奥伯爵回忆录》（*Mémoires du comte Beugnot*），巴黎，由出版商E.当涂出版，第1卷，第2册，1868年，第190页。

cii　库托-贝加里拍卖公司，2015年11月16日，第51号藏品，"1793年5月29日巴黎公社委员会：安托瓦内特为她儿子申请小说《吉尔·布拉斯·德·桑蒂亚纳传》（18世纪法国作家勒萨日的代表作，描写主人翁吉尔·布拉斯如何从默默无闻的底层小人物爬到顶层的故事——译者注）。委员会予以批准"。

ciii　维克多·雨果，《见闻录》（*Choses vues*），"1847年　参观古监狱"，巴黎，出版商J.埃尔泽勒出版，日期不明，第96页。

civ　这一令人信服的观点出自弗朗索瓦·马塞·德·莱皮奈和雅克·夏尔，见《在古监狱的玛丽-安托瓦内特》（*Marie-Antoinette à la Conciergerie*），"附录I玛丽-安托瓦内特在古监狱住过一间牢房还是两间？"，巴黎，塔朗迪耶出版社/国家历史文物与古迹管理局，1989，第83页及以后。对王后牢房的最佳描述和关于其关押情况最贴近当时的描写出自蒙茹瓦，见其《法国王后，奥地利女大公，洛林的玛丽-安托瓦内特-约瑟夫-让娜传》（*Marie-Antoinette-Josephe-Jeanne de Lorraine, Archiduchesse d'Autriche, reine de France*），巴黎，贝罗诺出版社，1797年。

cv　《寡妇卡佩在古监狱的费用记录》（*Mémoires des dépenses de la veuve Capet à la Conciergerie*），国家档案馆，档案编号W/121，文件号

1/10，日期不详。这份记录埃米尔·康帕尔东引用过，收于《巴黎革命法庭史（1862 年）》（*Histoire du tribunal révolutionnaire de Paris, 1862*），巴黎，普隆出版社，1866 年，第 110—111 页。花费为 74 天 1 407 锂的伙食费。"午餐咖啡，晚餐浓汤、炖牛肉、一道蔬菜、鸡肉和甜点。"

cvi 菲利普·雅科泰，《在冬日之光下》（*À la lumière d'hiver*），巴黎，伽利玛出版社，1977 年。

cvii 维克多·雨果，《死囚末日记》（*Le Dernier Jour d'un condamné*），巴黎，口袋书出版社，2006 年，第 56 页。

cviii 《伯尼奥伯爵回忆录》，见原书所引，第 1 卷，第 190 页及以后。

303 **cix** 关于这一点见西班牙驻巴黎大使，费尔南·努涅兹 1791 年 1 月 5 日写给他的高级外交官员的信："她想过服毒"，收于艾弗利娜·勒韦的《他们所见的玛丽-安托瓦内特》，见原书所引，第 579 页。

cx 弗朗索瓦-勒内·德·夏多布里昂，《全集》（*Œuvres complètes*），第 2 卷，《政治作品集》（*Œuvres politiques*），巴黎，菲尔曼-狄多出版社，1847 年，第 434 页。讲话（关于王后的遗嘱），由黎塞留公爵先生于 1816 年 2 月 22 日会议上向贵族院做通告时所做。

又见斯塔尔夫人就此所说的话，收于《关于法国大革命的思考》（*Considérations sur la Révolution française*），巴黎，塔朗迪耶出版社，1983 年，第 306 页。再往后，夏多布里昂的一个朋友，巴朗特男爵说是"下作的愤恨"。"他们想要她的死，比起作为报仇还要更多的是作为羞辱。"（"王后玛丽·安托瓦内特的审判与死亡"，收于《通信人》，*Le Correspondant*，第 29 卷，1852 年 10 月）

cxi 国民公会。"马亚以法律委员会的名义做所的报告，1792 年 11 月 7 日"，《议会档案》，第 53 卷，第 281 页。

cxii 见拿破仑的前财政大臣莫里安就此所说的话。莫里安伯爵，《一个财政大臣的回忆录》（*Mémoires d'un ministre du Trésor public*），第 3 卷，巴黎，吉约曼出版社，1845 年，第 123 页。

cxiii 在雅各宾协会，卡米尔·德穆兰自 1792 年 8 月 27 日起就要求对王后的审判进行侦察（指诉讼侦察阶段，工作是收集人证、物证等一切必要资料——译者注），直至国民公会有能力对国王的审判进行侦察。F.- A.奥拉尔，《雅各宾协会》（*La Société des Jacobins*），第 4 卷，《巴黎雅各宾俱乐部史资料集》（*Recueil de documents pour l'histoire du club des*

Jacobins de Paris），巴黎，茹阿斯特和诺布莱出版社，全 6 册，1889—1897 年，第 242 页。

cxiv 国王的信和加拉的回复，见克莱里，《法国国王路易十六在押期间圣殿塔内纪实日记》，见原书所引，第 115—117 页。

cxv 布里索对雅各宾派的讲话，1791 年 12 月 30 日，帕特里斯·格尼费所引，见《恐怖时期的政治。试论大革命的暴力（1789—1794）》（*La politique de la Terreur. Essai sur la violence révolutionnaire, 1789—1794*），巴黎，法亚尔出版社，2000 年，第 159 页。

cxvi 《议会档案》，第 60 卷，第 606 页。1793 年 3 月 27 日的会议。

cxvii 在两次讲话当中，罗伯斯庇尔并不只是单单攻击玛丽-安托瓦内特，而是攻击整个王室，包括奥尔良公爵。当时正值迪穆里埃叛变和吉伦特派、山岳派兄弟相残，指控显然有非常强的政治意味。吉伦特派被怀疑企图挽救王后，而借着点出玛丽-安托瓦内特的名字，罗伯斯庇尔试图置吉伦特派于不利地位。

cxviii 加缪、基内特、拉马克和邦卡尔于 1793 年 4 月 2 日被交到奥地利人手中。经过在奥地利的长期囚禁之后，他们到 1795 年才获释。

cxix 梅特涅 1793 年 5 月 2 日写给特劳特曼斯多夫，G.勒诺特引自《巴茨男爵》（*Le Baron de Batz*），巴黎，佩兰出版社，1902 年，第 33 页。费尔桑在其 1793 年 4 月 20 日的日记里对这些谈判有所反映。《费尔桑伯爵与法国宫廷》，第 2 卷，见原书所引，第 71 页。

cxx 埃尔努夫，《马雷，巴萨诺公爵》（*Maret, duc de Bassono*），再版，巴黎。新世纪出版社，2008 年，第 145 页。见上文已引过的阿尔贝·索雷尔。

cxxi 丹东试图避免处死玛丽-安托瓦内特，以便能够继续和外国列强谈判。关于其立场，见阿尔贝·马蒂耶，《丹东与和平》（*Danton et la paix*），巴黎，书籍复兴出版社，1912 年，第 195 页及以后。

cxxii 《费尔桑伯爵与法国宫廷》，第 2 卷，见原书所引，第 91 页。"费尔桑日记"，1793 年 8 月 30 日。又见弗朗茨二世向科堡亲王所写的书信，由阿尔贝·马蒂耶出版，收于《丹东与和平》，见原书所引。在 1793 年 4 月 24 日的信中，他恳请奥地利将军不要"听从除了会给您立即取得几处要塞之外的任何提议"（第 151 页）。

cxxiii 昆庭·克劳福德，《关于苏格兰女王玛丽·斯图亚特和法国王

304

后玛丽-安托瓦内特的介述》，见原书所引，第 46 页。

cxxiv 这是米拉波的朋友拉·马克伯爵在一封于 1793 年 2 月 1 日的从未公开过的信中向奥地利军队中的皇帝的代表，此前在巴黎做过玛丽-安托瓦内特的谋士的梅西-阿尔让多所做的建议。阿伦贝格家族档案馆，比利时昂冈市。第 34 柜，C 架，第 4 辑，补充材料，第 6 号乙，"未在德·巴库尔先生所出版的资料中出现的不同文件"。

cxxv 阿尔贝·索雷尔引于《欧洲与法国大革命》，见原书所引，第 3 卷，第 468—469 页。

cxxvi 巴雷尔在国民公会的报告，1793 年 8 月 1 日。

cxxvii 《议会档案》，第 76 卷，1793 年 10 月 16 日的会议。

cxxviii 在 9 月 5 日，比约不是唯一在国民公会的演讲台上要求判玛 305 丽-安托瓦内特死刑的人。巴雷尔在以救国委员会的名义提议创设革命军队时也力主死刑。"保王党分子们……想要鲜血，那他们就会得到玛丽-安托瓦内特的血，布里索的血和那些谋反者的血。"这是根据《山岳派日报》所报道的版本。1793 年 9 月 8 日的《导报》略有不同，但含义一致。参照《议会档案》，第 73 卷，1793 年 9 月 5 日的会议。

cxxix 见勒热纳（9 月 21 日）、布罗谢（9 月 23 日）、德菲尔耶（9 月 8 日、20 日和 30 日）的动议，他们都是埃贝尔分子同样也是科德利埃俱乐部的成员。尤其见 9 月 27 日埃贝尔自己的动议（《导报》，第 18 辑，第 11 页）。收于 F.-A.·奥拉尔，《雅各宾协会》，见原书所引，第 5 卷，第 392、414、416、418、428、436 页。在 1973 年出版的《共和二年中的群众运动和革命政府》（*Mouvement populaire et gouvernement révolutionnaire en l'an II*）中，阿尔贝·索布尔已经认为埃贝尔分子和某些"进步"选区，比如马拉选区，是 10 月那些重大审判（王后的和吉伦特派的）的主要负责人。雅各宾派和罗伯斯庇尔与其走得很近，很长时间里都在犹豫是否追随他们。

cxxx 皮埃尔·卡龙，《恐怖时期的巴黎》，见原书所引，第 1 卷，第 64 页和第 95 页（"吉韦和佩里埃的报告"，11-9 与 14-9-1793）。

cxxxi 见亚历山大·蒂代，《法国大革命期间巴黎历史手抄本参考文献总汇编》，见原书所引，第 10 卷，第三部分，第 194—283 号。

cxxxii 《邦贝尔侯爵日记》，见原书所引，第 1 卷，第 92 页，1781 年 12 月 25 日。

cxxxiii　让-路易·法维耶，《关于1756年5月1日的〈凡尔赛条约〉的种种疑虑和问题》（*Doutes et questionssur le traité de Versailles du 1er mai 1756*），1756年，由卡拉于1789年再版；克劳德-夏尔·德·佩索奈尔，《法国的政治形势》（*Situation politique de la France …*），纳沙泰尔，巴黎，布森出版社，1789年。又见卡拉于1789年4月出版的《三级会议的演讲者》（*L'Orateur des États généraux*）。

cxxxiv　这个称谓有一次初步出现在1790年10月2日的《巴黎革命报》上。"人们就这些在您的套间内举行的贵族会议指责您；这个奥地利委员会的影响力甚至在国民议会里都感觉得到，而且它的种种决议由国王的大臣们起草，充当着我们的大使们的行动准则。"关于"奥地利委员会"。见Th. E.凯泽，"奥地利委员会的魅影"（*Le fantôme du comité autrichien*），收于《历次革命与身份的种种神话》（*Révolutions et myths identitaires*），安妮·迪普拉主编，新世纪出版社，2009年，第31—47页。

cxxxv　这一叫法源自吉伦特派的布里索于1792年5月23日在立法议会上的讲话（《议会档案》，第44卷，第36页）。关于对大臣们的起诉罪名，见沙博1792年6月4日的报告（同上，第544页）。

cxxxvi　《救国》（*Le salut public*）。"致共和派"，巴黎，作者姓名与具体日期不详，1793年10月。文章在《罗兰夫人回忆录》（*Mémoires de Mme Roland*）中有引用，巴黎，博杜安兄弟出版社，1827年，第550页。

cxxxvii　《我等待着因她的一切主要是损害民族的罪行而被关在地牢中的玛丽-安托瓦内特的审判》（*J'attends le procès de Marie-Antoinette mise au cachot pour tous ses crimes de lèse-nation au premier chef*），巴黎作者姓名与具体日期不详。在1792年9月29日的一个行政决定里对这篇讽刺小册子有所提及，安妮·迪普拉大篇幅地引用了它，见《玛丽-安托瓦内特，一位支离破碎的王后》（*Marie-Antoinette, une reine brisée*），巴黎，佩兰出版社，2006年，第21页与第263页（注释）。

cxxxviii　国家档案馆，W/500，富基耶-坦维尔案，1号卷宗，第65页。"革命法庭前公诉人安托万·康坦·富基耶共和二年热月十九日致国民公会的辩护声明的补充材料"（*Supplément au mémoire justificatif d'Antoine Quentin Fouquier ex-accusateur public du Tribunal révolutionnaire à la Convention nationale*，19 thermidor an II）手写原件。

cxxxix　《革命法庭前公诉人安托万·康坦·富基耶的主要辩护声明》

306

（*Mémoire général et justificatif pour Antoine Quentin Fouquier ex-accusateur près le tribunal révolutionnaire*），巴黎，共和二年。富基耶被捕不久在狱中于共和二年热月十七日（1794 年 8 月 4 日）把他的第一份声明呈交了公共安全委员会，两天后写了第二份。在他对罗伯斯庇尔心怀嗟怨这一点上，他提到了自己和议员勒库安特、梅兰·德·蒂翁维尔和马特尔的一些交谈，而他们其实过去并不曾被认为是他的朋友。这两份手写原件在国家档案馆：W/500 1 号档案，第 64 页和 65 页。

又见阿尔贝·马蒂耶，《围绕罗伯斯庇尔》（*Autour de Robespierre*），第 6 章，巴黎，佩由出版社，1957 年。罗伯斯庇尔于 1794 年 6 月末在神婆卡特琳·泰奥案时曾试图摆脱掉干系（卡特琳·泰奥案指罗伯斯庇尔垮台前不久，其政敌利用神婆卡特琳·泰奥宣称他是"救世主"一事试图把泰奥送到革命法庭受审，坐实罗伯斯庇尔是"独裁者"。起诉材料被罗伯斯庇尔压下，最终泰奥并未受审。——译者注）。

cxl 法官弗雷斯蒂埃对富基耶的讯问，共和三年霜月一日（1794 年 11 月 21 日），由阿方斯·迪努瓦耶引用，《富基耶－坦维尔》（*Fouquier-Tinville*），巴黎，佩兰出版社，1913 年，第 256 页。

cxli 巴黎市立历史图书馆，手抄本第 175 号，第 197—199 页。在他的审判材料中我们找到了跟他儿子相关的一些信件。富基耶让法庭陪审团成员中的一人，战争部部长布绍特的助理迪迪耶·茹尔德依帮他送信。A.迪努瓦耶，《富基耶－坦维尔》，见原书所引，辩护状，第 17 号，第 462 页。

cxlii A.迪努瓦耶，《富基耶－坦维尔》，见原书所引，附录六，第 417 页。代理检察官博内共和二年穑月二十一日（1794 年 7 月 9 日）致富基耶的函。

cxliii 国家档案馆，W/500，富基耶－坦维尔案，2 号档案：起诉材料，第 71 页。"关于米歇尔-马克·格雷博瓦尔的记录"（原文如此）。

cxliv 玛丽-安托瓦内特律师们的逮捕，他们在卢森堡监狱的讯问和关押自 10 月 14 日起已由公共安全委员会的一道命令决定。《议会档案》，第 76 卷，国民公会，1793 年 10 月 16 日的会议。

cxlv 富基耶-坦维尔 1793 年 8 月 25 日致国民公会议长的信，为埃米尔·康帕尔东引用，收于《巴黎革命法庭史》，见原书所引，第 104 页。

cxlvi 阿尔芒-加斯东·加缪自他于 1789 年 8 月经国民议会选举当选

后一直是第一档案保管专员，他当时在 4 月初被迪穆里埃交出去做了奥地利人的囚徒。他到 1795 年 12 月才获释。皮埃尔·博丹虽然身为国民公会中阿登的议员，但没有参与处死路易十六，是加缪的第一助理。比起加缪，应更多地把 1794 年 6 月 25 日的重大的《档案法》归功于他。见卡尔·洛克，"档案文件与法国大革命"，《美国档案员》（The Americain Archivist），第 31 卷，第 1 期，1968 年 1 月。

cxlvii　自 8 月 19 日起，山岳派议员沙利耶就撇清了国民公会的一切责任，当时国民公会刚读过富基耶的第一封信，他抱怨没有任何卷宗上可用的材料。并非是由国民公会来制作前王后的起诉书。"玛丽-安托瓦内特是一个和他人相比并无二致的女性。并没有针对她所制作的起诉书。公共安全委员会命人把她案件的相关材料转交公诉人足矣。"提议得到通过（《全民导报》，Moniteur universel，第 17 卷：1793 年 8 月 19 日的会议，第 433 页）。

cxlviii　国家档案馆，铁柜，档案编号 AE/I/5，第 18 号。24 人委员会前秘书加纳兰致富基耶的信，巴黎，共和二年第一个月二十五日（1793 年 10 月 16 日）。又见关于寻找起诉材料方面的所有富基耶致救国委员会的信和后者所作的回复。这些信总体上未被研究玛丽-安托瓦内特的历史学家发掘过。在搜集的结果上，起诉材料的档案几乎是空的。第 38—72 页。

cxlix　《至为高贵、至为强大和至为迅捷的断头台女士致法兰西共和国无套裤汉们的报告》（Compte rendu aux sans-culotte de la République française par très haute, très puissante et très expéditive dame guillotine）。巴黎，共和二年。作者 F.B.蒂塞，印刷工人。蒂塞自己画了配合标题所作的卷首插图，画中有象征正义的短剑，象征平等的三角板，在断头台下面有国王、王后和主教们的脑袋。他当过新桥选区（随后更名革命选区）议会的议员，1795 年被除名。他可能跟着富歇到过里昂，作为负责该市警务的省监察委员会成员在革命法庭牵头讯问过被判刑者。在 1799 年他被任命为警务部二级探员（国家档案馆，索引，督政府时期的笔录第 8 卷）。他从警务秘密账户领取 150 法郎的任务补贴。秘密开支，共和八年（富歇档案馆，卢韦谢讷市）。又见 A.索布尔，《共和二年巴黎选区成员人名索引》，见原书所引，第 420 页。

cl　勒图尔诺致《日报》编辑的检举信，1814 年 9 月 18 日。知识与

308

展望网，2084 号文档。"勒图尔诺案 迪迪耶·茹尔德依。"茹尔德依是 8 月 10 日起义公社的成员，参与了 9 月屠杀。他作为战争部部长助理帮富基耶儿子谋得了一个职位。在针对波拿巴的圣尼凯斯街袭击发生后，他和王后审判中另一个陪审员一起在共和九年雪月十四日（1801 年 1 月 4 日）的执政令中被判流放。之后他生活在勒阿弗尔，化名莱奥泰。

cli 路易-安热·皮图，《斯图亚特家族与波旁家族的骨灰罐或我对 1 月 21 日事件诸成因与影响的根本性认识》（*L'Urne des Stuarts et des Bourbons ou le fond de ma conscience sur les causes et les effets du 21 janvier*，1 月 21 日是路易十六在 1793 年上断头台的那一天。作者皮图是反革命的王党分子，波拿巴雾月政变上台后把他逮捕流放到了法属圭亚那关押了 3 年。这里本书作者省略了此书部分书名。书全称为：《斯图亚特家族与波旁家族的骨灰罐或我对两个民族历史上 16、17、18、19 世纪种种 1 月 21 日式的事件的根本性认识》——译者注），L.A.皮图之家出版社，1815 年 8 月 31 日。在 W.A.施密特所著的《基于巴黎秘密警察档案文件的法国大革命概况》（*Tableaux de la Révolution française，publiés sur les papiers de la police secrète de Paris*，巴黎，3 册，第 2 卷，1880—1890 年，第 141 和第 198 页）中，我们找到了其中几份他向司法部部长加拉做的侦查员报告。泰拉松无疑有吉伦特派的倾向，加拉 1793 年 5 月 9 日任命他入职民事行政委员会，他则受命为加拉监视雅各宾俱乐部。又见蒂代，《总汇编……》，第 9 卷，见原书所引，第 296、754 页。

clii 她们其中一个名叫埃格莱。她三个月后因"勾结寡妇卡佩"上了断头台。《伯尼奥伯爵回忆录》，见原书所引，第 242 页及以后。

cliii 国家档案馆，铁柜，档案编号 AE/I/5，第 18 号。公诉人本人手写的公诉意见书原件。第 37 页。4 页手抄本文件，日期为共和二年第一个月下旬的第二天（1793 年 10 月 13 日）。它由革命法庭的 10 名法官签署，包括那些没有参与裁决审判的人，从书记员法布瑞修斯和富基耶-坦维尔起，有庭长约瑟夫·埃尔曼、加布里埃尔·图桑、艾蒂安·富科、皮埃尔·赛利耶、安德烈·科菲纳尔、加布里埃尔·德利耶热、皮埃尔-路易·拉格梅、安托万·玛丽·梅尔、弗朗索瓦·约瑟夫·德尼佐、艾蒂安·马松。富基耶的公诉意见书于 1793 年 10 月 16 日刊登在《导报》上之前，应该自 10 月 14 日起就以小册子的形式印刷并发行了。

cliv 提及这个布料摩擦声响的人是罗兰夫人，其时是在 1792 年 6 月国王和巴黎市长佩蒂翁的一次谈话上（《罗兰夫人回忆录》，见原书所引，第 171 页）。

clv 《人称"奥地利的洛林人"寡妇卡佩玛丽-安托瓦内特的审判》（*Procès de Marie-Antoinette dite Lorraine-Autriche veuve de Louis Capet*），巴黎，卡约与库尔西耶印刷行，共和二年出版，第 167—168 页。与导报或革命法庭的公报相比，这个审判笔录的"官方"版本是事后那些日子里所出版的记录里最完整的。除特别的说明指引之外，我一般参考的都是这个版本。

clvi 《迪歇纳老爹报》，第 298 期（1793 年 10 月）。

clvii 国家档案馆，W/500，富基耶案。第 3 辑资料。蒙达内共和二年第一个月二十四日（1793 年 10 月 15 日）致富基耶-坦维尔的信。

clviii 《图卢兹附近的格勒纳德市人 JBM.蒙达内，革命法庭第一厅庭长，在国民公会受富基耶-坦维尔揭发》（*JBM Montané, de Grenade près Toulouse, président de la première section du Tribunal révolutionnaire de Paris, dénoncé par Fouquier-Tinville, à la Convention nationale*），F.波尔特印刷社出版（1794 年 10 月 12 日）。又见富基耶审判卷宗（国家档案馆，W/500）和《牧月二十二日在革命法庭对富基耶-坦维尔和法庭其他成员的审判》（*Procès de Fouquier-Tinville et autres membres du tribunal du 22 prairial au tribunal révolutionnaire*），卷 1—卷 47，巴黎，共和国公报印刷社出版，圣殿骑士团大院，公报第 37 期，共和三年（共和三年花月至 1795 年 5 月末）。

clix 巴黎市立历史博物馆，10 4846。阿尔贝·马蒂耶，《围绕罗伯斯庇尔》，见原书所引，第 7 章，"埃尔曼和他的兄弟"。

clx 埃尔曼于共和二年热月十一日晚 7 点在救国委员会。巴黎市立历史博物馆，Ms 807。

clxi 阿尔方斯·德·拉马丁，《吉伦特党人史》（*Histoire des Girondins*），罗贝尔·拉丰出版社，"书籍"系列丛书，第 2 册，2014 年，第 2 卷，第 1516 页。

clxii 法庭的这个座席位次大致是从皮埃尔·布永（1776—1831）的画中推导得出的。我们知道它并非现场创作，而是诞生于审判结束一年以后，在热月党人把持国民公会的 1794 年或 1795 年。但本书中再现的这个画里的场景仍然是关于玛丽-安托瓦内特的审判的最准确的表现。布永是蒙西奥的学生。他 19 岁时创作了王室一系列的圣徒形象。"（1792 年）6

310

月 20 日的著名场景：国王和掷弹兵；伊丽莎白公主的宗教热忱"。"奥地利的玛丽-安托瓦内特在革命法庭上的审判"首次由 J.弗雷德里克·卡瑟纳夫刻成铜版画，上面加了一句有保王派倾向的镌刻语，反对"下作的埃贝尔"。1795 年 11 月底它"在巴黎交付，地点是真理刻制室，马扎然街 24 号"。布永选择的审判时刻是埃贝尔于 10 月 14 日下午正在做控告。艺术家故意让场景显得戏剧化，意图在于正面地表现玛丽-安托瓦内特（卡纳瓦雷博物馆，版画展厅，原画展品编号 D5974）。

311   **clxiii** 根据其传记作者亨利·博讷（里昂，1898）的说法。然而，在 W.R.牛顿编写的国王的狩猎管理处的大全中却找不到他的名字，即便作者没有提到所有的人物。W.R.牛顿，《18 世纪凡尔赛宫内国王的马匹和犬只。大马厩和小马厩、王后马厩、狩猎管理处和捕狼队》（*Les Chevaux et les chiens du roi à Versailles au XVIIIe siècle. La grande écurie et la petite écurie，les écuries de la reine，le grand chenil et la louveterie*），巴黎，冠军出版社，2015 年。

    clxiv 东泽·韦尔特伊 1793 年 3 月 25 日致司法部部长的信，G.勒诺特引述，《革命法庭（1793—1795）》，见原书所引，第 71 页。

    clxv 共和二年牧月三日（1794 年 5 月 22 日）菲尼斯泰尔省 26 名前行政官员被处决。东泽在罗伯斯庇尔垮台 5 天后，还对 5 名罪犯执行了死刑。见 H.瓦隆，《特派员与共和二年（1793—1794）各外省的革命司法机关》（*Les Représentants en mission et la justice révolutionnaire dans les départements de l'an II，1793—1794*），第 2 卷，第 7 章，"布列塔尼地区"，巴黎，阿歇特出版社，1889 年。见《对布雷斯特革命法庭的行为的检举》（*Dénonciation de la conduite du tribunal révolutionnaire de Brest*），迪弗鲁瓦印刷社，奥诺雷街，第 35 号，具体日期不明（1795 年）。

    clxvi 国家档案馆，W/500，富基耶-坦维尔案，2 号档案，第 8—9 页。博内致富基耶的信，共和二年花月十四日（1794 年 5 月 3 日）和共和二年穑月二十一日（1794 年 7 月 9 日）。

    clxvii 《韦尔特伊致作为立法委员会委员的代表公民》（*Verteuil aux citoyens représentants，membres du comité de législation*），埃夫勒市，共和四年雾月二日（1795 年 10 月 24 日），让-路易·德博夫引述，见"应为公诉人东泽-韦尔特伊正名"（*Pour une réhabilitation de l'accusateur public Donzé-Verteuil*），《伊洛瓦斯地方志》（*Les Cahiers de l'Iroise*），第 4 期（新

刊），发行第 37 年，1990 年 10—11 月刊，第 185 页。

clxviii　伊夫·贝诺，"米尔桑案"，《18 世纪》，第 21 期，1989 年，第 319—327 页。

clxix　儒勒·米什莱，《法国大革命史》，见原书所引，第 877 页。

clxx　《富基耶-坦维尔和法庭其他成员穑月二十二日在革命法庭的审判》，见原书所引，卷宗第二十四、二十八、二十九、四十一和四十二号。富基耶的检察官的前秘书 D.迪沙托，革命法庭前书记员 J.-B.塔韦尼耶，革命法庭前执达员 J.布歇，革命法庭前庭长 C.E.多布森，革命法庭前陪审员当托内尔的证人证言。

clxxi　亨利·博纳，《一名玛丽-安托瓦内特的法官（安托万·梅尔-萨瓦里）》（*Un juge de Marie-Antoinette 〈Antoine Maire-Savary〉*），里昂，贝尔幕与居曼出版社，1898 年。亨利·博纳当时是里昂的一名司法官员，貌似非常严肃，醉心于研究法国习惯法。

clxxii　她时年 21 岁，取了和她姊姊一样的名字：玛丽·让娜·弗朗索瓦丝。婚姻契约书在一个关于勒贝尔姓氏的家谱网站上被部分引用。此外，在对富基耶-坦维尔的审判材料当中，第 4 号被告梅尔-萨瓦里被介绍为"大革命之前曾是巴黎高等法院的律师和弗尔芒通市的国王代政官"。国家档案馆 W/499："共和三年芽月八日（1795 年 3 月 29 日）开庭审理笔录；被告们的介绍。"

clxxiii　《伊洛瓦斯地方志》，第 4 期（新刊），发行第 19 年，1972 年 10—12 月，"关于布雷斯特法庭的前公诉人东泽-韦尔特伊之死"，第 253 页。

clxxiv　亨利·博纳，《一名玛丽-安托瓦内特的法官（安托万·梅尔-萨瓦里）》，见原书所引。

clxxv　奥诺雷·德·巴尔扎克，《人间喜剧》（*La Comédie humaine*），第 8 卷，《恐怖时期的一段插曲》（1839 年，*Un épisode sous la Terreur*），巴黎，伽利玛出版社，"七星文库"，1977 年，第 112 页及以后。

clxxvi　路伊吉·皮兰德娄，《六个寻找剧作家的剧中人》（*Six personnages en quête d'auteur*），巴黎，伽利玛出版社，"页张"系列丛书，1977 年，第 112 页。

clxxvii　热拉尔·瓦尔特，《玛丽-安托瓦内特的审判》（*Le procès de Marie-Antoinette*），巴黎，法兰西信使出版社，1968 年，繁复出版社再版，

312

1993 年，第 53 页。15 个姓名里只有 6 个是准确的。另外 6 人审判时未列席参加，且 9 人姓名缺失。又见 G.勒诺特，《革命法庭（1793—1795）》，见原书所引，第 148 页以及古斯塔夫·戈特罗，《玛丽-安托瓦内特的临终时刻》（*L'Agonie de Marie-Antoinette*），图尔，玛姆出版社，1907 年，第 183 页。只有亨利·瓦隆（《附有法律文书公报的革命法庭史》，*Histoire du tribunal révolutionnaire avec le journal de ses actes*，第 1 卷，巴黎，阿歇特出版社，1880 年，第 329 页）给出了正确的名单，但次序混乱。欲知准确的姓名，请见铁柜：档案编号 EA/I/5，第 18 号，第 10 份档案："传审判陪审团上庭，1792 年 10 月 12 日"和第 51 份档案："庭审笔录"。陪审员们的准确名单如下，依传唤上庭和临时的拼写顺序排序：第 1 位 加梅（原文如此），第 2 位 克雷蒂安，第 3 位 图曼，第 4 位 安东纳尔，第 5 位 勒诺丹，第 6 位 特兰沙尔，第 7 位 尼古拉，第 8 位 卢米埃，第 9 位 德布瓦索，第 10 位 巴隆，第 11 位 苏贝比耶勒，第 12 位 菲耶维（原文如此），第 13 位 桑巴，第 14 位 德韦兹，第 15 位 贝纳尔（原文如此）。古斯塔夫·戈特罗此外指出作为"进入了"审判的替补陪审员的列席：我们讲了很久的沙特莱、格勒尼耶、伯努瓦·特雷、热蒙、茹尔德依和叙阿尔。这不无可能，即使他们的名字并未出现在保存在铁柜里的诉讼法律文书原本里。

clxxviii 菲耶韦、克雷蒂安、卢米埃、贝纳尔和人民协会的主席特兰沙尔在更名成了博物馆选区的卢浮宫选区，勒诺丹在更名成了法兰西近卫军选区的小礼拜堂选区，尼古拉在长矛选区，加内在公署选区（市政厅），德韦兹在共和国选区，德布瓦索在博爱选区，巴隆在马拉选区，桑巴在勃朗峰选区。

clxxix 见亨利·卡尔韦，《巴黎的一个实施恐怖统治的工具 救国委员会或称巴黎省监察委员会（1793 年 6 月 8 日至共和二年穑月二十一日）》，见原书所引。关于勒诺丹，第 65 页；关于尼古拉，第 74 页和第 382 页。

clxxx 罗伯托·卡拉索，《卡什的毁灭》（*La Ruine de Kasch*），巴黎，伽利玛出版社，1987 年，第 99 页。

clxxxi 国家档案馆，W/500，富基耶案，第 87 页。"共和三年风月十二日克雷蒂安在国民公会演讲台上对针对他的指控所做的辩护"（1794 年 10 月 4 日）。

clxxxii　国家档案馆，W/500，富基耶案，第 12 页和第 15 页。

clxxxiii　《为终审审判某阴谋颠覆政权者，由 1793 年 3 月 10 日法令所建立的刑事（革命）法庭公报》（*Bulletin du tribunal cirminel〈révolutionnaire〉 établi par la loi du 10 mars 1793, pour juger sans appel les conspirateurs*），克莱蒙印刷厂，巴尔那伯修士庭院，司法宫对面，1793—1794 年。圣母生而无暇姐妹修道院的房子之前由莫里斯·迪普莱在大革命时期转手买下。尼古拉应该是他的房客。这是雅各宾派的圈子内，政治地位和经济利益之间应该存有的众多叠加现象的又一表现。

clxxxiv　《老科德利埃报》（*Le Vieux Cordelier*），第 5 期（1794 年 1 月 15 日）。

clxxxv　国家档案馆，W/434，第 977 页。

clxxxvi　马耶讷省立档案馆，L1840。图曼致在拉塞的商人、公民博利厄的信，巴黎，1793 年 12 月 7 日，法国共和二年。

clxxxvii　《富基耶-坦维尔和法庭其他成员稿月二十二日在革命法庭的审判》，见原书所引，卷宗第 38 号：证人 N.雷比亚尔，陆军军队调动委员会职员。又见皮埃尔·卡龙所引用的警务机关的报告，《恐怖时期的巴黎》，第 2 卷，第 140 页和第 250 页（勒布雷东报告，1794 年 1 月 8 日）。

clxxxviii　国家档案馆，F7/4775，"特兰沙尔档案"，特兰沙尔交给公共安全委员会的辩护状，具体日期不详。

clxxxix　图曼，《1793 年 8 月 27 日受审的亚当·菲利普·德·屈斯蒂纳一案中我作为陪审员的观点》（*Mon opinion comme juré dans l'affaire d'Adam Philippe de Custinejugé le 27 août 1793*），具体地点日期不详。法国国家图书馆，Ln27 65403。

cxc　关于安东纳尔，见皮埃尔·赛尔纳，《革命贵族安东纳尔，1747—1817》（*Antonelle. Aristocrate révolutionnaire, 1747—1817*），巴黎，费兰出版社，1997 年。

cxci　国家档案馆，W/567B，"安东纳尔文稿"：对政治的思考，法国大革命。

cxcii　《革命法庭陪审员安东纳尔带有理据的宣判声明》（*Déclarations motivées d'Antonelle juré au tribunal révolutionnaire*），巴黎，G.F.迦雷蒂印刷社，具体日期不详，1793 年。"警告"，巴黎市立图书馆，960331。

cxciii　《在法国共和三年雪月十六日议会会议上，由 E.B.库尔图瓦以

314

负责研究在罗伯斯庇尔及其同伙家中找到文件的委员会的名义所作的报告》（*Rapport fait au nom de la commission chargée de l'examen des papiers trouvés chez Robespierre et ses complices, par E.B.Courtois, dans la séance du 16 Nivôse an III de la République française*），巴黎，共和三年雪月。国家公职人员帕扬致罗曼-丰罗萨的信，共和二年穑月二十日（1794 年 7 月 8 日），第 396—397 页。罗曼-丰罗萨曾被任命为可怕的奥朗日人民委员会的法官，该人民委员会 1794 年 6 月 19 日开始办公。

cxciv 国家档案馆，F/7/4775，"特兰沙尔档案"。关于特兰沙尔，又见阿尔方斯·尼努瓦耶，《两名革命法庭陪审员：维拉特，"小主人"和特兰沙尔，"自然之人"》（*Deux jurés du tribunal révolutionnaire：Vilate 《Le petit maître》— Trinchard 《L'homme de la nature》*），巴黎，佩兰出版社，1909 年。

cxcv 《富基耶-坦维尔和法庭其他成员穑月二十二日在革命法庭的审判》，见原书所引，卷宗第 25 号，共和三年芽月十九日庭审后续。

cxcvi 同上，卷宗第 27 号，共和三年芽月二十三日庭审，证人安娜·迪克雷。

cxcvii 国家档案馆，W/500，富基耶案，第 1 号档案，第 19 页。特兰沙尔致他兄弟的信（1793 年 10 月）。

cxcviii 普米耶·德·拉·西布蒂，《巴黎一个医生的回忆录》（*Souvenirs d'un médecin de Paris*），巴黎，普隆-努里出版社，1910 年。

cxcix 关于雷蒙诉加拉案，《民事法律与判决总汇编》（*Recueil général des lois et arrêtés en matière civile*），第 23 卷（1793 年 4 月），第 422 页。

cc 阿纳托尔·法朗士，《诸神渴了》（*Les dieux ont soif*），伽利玛出版社，"页张"系列丛书，1989 年，第 183—184 页。

cci 国家档案馆，W/434，1977（卢米埃、尼古拉、德布瓦索）。

ccii 根据亨利·布绍的说法，他为富歇家族画过四幅细密画：在 1800 年有约瑟夫·富歇和他的长子的画像以及他的妻子双膝上坐着这同一个儿子的画像，随后在 1802 年和 1805 年有这位部长的两幅肖像。亨利·布绍，《法国细密画》（*La Miniature française*），巴黎，古皮出版社，1907 年，第 3 期，第 105—112 页。

cciii 巴约讷，艺术与历史博物馆。

cciv　关于苏贝比耶勒，见卡巴内斯医生，《历史秘辛》，巴黎，阿尔班·米歇尔出版社，1905 年。

ccv　铁柜，AE/I/5，第 18 号，"庭审笔录"。故事要回溯至 1791 年 6 月出逃到瓦雷讷的时候。王室当时不信任小礼拜堂营国民自卫军的掷弹兵，他们是政治热情很高的爱国者，并负责护卫杜伊勒里宫。曾有流言说拉法耶特是国王外逃的同谋，此前以只想要自愿担任的卫兵而非一支领饷的卫队为由，试图禁止这些掷弹兵负责这里的护卫工作。

ccvi　玛丽-安托瓦内特致费尔桑的信，1791 年 10 月 31 日，收于《费尔桑伯爵与法国宫廷》，第 2 卷，见原书所引，第 208 页。及肖沃-拉加德，《法国王后奥地利的玛丽-安托瓦内特和法兰西·德·伊丽莎白夫人在革命法庭的审判的历史笔记》，见原书所引，第 10 页。他给国民公会写的信被 G.勒诺特引用在《玛丽-安托瓦内特的关押与死亡》，见原书所引，第 388 页。国民公会后来拒绝了请求的期限。

ccvii　龚古尔兄弟的《玛丽-安托瓦内特的历史》（*L'Histoire de Marie-Antoinette*）成书于 1858 年，见原书所引。皮埃尔·德·诺亚克当时是凡尔赛宫博物馆馆长，他顺着不为世人理解和殉道的女人这一脉络于 1902 年在巴黎通过卡尔曼-李维出版社出版了《王后玛丽-安托瓦内特》（*La Reine Marie-Antoinette*）。

ccviii　《罗兰夫人回忆录》，见原书所引，第 424 页和第 426 页。

ccix　《玛丽-安托瓦内特的审判》，见原书所引，第 132 页。

ccx　同上，第 140 页。

ccxi　这个形容来自费尔桑伯爵在一封 1790 年 9 月 5 日写给古斯塔夫三世的信里的说法。由艾弗利娜·法勒在《玛丽-安托瓦内特与费尔桑伯爵。秘密通信集》（*Marie-Antoinette et le comte de Fersen. La correspondance secrète*）中引用，巴黎，群岛出版社，2016 年，第 133 页。拉法耶特在 1792 年 3 月 15 日再次尝试把玛丽-安托瓦内特和国王分开，并通过当时应作了相关请求的孔多塞的居间活动试图把她扣留在立法议会。

ccxii　《玛丽-安托瓦内特的审判》，见原书所引，第 6 页。

ccxiii　同上，第 15 页。

ccxiv　同上，第 10 页。

ccxv　"费尔桑日记节录。1793 年 9 月 26 日"，收于《费尔桑伯爵与法国宫廷》，见原书所引，第 2 卷，第 93 页。

ccxvi　龚古尔兄弟，《玛丽-安托瓦内特的历史》，巴黎，菲尔曼-狄多出版社，1858（1879）年，再版收于《玛丽-安托瓦内特相关作品典集与辞典》（*Marie-Antoinette. Anthologie et dictionnaire*），卡特里约拿·赛特主编，罗贝尔·拉丰出版社，"书籍"系列丛书，2006 年，第 590 页。

ccxvii　《普法尔茨公主书信集》（*Lettres de la princesse Palatine*），巴黎，法兰西信使出版社，1985 年，第 69 页。圣日耳曼，1682 年 2 月 19 日。

ccxviii　瓦莱里·拉尔博，《A.O.巴尔纳布特私人日记》（*A.O.Barnabooth. Son journal intime*），巴黎，伽利玛出版社，1913 年，第 185—186 页。

ccxix　玛丽-安托瓦内特致玛丽娅-特蕾西娅的信，1771 年 9 月 2 日，收于《玛丽-安托瓦内特书信集》，见原书所引，第 88 页。

ccxx　W.歌德，《诗与真。我一生的回忆》（*Dichtung und Wahrheit. Poésie et vérité. Souvenirs de ma vie*），奥比耶出版社，1992 年。

ccxxi　利涅亲王，《我一生经历之片断》，第 1 卷，见原书所引，第 115 页。

ccxxii　话是康庞夫人在她回忆录里讲述的。

ccxxiii　玛丽-安托瓦内特致罗森伯格伯爵的信，1775 年 4 月 17 日。收于《玛丽-安托瓦内特书信集》，见原书所引，第 208 页。

ccxxiv　"弗尔蒙院长的记录"，1779 年 5 月，收于艾弗利娜·勒韦的《他们所见的玛丽-安托瓦内特》，见原书所引，第 262 页。

ccxxv　玛丽-安托瓦内特致玛丽娅-特蕾西娅的信，1774 年 10 月 18 日与 11 月 16 日，收于《玛丽-安托瓦内特书信集（1770—1793）》，见原书所引，第 196 页与第 198 页。

ccxxvi　马克·福马罗利，《女性服饰：伊丽莎白·维杰-勒布伦，旧制度时期的女画家》（*Mundus Muliebris：Élisabeth Vigée-LeBrun, peintre de l'Ancien Régime*），巴黎，法洛瓦出版社，2015 年。

ccxxvii　"弗尔蒙院长的记录"，1779 年 5 月，收于艾弗利娜·勒韦的《他们所见的玛丽-安托瓦内特》，见原书所引，第 262 页。

ccxxviii　阿伦贝格家族档案馆，比利时昂冈市。第 35 柜，第 17 辑，第 11 页"对贝桑瓦尔男爵一段回忆录的评价"（此人吹嘘他对王后的影响力）。

ccxxix　玛丽-安托瓦内特致玛丽娅-特蕾西娅的信，1774 年 7 月 30
日，收于《玛丽-安托瓦内特书信集》，见原书所引，第 192 页。

ccxxx　"弗尔蒙院长的记录。拉穆埃特，6 月 5 日（1774 年）"，附
在梅西 1774 年 6 月 7 日给特蕾西娅写的信里，收于《特蕾西娅与梅西-阿
尔让多伯爵秘密通信集……》（*Correspondance secrète entre Marie-Thérèse et le
comte de Mercy-Argenteau ...*），第 2 卷，出版商 A.达尔内特与 M.A.热弗鲁
瓦，巴黎，菲尔曼-狄多出版社，1875 年，第 171 页。

ccxxxi　考尼茨致梅西的信，1787 年 3 月 18 日，收于《他们所见的
玛丽-安托瓦内特》，见原书所引，第 444 页。

ccxxxii　梅西致考尼茨亲王的信，1783 年 6 月 17 日，收于若埃尔·
菲利克斯，《路易十六与玛丽-安托瓦内特。一对政治夫妻》（*Louis XVI et
Marie-Antoinette. Un couple en politique*），巴黎，帕约出版社，2006 年，第
318 页。当时奥地利想向土耳其宣战并正在寻求法国的支持。

ccxxxiii　玛丽-安托瓦内特致约瑟夫二世的信，1784 年 11 月 26 日，
收于《玛丽-安托瓦内特书信集》，见原书所引，第 417 页。

ccxxxiv　若埃尔·菲利克斯，《路易十六与玛丽-安托瓦内特。一对
政治夫妻》，见原书所引，第 318 页。作者使用了卡斯特里元帅未公开过
的日记。

ccxxxv　"维里院长日记"，1774 年 7 月 21 日，收于艾弗利娜·勒韦
的《他们所见的玛丽-安托瓦内特》，见原书所引，第 98 页。

ccxxxvi　玛丽-安托瓦内特致约瑟夫二世的信，1784 年 9 月 22 日，
收于《玛丽-安托瓦内特书信集》，第 409 页。

ccxxxvii　玛丽-安托瓦内特致梅西的信（1788 年 8 月 19 日），收于
《玛丽-安托瓦内特书信集》，见原书所引，第 462 页。

ccxxxviii　《邦贝尔侯爵日记》，第 2 卷，见原书所引，第 331 页，6
月 7 日（1789 年）。

ccxxxix　尚塔尔·托马引述，《为非作歹的王后。讽刺小册子里的玛
丽-安托尼瓦内特》（*La Reine scélérate. Marie-Antoinette dans les pamphlets*），
巴黎，瑟伊出版社，1989 年，第 80 页。参照玛丽-安托瓦内特 1789 年 8
月 31 日写给波利尼亚克公爵夫人的日期标注有误的信。

ccxl　蒙罗·普莱斯，《法国君主制的陨落。路易十六、玛丽-安托瓦
内特与布勒特依男爵》（*The fall of the french monarchy. Louis XVI, Marie-An-*

toinette and the baron de Breteuil），贝辛斯托克市，麦克米伦出版社，2002 年。

ccxli 费尔桑致古斯塔夫三世的信，1792 年 2 月 29 日，关于 2 月 13 日和国王在杜伊勒里宫的谈话，收于《费尔桑伯爵与法国宫廷》，第 1 卷，见原书所引，引言，第 66 页。

ccxlii 玛丽-安托瓦内特致梅西的信，1788 年 8 月 9 日。

ccxliii 《忆旧杂志》，第 2 辑，第 1 卷，1835 年。"玛丽-安托瓦内特与利奥波德二世秘密通信集……"，玛丽-安托瓦内特致梅西的信，1791 年 8 月 16 日，第 459 页（在艾弗利娜·勒韦出版的著作中没有此信）。

ccxliv 玛丽-安托瓦内特致利奥波德二世的信，5 月 29 日（1790 年）。收于《玛丽-安托瓦内特书信集》，见原书所引，第 508 页。

ccxlv 《古弗尼尔·莫里斯日记》（*Journal de Gouverneur Morris*），巴黎，普隆出版社，1901 年，第 222 页。根据 1791 年 4 月与时任外交大臣的蒙莫兰伯爵的一次谈话而成。

ccxlvi 《司法大臣帕基耶回忆录》（*Mémoires du chancelier Pasquier*），第 1 卷，巴黎，普隆出版社，1914 年，第 56 页。

ccxlvii 《米拉波伯爵与拉·马克伯爵 1789 年、1790 年与 1791 年间通信集》（*Correspondance entre le comte de Mirabeau et le comte de La Marck pendant les années 1789, 1790 et 1791*），第 1 卷，出版商 A.德·巴库，巴黎，勒·诺曼出版社，1851 年，第 157 页。

ccxlviii 见若埃尔·菲利克斯，《路易十六与玛丽-安托瓦内特。一对政治夫妻》，见原书所引，第 434 页。

ccxlix 通信已出版，见《玛丽-安托瓦内特与巴纳夫秘密通信集（1791 年 7 月—1792 年 1 月）》，见原书所引。

ccl 玛丽-安托瓦内特致梅西的信，1791 年 8 月 16 日，《忆旧杂志》，第 2 辑，第 1 卷，见原书所引，第 459 页。

ccli 玛丽-安托瓦内特致阿克塞尔·德·费尔桑的信，1791 年 12 月 7 日，收于《玛丽-安托瓦内特书信集》，见原书所引，第 734 页。

cclii 艾弗利娜·法勒，《玛丽-安托瓦内特与费尔桑伯爵。秘密通信集》，见原书所引，第 30 页。

ccliii 康庞夫人，《玛丽-安托瓦内特私人生活回忆录》，巴黎，博杜安兄弟出版社，1823 年。

319

ccliv 玛丽-安托瓦内特致费尔桑伯爵的信，1791 年 11 月 2 日与 7 日，收于《玛丽-安托瓦内特书信集》，见原书所引，第 622 页。

cclv 《忆旧杂志》，第 2 辑，第 2 卷，1835 年。玛丽-安托瓦内特致利奥波德二世的信，1791 年 9 月 3 日，第 7 页。

cclvi 艾弗利娜·法勒，《玛丽-安托瓦内特与费尔桑伯爵。秘密通信集》，见原书所引，西莫兰致叶卡捷琳娜二世的信（1792 年 1 月 31 日），第 261 页。

cclvii 他妻子当时在杜伊勒里宫和康庞夫人、艾吉耶夫人一起当着玛丽-安托瓦内特的贴身女官。

cclviii 弗朗索瓦·戈格拉，《大元帅戈格拉男爵对路易十六出行瓦雷讷的相关事件的回忆；后续为救出关押在圣殿塔的王后而做的尝试的简要说明》（*Mémoire de M. le Baron de Goguelat, lieutenant-général, sur les événements relatifs au voyage de Louis XVI à Varennes; suivi d'un précis des tentatives qui ont été faites pour arracher la Reine à la captivité du Temple*），巴黎，博杜安兄弟出版社，1823 年，第 12 页。

cclix 昆庭·克劳福德，《关于苏格兰女王玛丽·斯图亚特和法国王后玛丽-安托瓦内特的介述》，见原书所引，第 46 页和 54 页。

cclx 这封信没有被艾弗利娜·勒韦保留在《玛丽-安托瓦内特书信集》当中，见原书所引。它在历史学家和收藏家弗耶·德·库什的《未公开书信与档案》中有引用，这使人要谨慎对待。

cclxi 路易·马西尼翁，《青史留名籍》（*Écrits mémorables*），第 1 卷，巴黎，罗贝尔·拉丰出版社，"书籍"系列丛书，第 178 页。"玛丽-安托瓦内特诞辰二百周年记"一文首次出版于 1956 年。

cclxii 玛丽-安托瓦内特致叶卡捷琳娜二世的信，12 月 3 日（1791 年），收于《邦贝尔侯爵日记》，见原书所引，第 3 卷，第 395 页。她那时仍在说民族被"闹事分子"带得误入了歧途。

cclxiii 玛丽-安托瓦内特致梅西的信，1791 年 8 月 7 日，收于《他们所见的玛丽-安托瓦内特》，见原书所引，第 661 页。玛丽-安托瓦内特并未出席 1791 年 9 月 14 日的会议，当时国王前往国民议会以在此对宪法宣誓。此前一天，她和她的孩子们一起在一个议员代表团面前露了面，他们来到杜伊勒里宫感谢国王通过一条早上发出的消息接受了宪法。"我等赞同国王的态度"，《议会档案》，第 30 卷，1791 年 9 月 13 日周二的会议。

自瓦雷讷返回后，王室被拘于杜伊勒里宫。她后来在对欧洲各国宫廷的秘密通信中说，国王和她都无自由采取其他做法。

cclxiv 玛丽-安托瓦内特致利奥波德二世的信，1 日（1791 年 6 月）。收于《玛丽-安托瓦内特书信集》，见原书所引，第 535 页。

cclxv 《费尔桑伯爵与法国宫廷》，第 2 卷，见原书所引，第 234 页。玛丽-安托瓦内特致费尔桑的信，1792 年 4 月 19 日。

cclxvi 《忆旧杂志》，第 2 辑，第 2 卷，1835 年。"瓦雷讷之行前后玛丽-安托瓦内特与利奥波德二世和其他外国人士的秘密通信"，论述附在玛丽-安托瓦内特 1791 年 9 月 3 日致利奥波德二世的信里，第 16 页。

cclxvii 利涅亲王，《我一生经历之片断》，见原书所引，第 1 卷，第 120 页。

cclxviii 《晨曦的升起》（*Le Lever de l'aurore*）1774 年 8 月于巴黎以匿名方式在地下秘密出版。王后在其中被指控向后来成为平等的菲利普的沙特尔公爵卖淫。这是第一篇攻击她的淫秽的诋毁短文。关于这一作品，见尚塔尔·托马，《为非作歹的王后。讽刺小册子里的玛丽-安托瓦内特》，见原书所引，和安妮·迪普拉，《玛丽-安托瓦内特，一位支离破碎的王后》，见原书所引。

cclxix 保王派记者马勒·杜·潘报道的正是民间传言，见《供研究法国大革命史所用回忆录与书信集》，第 2 卷，见原书所引，第 197 页。

cclxx 我们仅引用大革命时期单单一本的讽刺小册子。它的标题概括了其他所有讽刺小册子的标题：《路易十六的老婆玛丽-安托瓦内特的子宫对男人的狂热欲望》（*Fureurs utérines de Marie-Antoinette, femme de Louis XVI*）。"母亲应禁止女儿阅读本文"，游乐场与巴黎全体妓院出版，1791 年（后面引号内的标注和出版地点是文章作者故意为之的戏谑讲法，游乐场指的是当时的国民议会——译者注）。

cclxxi 《古弗尼尔·莫里斯日记》，1789 年 10 月 7 日，见原书所引，第 92 页。

cclxxii 《塔列朗亲王回忆录与书信集》（*Mémoires et correspondances du prince de Talleyrand*），巴黎，罗贝尔·拉丰出版社，"书籍"系列丛书，2007 年，第 155 页。

cclxxiii 克莱里，《法国国王路易十六在押期间圣殿塔内纪实日记》，见原书所引，第 66 页，注释。

cclxxiv　1812 年出版的作品开头已稍有不同："我对某某公爵夫人爱得神魂颠倒。我时年 20 岁，而且想法天真；她骗了我，我生气了，她离我而去。我想法天真，我对失去她感到难过；我时年 20 岁，她原谅了我。"

cclxxv　艾莉加-玛丽·贝纳布，《18 世纪的卖淫与风化警察》（*La Prostitution et la police des moeurs au XVIIIe siècle*），巴黎，佩兰出版社，1987 年，第 459 页和 466 页。

cclxxvi　关于 1793 年 10 月 22 日在讷韦尔举办的共和价值与道德风尚的节日庆典，见我的著作《富歇。章鱼的沉默》（*Fouché. Les silences de la pieuvre*），巴黎，塔朗迪耶/法亚尔出版社，2014 年，第 131 页。

cclxxvii　克莱里，《法国国王路易十六在押期间圣殿塔内纪实日记》，见原书所引，第 66 页，注释。

cclxxviii　关于《伯爵夫人拉莫特的声明》的文学作品，参见萨拉·马扎，"王后的项链"，收于《玛丽-安托瓦内特相关作品典集与辞典》，见原书所引，第 697 页。

cclxxix　《玛丽-安托瓦内特的审判》，见原书所引，第 132 页。

cclxxx　同上，第 67、131—132 页。

cclxxxi　这些数字让弗朗索瓦·索尔农有过引用，《法国宫廷》（*La Cour de France*），巴黎，法亚尔出版社，1987 年，第 518 页及以后。

cclxxxii　大仲马，《红屋骑士》（*Le Chevalier de Maison-Rouge*），巴黎，伽利玛出版社，"页张"系列丛书，2005 年，第 136 页。

cclxxxiii　康庞夫人，《玛丽-安托瓦内特私人生活回忆录》，巴黎，伽利玛出版社，"页张"系列丛书，2007 年，第 77 页。

cclxxxiv　《布瓦涅伯爵夫人回忆录》，巴黎，法兰西信使出版社，全两册，1971 年，第 1 卷，第 66 页。又见《复辟时期法兰西子弟管教女官贡托公爵夫人回忆录（1773—1836）》（*Mémoires de la duchesse de Gontaut, gouvernante des Enfants de France pendant la Restauration, 1773—1836*），巴黎，普隆出版社，1891 年，第 6—7 页。

cclxxxv　玛丽-安托瓦内特致夏洛特·德·黑森的信（1785 年 5 月 19 日），收于《玛丽-安托瓦内特与玛丽-克洛蒂尔德·德·法兰西未公开通信集》，见原书所引。

cclxxxvi　玛丽-安托瓦内特致波利尼亚克公爵夫人的信，1789 年 8 月

12 日，收于艾弗利娜·法勒，《玛丽-安托瓦内特与费尔桑伯爵。秘密通信集》，见原书所引，第 284 页。

cclxxxvii 玛丽-安托瓦内特致波利尼亚克公爵夫人的信（1789 年 12 月 29 日）。收于《玛丽-安托瓦内特书信集》，见原书所引，第 500 页。

cclxxxviii 玛丽-安托瓦内特致图尔泽勒公爵夫人的信（1789 年 7 月 24 日），同上，第 489—490 页。

cclxxxix 玛丽-安托瓦内特致夏洛特·德·黑森的信，1780 年 10 月，收于《玛丽-安托瓦内特与玛丽-克洛蒂尔德·德·法兰西未公开通信集》，见原书所引。

ccxc 马蒂兰·德·莱斯屈尔，《1772—1792 年间关于路易十六、玛丽-安托瓦内特、宫廷与都市的秘密与未公开书信集》（*Correspondance secrète et inédite sur Louis XVI, Marie-Antoinette, la Cour et la Ville de 1772 à 1792*），全两册，巴黎，普隆出版社，1866 年。

ccxci 昆庭·克劳福德，《关于苏格兰女王玛丽·斯图亚特和法国王后玛丽-安托瓦内特的介述》，见原书所引，第 55 页。1793 年 3 月她被囚于圣殿塔时别人也向她提过相同的建议，而她这般回答："如果丢下我的孩子们，我不会对任何事感到愉悦。这个想法不会让我觉得有所遗憾。"（《玛丽-安托瓦内特书信集》，见原书所引，玛丽-安托瓦内特致雅尔热依骑士的信"1793 年 2 月或 3 月"，第 817 页）

ccxcii AE/I/5，第 19 号，"康乃馨事件"。在古监狱对玛丽-安托瓦内特的第一次讯问笔录，1793 年 9 月 3 日。

ccxciii 玛丽-安托瓦内特致图尔泽勒夫人的信（1789 年 7 月 24 日），收于《玛丽-安托瓦内特书信集》，见原书所引，第 489 页。

ccxciv G.勒诺特，《玛丽-安托瓦内特的关押与死亡》，见原书所引，"多容的讲述"，第 66—67 页。

ccxcv 她有些医护才能，并且在科德利埃街相邻的医科学校的临时医院内治疗过 1792 年 8 月 10 日起义中的伤员。他们其中一人据此赞扬她的"爱国精神"和她的"外科医学知识"。见 G.勒诺特，《玛丽-安托瓦内特的关押与死亡》，见原书所引，第 150 页，注 1。根据市政官员的证词，西蒙在被指派看管太子前，对圣殿塔内的女囚们颇为彬彬有礼。"我们对这位正直诚实的西蒙先生感到非常愉快"（第 150 页）。

ccxcvi "至于西蒙，他相信国王（太子）感染了花柳，尽管自他母亲死后，别人再未给他介绍妓女。"德雷克的探子的报告日期是 1794 年 2 月 6 日、7 日、8 日。后者把它附在 3 月 14 日寄给格林威尔爵士的一封信里。《J.- B.福蒂斯丘阁下的手稿，存于德罗普莫尔》（*The Manuscripts of J.- B. Fortescue Esq.*, *perserved at Dropmore*），伦敦，全两册，1894 年。弗朗西斯·德雷克致格林威尔爵士的信，1794 年 3 月 14 日。1 号附件，第 12 号简报（1794 年 2 月 12 日），第 528—529 页。见 G.勒诺特，《玛丽-安托瓦内特的关押与死亡》，见原书所引，第 75 页。

　　ccxcvii 这整个事件被索布尔的学生阿尔诺·德·莱塔皮展开得或许有点过于牵强附会和有导向性，收于《巴茨的颠覆阴谋（1793—1794）》，见原书所引。

　　ccxcviii 《老科德利埃报》，第 5 期（1794 年 1 月 15 日）。

　　ccxcix 马勒·杜·潘，《供研究法国大革命史所用回忆录与书信集》，见原书所引，第 497 页。

　　ccc 奥拉尔，《雅各宾协会》，第 5 卷，见原书所引，第 428 页，1793 年 9 月 27 日。救国委员会对他的请求没有给出下文。在一封 1793 年 8 月的信里，当时关押在古监狱的吉伦特派议员瓦拉泽同样指控埃贝尔想要把王后重新安置在圣殿塔。莱塔皮，《巴茨的颠覆阴谋（1793—1794）》，见原书所引，第 244 页，注释。

　　ccci 这是西蒙加到他 9 月 30 日发给埃贝尔的正式信函中的一句手写的话（正式信函很明显是另外一个人写的），以请他赶快过来。"我有些事情要对你说。"信被 C.A.多邦引用过，《1793 年在巴黎的蛊惑人心或 1793 年每一天的历史》（*La Démagogie en 1793 à Paris ou histoire*, *jour par jour*, *de l'année 1793*），巴黎，普隆出版社，1868 年，第 429 页。作者仅以下面的注释来指出其文献来源："这一文件属于帝国档案馆。"

　　cccii G.勒诺特，《玛丽-安托瓦内特的关押与死亡》，见原书所引，"多容的讲述"，第 48 页。

　　ccciii 见皮亚扎拍卖行六张"路易·夏尔"签名的书页，2003 年 5 月 21 日。

　　ccciv "玛丽-泰蕾兹-夏洛特的回忆说明……"，收于《法国国王路易十六在押期间圣殿塔内纪实日记》，见原书所引，第 185—186 页。

　　cccv 特别是若贝尔。太子 10 月 6 日已经揭发过图朗。国家档案馆，W 296/26。铁柜，AE/I/15，第 19 号档案。"康乃馨事件"，第 17 号文件："巴黎公社，雾月二十二日。"

cccvi 铁柜，同上。

cccvii 《玛丽-安托瓦内特的审判》，见原书所引，第 77 页。

cccviii 同上，第 82 页。在其庭审记录中，审判中匿去姓名的书记员对王后的回答只字未提！

cccix 海伦·玛莉亚·威廉姆斯，《关于 1793 年 5 月 31 日直至热月十日在法国所发生的事件的书信集》（*Lettres sur les évènements qui se sont passé en France depuis le 31 mai 1793 jusqu'au 10 termidor*），伦敦，全 4 册，1795 年；法文译本，第 1 卷，1796 年，第 117—119 页。

cccx 《反联邦主义者报》（*L'Anti-Fédéraliste*），1793 年 10 月 15 日。这份报纸是忠于罗伯斯庇尔一派的，由克劳德·帕扬和马克-安托万·于连领导。

cccxi 《玛丽-安托瓦内特的审判》，见原书所引，第 144 页。

cccxii 海伦·玛莉亚·威廉姆斯，见原书所引。

cccxiii 皮埃尔·卡龙，《恐怖时期的巴黎》，第 6 卷，见原书所引，第 254 页。"普雷沃的报告"，1793 年 10 月 15 日。

cccxiv G.勒诺特，《玛丽-安托瓦内特的关押与死亡》，见原书所引，"肖沃·拉加德的记录"，第 344 页，注："亲眼见证者安贝尔兄弟向西蒙-武埃夫人交代的信息。"

cccxv 同上。"勒皮特的讲述"，第 198 页。勒皮特也给出了王后回答的另一个不同的版本："我请所有听到我审判的母亲为我公断，你们之中可有一人相信可能会发生这样一桩罪行？"

cccxvi 斯塔尔夫人，《致纳尔博纳的书信集》（*Lettres à Narbonne*），第 86 封信，科佩，1793 年 8 月 6 日，巴黎，伽利玛出版社，1960 年，第 279 页。

cccxvii 若阿基姆·维拉特，《热月八日到九日间的革命的秘密成因》（*Causes secrètes de la Révolution du 8 au 9 termidor*），巴黎，共和三年（1794 年 10 月 6 日），第 12—13 页。又见海伦·玛莉亚·威廉姆斯所讲述的同一故事（这一故事将在反罗伯斯庇尔的热月政变高潮期间传遍巴黎），见原书所引，第 117—119 页。

cccxviii 奥拉尔，《雅各宾协会》，第 5 卷，见原书所引，第 461 页。1793 年 10 月 14 日的会议。迪富尔尼的部分发言在 1793 年 10 月 20 日的

《导报》上有所复述。

cccxix　《反联邦主义者报》，1793 年 10 月 15 日。

cccxx　斯塔尔夫人，《一个女人对审判王后的若干思考，1793 年 8 月》（*Réflexions sur le procès de la reine par une femme, août 1793*），作者姓名与出版地不明（斯塔尔夫人由于自己的身份，为避免使人怀疑作品有所偏颇，所以刻意隐去了姓名，当时仅以"一名女性"来署名——译者注）；莫妮克·科泰再版，塞特市，朗格多克报业出版社，1994 年，第 5 页。

cccxxi　同上，第 14 页。

cccxxii　同上，第 13 页。

cccxxiii　尼古拉兄弟两人先后两次提出为王后辩护，第一次在 1793 年 1 月，第二次在 8 月。弗朗索瓦·德·尼古拉给国民公会议长的信是在这一时期写的。这里是另一段节录："我知道我才能低微，但我感到自己有一股无可动摇的勇气，一种纯粹的精神，一颗正直的心，这样难道还不足以成为路易十六的寡妇的辩护人吗？"（国家档案馆，W/354/737）。弗朗索瓦·德·尼古拉在旧制度末期是巴黎高等法院庭长之一，随后是大枢密院主席（在旧制度时期，大枢密院是御前枢密院内部的一个司法机构，是一种特别法庭，大革命后在 1790 年被废除——译者注），夏尔-马里是审计法院的院长。在 1816 年，负责检查在罗伯斯庇尔处找到的文件的前国民议会议员库尔图瓦提到了另一封信，它是由一名年轻律师马里·安托万·马丁写的，并且寄给了富基耶-坦维尔。这个人同样毛遂自荐要作玛丽-安托瓦内特的非正式辩护人。见 G.勒诺特，《玛丽-安托瓦内特的关押与死亡》，见原书所引，第 388 页。

cccxxiv　见《人民之友》，第 387 期（1791 年 3 月 1 日）和"致马拉的信，关于他在他报纸第 387 期上，对我在国民议会为里奥尔先生所行使的手段所做的探究"，出版地方与具体日期不明（1791 年）。

cccxxv　《晚报》（*Journal du soir*），1792 年 12 月 16 日。特龙松 1792 年 12 月 14 日已向国民公会议长写过第一封信，一直没有答复。

cccxxvi　国家档案馆，476，私人档案，"肖沃-拉加德所藏资料：肖沃-拉加德为玛丽-安托瓦内特的辩护所做的手写笔记"。在其《法国王后奥地利的玛丽-安托瓦内特和法兰西·德·伊丽莎白夫人在革命法庭的审判的历史笔记》中，肖沃重申了辩护陈述的要点（做了重大改善），见原书所引，第 39 页及以后。

cccxxvii　引用的话摘自其《法国王后奥地利的玛丽-安托瓦内特和法兰西·德·伊丽莎白夫人在革命法庭的审判的历史笔记》（1816 年出版）。肖沃在当中言辞更加强硬地对其辩护陈述部分进行了重写。我们在保存于国家档案馆的手写残片上读到："指控本身有多叫人惊惶害怕，它的证据就有多薄弱，至少在我负责辩护的部分是如此。"

cccxxviii　热拉尔·瓦尔特，《玛丽-安托瓦内特的审判》，见原书所引，第 166 页。

cccxxix　奥拉尔，《雅各宾协会》，第 5 卷，见原书所引，第 471 页，1793 年 10 月 19 日的会议。

cccxxx　肖沃-拉加德，《法国王后奥地利的玛丽-安托瓦内特和法兰西·德·伊丽莎白夫人在革命法庭的审判的历史笔记》，见原书所引，第 45 页。在《回忆录》中，玛丽-安托瓦内特的同奶兄弟韦伯还说她对她的律师有着"动人肺腑的感怀"，这同样极不真实，但是助长了她多舛命运的传奇故事。

cccxxxi　《议会档案》，第 76 卷，国民公会，1793 年 10 月 16 日星期三的会议。肖沃-拉加德声明的开头如下："我没有忽视，我的第一义务是公民的义务。法庭赋予我的信任，远不会阻止我揭发寡妇卡佩本会告知我的阴谋活动，它对我而言是履行这一神圣义务的一个新的动机。"

cccxxxii　奥拉尔，《雅各宾协会》，第 5 卷，见原书所引，第 483 页，1793 年 10 月 28 日的会议。

cccxxxiii　国家档案馆，U/1021，"各种不同的记录与信息"。特龙松·杜·库德雷共和二年风月十日致革命法庭法官们的信（1794 年 2 月 28 日）。

cccxxxiv　肖沃从狱中向革命法庭写了封信，在其中他提出把仍关押在狱中的被告们托付给他的大量文件交给法庭自由处置。"司法看明了情况"，他说道，或许可以"拯救无辜"，国家档案馆，U/1021。肖沃-拉加德在革命法庭，共和二年稨月十六日（1794 年 7 月 14 日）。

cccxxxv　国家档案馆，W/500，富基耶案。第 4 号档案，第 59 页。肖沃-拉加德致革命法庭法官公民们的信，共和二年芽月二十日（1794 年 7 月 14 日）。

cccxxxvi　《上莱茵省向国民公会所作的揭发》（ *Dénonciation du*

département du Haut-Rhin à la Convention nationale），巴黎，基由书社，印刷商，1793 年。共和五年花月二十三日的咨询（1795 年 5 月 12 日）。在其中一道政令中，上莱茵省的行政总管认为犹太人是"公众的祸害，他们无法容忍人民政府，必定犯下罪行"，要在他们"达成某些条件"之前，剥夺其法国公民的相关权利。

cccxxxvii　《公民 G.- A.特龙松-杜库德雷在南特革命委员会一案中的辩护陈述》（*Plaidoyer du citoyen G.-A. Tronson-Ducoudray dans l'affaire du comité révolutionnaire de Nantes*），巴黎，德泽纳书社出版销售，共和二年。

cccxxxviii　特龙松-杜库德雷，《为我的孩子们和同胞们所撰写的教导》（*Instructions rédigées pour mes enfants et mes concitoyens*），巴黎，出版地点与具体日期不明，1789 年。关于特龙松的流放，见维克多·皮埃尔，《督政府时期的恐怖统治。果月十八日政变后的政治与宗教迫害史》（*La Terreur sous le Directoire. Histoire de la persécution politique et religieuse après le coup d'État du 18 fructidor*），巴黎，勒托-布雷出版社，1887 年。在去罗谢福尔的路上，特龙松在一封写给朋友的信中以"私怨"来解释他的流放。富歇可能向巴拉斯暗示把他放到了流放者的名单当中。富歇的亲信雷亚尔在卡里耶和南特革命委员会的 35 名被告的审判上曾和特龙松发生过激烈争吵。雷亚尔在其中为肖和古兰辩护，特龙松为普鲁斯特和维克辩护。关于特龙松，见雅克·德·加佐特，《一位动荡中的律师。G.A.特龙松·杜·库德雷》（*Un avocat dans la tourmente. G.A. Tronson du Coudray*），迈松纳夫与拉罗斯出版社，1993 年。

cccxxxix　路易·马修·凯尔佩·德·拉·博德是王后内务人员中的马厩管理员和日常财务管理员，他于 1781 年买下了教堂旁边的利夫里城堡并在共和三年花月（1795 年 4 月 15 日）将其转卖。他的第二个女儿，菲利普·约瑟夫·伊内尔的遗孀路易丝·玛格丽特·埃米莉·德·拉·博德是在这里于 1787 年 9 月 26 日和雷尼耶·德·雅尔热依骑士结的婚。人们常常混淆这个城堡和另一个城堡大摇篮堡。大摇篮堡同样位于利夫里，是国民公会议员和丹东的拥护者埃罗·德·塞舍尔的母亲，玛丽-玛格丽特·德·拉·朗德的财产。但如果结合埃罗·德·塞舍尔所涉足的保王派活动来看，这两处地产位置相近也并非全无意义。见加布里埃尔·阿诺托和乔治·维凯尔，《巴尔扎克的青年时期》（*La jeunesse de Balzac*），巴黎，A.费鲁出版社，1921 年，第 72 页，注 1 及附录四（雷尼耶·德·雅尔热

328

依家族），第 364—365 页，1787 年的婚姻契约。

cccxl 同上，附录二和三（贝尔尼与伊内尔家族）。根据 1793 年 10 月 16 日的《导报》上的说法，王后曾请求特龙松将她的纪念物"转交给女公民拉博德家一位在利夫里的名叫亚蕾的女公民"。在这里拼写错乱的名字背后，很可能隐藏着路易丝·德·雅尔热依的女儿洛尔·伊内尔。

cccxli 艾弗利娜·勒韦，《他们所见的玛丽-安托瓦内特》，见原书所引，第 818 页。

cccxlii 见弗雷德里克·巴尔贝，《玛丽-安托瓦内特的一位女性友人。阿特金斯夫人与圣殿塔监狱，1758—1836，以未公开的档案为根据》（*Une amie de Marie-Antoinette. Mme Atkyns et la prison du Temple，1758—1836, d'après des documents inédits*），巴黎，佩兰出版社，1905 年。又见可能是其情人的路易·德·弗罗泰的未公开的回忆录。

cccxliii 关于沙博、卡米尔·德穆兰的暗中助力，见阿贝尔·马蒂耶，《丹东与和平》，见原书所引，第 168 页及以后。

cccxliv 见铁柜中的便笺版本：AE/I/5，第 19 号档案。据埃贝尔所说，有人甚至实施"挖洞"好"叫她逃出"。《全民导报》，第 18 卷，第 11 页。1793 年 10 月 2 日，星期三。"雅各宾协会。9 月 27 日会议后续。"

cccxlv 大仲马，《红屋骑士》（*Le Chevalier de Maison-Rouge*），巴黎，罗贝尔·拉丰出版社，"书籍"系列丛书，1990 年，第 1305 页与第 1431—1433 页。

cccxlvi 费尔桑在日记中于 1793 年 10 月 23 日和 11 月 18 日两次提到鲁热维尔。《费尔桑伯爵与法国宫廷》，第 2 卷，见原书所引，第 96 页与第 101 页。

cccxlvii "公民吉尔贝……向法庭宪兵中校公民迪梅尼（博托·杜·梅尼）所作的报告（1793 年 9 月 3 日）"，收于《名称为康乃馨事件的档案》（*Dossier dit de l'affaire de l'oeillet*）。国家档案馆，W/296/26。铁柜，AE/I/5，第 19 号档案。关于圣殿塔和古监狱中的两桩谋反事件的审判在共和二年雾月二十八日（1793 年 11 月 18 日）开始进行。康乃馨事件讯问的全部记录首次由皮埃尔·蒂尔巴出版于《法国国王路易十六的审判……后接法国王后玛丽-安托瓦内特的审判……王室的一个朋友所著》（*Procès de Louis XVI, roi de France* [...] *suivi des procès de Marie-Antoinette, reine de France* [...] *par un ami du trône*），巴黎，书商勒鲁日与埃尔贡出版销售，1814 年，第 2 卷，第 208 页及以后。

cccxlviii　里夏尔被关押在抹大拉玛利亚修道院监狱，他妻子在圣佩拉杰监狱。"女子蒂耶尔"在审判期间被捕，关在小福尔斯监狱。

cccxlix　关于鲁热维尔，古斯塔夫·费尔南·于埃在诺曼底沼泽地网（法国一个纪念路易十六一家和保王派的朱安党人运动的网站——译者注）上分四部分重新刊登了一篇非常全面的文章（2012 年）。又见 G. 勒诺特，《真正的红屋骑士，ADJ，贡斯·德·鲁热维尔，1761—1814》（*Le Vrai Chevalier de Maison-Rouge*，*ADJ*，*Gonzze de Rougeville*，*1761—1814*）（1906 年首版），巴黎，佩兰出版社，1924 年。

cccl　国家档案馆，W，290/9。铁柜，AE/I/5，第 18 号档案"路易十六的寡妇，玛丽-安托瓦内特案"。莱宁根伯爵致"革命法庭"，致"国民公会"（？）信以"公民们"作开头，巴黎，1793 年 10 月 3 日。未公开信件。唯一提到莱宁根所采取的行动的人是哈登堡亲王，在其《从一个国务官员……文档中而来的回忆录》（*Mémoires tirés des papiers d'un homme d'État* [...]），巴黎，蓬修出版销售，1828 年，第 2 卷，第 311 页。弗雷德里克的表亲，路易丝的兄弟乔治·德·黑森在 1792 年 6 月 20 日不久之后，已为努力使王后越狱而来到了巴黎。

cccli　《作为人质的囚徒……利南热伯爵（原文如此）弗雷德里克致法国人的国民公会》（*À la Convention nationale des Français，Frédéric，comte de Linanges* [*sic*] [...] *détenu comme otage*），信件书写地点与日期不明（1795 年）。我们不知道利南热何时出的狱。他在 1839 年去世。在德语家谱上，他以弗里德里克一世·克里斯蒂安，莱宁根-阿尔特莱宁根伯爵的名字出现。

ccclii　信被埃内斯特·都德引用过，在"贝尔格莱德的女士们。大革命时期的风尚（第二部分）"，《两个世界评论》（*Revue des Deux Mondes*），第 18 期，巴黎，1903 年，第 407—444 页。

cccliii　同上。波利尼亚克公爵致弗朗茨二世的信，1793 年 8 月 24 日。

cccliv　拉·马克伯爵致梅西-阿尔让多的信，布鲁塞尔，1793 年 9 月 14 日，收于 A. 德·巴库，《米拉波伯爵与拉·马克伯爵通信集》，见原书所引，第 3 卷，第 419 页。

ccclv　同上，梅西-阿尔让多致蒂居男爵的信，佛隆，1793 年 9 月 17

日，第 3 卷，第 422 页。

ccclvi 艾弗利娜·法勒，《玛丽-安托瓦内特与费尔桑伯爵。秘密通

330 信集》，见原书所引，第 53 页。费尔桑致他姐姐苏菲·德·皮佩，1783
年 7 月 31 日。

ccclvii 《布瓦涅伯爵夫人回忆录》，第 1 卷，见原书所引，第 42 页。

ccclviii 德文郡公爵夫人致伊丽莎白·福斯特夫人的信（1786 年 7
月），由艾弗利娜·法勒引用，《玛丽-安托瓦内特与费尔桑伯爵。秘密通
信集》，见原书所引，第 79 页。

ccclix 《加斯东·德·莱维的回忆录群像》，见原书所引，第 154 页。

ccclx 瑞典大使克勒茨伯爵向国王古斯塔夫三世所作的旁注，1779
年 4 月 20 日，收于艾弗利娜·勒韦，《他们所见的玛丽-安托瓦内特》，见
原书所引，第 267—269 页。

ccclxi 艾弗利娜·法勒，《玛丽-安托瓦内特与费尔桑伯爵。秘密通
信集》，见原书所引，第 274 页。

ccclxii 见玛格丽特·雅吕，《凡尔赛宫。玛丽-安托瓦内特的内室与
小套间》（*Château de Versailles. Cabinets intérieurs et petits appartements de Ma-
rie-Antoinette*），收于《美术期刊》（*Gazette des Beaux-Arts*），1964 年。

ccclxiii 《费尔桑伯爵与法国宫廷》，第 1 卷，见原书所引，第 3 页。
费尔桑日记，1791 年 6 月 23 日。费尔桑在瓦雷讷的事情上写了此话。

ccclxiv 《玛丽-安托瓦内特的审判》，见原书所引，第 85 页。

ccclxv 《费尔桑伯爵与法国宫廷》，第 1 卷，见原书所引，第 202 页。
费尔桑致玛丽-安托瓦内特的信，1791 年 10 月 25 日。

ccclxvi 同上，第 271 页。玛丽-安托瓦内特致费尔桑的信，1791 年
12 月 9 日。

ccclxvii 国家档案馆，440，私人档案，第 1 辑，第 1 号档案，第 57
号资料和第 2 号档案，第 36 号资料。见克里斯蒂娜·努加雷，"国家档案
馆档案集中的玛丽-安托瓦内特"，《法国大革命历史年鉴》（*AHRF*），第
338 期，2004 年 10—12 月。在 400，私人档案，第 1 辑中，有 4 封致费尔
桑的信和 23 封经后者转写的信。关于塞尔吉实验室的工作，见网络：塞
尔吉-蓬图瓦兹——玛丽-安托瓦内特的信件——2013 年研讨会。我们最
后可参见关于玛丽-安托瓦内特向费尔桑所写信件的最全面的出版物，前
面已有过引用。艾弗利娜·法勒，《玛丽-安托瓦内特与费尔桑伯爵。秘

密通信集》，见原书所引。

ccclxviii　同上，费尔桑致苏菲·德·皮佩的信（1793 年 8 月 14 日），第 378 页。

ccclxix　《玛丽-安托瓦内特的审判》，见原书所引，第 164 页。

ccclxx　雷塞子爵，《玛丽-安托瓦内特与撒丁王国王后玛丽-克洛蒂尔德·德·法兰西未公开通信集》，见原书所引。此话是雷塞根据里瓦罗尔的话作的引述。

ccclxxi　夏尔·佩吉，《第二德性之秘的门廊》（*Le Porche du mystère de la deuxième vertu*），巴黎，伽利玛出版社，1916 年。在《吉伦特党人史》中，拉马丁把玛丽-安托瓦内特误写成了一个很久以前就不再对任何事心怀希望的女人。他就是这样表现的她于国王死后在圣殿塔里的形象："她甚至不再有在斗争当中的痛苦引起的挣扎，她有着绝望所致的宁静和坟墓般的纹丝不动……"（《吉伦特党人史》，见原书所引，第 2 卷，第 46 章，第 1524 页）

ccclxxii　司汤达，《红与黑》（*Le Rouge et le Noir*），巴黎，弗拉马里翁集团-弗拉马里翁出版社，1964 年，第 488 页。

ccclxxiii　《玛丽-安托瓦内特的审判》，见原书所引，第 178 页。

ccclxxiv　"她十分冷静地听了（法庭判决）。"《法兰西共和国共和二年，1794 年期间的……共和国奇才或种种事件政治与哲学方面神谕般的论断》（*Le Magicien républicain ou oracles politiques et philosophiques des évènements* [*sic*] [...] *dans le cours de l'année 1794, an 2e de la République française*），大鲁伊著，巴黎，1794 年，第 133 页。

ccclxxv　肖沃-拉加德，《法国王后奥地利的玛丽-安托瓦内特和法兰西·德·伊丽莎白夫人在革命法庭的审判的历史笔记》，见原书所引，第 44 页。

ccclxxvi　《反联邦主义者报》（*L'Anti-Fédéraliste*）（克劳德·帕扬与马克-安托万·朱利安），1793 年 10 月 15 日。

ccclxxvii　G.勒诺特，《玛丽-安托瓦内特的关押与死亡》，见原书所引，"宪兵莱热的讲述"，第 369 页。

ccclxxviii　国家档案馆，AE/I/7—8，第 3 号档案。信由艾弗利娜·勒韦作了公开，《玛丽-安托瓦内特书信集》，见原书所引，第 820 页。

ccclxxix　G.勒诺特，《玛丽-安托瓦内特的关押与死亡》，见原书所引，"博勒妻子的讲述"，第 290 页。

ccclxxx 夏多布里昂，《1816 年 9 月的宪章君主制》（*De la monarchie selon la Charte*［*septembre 1816*］），收于《政治作品集》，见原书所引，第 170 页。

ccclxxxi 关于库尔图瓦文件的这一事件，见欧仁·韦尔维尔，"对国民公会议员库尔图瓦的文件的扣押"，收于《历史、艺术与文学档案》（*Archives historiques, artistiques et littéraires*），1890 年。G.勒诺特对整个事件做了总结，并公开了库尔图瓦 1816 年 1 月 25 日写给贝凯的信，见《玛丽-安托瓦内特的关押与死亡》，见原书所引，"玛丽-安托瓦内特的遗嘱"，第 384—389 页。

ccclxxxii 弗朗索瓦-勒内·德·夏多布里昂，《1816 年 2 月 22 日会议上黎塞留公爵先生向贵族院进行通报时所作的讲话》（*Discours prononcés à l'occasion des communications faites à la Chambre des pairs par M. le duc de Richelieu dans la séance du 22 février 1816*）。《全集》，第 2 卷，《政治作品集》，见原书所引，第 434 页。

ccclxxxiii 一位知识渊博的路易十七的系谱学专家做过对比，我认为他很严谨，虽然他把自己隐藏于化名克里斯蒂安·克雷坦之后。见保王派网站 cril17.org，2010 年 12 月："对 1793 年 10 月 16 日玛丽-安托瓦内特信件的研究。"

ccclxxxiv 在此事上见奥松讷修道院院长拉丰反驳马尼昂到过古监狱（《王后虚假的参领圣体……》，*La fausse communion de la reine*［...］，1824 年；《向国王所作的关于古监狱的虚假材料和虚假物品的说明》，*Mémoire au roi sur l'imposture et le faux matériel de la Conciergerie*［...］，1825 年）。支持领圣体说法的有 N.-M.特罗雄的两本小册子（《玛丽-安托瓦内特在古监狱所领的圣体》，*La Communion de Marie-Antoinette à la conciergerie*，1864 年；《王后玛丽-安托瓦内特领圣体的新证据》，*Nouvelles preuves de la communion de la reine Marie-Antoinette*，1865 年）。G.勒诺特做了一个回顾总结，收于《玛丽-安托瓦内特的关押与死亡》，见原书所引，并倾向于马尼昂的拥护者那一边。在 1816 年，政府命人把王后以前的牢房改成了赎罪用的礼拜堂并为此定制了好几幅画。其中一张为米歇尔·马丁·德罗林所作，明确地提到王后在古监狱领最后的圣体的场景。关于赎罪用的礼拜堂和其 1989 年的修复，见弗朗索瓦·马塞·德·莱皮奈与雅克·夏尔，《玛丽-安托瓦内特。从圣殿塔到古监狱》（*Marie-Antoinette. Du Temple à la Conciergerie*），阿尔勒，塔朗迪耶-国家历史文物与古迹管理局，1989 年。

ccclxxxv　格言出自瑞典人斯蒂格·达格曼，"我们对安慰的需求不可能得到完全满足"，阿尔勒，《回忆录和日记》（*Mémoires-journal*），1952 年。

ccclxxxvi　国家档案馆，AE/I/5，第 18 号档案，第 33 号文件："死刑执行笔录。"

ccclxxxvii　"巨大的革命本能虽则正在变得柔和并正受人规制但尚未消失，总有人担心说，它会转化为政府的行事准则并转化为行政程式。"亚历克西·德·托克维尔，《论美国的民主》（*De la Démocratie en Amérique*），第 2 卷，巴黎，弗拉马里翁集团-弗拉马里翁出版社，1981 年，第 394 页。

ccclxxxviii　《七代处刑人。桑松家族回忆录》（*Sept générations d'exécuteurs. Mémoires des Sanson*），第 4 卷，巴黎，书商兼出版商迪普莱出版，1863 年，第 224 页。

ccclxxxix　克雷蒂安·德·特鲁瓦，《湖之兰斯洛特或囚车骑士》（*Lancelot du lac ou le chavalier de la charrette*）。

cccxc　资料来源为 H.瓦隆，《附有法律文书公报的革命法庭史》，见原书所引，第 1 卷，第 347 页。

cccxci　G.勒诺特，《玛丽-安托瓦内特的关押与死亡》，"夏尔·德福塞子爵的叙述"，见原书所引，第 373—376 页。

cccxcii　《鲁吉夫日报》（*Rougyff*），第 35 期。共和二年首月三十日（1793 年 10 月 21 日）。

cccxciii　图尔农，《献给民族的巴黎历次革命》（*Révolutions de Paris, dédiées à la Nation*），巴黎，第 212 期，第 95 页。

cccxciv　《法兰西共和国共和二年，1794 年期间的……共和国奇才或种种事件政治与哲学方面神谕般的论断》，大鲁伊著，见原书所引，第 134 页。

cccxcv　《迪歇纳老爹参报》，第 199 期。

cccxcvi　维克多·雨果，《死囚末日记》，见原书所引，第 101 页。

cccxcvii　圣奥诺雷街 399 号，今天的 366 号。罗伯斯庇尔的房间对着院子。

cccxcviii　瓦伦·罗伯茨，《身为革命艺术家的雅克-路易·大卫》

333

（*Jacques-Louis David*, *Revolutionary Artist*），教堂山镇，北卡罗来纳大学出版社，1989 年，第 228 页。即将上断头台的玛丽-安托瓦内特的肖像自 1936 年起藏于卢浮宫图画艺术区。

cccxcix 龚古尔兄弟，《日记》（*Journal*），第 1 卷，1859 年 4 月 18 日，巴黎，罗贝尔·拉丰出版社，"书籍"系列丛书，1989 年，第 444 页。

cd 皮埃尔·卡龙，《恐怖时期的巴黎》，见原书所引，"普雷沃的报告"，1793 年 10 月 16 日。

cdi 信为达尼埃尔·阿拉斯所引用，《断头台和恐怖统治的想象》（*La Guillotine et l'imaginaire de la Terreur*），巴黎，弗拉马里翁出版社，1987 年；"园地-历史"，2010 年，第 164 页。"她带着相当的坚毅登上了断头台"，《玛丽-安托瓦内特的审判》，见原书所引，第 179 页。

cdii 《我等待着因……一切损害民族的罪行而被关在地牢中的玛丽-安托瓦内特的审判》，地点与具体日期不详。

334　**cdiii** 巴黎天文台图书馆，AF1/9—15（1785—1798 年），第 4 卷。《气象与磁力观测日记》（*Journal des observations météorologiques et magnétiques*），1793 年 10 月 16 日。

cdiv 该决定由国民公会根据巴雷尔 1793 年 8 月 1 日的提议做出，与此同时审判玛丽-安托瓦内特的决定也做出了。文中所涉及的是第十一条："蠹立于圣德尼教堂的法国前任国王们的坟墓和陵寝将自 8 月 10 日起被摧毁。"最终，行动于晚些时候开始了，从 1793 年 10 月 12 日持续到 21 日。见保罗-洛朗·阿索安，《杀死死人。革命的欲望》（*Tuer le mort. Le désir révolutionnaire*），巴黎，法国大学出版社，2015 年，载有普瓦里耶报告引述的第 12 页。46 名国王和 36 名王后被掘出，他们的遗骸被丢进了一处公共墓穴。

cdv 引用的话摘自弗朗索瓦-勒内·德·夏多布里昂的《基督教真谛》（*Génie du christianisme*）。

cdvi 《全民导报》，1793 年 10 月 16 日。

cdvii 阿波利奈尔，"葡月"，《酒精》（*Alcools*）。

cdviii 皮埃尔·卡龙，《恐怖时期的巴黎》，见原书所引，第 254 页，"普雷沃的报告"，1793 年 10 月 16 日。

cdix 《议会档案》，第 76 卷，国民公会，1793 年 10 月 16 日的会议。

cdx A.蒂代，《法国大革命期间巴黎历史手抄本参考文献总汇编》，

第 10 卷，见原书所引，国民公会，第 208—283 号。蒂代汇总了 74 封致国民公会的贺信。最后一封日期为共和二年雪月二日（1973 年 12 月 22 日）。

cdxi　《献给民族的巴黎历次革命》，第 212 期。

cdxii　《鲁吉夫日报》，第 35 期。

cdxiii　《救国》（Le salut public）。"致共和派"（1793 年 10 月底），文章在《罗兰夫人回忆录》中有引用，见原书所引，第 550 页。

cdxiv　勒内·吉拉尔，《暴力与神圣》，巴黎，格拉塞出版社，2007 年，第 323 页及以后。

cdxv　皮埃尔·卡龙，《恐怖时期的巴黎》，见原书所引，"鲁博的报告"，1793 年 10 月 16 日，第 248 页。

cdxvi　事故由监察员鲁博报告，随后被报纸作了转述，尤其是《法兰西共和国共和二年，1794 年期间的……共和国奇才或种种事件政治与哲学方面神谕般的论断》，大鲁伊著，见原书所引，第 135 页。

cdxvii　《最佳作者们的新旧轶事作品集文选》（Choix d'anecdotes anciennes et modernes recueillies des meilleurs auteurs），巴黎，书商兼出版商蓬斯兰出版，共和十一年—1803 年，第 4 卷，第 190—191 页。关于曼戈的档案：国家档案馆，W/291/183。

cdxviii　巴尔贝·多勒维利，"玛丽-安托瓦内特"，收于《觉醒》（Le Réveil），1858 年 7 月 10 日。

cdxix　《萨拉贝里伯爵关于复辟时期的政治回忆》（Souvenirs politiques du comte de Salaberry sur la Restauration），第 2 卷，巴黎，皮卡尔出版社，1900 年，第 182—183 页。

cdxx　死于 1800 年的保王派记者马勒·杜·潘是首个复述这一传奇的人。"转过皇家街时，她似乎在一种致命的虚弱中倒了下来。她一动不动地到了断头台。"《供研究法国大革命史所用回忆录与书信集》，第 2 卷，见原书所引，第 197 页及以后。奥松讷修道院院长拉丰于著作中复述了传奇，《关于法国王后的苦难与死亡之全面而秘密的回忆录》，见原书所引。

cdxxi　根据昆庭·克劳福德在其著作中的说法，《关于苏格兰女王玛丽·斯图亚特和法国王后玛丽-安托瓦内特的介述》，见原书所引，第 56 页及以后。在复辟时期，有人干脆让她念诵了一支祷告词："我的上帝，我把我的灵魂，放在您的手中。"（《玛丽-安托瓦内特之死》，La Mort de

Marie-Antoinette，五幕悲剧，巴黎，勒贝格，1814 年）。

cdxxii 见尚塔尔·托马，《为非作歹的王后。讽刺小册子里的玛丽－安托瓦内特》，见原书所引，第 23 页。

cdxxiii 莱昂·布洛伊，《死亡女骑士》，见原书所引。

cdxxiv 儒勒·米什莱，《法国大革命史》，第 2 卷，见原书所引，第 599 页。

cdxxv 阿尔方斯·德·拉马丁，《吉伦特党人史》，见原书所引，第 1 卷，莫娜·奥祖夫序言，第 11 页。

cdxxvi 马勒·杜·潘，《供研究法国大革命史所用回忆录与书信集》，第 2 卷，见原书所引，第 74 页。马勒·杜·潘致伦敦内阁政府的说明，1794 年 3 月 5 日。

cdxxvii 埃马纽埃尔·德·拉斯·卡斯，《圣赫勒拿岛往事录》（*Mémorial de Saint-Hélène*），第 2 卷，巴黎，瑟伊出版社，1968 年，第 1357 页。

cdxxviii 斯塔尔夫人，《致纳尔博纳的书信集》，第 104 封信，尼永，1793 年 10 月 25 日，见原书所引，第 326 页。

336 **cdxxix** 艾弗利娜·法勒所引用的费尔桑日记节选，收于《玛丽－安托瓦内特与费尔桑伯爵。秘密通信集》，见原书所引，第 383 页。

cdxxx 刘易斯·卡罗尔，《爱丽丝梦游仙境》（*Les Aventures d'Alice au pays des merveilles*），伦敦，麦克米伦出版社，1865 年。

cdxxxi 阿尔弗雷德·雅里，《乌布王》（*Ubu roi*），巴黎，法兰西信使出版社，1896 年；弗拉马里翁集团－弗拉马里翁出版社再版，2001 年（第一幕，第一场）。

cdxxxii 康帕尔东关于革命法庭的工作近来被多米尼克·谢内重新开展了起来。已审案件数字索引，W268-W499。

cdxxxiii 《玛丽－安托瓦内特的审判》，由热拉尔·瓦尔特展示并点评，见原书所引。

cdxxxiv 见最近传上网络的亚纳·波坦研讨会的文字稿，"一处炫耀的财产？国家档案馆的'重大文档'和历史的展现"，2012 年 11 月 28 日。

cdxxxv 同上。

cdxxxvi 文档拍摄有照片，见《国家机密。看管、保护、提供信息

（17—20 世纪）》（*Le secret de l'État. Surveiller，protéger，informer〈XVIIe-XXe siècle*〉），塞巴斯蒂安-伊夫·洛朗，巴黎，国家档案馆—新世界出版社，2015 年，第 183 页。拼写与标点已更新为现代方式。

cdxxxvii　最初的档案编号为：W/290/179 和 W/296/261。康乃馨事件的审判的卷宗应该是在晚得多的时候才存入的铁柜，因为康帕尔东在他 1866 年出版的《革命法庭》（*Tribunal révolutionnaire*）中并未给出它的档案编号。

致　谢

　　1793 年古监狱里那些走廊的蜿蜒过道有点像我在研究玛丽-安托瓦内特最后的日子，尤其是其法官们和陪审员们最后的日子时，必须走过的曲折道路。它们有时无法预见，非常出人意料。幸运的是，一处处迷宫里有阿里阿德涅的线①来指路。米诺斯之女后继有人，他们在我于晦暗不明的档案中试图摸清其轨迹的时候，慷慨地指引了我，帮助了我，建议了我。首先我想要热烈感谢我的朋友亚纳·波坦，他在国家档案馆对我有着"芝麻，开门！"的功劳。我同样要感谢在法国国家图书馆的夏尔-埃卢瓦·维亚尔和纳迪娜·加斯塔尔迪。一些收藏家开恩，在一些从未公之于世的文档上向我提供了便利，尤其是让-巴蒂斯特和洛尔·德·普鲁瓦亚、阿伦贝格公爵、热罗姆·巴尔贝。我也不会忘记埃里克·舍勒、蒂埃里·萨尔芒、弗拉维安·德·巴朗达、达米安·福雷、维罗尼克·马克赛，他们自发地启迪了我，让我打开了思路。本书涉及庭上辩护和审判过程，这把我直直地带向了几位律师朋友，让-菲利普·雅各布、路易·巴兰、蒂博·吉纳尔和迪迪埃·利热。我像听着昔日这些庭上辩护的声声回响一样，听了他们的辩护。我诚挚的谢意也要给予二三至亲：苏菲·德·希夫里、阿玛利娅·弗兰科斯

---

① 阿里阿德涅是希腊神话中克里特岛国王米诺斯的女儿。她母亲生了一个牛头人身的怪物，被囚禁在一座迷宫里。雅典王子忒修斯为民除害时，借助阿里阿德涅给他的线球走出了迷宫。

坦和阿妮·茹尔丹，她们铅笔在手，情愿费这个劲读我的文字。没有她们，大革命对我而言大概也会是一座迷宫。

我妻子亚历山德拉不仅逐章读了我的书稿，还在累累数月之中，冒着被长篇大论烦扰的风险，支持着我、鼓励着我、引导着我、建议着我。

最后，着手写作一本书是一桩托付信任的事，这桩事情一如往昔，总由我亲爱的朋友兼出版商德尼·马拉瓦尔来打理，他经手我文稿超过 15 年了。我想向他作最后也是最初的致谢。于他之旁也感谢领导塔朗迪耶出版社的格扎维埃·德·巴尔蒂亚，然后是他的两个小仙子，伊莎贝尔·布什和马埃娃·杜克洛。

人名索引

(页码为原书页码，即本书边码)

图书在版编目(CIP)数据

审判王后:1793 年 10 月 14—16 日/(法)埃马纽埃尔·
德·瓦雷基耶尔著;曾昭旷译.—上海:上海人民出
版社,2019
ISBN 978 - 7 - 208 - 15883 - 2

Ⅰ.①审… Ⅱ.①埃… ②曾… Ⅲ.①法国大革命-
研究 Ⅳ.①K565.41

中国版本图书馆 CIP 数据核字(2019)第 102131 号

责任编辑 范 晶
装帧设计 COMPUS·道辙

审判王后:1793 年 10 月 14—16 日

[法]埃马纽埃尔·德·瓦雷基耶尔 著
曾昭旷 译

出 版 上海人民出版社
 (200001 上海福建中路 193 号)
发 行 上海人民出版社发行中心
印 刷 常熟市新骅印刷有限公司
开 本 889×1194 1/32
印 张 11.5
插 页 13
字 数 253,000
版 次 2019 年 10 月第 1 版
印 次 2019 年 10 月第 1 次印刷
ISBN 978 - 7 - 208 - 15883 - 2/K·2862
定 价 68.00 元